MANDADO DE SEGURANÇA NA PRÁTICA JUDICIÁRIA

O GEN | Grupo Editorial Nacional – maior plataforma editorial brasileira no segmento científico, técnico e profissional – publica conteúdos nas áreas de concursos, ciências jurídicas, humanas, exatas, da saúde e sociais aplicadas, além de prover serviços direcionados à educação continuada.

As editoras que integram o GEN, das mais respeitadas no mercado editorial, construíram catálogos inigualáveis, com obras decisivas para a formação acadêmica e o aperfeiçoamento de várias gerações de profissionais e estudantes, tendo se tornado sinônimo de qualidade e seriedade.

A missão do GEN e dos núcleos de conteúdo que o compõem é prover a melhor informação científica e distribuí-la de maneira flexível e conveniente, a preços justos, gerando benefícios e servindo a autores, docentes, livreiros, funcionários, colaboradores e acionistas.

Nosso comportamento ético incondicional e nossa responsabilidade social e ambiental são reforçados pela natureza educacional de nossa atividade e dão sustentabilidade ao crescimento contínuo e à rentabilidade do grupo.

ARNOLDO WALD

MANDADO DE SEGURANÇA NA PRÁTICA JUDICIÁRIA

Colaboração
Mário Henrique de Barros Dorna

6.ª edição
Revista e atualizada

■ O autor deste livro e a editora empenharam seus melhores esforços para assegurar que as informações e os procedimentos apresentados no texto estejam em acordo com os padrões aceitos à época da publicação, e todos os dados foram atualizados pelo autor até a data de fechamento do livro. Entretanto, tendo em conta a evolução das ciências, as atualizações legislativas, as mudanças regulamentares governamentais e o constante fluxo de novas informações sobre os temas que constam do livro, recomendamos enfaticamente que os leitores consultem sempre outras fontes fidedignas, de modo a se certificarem de que as informações contidas no texto estão corretas e de que não houve alterações nas recomendações ou na legislação regulamentadora.

■ Fechamento desta edição: *11.12.2020*

■ O Autor e a editora se empenharam para citar adequadamente e dar o devido crédito a todos os detentores de direitos autorais de qualquer material utilizado neste livro, dispondo-se a possíveis acertos posteriores caso, inadvertida e involuntariamente, a identificação de algum deles tenha sido omitida.

■ **Atendimento ao cliente:** (11) 5080-0751 | faleconosco@grupogen.com.br

■ Direitos exclusivos para a língua portuguesa
Copyright © 2021 by
Editora Forense Ltda.
Uma editora integrante do GEN | Grupo Editorial Nacional
Travessa do Ouvidor, 11 – Térreo e 6º andar
Rio de Janeiro – RJ – 20040-040
www.grupogen.com.br

■ Reservados todos os direitos. É proibida a duplicação ou reprodução deste volume, no todo ou em parte, em quaisquer formas ou por quaisquer meios (eletrônico, mecânico, gravação, fotocópia, distribuição pela Internet ou outros), sem permissão, por escrito, da Editora Forense Ltda.

■ Capa: Fabricio Vale

■ **CIP – BRASIL. CATALOGAÇÃO NA FONTE.**
SINDICATO NACIONAL DOS EDITORES DE LIVROS, RJ.

Wald, Arnoldo

Mandado de segurança na prática judiciária /Arnoldo Wald; com a colaboração de Mário Henrique de Barros Dorna. – 6ª. ed. – Rio de Janeiro: Forense, 2021.

Inclui bibliografia e índice
ISBN 978-85-309-9336-8

1. Mandado de segurança – Brasil. I. Dorna, Mário Henrique de Barros. II. Título.

20-67959   CDU: 347.951.3(81)

Vanessa Mafra Xavier Salgado – Bibliotecária – CRB-7/6644

"(...) Dispensam-se as leis por utilidades – que ordinariamente são dos particulares, e não suas – e abre-se a porta à ruína universal, que só se pode evitar com a observância inviolável das leis. Percam-se os frutos da árvore da vida, que são a mais preciosa coisa que Deus criou; percam-se as mesmas vidas, e não se recupere a imortalidade; morra e sepulte-se o mundo todo; mas a lei não se quebre, nem se dispense.

Persuada-se o príncipe que ... a lei morta não pode dar vida à República; considere que as leis são os muros dela, e que, se hoje se abriu brecha por onde possa entrar um só homem, amanhã será tão larga que entre um exército inteiro."

PADRE ANTÔNIO VIEIRA

" A Lei garante o cidadão, e o magistrado garante a Lei."

FRANCIS BACON

"*La pensée des philosophes du XVIII e auraite été vaine si de robustes praticiens*, constituants et législateurs, n'avaient refait l'État et rédigé des codes.

L'oeuvre du juriste est la seule qui demeure quand le tumulte des révolutions est apaisé."

GEORGES RIPERT

SUMÁRIO

Obras e principais estudos do autor IX

Prefácio da sexta edição XI

Prefácio da terceira edição XIII

Prefácio da segunda edição XV

Prefácio da primeira edição XVII

Índice sistemático XIX

Capítulo I – Introdução 1

Capítulo II – As origens do mandado de segurança 11

Capítulo III – A lição do direito comparado 47

Capítulo IV – A evolução legislativa 69

Capítulo V – Natureza processual do mandado de segurança 85

Capítulo VI – O conceito de direito líquido e certo 97

Capítulo VII – Atos de autoridade 115

Capítulo VIII – Legitimidade ativa 151

Capítulo IX – O mandado de segurança coletivo 167

Capítulo X – O mandado de segurança em matéria tributária 177

Capítulo XI – Questões polêmicas 187

Capítulo XII – Onze anos da Lei nº 12.016/2009 207

VIII | MANDADO DE SEGURANÇA NA PRÁTICA JUDICIÁRIA – *Arnoldo Wald*

Capítulo XIII – Conclusão 217

Apêndices 223

Bibliografia 283

OBRAS E PRINCIPAIS ESTUDOS DO AUTOR

- *Rui Barbosa e a Administração Pública,* monografia classificada em concurso do DASP, Rio de Janeiro, Imprensa Nacional, 1950.
- *A evolução do direito e a absorção da administração privada pela Administração Pública,* Rio de Janeiro, Imprensa Nacional, 1953.
- *A influência do direito francês sobre o direito brasileiro no domínio da responsabilidade civil,* obra premiada pelo governo francês, com carta-prefácio do Prof. Niboyet, Rio de Janeiro, 1953.
- *O mandado de segurança,* publicação do DASP, com prefácio do Min. Cunha Vasconcelos, Rio de Janeiro, Imprensa Nacional, 1955.
- "A correção monetária no direito privado". Rio de Janeiro: Revista Forense, 1966.
- "La evolución de la teoría de los derechos de vecindad", *Cuadernos de Derecho Francés*, 1955.
- "La responsabilidad civil del patrón por actos de sus dependientes en el derecho brasileño y en el derecho comparado", *Boletín del Instituto de Derecho Comparado de México*, maio/1956.
- *A adoção e as suas transformações no direito civil contemporâneo,* Rio de Janeiro, 1957.
- *A cláusula de escala móvel,* 1ª ed., São Paulo: Max Limonad, 1956; 2ª ed., Rio de Janeiro: Ed. Nacional de Direito, 1959.
- *Aplicação da teoria das dívidas de valor às pensões, decorrentes de atos ilícitos,* Rio de Janeiro: Ed. Nacional de Direito, 1959.
- *Do desquite,* Rio de Janeiro: Ed. Nacional de Direito, 1959.
- *Desenvolvimento, revolução e democracia,* Rio de Janeiro: Fundo de Cultura, 1966.
- *Imposto de Circulação de Mercadorias,* Rio de Janeiro: Forense, 1967.
- *O mandado de segurança na prática judiciária*, 2ª ed., Rio de Janeiro: Ed. Nacional de Direito, 1958; 3ª ed., Rio de Janeiro: Forense, 1968; 4ª ed., Rio de Janeiro: Forense, 2003; 5ª ed., Rio de Janeiro: Forense, 2006.
- *Correção monetária*, Rio de Janeiro: APEC, em colaboração com Mário Henrique Simonsen e Julien Chacel, 1970.

- *Estudos e pareceres de direito comercial*, 1ª série, São Paulo: Revista dos Tribunais, 1972; 2ª série, São Paulo: Revista dos Tribunais, 1978.
- *A OAB e o Projeto de Código Civil no Senado Federal*, publicação do Conselho Federal da OAB, 1984.
- *A proteção jurídica do "software"*, Rio de Janeiro: Forense, em colaboração com Orlando Gomes e outros, 1985.
- *Questões de responsabilidade civil*, Belém: Cejup, 1990.
- *1º Ciclo de Direito Econômico*, vários estudos em colaboração com Ives Gandra Martins e outros, publicação do IBCB, 1993.
- *A atividade de crédito imobiliário e poupança — aspectos jurídicos*, publicação da Abecip, 1994.
- "Il diritto dell'economia e il diritto dello sviluppo in Brasile", *in Il diritto dei nuovi mondi*, Milão: Cedam, 1994.
- *O direito de parceria e a nova lei de concessões*, com prefácio do Presidente da República Professor Fernando Henrique Cardoso, 1ª ed., São Paulo: Revista dos Tribunais, 1996; 2ª ed., São Paulo: Saraiva, 2004.
- *O novo direito monetário*, 1ª ed., Ciência Jurídica, 1996; 2ª ed., São Paulo: Malheiros, 2002.
- "Neutralidade dos planos econômicos para os agentes financeiros", *in Seminário aspectos jurídicos e econômicos do crédito imobiliário e da poupança*, Escola Nacional da Magistratura, 1997.
- *O Plano Collor e a evolução da jurisprudência*, São Paulo, publicação da ABECIP, 1999.
- *Curso de direito civil brasileiro: Introdução e parte geral*, 14ª ed., São Paulo: Saraiva, 2015.
- *Obrigações e contratos*, 22ª ed., São Paulo: Saraiva, 2015.
- *Contratos em espécie*, 20ª ed., São Paulo: Saraiva, 2015.
- *Direito das coisas*, 14ª ed., São Paulo: Saraiva, 2015.
- *Direito de família*, 19ª ed., São Paulo: Saraiva, 2015.
- *Direito das sucessões*, 16ª ed., São Paulo: Saraiva, 2015.
- *Aspectos polêmicos da Ação Civil Pública* (coord. Ana Maria Scartezzini). São Paulo: Saraiva, 2003.
- *Série Grandes Pareceristas – Direito das Concessões*, São Paulo: Editora América Jurídica, 2004, 3º vol.
- *A empresa no terceiro milênio – Aspectos Jurídicos*, São Paulo: Editora Juarez de Oliveira, 2005.
- *Comentários ao Novo Código Civil – Do Direito de Empresa*, Rio de Janeiro, Editora Forense, 2005, volume XIV. 2.ed. Rio de Janeiro: Forense, 2010.

PREFÁCIO DA SEXTA EDIÇÃO

O mandado de segurança está chegando aos seus 86 anos de vida, e a Lei nº 12.016, de 7 de agosto de 2009, acaba de festejar o seu décimo primeiro aniversário. Ambos, o instituto e a lei, prestaram relevantes serviços ao Brasil, garantindo a proteção dos direitos individuais e políticos. O mandado de segurança é o melhor dos instrumentos jurídicos que defende o homem contra o poder público, tendo assumido a sucessão do *habeas corpus* em relação a todos os casos que não se referem à liberdade de locomoção.

Sobreviveu ao Estado Novo e ao regime militar, como manifestação da nossa consciência cívica e da nossa cultura jurídica, constituindo uma arma poderosa contra o mandonismo e a preguiça, como já salientou o Ministro Cunha Vasconcellos, em prefácio à primeira edição da presente obra, que data de 1955, ou seja, comemora ou seu 65º aniversário. No Estado de Direito em que vivemos, continua sendo um dos principais instrumentos de defesa do indivíduo em áreas tão distintas como o direito fiscal, o regime dos funcionários, a intervenção econômica e até o direito eleitoral.

Nosso estudo da matéria se iniciou quando, em obra então organizada pela Casa de Rui Barbosa, participamos de pesquisa a respeito da jurisprudência do mandado de segurança nos seus primeiros vinte anos de vida[1]. Posteriormente, publicamos as cinco primeiras edições deste livro, dando ênfase tanto à história do instituto, como à sua natureza processual e aos principais campos de sua aplicação.

Decorridas catorze anos da última edição, atendemos ao convite da Editora Forense de atualizar o livro, o que se tornou possível em virtude da colaboração do Dr. Mário Henrique de Barros Dorna, Mestre em Direito Processual Civil pela PUC-SP, a quem agradecemos todo o excelente trabalho que fez.

Acompanhamos a evolução do mandado de segurança, durante 60 anos, como professor, como advogado, como Procurador do Estado, como Procurador Geral da Justiça do Estado da Guanabara e como parecerista. Há 24 anos, convocado pelo Ministro da Justiça, elaboramos um projeto de lei de modernização do instituto, na qualidade de relator de uma Comissão especialmente nomeada para este fim,

---

[1] *O mandado de Segurança e sua jurisprudência* (1935-1955). Rio de Janeiro: Casa de Rui Barbosa, 1959. Tomo I e II.

presidida pelo eminente e saudoso Professor Caio Tácito e na qual foi revisor o nosso querido amigo e eminente magistrado, Ministro Carlos Alberto Direito[2].

Por outro lado, coube-nos, a pedido do autor e de sua família, manter, em conjunto com o Ministro Gilmar Mendes, a atualização da primeira obra primorosa de Hely Lopes Meirelles, que trata do assunto, desde meados do século passado e está na sua 38ª edição[3].

Revendo o livro, escrito na mocidade, verifiquei que, se o tempo nos deu uma certa maturidade e maior experiência, conseguimos manter o entusiasmo e a fé no Direito, que os nossos colegas e eu aprendemos nos bancos da Faculdade Nacional de Direito no Rio de Janeiro nos meados do século passado, e que continua a dominar toda a nossa vida.

Oferecemos essa nova edição ao público, com a esperança de que tenha um duplo papel ético e profissional. Para que seja um instrumento útil aos advogados e magistrados e um catalisador do entusiasmo e da fé no direito, dos moços e dos menos moços, pois só com a adequada aplicação do mandado de segurança, a coragem dos profissionais, advogados, juízes e membros do Ministério Pública, e a boa, rápida e eficiente distribuição da Justiça, encontraremos o caminho a ser trilhado pelo nosso País e pelo nosso povo.

Iporanga, agosto de 2020.

A. W.

---

[2]   Portaria MJ nº 634, de 23.10.1996 (*DOU-II* de 24.10.1996).

[3]   MEIRELLES, Hely Lopes; WALD, Arnoldo; MENDES, Gilmar Ferreira. *Mandado de Segurança e Ações Constitucionais*. 38.ed. São Paulo: Malheiros, 2019. 944p.

PREFÁCIO DA TERCEIRA EDIÇÃO

O breve ensaio sobre o mandado de segurança, lançado em 1955 pelo Professor Arnoldo Wald, e que, três anos mais tarde, ampliar-se-ia em um livro de porte, aparece agora atualizado e ainda mais desenvolvido. Mantêm-se as qualidades fundamentais das edições anteriores – senso crítico, objetividade na explanação da matéria, farta documentação jurisprudencial – porém o autor as aprimora, oferecendo à literatura jurídica do país mais uma contribuição séria, a confirmar a sua posição de primeiro plano na geração moça dos juristas brasileiros.

O mandado de segurança, pela sua excelência como via sumaríssima para a proteção jurisdicional dos direitos públicos subjetivos do indivíduo, em um país onde a Administração Pública, por defeito generalizado de educação vê sempre nas pretensões do administrador algo ilegítimo a ser repelido, dispensando-lhe frequentemente tratamento menos acolhedor, estava destinado, mais dia menos dia, a sofrer mutilações por parte do Congresso, sob provocação do Poder Executivo. As demasias a que o seu uso deu lugar, em certa fase, fosse porque aplicado a situações inadequáveis ao seu cabimento, mas fosse, principalmente, pelo abuso da suspensão liminar do efeito dos atos administrativos por ele atacados, serviram de motivação, em nome do interesse público, de que tanto exorbitavam os titulares do poder estatal como razão de agir, para leis sucessivas de descaracterização do instituto. Quando é certo, bastaria fixar, no tempo, o efeito da medida liminar e exigir caução suficiente (não demasiada como fator de dificuldades) para garantir o desfazimento da execução provisória, com a efetiva reposição das coisas no estado anterior.

Ressurgiu a mesma visão medíocre das coisas, o mesmo oportunismo sem grandeza, dos que apenas enxergam o dia de hoje, os seus interesses de governantes, e não a pátria permanentemente e de todos, que na Reforma Constitucional de 1926, sob o pretexto farisaico de preservar a pureza do *habeas corpus*, mas na verdade com o propósito de deixar os atos arbitrários dos altos titulares do Poder Executivo acima do controle jurisdicional, liquidou, pelo simples acréscimo de duas ou três palavras ao texto da Carta de 1891, uma criação jurisprudencial de que a inteligência pátria se poderia honrar no confronto com tudo que de mais alto houvesse no mundo das elaborações jurídicas, desde o direito pretoriano em Roma, até o desvio de poder na França.

O autor descreve, sábia e concisamente, a trajetória desses dois grandes instrumentos da luta judiciária pela proteção dos direitos individuais contra os abusos do poder público em nosso país, documentando com a jurisprudência o brilhante papel que se reconheceu ao *habeas corpus* até 1926, passando pelo vazio em que a Reforma Constitucional desse ano lançou praticamente a proteção dos direitos individuais, até chegar ao mandado de segurança com a sua fase de prestígio, as demasias do seu uso e a tendência a desprestigiá-lo através de leis restritivas. E, com o equilíbrio que lhe é próprio, critica ambas estas posições, para reivindicar o retorno ao prestígio do instituto, mediante lei que, obstando à liberalização nociva da garantia constitucional, do mesmo passo lhe restaure a eficiência através da celeridade e da ductilidade executória. A sua posição de equilíbrio ao assim colocar-se e o entusiasmo que vota ao mandado de segurança como instrumento de aprimoramento da formação democrática dos governantes, credenciam-no entre os mais autorizados para versar a matéria, pois o trabalho do jurista não dispensa o calor do entusiasmo, nem a coragem do senso crítico. Principalmente em um país ainda politicamente imaturo como o nosso, no qual o esforço educativo sobre governantes e governados há de fazer-se pela pregação constante, devotada e incisiva daqueles que, na vivência diuturna do fenômeno jurídico, melhor sentem o que é de não fazer e o que falta fazer.

Mas, o livro reúne ao levantamento dos antecedentes históricos do instituto, a análise da sua estrutura à luz da doutrina e o documentário da sua recente aplicação jurisprudencial. Com o que habilita o leitor a uma visão conjunta do mandado de segurança, benéfica assim ao prestígio do instituto, pois este há de resultar, de certo, do exato entendimento da sua significação na vida jurídica do país, como à sua utilização prática, somente atingível, de modo proveitoso, com base na assimilação das leis reguladoras, através dos julgados. O valor do trabalho, porém, não surpreende. Da seriedade dos estudos jurídicos do autor, igualmente valiosos nos campos do Direito Privado e do Direito Público, não seria de esperar senão um trabalho honesto e de merecimento.

Miguel Seabra Fagundes

PREFÁCIO DA SEGUNDA EDIÇÃO

O presente trabalho não é uma obra de especulação doutrinária pois visa exclusivamente divulgar, para advogados e estudantes, os princípios básicos que regem um dos institutos jurídicos mais importantes do nosso tempo. A hipertrofia do mandado de segurança e a sua aplicação nos campos mais diversos, exigiam uma nova síntese que estabelecesse os seus pressupostos e enumerasse a grosso modo os casos em que o remédio é idôneo.

A nossa bibliografia na matéria é rica em obras eruditas e completas. A única justificativa deste livro é ter sido feito por um advogado, com uma visão relativamente pragmática do problema do mandando de segurança, atendendo sempre à lição e aos ensinamentos da jurisprudência, sem fazer, todavia, um simples repertório de acórdãos. Uma das características da nossa literatura jurídica tem sido o divórcio entre a doutrina e a jurisprudência. No presente volume, tentamos resumir as opiniões dos nossos autores, cotejando-as, sempre que possível, com as decisões judiciais.

Não pudemos percorrer todas as hipóteses de aplicação do mandado e as que citamos são meramente ilustrativas. Deixamos também de lado, por não pertinente, ao quadro do presente trabalho, a parte do processo do mandado de segurança.

Aproveitamos para a feitura da presente obra alguns estudos publicados anteriormente nos Ensaios da Administração editados pelo DASP e na Revista do Serviço Público. No tocante à jurisprudência, tivemos a oportunidade de dirigir, como chefe de pesquisas, o levantamento de acórdãos referentes ao direito constitucional, no Centro de Pesquisas da Casa de Rui Barbosa, cujas fichas, ora em publicação, são um precioso auxílio para o advogado, o que nos obrigou a um conhecimento relativamente meticuloso das decisões dos nossos tribunais referentes ao mandado de segurança.

Ao apresentar o presente volume, devemos salientar que não quisemos inovar. O nosso intuito exclusivo foi esclarecer a natureza e o funcionamento do instituto, facilitando assim o manejo do remédio heroico.

Rio de Janeiro, abril de 1958

A.W.

PREFÁCIO DA PRIMEIRA EDIÇÃO

Convidado, na qualidade de Presidente do Tribunal Federal de Recursos, fui, na noite de 30 de dezembro último, à sessão do Instituto dos Advogados Brasileiros, assistir à entrega, ao Dr. ARNOLDO WALD, do prêmio ASTOLFO DE REZENDE, instituído por seu ilustre filho, o Dr. OSWALDO MURGEL DE RESENDE, para o bacharelando da Turma de 1953 que mais se houvesse distinguido no curso da Faculdade Nacional de Direito. Conferido o prêmio, subiu à tribuna da veneranda instituição, para exprimir seus agradecimentos, um jovem de vinte e dois anos, olhar inquieto e penetrante, de positivos dons de oratória, modesto, embora convicto, em suas afirmações, que a todos nos entusiasmou e de todos arrancou aplausos pelo discurso que proferiu.

Aconteceu que, na mencionada mesma noite, com absoluta surpresa de minha parte, o provecto Dr. JOÃO DE OLIVEIRA FILHO, em nome daquele Instituto, ergueu-se e me dirigiu carinhosa saudação, dando destaque à minha ação na presidência do Tribunal que me honro de integrar, acentuadamente na resistência, que vinha opondo, ao desmoronamento do mandado de segurança. Colhido de imprevisto, em palavras rápidas e repassadas de emoção, vi-me na contingência de reduzir às suas exatas proporções o mérito que se me atribuía. Falei do mandado de segurança como elemento de civilização jurídica do Brasil e realcei as virtudes do Instituto no sentido da efetiva asseguração dos direitos individuais. E terminei num apelo aos advogados, ao ensejo daquela reunião, para que opusessem à campanha solerte de destruição do grande remédio do direito constitucional a força do alto prestígio da nobre classe.

Meu apelo não caiu em terreno sáfaro. E a primeira reação, este trabalho do Dr. ARNOLDO WALD, anima e conforta.

Depois de exata síntese histórica, o Dr. WALD expõe, com segurança, a índole do recurso, distinguindo, com firmeza, seu sentido assecuratório do reparatório próprio às ações comuns. Nunca será demasia insistir nesse ponto. Por sua própria natureza de recurso de efeito imediato, cuja sentença há que ser cumprida *incontinenti*, o mandado de segurança não comporta a apuração da extensão do dano. As delongas dessa apuração não cabem em seu rito. Líquido e certo o direito, seu titular é reposto, de pronto, no respectivo exercício. Se a execução pudesse ser submetida ao contraditório, não se justificaria, sequer, a concepção do Instituto. Esse é aspecto que anda muito descuidado, infelizmente. Advogados e juízes incidem na mesma censura. Os primeiros, pleiteando com impropriedade; os segundos, concedendo além dos limites próprios.

No particular, o trabalho do Dr. WALD esclarece, com justeza. E merece, nele e no todo, a mais atenta leitura. Sua crítica, por construtiva, faz luz e vivifica. Qualquer combate ao Instituto será suicida. Ninguém aceitará, nos tempos que correm, que o ato de uma demissão ilegal se mantenha por anos a fio até que a Justiça o anule, como ninguém poderia admitir que a detenção do indivíduo, com direito à liberdade, se prolongasse além do tempo necessário à invocação do amparo da Justiça. Quer queiram, quer não queiram, os ferrenhos inimigos do *writ*, ele subsistirá como estrela de primeira grandeza entre os recursos do direito, em seu sentido constitucional iniludível. Todas as deformações que, por leis ordinárias, têm sido tentadas com o objetivo de diminuir-lhe a eficácia, cairão como frágeis biombos chineses – ninguém se iluda.

O mandonismo e a preguiça têm sido as causas principais do combate insistente. Intencional, via de regra, é o ato ilegal, ou o abuso de poder. A autoridade prepotente não se conforma com o controle judiciário. E é pela via do mandado que se exerce o imediatismo desse controle. As vias ordinárias assegurarão as reparações patrimoniais, é certo, mas passados anos. Durante todos esses anos, entretanto, terá subsistido a arbitrariedade. A vaidade do seu autor não terá sofrido o impacto do direito, que é o que para ele importa, pois que, ao vir da reparação, já não terá ela sentido "atual" algum. Demais, o processo do mando obedece a um desenvolvimento rápido. Fazem-se necessários vigilância, cuidados especiais. A percepção da situação jurídica exige lentes de boa marca, como os instantâneos fotográficos. E tudo isso só não é incômodo, aborrecido e estafante para o titular do direito postulado, a vítima, precisamente o que, pelo mandado de segurança, o Direito não quer que exista, ou melhor, que subsista.

O Sr. Dr. ARNOLDO WALD está de parabéns. Seu estudo, embora restrito aos limites de um escorço, já diz um pouco do que se faz imperioso dizer. Sua atitude em defesa do mandado de segurança, esclarecida pela crítica e pela explicação conveniente, confere-lhe as esporas de cavaleiro da grande cruzada.

Que continue a boa batalha, são nossos votos, pela certeza de quanto poderá fazer quem, em tão verdes anos, de tanto já se mostrou capaz.

Rio, 15 de março de 1955.

Cunha Vasconcelos Filho
(Ministro do Tribunal Federal de Recursos)

ÍNDICE SISTEMÁTICO

Capítulo I – INTRODUÇÃO 1

1. O direito público.. 1
2. Princípios básicos do direito administrativo 6
3. O mandado de segurança e o direito administrativo..................... 6
4. Missão do mandado de segurança 8

Capítulo II – AS ORIGENS DO MANDADO DE SEGURANÇA 11

5. Antecedentes históricos... 11
6. Ação sumária especial.. 12
7. O *habeas corpus*. Origens históricas... 14
8. O *habeas corpus* no império 16
9. A doutrina brasileira do *habeas corpus*: a interpretação de Rui Barbosa..... 18
10. A evolução jurisprudencial (1901-1909) 22
11. A tese de Pedro Lessa 25
12. A revisão constitucional de 1926.. 28
13. A função histórica do *habeas corpus* 30
14. *Habeas corpus* e mandado de segurança 32
15. Os interditos e a proteção possessória dos direitos pessoais. As origens da proteção interdital 35
16. Evolução do direito brasileiro 38
17. A posse no Código Civil de 2002 43
18. Utilização privativa ou alternativa do mandado e dos interditos possessórios... 44

Capítulo III – A LIÇÃO DO DIREITO COMPARADO.................................... 47

19. Controle judicial e contencioso administrativo 47
20. O "governo dos juízes" e os *writs* do direito norte-americano 49
21. O recurso de amparo.. 57

XX MANDADO DE SEGURANÇA NA PRÁTICA JUDICIÁRIA – *Arnoldo Wald*

22. O recurso de anulação dos atos inconstitucionais no direito austríaco 65
23. O Conselho de Estado e a teoria do *détournement de pouvoir* 66
24. O mandado de segurança e o direito estrangeiro. Síntese comparativa 67

Capítulo IV – A EVOLUÇÃO LEGISLATIVA 69
25. Origens remotas. Primeiros projetos 69
26. A comissão do Itamaraty e a Constituição de 1934 (art. 113, nº 33) 70
27. A Lei nº 191, de 16 de janeiro de 1936 71
28. A Carta de 1937 71
29. O Código de Processo Civil de 1939 (arts. 319 a 331) 72
30. A Constituição de 1946 (art. 141, § 24) 73
31. A Lei nº 1.533, de 31 de dezembro de 1951 74
32. A Constituição Federal de 1988 76
33. A Lei nº 12.016, de 07 de agosto de 2009 77

Capítulo V – NATUREZA PROCESSUAL DO MANDADO DE SEGURANÇA 85
34. Finalidade do mandado de segurança 85
35. A natureza do mandado de segurança. A tese de Castro Nunes 88
36. O mandado como ação mandamental 89
37. O mandado como ação anulatória de medidas abusivas ou ilegais da administração 90
38. O mandado como interdito possessório 92
39. O mandado de segurança como ação especial de maior densidade 93

Capítulo VI – O CONCEITO DE DIREITO LÍQUIDO E CERTO 97
40. Pressupostos do mandado de segurança no direito constitucional brasileiro 97
41. Ato inconstitucional ou ilegal e abuso de direito 98
42. Violação de direito individual ou coletivo 99
43. Prova cabal do fato alegado 104
44. Importância da apreciação subjetiva do magistrado 107
45. A lição de Costa Manso e as críticas de Castro Nunes e Temístocles Cavalcânti 108
46. A síntese de Pontes de Miranda e Seabra Fagundes 110
47. O abuso de poder na jurisprudência brasileira 112

Capítulo VII – ATOS DE AUTORIDADE 115
48. Conceito de autoridade 115
49. Atos do Poder Legislativo 120

50. Atos do Poder Judiciário	127
51. Atos do Poder Executivo	137
52. Autarquias e administração pública indireta. Partidos políticos. Autoridade delegada e concessão de serviços públicos. Sindicatos	141
53. Decisões de tribunais administrativos	146
54. Possibilidade de correção do polo passivo	149

Capítulo VIII – LEGITIMIDADE ATIVA ... 151

55. Princípios gerais	151
56. Impetração por estrangeiros	154
57. Mandado de segurança coletivo	156
58. Impetração por pessoa jurídica de direito público	160
59. Substituição processual	161
60. Da representação do impetrante por advogado	163

Capítulo IX – O MANDADO DE SEGURANÇA COLETIVO ... 167

61. Requisitos para a impetração	167
62. Legitimidade ativa	167
63. Concessão de liminar	171
64. Litispendência e coisa julgada	173

Capítulo X – O MANDADO DE SEGURANÇA EM MATÉRIA TRIBUTÁRIA ... 177

65. A importância do mandado de segurança para possibilitar a compensação e a dispensa do pagamento do tributo	177
66. A exigência de caução como contracautela	180
67. A efetividade do mandado de segurança e a legitimidade das partes	181

Capítulo XI – QUESTÕES POLÊMICAS ... 187

68. O ato político e a discricionariedade	187
69. A suspensão de liminar e de segurança	191
70. O mandado de segurança contra ato judicial e o agravo de instrumento no CPC de 2015	195
71. O mandado de segurança e a arbitragem	197
72. Arguição de descumprimento de preceito fundamental e mandado de segurança	199
73. Breves considerações sobre a Lei nº 12.016/2009	203

Capítulo XII – ONZE ANOS DA LEI Nº 12.016/2009 ... 207

74. Ações diretas de inconstitucionalidade	207

75. Alguns entendimentos sumulados à luz da Lei nº 12.016 208

76. Pontos de contato entre o CPC de 2015 e o mandado de segurança 211

77. Temas de mandado de segurança coletivo 214

Capítulo XIII – CONCLUSÃO 217

APÊNDICES 223

I – PROJETOS E LEGISLAÇÃO 223

1 – Lei nº 221, de 20 de novembro de 1894 223

2 – Constituição de 16 de julho de 1934 224

3 – Lei nº 191, de 16 de janeiro de 1936 225

4 – Código de Processo Civil de 1939 230

5 – Constituição, de 18 de setembro de 1946 232

6 – Lei nº 1.533, de 31 de dezembro de 1951 232

7 – Lei nº 2.410, de 29 de janeiro de 1955 235

8 – Lei nº 2.770, de 4 de maio de 1956 235

9 – Lei nº 4.166, de 4 de dezembro de 1962 236

10 – Lei nº 4.348, de 26 de junho de 1964 237

11 – Lei nº 4.357, de 16 de julho de 1964 238

12 – Lei nº 4.862, de 29 de novembro de 1965 238

13 – Lei nº 5.021, de 9 de junho de 1966 238

14 – Constituição de 1967 239

15 – Constituição de 1967 com a Emenda nº 1/69 240

16 – Emenda Constitucional nº 7/1977 240

17 – Lei nº 6.014, de 27 de dezembro de 1973 241

18 – Lei nº 6.071, de 3 de julho de 1974 241

19 – Constituição de 1988 241

20 – Lei nº 8.076, de 23 de agosto de 1990 243

21 – Exposição de motivos do projeto de lei, encaminhado em 2001, para disciplinar o mandado de segurança individual e coletivo 243

22 – Parecer da Câmara dos Deputados ao Projeto de Lei nº 5.067, de 2001, que disciplina o mandado de segurança individual e coletivo 247

23 – Parecer do Senado Federal ao Projeto de Lei nº 5.067, de 2001, que disciplina o mandado de segurança individual e coletivo 248

24 – Lei nº 12.016, de 7 de agosto de 2009 254

ÍNDICE SISTEMÁTICO | XXIII

25 – Quadro comparativo entre a Lei nº 12.016/2009 e a legislação anterior...... 260

26 – Regimento interno do Supremo Tribunal Federal 276

27 – Regimento interno do Superior Tribunal de Justiça 277

II – SÚMULAS DO STF E DO STJ... 279

A) DO STF 279

B) DO STJ 281

BIBLIOGRAFIA 283

Capítulo I
INTRODUÇÃO

Sumário: 1. O direito público – **2.** Princípios básicos do direito administrativo – **3.** O mandado de segurança e o direito administrativo – **4.** Missão do mandado de segurança.

> "Il est incontestable qu'un des problèmes qui préocupent le plus aujourd'hui tous les jurisconsultes, tous les magistrats, tous les avocats, et je puis dire l'opinion publique, c'est celui qui se pose dans les termes suivants: comment les particuliers peuvent-ils et doivent-ils être protégés contre l'État?"[1]
>
> LÉON DUGUIT (*Leçons de droit public général.* Paris: Boccard, 1926, p. 301).

1. O DIREITO PÚBLICO

O direito público nasceu quando a lei limitou os poderes do Estado. Na época em que dominava a máxima *quod principi placuit legis habet vigorem*, nenhum sentido tinha o direito constitucional e não podia existir o direito administrativo.

O direito constitucional surgiu quando à onipotência estatal se opuseram as garantias individuais, estabelecendo-se posteriormente a separação dos poderes e o sistema de freios e contrapesos para evitar que "o monarca ou o senado legislassem tiranicamente para executar tiranicamente as leis"[2].

---

[1] Tradução livre pelo autor: "É incontestável que um dos problemas que mais preocupam na atualidade todos os jurisconsultos, todos os magistrados, todos os advogados e – posso também dizer – toda a opinião pública é o que se coloca nestes termos: *como os particulares podem e dever ser protegidos contra o Estado?*"

[2] MONTESQUIEU, *De l'esprit des lois*, capítulo VI do Livro XI. Em sentido diverso, v. MARCEL DE LA BIGNE DE VILLENEUVE, *La fin du principe de séparation des pouvoirs*. Paris: Sirey, 1934, *passim*; ARTHUR T. VANDERBLIT, *The doctrine of the Separation of Powers and its Present-Day Significance*. Lincoln: Nebraska University Press, 1953, *passim*, e B. MIRKINE GUETZEVITCH, *Modernas tendencias del derecho constitucional*, tradução espanhola. Madrid: Ed. Reus, 1934, p. 200 e ss. e, para o direito

O direito público utiliza a técnica privatista, recorrendo aos conceitos elaborados pelo direito privado. As noções de pessoa jurídica, de responsabilidade, de direito subjetivo, de fundação, de contrato, de sociedade comercial são transpostas do direito privado para o direito público[3]. Posteriormente, adquirem um caráter próprio. A função pública deixa de ser contratual para se tornar institucional. Por outro lado, os instrumentos da técnica privatista, que se transformaram para se adaptar ao direito público, vieram exercer uma ação catalisadora sobre o próprio direito privado donde emanaram. Assim, as teorias da responsabilidade civil fundamentada no risco ou da revisão dos contratos, que têm sido aplicadas com maior amplitude no campo do direito público, provocam uma evolução mais rápida, no mesmo sentido, na esfera privatista. É, na realidade, uma reação em cadeia.

Se o direito público nasceu com a limitação dos poderes do Estado, o direito administrativo se consolidou quando foi admitido o controle da legalidade dos atos da administração, dando-se as necessárias garantias ao cidadão para que deles possa recorrer e assegurando-se ao funcionário o mínimo de direitos para que obtenha a sua autonomia.

Já se definiu o direito administrativo como o direito da administração pública e até, numa concepção subjetiva, como o direito que regula a situação, os direitos e os deveres dos funcionários, do mesmo modo que se conceituara o direito comercial como o direito dos comerciantes[4].

Assim, o Conselheiro MONTEZUMA, em excelente discurso pronunciado no Instituto dos Advogados Brasileiros, em 7 de setembro de 1848, conceituava o direito administrativo como aquele que "determina as atribuições do funcionário público, qualquer que seja a sua categoria ou hierarquia administrativa"[5].

O direito administrativo, em sua primeira fase, foi, pois, sobremaneira o direito regulamentar das atribuições e das garantias do funcionário público. E as definições modernas nem sempre se afastam muito dessas ideias.

O direito administrativo também é conceituado como o conjunto de normas que condicionam a atividade dinâmica do Estado e a sua intervenção nos diversos campos da atividade humana, mediante a criação de serviços públicos ou a elaboração de normas regulamentares.

---

brasileiro, a tese do Prof. e Magistrado A. P. SOARES DE PINHO, *Freios e Contrapesos do Governo na Constituição Brasileira*, Niterói, 1961.

[3] V. ARNOLDO WALD, "As sociedades de economia mista – A aplicação da técnica do direito privado no direito público", *Revista do Serviço Público*, Rio de Janeiro, p. 46-51, ago. de 1953.

[4] V. GEORGES RIPERT, *Traité élémentaire de droit commercial*, 2ª ed. Paris: LGDJ, 1951, p. 3.

[5] *FRANCISCO GÊ ACAIABA DE MONTEZUMA*, "Direito Administrativo: importância e necessidade do seu estudo", *Revista de Direito Administrativo*, Rio de Janeiro, vol. 1, fasc. I, p. 305, 1945.

Capítulo I · INTRODUÇÃO | 3

GEORGES VEDEL definiu o direito administrativo como *"le droit de la puissance publique exercée par le pouvoir exécutif"*[6].

Para MARCEL WALINE, o direito deve obedecer a dois princípios básicos: a atribuição às autoridades dos poderes que lhes são necessários no interesse geral e a salvaguarda das liberdades essenciais do cidadão. É preciso evitar, adverte o eminente mestre francês, de um lado, o imobilismo e a impotência e, de outro, a tirania[7].

A vinculação do direito administrativo à proteção das liberdades individuais básicas se fez sentir de modo mais agudo em nosso século, com a hipertrofia do Estado moderno e a convicção dominante da necessidade de criar uma técnica própria de defesa do indivíduo contra a autoridade. De fato, o desequilíbrio de forças nas relações entre a máquina estatal e o cidadão exigiu que remédios especiais fossem estruturados para evitar as lesões de direito, sendo insuficiente e ineficaz o procedimento utilizado nas ações civis, nas quais se pressupõe a igualdade processual das partes.

É preciso acentuar, outrossim, o divórcio progressivo entre a ciência da administração e o direito e a tendência do nosso tempo de sacrificar, algumas vezes, o direito das partes e a aplicação da lei a uma alegada maior eficiência da administração no desempenho das suas funções e no interesse da própria coletividade[8].

Após a última guerra mundial, o direito administrativo brasileiro se desenvolveu, procurando enquadrar dentro do espírito constitucional as conquistas da técnica administrativa realizadas durante o Estado Novo, firmando-se a atenção dos juristas sobre o problema do equilíbrio entre a eficácia administrativa e a proteção dos direitos individuais que constitui a questão básica do século XX, na pretendida conciliação entre o dirigismo econômico e o liberalismo político.

---

[6] Tradução livre pelo autor: "o direito do poder público exercido pelo Poder Executivo".

[7] MARCEL WALINE, *Droit Administratif*, 9ª ed. Paris: Sirey, 1963, p. 4 e ss.

[8] A este respeito, SANTIAGO DANTAS escreve que: "A ciência da administração, a ciência econômica, as ciências que procuram sistematizar as diferentes formas de controle social, fazem progressos que algumas vezes colocam os seus métodos e normas em conflito com as normas jurídicas. E o direito assume, nesse conflito entre um critério ético e um critério puramente pragmático, o papel de força reacionária, de elemento resistente, que os órgãos do governo estimariam contornar para poderem promover, por meios mais imediatos e diretos, o que lhes parece ser o bem comum. Os traços desse conflito cultural estão marcados na vida contemporânea em exemplos numerosos. Raro é o administrador que não está convicto da utilidade de ditar normas *in concreto* sem passar pelo circuito da norma geral e abstrata, editada pelo legislativo. Raro é o legislador ou administrador que não vê de má sombra os golpes a que os tribunais submetem os atos arbitrários, muitas vezes inspirados por princípios salutares de economia e administração. E é frequente ouvir-se de um administrador que está disposto a agir fora do direito, mas de acordo com uma técnica administrativa, que lhe parece eficiente, remetendo as partes contrariadas ao julgamento dos tribunais" (SANTIAGO DANTAS, *A educação jurídica e a crise brasileira*. São Paulo: Revista dos Tribunais, 1955, p. 13 e ss.).

MANDADO DE SEGURANÇA NA PRÁTICA JUDICIÁRIA – *Arnoldo Wald*

Aliás, em todos os países, recrudesceu o interesse pela defesa dos direitos individuais, uma vez terminada a era das tiranias que dominara o mundo com as ditaduras dos países do Eixo. A própria ideologia socialista afirmou que a sua sobrevivência dependia da manutenção do regime democrático[9].

Os juristas frisaram que as garantias individuais não passavam de faculdades platônicas se não estivessem devidamente amparadas por adequados remédios jurídicos.

A Declaração Universal dos Direitos do Homem, proclamada em Paris, pela Assembleia Geral das Nações Unidas, em 10 de dezembro de 1948, fez questão de garantir o direito de toda pessoa "a um recurso efetivo, perante os tribunais nacionais competentes, que a ampare contra os atos que violam os seus direitos fundamentais reconhecidos pela constituição e pela lei" (art. 8º).

A sugestão que partiu da delegação mexicana visava a criação de uma garantia processual eficiente para a defesa dos direitos individuais contra os atos inconstitucionais, ilegais ou abusivos das autoridades públicas[10].

Por sua vez, a Declaração de Atenas de 18 de junho de 1955, elaborada pelos congressistas reunidos na Grécia sob os auspícios da Comissão Internacional de Juristas, reiterou a necessidade de sujeitar o Estado ao Direito, cabendo aos Governos o dever de respeitar os direitos dos indivíduos dentro do quadro do Estado de Direito, assegurando os meios necessários para a sua completa realização.

O Conselho Interamericano de Jurisconsultos aprovou em Santiago do Chile, em setembro de 1959, o *Projeto de Convenção Panamericana para a proteção dos direitos do homem*, cujo art. 18 assegurava a toda pessoa um recurso eficaz, simples e rápido, perante os tribunais nacionais competentes, que pudesse protegê-lo

---

[9] HAROLD J. LASKI, *Liberty in the modern state*. London: George Allen & Unwin, 1930, *passim* e *L'oeuvre de Léon Blum* (1945-1947), Paris: Albin Michel, 1958, p. 71. Afirma este último que: *"cette connexion entre la démocracie et le socialisme est pour nous plus évidente aujourd'hui que jamais."* Em tradução livre pelo autor: "Esta conexão entre a democracia e o socialismo é para nós mais evidente hoje do que nunca".

[10] Texto análogo se encontra no Pacto de Bogotá firmado pelos Estados americanos em 1948 e no art. 13 da *Convenção europeia para a salvaguarda dos direitos do homem e das liberdades fundamentais* aprovada por diversos Estados europeus em Roma, em 4 de novembro de 1950. V. MAURO CAPPELLETTI, *La jurisdicción constitucional de la libertad*, tradução mexicana de HECTOR FIX ZAMUDIO, México: Imprenta Universitaria, 1961, p. 2, nota 2.
Por outro lado, no Congresso da *Inter-American Bar Association* realizado em Buenos Aires, em 1957, recomendou-se "a adoção pelos países do continente que o não possuam ainda, de um recurso que pode denominar-se de forma distinta, seja mandado de segurança, seja *amparo*, assim deixando ao *habeas corpus* a garantia específica da liberdade física e ao novo instituto a garantia dos outros direitos individuais" (*ap.* OTHON SIDOU, *In: Estudos sobre o mandado de segurança*, publicado pelo Instituto Brasileiro de Direito Processual Civil, sob a presidência do Dr. Otto de Andrade Gil, Rio, 1963, p. 112).

contra todos os atos violadores de seus direitos fundamentais reconhecidos pela Constituição ou pela Lei.

Finalmente, o Primeiro Congresso Internacional de Direito Processual Civil, reunido em São Paulo, de 10 a 13 de setembro de 1962, recomendou que se introduzisse com urgência, em todos os países, "um sistema de normas que permita efetiva tutela jurisdicional das liberdades constitucionais e dos direitos fundamentais do homem contra o arbítrio dos agentes do poder público".

A proteção das liberdades individuais foi enfatizada pela Convenção Americana sobre Direitos Humanos, também conhecida como Pacto de São José da Costa Rica, de 22 de novembro de 1969, em cujo art. 8º, § 1º, afirmou-se o direito de *todos* às garantias judiciais e à razoável duração do processo:

> "Toda pessoa tem direito a ser ouvida, com as devidas garantias e dentro de um prazo razoável, por um juiz ou tribunal competente, independente e imparcial, estabelecido anteriormente por lei, na apuração de qualquer acusação penal formulada contra ela, ou para que se determinem seus direitos ou obrigações de natureza civil, trabalhista, fiscal ou de qualquer outra natureza."

As últimas décadas foram marcadas pela tendência generalizada de revisão da noção de Estado, bem como suas dimensões e relações com a sociedade. Políticos, sociólogos, economistas e juristas, insurgindo-se contra o "Estado megalômano", onipresente, hipertrofiado e superdesenvolvido, defenderam ampla redução de seu papel e exigiram, simultaneamente, maior eficiência no exercício de funções públicas básicas. Com isso, além do surgimento da tese de que precisamos de menos Estado e de mais Justiça comutativa e distributiva, devendo ser adotadas fórmulas que assegurem o Estado mínimo, do Estado moderno, que é o Estado *modesto*, verificou-se tendência para "nacionalizar o Estado", no sentido de *submeter o aparato estatal mais diretamente à sociedade.*[11]

Seguindo essa tendência, muito embora o Pacto de São José da Costa Rica tenha sido promulgado no Brasil apenas em 1992, a Constituição Federal de 1988 reforçou o arcabouço de garantias constitucionais ao prever, além dos já consagrados *habeas corpus* e mandado de segurança, também o mandado de injunção, o mandado de segurança *coletivo* e a inconstitucionalidade por omissão.

Após, outros passos foram dados no sentido de não apenas *prever* direitos, mas de também conferir-lhes parâmetros de *qualidade*, sendo de se destacar a Emenda Constitucional nº 19 – que, dentre outros, expressou a sujeição da Administração Pública ao *princípio da eficiência* – e a Emenda Constitucional nº 45, por meio da

---

[11] ARNOLDO WALD, "As novas tendências do direito administrativo" *In*: MARTINS, Ives Gandra da Silva; CAMPOS, Diogo Leite de (Coords.). *O direito contemporâneo em Portugal e no Brasil*, Coimbra: Almedina, 2003, p. 219 e ss.

qual se inseriu, no rol dos direitos fundamentais, a *razoável duração dos processos* (art. 5 º, LXXVIII, da CF).

No direito brasileiro, o mandado de segurança atende a este ideal de equilíbrio jurídico recomendado pelos textos internacionais, bem como pela Constituição Federal, viabilizando o controle rápido dos atos administrativos pelo Poder Judiciário e, por consequência, a eficácia do direito contra ameaças ou violações por quem exerça função pública.

2. PRINCÍPIOS BÁSICOS DO DIREITO ADMINISTRATIVO

O princípio básico em que se fundamentou historicamente o direito administrativo foi o controle da legalidade dos atos administrativos.

Os diversos Estados estabeleceram um contencioso administrativo ou então atribuíram ao poder judiciário a função de anular os atos administrativos inconstitucionais ou ilegais. Quanto ao funcionalismo público, o *spoil system* foi abandonado e o *caciquismo* substituído por um sistema de garantias legais ou estatutárias asseguradas coativamente pelo Poder Judiciário.

O poder discricionário passou a ter um sentido especial, ficando sempre na dependência dos interesses públicos. BIELSA assinalou que não haveria mais "faculdades absolutamente discricionárias", já que estas são exercidas pelo poder de acordo com os fins almejados pela própria norma jurídica[12].

Contra os atos arbitrários, contra o poder discricionário empregado fora da *mens legis*, do espírito da lei, as diversas legislações criaram meios processuais adequados, a fim de anular o ato ilegal ou abusivo. Estes instrumentos é que vieram a dar a sua verdadeira função ao direito administrativo.

Na França, o Conselho de Estado elaborou a teoria do *détournement de pouvoir* que corresponde, no campo do direito público, ao abuso de direito na esfera do direito privado. A *common law* deu aos prejudicados os *writs* correspondentes aos direitos lesados. O México e a Espanha republicana asseguraram o recurso de amparo às vítimas de atos abusivos ou ilegais. No Brasil, o legislador constituinte de 1934 criou o mandado de segurança para proteger os direitos certos e incontestáveis violados pelos poderes públicos (artigo 113, nº 33).

3. O MANDADO DE SEGURANÇA E O DIREITO ADMINISTRATIVO

A introdução no direito positivo brasileiro do mandado de segurança foi uma conquista da nossa cultura jurídica, como o tinha sido a teoria anteriormente elaborada, justamente denominada "doutrina brasileira do *habeas corpus*".

---

[12] RAFAEL BIELSA, *Algunos aspectos de la función pública*, 2ª ed., Santa Fé, Universidad Nacional *del* Litoral, 1943, p. 46.

Capítulo I · INTRODUÇÃO | 7

O mandado de segurança, como remédio que evita, ou corrige, o ato ilegal ou abusivo dos poderes públicos, em vez de permitir a sua realização, indenizando posteriormente o lesado, como ocorria no direito anterior, é uma garantia que já denota um espírito público adiantado. Revela o espírito de uma civilização que abandonou definitivamente o caciquismo, o caudilhismo e o coronelismo, por muito tempo implantados na América Latina[13], para impregnar-se de civismo, de senso jurídico, imbuindo-se das grandes lições do direito administrativo e, com uma técnica apropriada, ultrapassando o velho mundo, no esforço magnífico de estabelecer um justo equilíbrio entre os direitos individuais e a realização pelo Estado, do bem comum[14].

O mandado de segurança é um remédio eficaz e imediato que corrige a atitude individual do funcionário ou da autoridade em vez de onerar o tesouro nacional, o Estado anonimamente, com pesadas indenizações[15].

---

[13] O aspecto personalista da autoridade na América Latina é assinalado por FRANK TANNENBAUM, no seu artigo *The Political Dilemma in Latin America*, cujas observações, "embora desagradáveis, contêm forte dose de exatidão" na palavra de HERMES LIMA ("O dilema político na América Latina", *Digesto Econômico, São Paulo*, n. 160, jul./ago. 1960, p. 69 e ss.).

[14] Em magnífico relatório sobre o mandado de segurança, teve o Prof. NICETO ALCALÁ ZAMORA o ensejo de reconhecer que "os processualistas brasileiros sentem um verdadeiro fervor cívico em relação a esta instituição, comparável ao orgulho que os espanhóis sentem pelos processos forais de Aragão, os ingleses pelo *habeas* corpus e os mexicanos pelo *amparo*. Este entusiasmo, acrescenta o eminente mestre, se justifica plenamente e tem levado os juristas brasileiros a estudar o assunto, sempre que lhes é dado apresentar teses ou relatórios em congressos internacionais ou colaborar em obras estrangeiras. Do mesmo modo, conclui, que os artistas e industriais enviam às exposições as suas obras e produtos de melhor qualidade e maior fama, assim também os processualistas brasileiros, sabedores do prestígio inerente ao mandado de segurança, estimaram que constituía o mais brilhante embaixador jurídico que o seu direito poderia credenciar junto às outras nações" (NICETO ALCALÁ ZAMORA, *El mandato de seguridad brasileño visto por um extranjero, ap. Tres estúdios sobre el mandato de seguridade brasileño*, publicação do Instituto de Derecho Comparado da Universidad Nacional Autónoma de México, 1963, p. 100).

[15] DARIO DE ALMEIDA MAGALHÃES assinalou como o mandado de segurança se tornou um verdadeiro instrumento da justiça democrática e um "meio de educação dos agentes do poder público", analisando o mecanismo do remédio jurídico e tecendo as seguintes considerações que transcrevemos por serem sempre oportunas:

"É claro que esta garantia constitucional tem um gosto amargo, um sabor insuportável para o paladar dos administradores viciados nos hábitos da prepotência, e que pretendem ter as mãos livres para agirem desenvoltamente, sem peias nem embaraços, sem a ninguém dar contas dos seus atos. Para estes, o mandado de segurança é qualquer coisa de insólito e de anárquico e a intervenção da Justiça suscitada através dele sempre impertinente, usurpadora e calamitosa.

Antes dessa sinistra invenção do mandado de segurança, o gozo das posições de mando era muito mais tranquilo. Os que as desfrutavam podiam realizar os seus caprichos e atender aos seus interesses e aos dos amigos com muito maior proveito. Praticavam-se as ilegalidades e os abusos; sacrificavam-se os direitos mais legítimos. OS EXCESSOS E AS ARBITRARIEDADES FICAVAM DE PÉ, produziam todos os seus efeitos; a autoridade do administrador não sofria a menor restrição. As vítimas, sacrificadas nos seus direitos, que fossem ao Judiciário para obter as reparações

LÉON DUGUIT considerava que o progresso se realizava proporcionalmente ao desenvolvimento dos serviços públicos. Pensamos, todavia, que a civilização se adianta à medida que se concretiza o equilíbrio entre direitos individuais e interesses sociais, ou seja, quando os serviços públicos se expandem sem, todavia, abalar o mínimo de direitos necessários ao indivíduo para manter a dignidade humana. Este ideal consiste em obter a igualdade sem destruir a liberdade, em assegurar o bem comum sem aniquilar as garantias individuais, só podendo ser alcançado após ações e reações, excessos do individualismo e do estadismo, chegando-se, afinal, à síntese almejada.

Nessa luta, o mandado de segurança constituiu um instrumento importante.

A Constituição de 1988, em seu art. 5º, LXX, institui a possibilidade de impetração de mandado de segurança coletivo destinado a defender o direito líquido e certo da categoria ou classe, não o interesse individual de um ou outro membro, ou de grupos da entidade representativa. Nos termos da Constituição Federal, os legitimados a fazê-lo são:

> "a) partido político com representação no Congresso Nacional;
> b) organização sindical, entidade de classe ou associação legalmente constituída e em funcionamento há pelo menos um ano, em defesa dos interesses de seus membros ou associados;"

Merece destaque a observação de HELY LOPES MEIRELLES: "A entidade que impetrar mandado de segurança deve fazê-lo em nome próprio, mas em defesa de todos os seus membros que tenham um direito ou uma prerrogativa a defender judicialmente."[16]

4. MISSÃO DO MANDADO DE SEGURANÇA

Na crise que sofreu o instituto, oriunda justamente do conflito entre individualismo e estadismo, entre o poder judiciário apegado aos direitos individuais constitucionalmente assegurados e o executivo hipertrofiado e em fase de expansão,

---

pecuniárias cabíveis. Os cofres públicos eram então duramente sangrados para o pagamento das indenizações; mas, os responsáveis pelos atos ilegais e abusivos nada sofriam; e haviam colhido plenamente os frutos do seu procedimento infringente da lei" (*Revista Forense*, Rio de Janeiro, vol. 151, jan./fev. 1954, p. 535).

No século da velocidade, afirmou o Ministro CÂNDIDO MOTA FILHO, o mandado de segurança é um sintoma da renovação da luta pelo direito, um recurso contra os males da Justiça demorada, constituindo um esforço feito na "busca da simplicidade" e revelando o sentimento e a consciência de ameaça que o indivíduo possui diante das ambições ilimitadas do Estado intervencionista (CÂNDIDO MOTA FILHO, "Uso e abuso do mandado de segurança", *Arquivos do Ministério da Justiça e Negócios Interiores*, Rio de Janeiro, n. 77, mar. 1961, p. 3 e ss.).

[16] *In: Mandado de Segurança e ações constitucionais*. 38. ed. São Paulo: Malheiros, 2019, p. 37.

a fim de realizar o bem comum, o mandado de segurança deve ser conservado em sua inteireza, em toda a pureza do instituto, para que não percamos o que tão difícil foi conquistar.

Ao jurista, ao juiz, ao advogado, ao cidadão cabe proteger, no seu sentido real, o instituto que foi a base de uma renovação do nosso direito administrativo, da nossa administração pública, da nossa psicologia nacional, do nosso espírito cívico.

Ao ver indeferida a sua petição de *habeas corpus* em favor daqueles que ilegalmente FLORIANO prendera, exclamava RUI BARBOSA:

> "Havia no tribunal, ao cair dos votos que denegavam o *habeas corpus*, a impressão trágica de um naufrágio, contemplado a algumas braças da praia, sem esperança de salvamento, de uma grande calamidade pública que se consumasse sem remédio, aos nossos olhos, de uma sentença de morte sem apelo, que ouvíssemos pronunciar contra a pátria, do bater fúnebre do martelo, pregando entre as quatro tábuas de um esquife a esperança republicana."

A descrição da Águia de Haia foi de especial atualidade, quando a jurisprudência ora concedia amplamente, sem maior análise, medidas liminares para impedir a realização de concursos, protegendo assim os então chamados interinos sem nenhum outro título, ora, com rigor e timidez, negava o mandado impetrado para obrigar a autoridade administrativa a decidir acerca de requerimento feito há meses ou anos, considerando o juiz que a lei no caso não previa prazo para a decisão administrativa e olvidando a disposição constitucional, à época, do art. 141, § 36, inciso I da Constituição de 1946, que prometia o rápido andamento dos processos nos órgão públicos. Já que não havia prazo estabelecido por lei, as autoridades poderiam passar anos sem despachar um requerimento e o mandado de segurança de nada serviria, como outrora, naquele dia, também sombrio para a nacionalidade, de nada serviu o *habeas corpus*, por não poder garantir a liberdade individual, diante da hesitação do Supremo Tribunal Federal que vacilava em reconhecer a sua competência para julgar da legalidade dos atos do executivo, especialmente quando praticados durante o estado de sítio[17].

Pensamos que tenha sido aquela luta, como a que se desencadeou nos tribunais brasileiros para a conceituação do mandado de segurança, que veio a assegurar ao Brasil, durante a primeira República, e, ao menos, dentro de certos limites, o

---

[17]   A crise de mandado de segurança foi objeto de diversos estudos. Além do artigo citado na nota anterior do Ministro CÂNDIDO MOTA FILHO (*Arquivos do Ministério da Justiça e Negócios Interiores*, Rio de Janeiro, vol. 77, p. 1, mar. 1961), v. o estudo do Desembargador OLIVEIRA E SILVA ("Uso e abuso no mandado de segurança", *Revista de Direito da Procuradoria Geral do Estado da Guanabara*, vol. 3, 1956, p. 133) e a introdução do Prof. OTTO GIL na publicação do Instituto Brasileiro de Direito Processual Civil denominada *Estudos sobre o Mandado de Segurança*, Rio de Janeiro, 1963, p. 9 e ss.

MANDADO DE SEGURANÇA NA PRÁTICA JUDICIÁRIA – *Arnoldo Wald*

respeito aos direitos individuais, restringindo o arbítrio do executivo e dando ao judiciário a função fiscalizadora da aplicação da Constituição e das leis, que lhe pertence dentro do nosso sistema. A discussão teórica vinha, pois, a ter destacada repercussão prática na realidade viva do Brasil, em nossa terra e nossa gente. O mesmo sucede com a crise que atingiu o mandado de segurança que ultrapassou e sobrepujou as divergências doutrinárias para moldar a realidade orgânica das nossas instituições.

De fato, o direito, como já o assinalara Josserand, não é pura especulação nem jogo de espírito sem alcance prático, mas um estudo científico que pretende modificar a realidade.[18]

---

[18] A propósito, v.: ARNOLDO WALD e RODRIGO DE OLIVEIRA KAUFMANN, "A criatividade e a imaginação jurídica como contribuição do advogado à eficiência do direito (o CPC como instrumento do consensualismo e do pragmatismo ético)", *In:* MENDES, Aluísio Gonçalves de Castro; BEDAQUE, José Roberto dos Santos; CARNEIRO, Paulo Cezar Pinheiro; ALVIM, Teresa Arruda (Coords.). *O novo processo civil brasileiro:* temas relevantes – estudos em homenagem ao Professor, Jurista e Ministro Luiz Fux. Rio de Janeiro: GZ Ed., 2018, v. 1, p. 127-154.

Capítulo II
AS ORIGENS DO MANDADO DE SEGURANÇA

> **Sumário: 5.** Antecedentes históricos – **6.** Ação sumária especial – **7.** O *habeas corpus*. Origens históricas – **8.** O *habeas corpus* no império – **9.** A doutrina brasileira do *habeas corpus*: a interpretação de Rui Barbosa – **10.** A evolução jurisprudencial (1901-1909) – **11.** A tese de Pedro Lessa – **12.** A revisão constitucional de 1926 – **13.** A função histórica do *habeas corpus* – **14.** *Habeas corpus* e mandado de segurança – **15.** Os interditos e a proteção possessória dos direitos pessoais. As origens da proteção interdital – **16.** Evolução do direito brasileiro – **17.** A posse no Código Civil de 2002 – **18.** Utilização privativa ou alternativa do mandado e dos interditos possessórios.

5. ANTECEDENTES HISTÓRICOS

O mandado de segurança surgiu no direito brasileiro, no art. 113, nº 33, da Constituição Federal de 1934, como sucessor e substituto da ação sumária especial e sob a tríplice influência da doutrina brasileira do *habeas corpus*, da teoria da posse dos direitos pessoais e de certos institutos existentes no direito estrangeiro, como o *amparo* mexicano[1].

---

[1] O texto do referido artigo é o seguinte: "Dar-se-á mandado de segurança para defesa do direito certo e incontestável, ameaçado ou violado por ato manifestamente inconstitucional ou ilegal de qualquer autoridade. O processo será o mesmo do *habeas corpus*, devendo sempre ser ouvida a pessoa jurídica de direito público interessada. O mandado não prejudica as *ações petitórias competentes*" (Constituição de 1934, art. 113, nº 33).

A própria disposição constitucional reconhece a vinculação do novo remédio com o *habeas corpus*, cujo rito processual adota. A referência às ações petitórias, que em direito civil se opõem às possessórias, revela a estreita conexão entre o mandado de segurança e os interditos.

Nos debates parlamentares e na campanha pela criação do novo remédio jurídico, os juristas brasileiros invocaram os exemplos do direito estrangeiro, fazendo referência expressa ao *juicio de amparo* mexicano.

A medida que existia antes do mandado de segurança para realizar o controle judicial dos atos da administração pública era a ação sumária especial criada pela Lei nº 221, de 1894.

PONTES DE MIRANDA (*Comentários ao Código de Processo Civil*. 2. ed. Rio de Janeiro: Forense, 1959, p. 144), neste particular acompanhado por CÂNDIDO DE OLIVEIRA NETO (verbete: Mandado de

12 | MANDADO DE SEGURANÇA NA PRÁTICA JUDICIÁRIA – *Arnoldo Wald*

6. AÇÃO SUMÁRIA ESPECIAL

Durante o Império, o princípio da separação dos poderes foi interpretado no sentido de não sujeitar os atos da administração ao Poder Judiciário, criando--se um contencioso administrativo cujo órgão básico era o Conselho de Estado.

Os próprios estadistas da época reconheceram que a administração era caótica, caracterizando-se o processo administrativo por ser deficiente e perfunctório[2].

Com a República, o Poder Judiciário passou a adquirir maior importância, cabendo-lhe o exercício do controle da constitucionalidade das leis e da legalidade dos atos administrativos.

Em virtude de emenda apresentada por JOSÉ HIGINO, a Lei n° 221, de 20 de novembro de 1894, que organizou a Justiça Federal da República, previu uma ação especial, de rito sumário, para garantir os direitos individuais no caso de lesão por atos ou decisão das autoridades administrativas da União.

A União Federal era representada na referida ação pelo Ministério Público, admitindo-se a concessão de medida liminar pelo juiz, a fim de suspender a execução do ato impugnado. A lei autorizava o juiz a anular, no todo ou em parte, o ato ilegal desde que houvesse violação ou má aplicação da lei, não podendo ser apreciada, todavia, a conveniência do ato praticado.

A Lei n° 221, de 20 de novembro de 1894, previa que "a medida administrativa tomada em virtude de uma faculdade ou poder discricionário somente será havida por ilegal em razão da incompetência da autoridade respectiva ou de excesso de poder" (art. 13, § 9°, alínea *b*).

A autoridade que desobedecesse à sentença proferida em ação sumária, que tivesse transitado em julgado, seria responsabilizada civil e criminalmente, de acordo com a Lei n° 221/1894.

Segurança, *Repertório Enciclopédico do Direito Brasileiro* dirigido por CARVALHO SANTOS, Rio de Janeiro: Borsoi, 1954, vol. 32, p. 255), assinala na *apelação extrajudicial* das Ordenações portugue- sas um precursor do mandado de segurança. As Ordenações Afonsinas, no Título 80 do Livro III e as Filipinas no Título 78 do Livro III se referem à apelação extrajudicial como o recurso cabível contra a decisão de autoridades como as Universidade, as Cidades, os Conselhos, Colégios e Confrarias, sendo, pois, a legitimação passiva correspondente à que existe na configuração atual do mandado de segurança. Segundo as afirmações de CÂNDIDO DE OLIVEIRA NETO (ob. e loc. cit.), a apelação extrajudicial teria surgido na esteira da apelação contra a nomeação injusta *ad munera publica* do direito romano (Digesto, Livro 49, Título 1, Lei 12 e mesmo Livro, Título IV, Lei 1) e do direito canônico (Decret. Greg. Livro II, Título XXVIII, Capítulo LI), constituindo na realidade uma manifestação *"avant la lettre*, do mandado de segurança".

[2] VISCONDE DE URUGUAI, *Ensaio sobre o direito administrativo*, Rio de Janeiro: Imprensa Nacional, 1960, p. 86. Sobre o contencioso administrativo e o Conselho de Estado, conf. p. 78 e ss., da obra do VISCONDE DE URUGUAI, devendo ser consultados os trabalhos de J. GUILHERME DE ARAGÃO, *A jus- tiça administrativa no Brasil*, Rio de Janeiro: Cadernos da Administração Pública da Fundação Getúlio Vargas, 1955, e *La juridiction administrative au Brésil* (tese), Rio de Janeiro: Imprensa Nacional, 1955.

Capítulo II · AS ORIGENS DO MANDADO DE SEGURANÇA | **13**

A lei admitia que fossem discutidas questões constitucionais na ação especial e frisava que as suas disposições não alteravam as normas vigentes no tocante ao *habeas corpus*, às ações possessórias e às causas fiscais[3].

O Decreto nº 1.939, de 28 de agosto de 1908, determinou que fosse aplicada a ação sumária para a anulação de atos de autoridades estaduais sempre que o processo fosse intentado perante a Justiça Federal por ser diretamente fundada a pretensão do autor em dispositivos da Constituição Federal[4].

A importância da Lei nº 221 decorre menos de sua aplicação, que foi reduzida, do que das inovações revolucionárias para a época, que introduziu em nosso direito, permitindo a anulação do ato administrativo por sentença judicial contrariamente ao entendimento então dominante[5]. Por outro lado, as disposições sobre a defesa da União pelo Ministério Público, a concessão da medida liminar, o pressuposto de ato ilegal ou de excesso de poder e a responsabilidade pessoal do funcionário já antecipam a futura regulamentação do mandado de segurança.

A tramitação lenta da ação sumária, após a eventual concessão da medida liminar, fez com que o processo previsto pela Lei nº 221 não alcançasse a desejada eficácia na solução dos conflitos entre os particulares e a administração.

Caracterizando a ação sumária como "meio anulatório para fins reparatórios"[6] a doutrina reconhece que "os seus resultados foram deficientes, senão nulos. Faltou talvez a ação sumária especial à sua finalidade menos por culpa do poder público do que pela inércia daqueles que têm em regra a sua iniciativa"[7].

Embora tivesse sido acolhida por diversos Códigos de Processo estaduais, como os de Minas Gerais, Bahia, São Paulo e Distrito Federal, a ação sumária da Lei nº 221 não passou, na pitoresca imagem de PONTES DE MIRANDA, de uma "tentativa-oásis de processo oral", que acabou desaparecendo da vida jurídica sem que nela se tivesse consolidado[8].

---

[3] Lei nº 221, de 1894, art. 13, § 16, alíneas, 'a', 'b' e 'c'.

[4] Artigo 6º do Decreto nº 1.939, de 28 de agosto de 1908.

[5] VIVEIROS DE CASTRO condenou os princípios da Lei nº 221 no seu *Tratado de ciência da administração e de direito administrativo*. Rio de Janeiro, Jacinto Ribeiro dos Santos Editor, 1914, p. 679 e ss.

[6] CASTRO NUNES, *Da Fazenda Pública em Juízo*. 2. ed. Rio de Janeiro: Freitas Bastos, 1960, p. 332.

[7] TEMÍSTOCLES CAVALCÂNTI, *Do Mandado de Segurança*, 4. ed. Rio de Janeiro: Freitas Bastos, 1957, p. 53, e ALFREDO BUZAID, "Do mandado de segurança", *Revista de Direito Administrativo*, Rio de Janeiro, vol. 44, p. 27 *in fine* e 28, 1956.

[8] PONTES DE MIRANDA, *Comentários ao Código de Processo Civil*, 2. ed. Rio de Janeiro: Forense, 1959, tomo V, p. 142. Discute-se na doutrina e na jurisprudência a existência legal da ação sumária especial após a promulgação do Cód. de Proc. Civil. MIGUEL SEABRA FAGUNDES (*O controle dos atos administrativos pelo Poder Judiciário*, Rio de Janeiro: Freitas Bastos, 1941, p. 195). MACHADO GUIMARÃES (*Comentários ao Código de Processo Civil*, Rio de Janeiro: Forense, 1942, vol. 4, p. 22), PEDRO BATISTA MARTINS (*Comentários ao Código de Processo Civil*, 2ª ed., Rio de Janeiro, Forense, 1960, vol. I, p. 24), TEMÍSTOCLES CAVALCÂNTI (ob. cit., 4. ed., p. 54), e outros entendem que não

MANDADO DE SEGURANÇA NA PRÁTICA JUDICIÁRIA – *Arnoldo Wald*

Na realidade, a ação sumária especial foi pouco usada, tendo traído as esperanças nela depositadas, recorrendo de preferência os lesados por atos administrativos ao *habeas corpus* e aos remédios possessórios.

A ação sumária especial marcou, todavia, pela sua própria estrutura, uma etapa na evolução do nosso direito administrativo e na proteção dos direitos individuais contra os atos ilegais ou abusivos dos poderes públicos.

7. O *HABEAS CORPUS*. ORIGENS HISTÓRICAS

As origens do *habeas corpus* remontam à Magna Carta de 1215 que, no seu § 29, proibiu a prisão injusta e determinou que as pessoas livres só fossem julgadas pelos seus pares e de acordo com a "lei da terra"[9].

---

mais havendo rito sumário no Cód. de Proc. Civil, não pode subsistir a ação da Lei n° 221, sendo esta a posição adotada pela jurisprudência dominante. Ao contrário, CASTRO NUNES defende a manutenção da ação sumária especial, embora reconhecendo a diminuição de sua importância prática em virtude do amplo desenvolvimento do mandado de segurança (*Da Fazenda Pública em Juízo*, 2. ed. Rio de Janeiro: Freitas Bastos, 1960, p. 331). PONTES DE MIRANDA, que, na primeira edição dos seus comentários, mostrava-se favorável à sobrevivência da ação, reconsiderou o assunto entendendo que a mesma não tem mais razão de ser (*Comentários* citados, 2. ed., 1959, vol. I, p. 70).

Sobre o histórico da referida ação, existe um artigo do Prof. COSTA CARVALHO no suplemento do vol. 51 do *Arquivo Judiciário*, Rio de Janeiro, p. 29-33, jul./set. 1939.

A ação sumária especial só nos interessa pelo seu aspecto de precursora do mandado de segurança cujos traços básicos já apresenta em embrião, embora não tivesse a necessária eficácia para a proteção dos direitos dos particulares violados pela administração pública. Existe entre ambos uma identidade de fins, embora o mandado tenha um conteúdo mais denso e seja um instrumento mais enérgico de defesa contra os atos administrativos.

[9]   É o seguinte o texto do § 29 da Magna Carta: *"No free man shall be taken, or imprisoned, or disseized, or outlawed, or exiled, or any wise destroyed; nor will we go upon him, nor send upon him, but by the lawful judgement of his peers or by the law of the land. To none will we deny or delay right or justice".* Em tradução livre pelo autor: "Nenhum homem livre será detido ou sujeito à prisão, ou privado dos seus bens, ou colocado fora da lei, ou exilado, ou de qualquer modo molestado; e nós não procederemos nem mandaremos proceder contra ele; senão por meio de um julgamento regular pelos seus pares ou pela Lei da Terra. A ninguém recusaremos ou protelaremos o direito de obter justiça".

A garantia abrange o conhecimento de toda lesão de direito pelo Poder Judiciário e a estreita obediência da lei pelo juiz. Efetivamente, na sua ênfase que lembra o estilo bíblico, o texto não se satisfaz com o julgamento do indivíduo pelos seus pares, na forma do júri. Exige que o julgamento seja legal (*lawful judgement*, e na forma latina *legale iudicium*) devendo estar de acordo com a Lei da Terra (*Law of the Land, per legem terrae*). A sujeição à Lei da Terra não significa apenas a conformação do julgamento com a legislação vigente, mas a exclusão de qualquer arbitrariedade ou injustiça, o respeito aos princípios gerais do direito quase identificados com o próprio direito natural.

A Lei da Terra a que alude a Magna Carta se transformou na garantia americana do *due process of law* consagrada na 5ª e na 14ª Emendas Constitucionais, sendo entendida não apenas como garantia processual, mas como cláusula asseguratória da igualdade de todos perante a lei, impondo

Se o instituto existiu antes[10], foi a partir daquele momento que obteve reconhecimento legal[11].

"*Habeas corpus*" eram as palavras iniciais da fórmula no mandado que o Tribunal concedia endereçado a quantos tivessem em seu poder, ou guarda, o corpo do detido. A ordem era do teor seguinte: "Toma (literalmente: *tome*, no subjuntivo, *habeas*, de *habeo, habere*, ter, exigir, tomar, trazer etc.) o corpo deste detido e vem submeter ao tribunal o homem e o caso"[12].

O tribunal competente para conhecer do *habeas corpus* era a Corte do Banco do Rei (*Court of King's Bench*), não podendo inicialmente o remédio ser requerido contra atos do soberano[13].

Em virtude da *Petition of Right* de 1628, admitiu-se o controle por *habeas corpus* dos atos praticados pelo monarca ou por seus agentes e que anteriormente não estavam sujeitos à correição por via judicial[14].

---

limitações não só à administração, como ao próprio Poder Legislativo, que não pode estabelecer discriminações entre os cidadãos no gozo dos seus direitos civis e políticos.

Devemos salientar que a garantia da Magna Carta se apresenta como remédio não só contra a denegação de justiça (*deny justice*), mas, também, contra a justiça tardia (*delay justice*).

[10] O direito romano conhecera o interdito *de homine libero exhibendo* que J. M. OTHON SIDOU considera o ancestral do moderno *habeas corpus* (*Do mandado de segurança*, 2. ed. Rio de Janeiro: Freitas Bastos, 1959, p. 13). O interdito foi regulamentado no Digesto, Livro XLIII, Título XXIX, e tinha como finalidade a proteção da liberdade individual nas relações entre particulares. Assim existem uma certa simetria de estrutura e uma analogia de forma entre interdito romano e o *habeas corpus*, mas este se caracterizou essencialmente como meio de proteção do indivíduo contra atos do Poder Público, enquanto o remédio referido no Digesto não passava de modo de compor os conflitos entre pessoas de direito privado.

[11] Os historiadores do direito inglês reconhecem que o *habeas corpus* surgiu e se consolidou durante o reinado de EDUARDO I, servindo ora para garantir a presença do acusado ou de um jurado na audiência de julgamento, ora como meio de reapreciação pela Corte de Westminster das decisões dos tribunais locais (THEODORE F. T. PLUCKNETT, *A concise history of the common law*, 5. ed. Boliberdaton: Little, Brown and Co., 1956, p. 57).

[12] PONTES DE MIRANDA, *História e prática do "habeas corpus"*, 3. ed. Rio de Janeiro: José Konfino Editor, 1955, p. 23. A ideia de apresentação do preso para verificação da legalidade da prisão que caracteriza o *habeas corpus* também se encontra no processo da *manifestación de las personas*, do direito aragonês, decorrente das garantias individuais consagradas pela Carta denominada *Privilegio General* concedida pelo Rei Dom Pedro III aos seus súditos no ano de 1348. Em virtude do processo foral da *manifestación de las personas*, "*si alguno habia sido preso sin hallarse en flagrante delito, o sin instancia de parte legítima, o contra ley o fuero, o si a los tres días de la prisión no se le comunicaba la demanda, por mas que pesase sobre él acusación o sentencia capital, debia ser puesto en libertad por espacio de venticuatro horas, en virtud de lo que se llamaba la vía privilegiada*" (*ap*. IGNACIO BURGOA, *El juicio de amparo*, 4. ed. México: Editorial Porrúa, 1957, p. 44).

[13] THOMAS M. COOLEY, *A Treatise on the Constitutional Limitations which rest upon the Legislative Power of the States of the American Union*, 6ª ed., Boston, Little, Brown and Co., 1890, p. 417.

[14] COOLEY, ob. cit., p. 417 *in fine* e ss., e PLUCKNETT, ob. cit., p. 57. V. também RAFAEL BIELSA, *Derecho Constitucional*. 2. ed., Buenos Aires: Roque Depalma Editor, 1954, p. 65 e ss.

16 | MANDADO DE SEGURANÇA NA PRÁTICA JUDICIÁRIA – *Arnoldo Wald*

O processo do *habeas corpus* foi regulamentado por uma lei de 1679, que determinou a sua concessão, mesmo nas épocas de férias judiciárias, por qualquer juiz ou tribunal, a quem estivesse preso, podendo o remédio ser requerido pelo interessado ou por terceiro. A autoridade devia apresentar o preso e esclarecer o motivo da prisão, a fim de que fosse apreciada a legalidade da mesma. O *habeas corpus* garantia, assim, a liberdade de locomoção contra qualquer constrangimento ilegal, seja por parte da autoridade pública, seja por ato de particular[15].

Somente em 1766 foi reconhecida a ilegalidade dos *general warrants*, espécie de *lèttres de cachet*, que eram mandados de prisão em branco, com os quais podiam ser encarcerados os cidadãos independentemente de indícios de culpabilidade[16].

Coube ao *Habeas corpus Act*, de 1816, generalizar a utilização do remédio processual que, anteriormente, só era cabível na hipótese de ser a prisão injusta decorrente de acusação criminal. A partir do século XIX, qualquer que fosse o motivo da detenção, podia ser impetrado o *habeas corpus*, desde que não houvesse justo motivo para a decretação da prisão[17].

8. O *HABEAS CORPUS* NO IMPÉRIO

No Brasil, um decreto de 23 de maio de 1821, referendado pelo CONDE DOS ARCOS, determinou que:

> "Nenhum juiz ou magistrado criminal possa expedir ordem de prisão sem preceder culpa formada..."

A primeira Constituição brasileira não se referiu ao *habeas corpus*, embora estabelecesse no art. 179, § 8º, que:

> "Ninguém poderá ser preso sem culpa formada, exceto nos casos declarados na lei..."

Quiseram alguns estadistas da República, como JOSÉ DE ALENCAR, ver nesta disposição legal uma inclusão tácita do *habeas corpus* em nosso sistema jurídico[18].

---

[15] COOLEY, ob. cit., p. 418 e ss. Sobre o cabimento do *habeas corpus* contra atos de particulares que exercem uma autoridade sobre determinadas pessoas (pais em relação aos filhos menores, marido em relação à mulher etc.). V. COOLEY, ob. cit., p. 413 e ss.

[16] PONTES DE MIRANDA, ob. cit., p. 66 e ss.

[17] PONTES DE MIRANDA, ob. cit., p. 72.

[18] PONTES DE MIRANDA, ob. cit., p. 129.

Na realidade, o primeiro diploma que se referiu expressamente ao remédio processual foi o Código Criminal de 1830, que, nos seus arts. 183 e 184, considerou como crimes contra a liberdade:

> "Recusarem os juízes, a quem for permitido passar ordens de *habeas corpus*, concedê-las quando lhes forem regularmente requeridas, nos casos em que podem ser legalmente passadas..."

Se a garantia surgiu no Cód. Criminal, foi ao Código de Processo Criminal (Lei de 29 de novembro de 1832) que coube a primeira regulamentação do remédio judicial. Efetivamente, foi esta lei que o introduziu ostensivamente em nosso direito, assegurando, no seu art. 340, que:

> "Todo cidadão que entender que ele ou outrem sofre uma *prisão* ou *constrangimento ilegal em sua liberdade* tem direito de pedir uma ordem de *habeas corpus* em seu favor."

Vemos, assim, que o Código não se referia tão somente aos casos de prisão como também aludia à hipótese genérica do constrangimento ilegal.

Ainda no Império, diversas leis vieram modificar a estrutura do *habeas* corpus, em nosso sistema jurídico. A Lei de 3 de dezembro de 1841 estabeleceu o recurso de ofício da decisão concedendo soltura em virtude de *habeas corpus*, matéria que também foi objeto do Regulamento nº 120, de 31 de janeiro de 1842. O Aviso do Ministério da Justiça, de 30 de agosto de 1863, equiparou à prisão, para efeitos do *habeas corpus*, todo constrangimento ilegal à liberdade física oriundo de atos da autoridade administrativa ou judiciária.

Restringindo os casos de aplicação da medida, a Lei nº 2.033, de 20 de setembro de 1871, limitou a expedição de ordens de *habeas corpus* à hipótese de prisão ilegal, excluindo do seu âmbito as medidas disciplinares. Efetivamente, estabelecia a lei mencionada:

> "Art. 18. Os juízes de direito poderão expedir ordens de *habeas corpus* a favor dos que estiverem ilegalmente presos, ainda quando o fossem por determinação do chefe de polícia, ou de qualquer outra autoridade administrativa, e sem exclusão dos detidos a título de recrutamento, não estando ainda alistados.
>
> § 1º Tem lugar o pedido de concessão de *habeas corpus*, ainda quando o impetrante não tenha chegado a sofrer constrangimento ilegal."

Aplicava-se, pois, o remédio aos casos de prisão ou de ameaça de prisão, protegendo-se, assim, a liberdade corporal, a liberdade física de ir e vir, mas não cabia o *habeas corpus* genericamente contra todo constrangimento ilegal, não tutelando, pois, a liberdade em geral.

MANDADO DE SEGURANÇA NA PRÁTICA JUDICIÁRIA – *Arnoldo Wald*

Merece ser lembrado, aliás, que o Programa do Clube da Reforma, que é de 1868, incluía uma reivindicação com referência à extensão do *habeas corpus*, a fim de admiti-lo, "no caso de qualquer constrangimento ilegal, iminente ou efetivo, exercido por qualquer autoridade administrativa ou judiciária."

A idoneidade do *habeas corpus* como remédio contra as prisões administrativas nem sempre foi reconhecida no Império, lembrando RUI BARBOSA que:

> "... em 1851, em 1878 e 1883, se procurava estabelecer a doutrina de que a garantia do *habeas corpus* se não estendia às prisões administrativas, às prisões determinadas pelo Governo Imperial.
>
> Sobre este assunto, consultou com o seu parecer, entretanto, em 1873, o Conselho de Estado, e três notáveis estadistas do Império, os Srs. Dantas, Abaeté e Lafayette, firmaram o grande princípio de que o *habeas corpus* abrangia todas as prisões, excetuadas unicamente as prisões militares e as prisões para recrutamento."[19]

9. A DOUTRINA BRASILEIRA DO *HABEAS CORPUS*: A INTERPRETAÇÃO DE RUI BARBOSA

Foi com a proclamação da República que se ampliou consideravelmente o campo de aplicação do *habeas corpus*, passando essa instituição "pela transformação ampliativa que recebeu com o novo regime"[20].

Na realidade, a Constituição de 1891 integrou o *habeas corpus* no campo das garantias constitucionais, rompendo com o seu conceito tradicional para defini-lo na forma do art. 72, § 22:

> "Dar-se-á o *habeas corpus* sempre que o indivíduo sofrer ou se achar em iminente perigo de sofrer violência, ou coação por ilegalidade ou abuso de poder."

Os termos empregados evocam as reivindicações do Clube da Reforma, mantendo-se a denominação antiga para um instituto que, abandonando o padrão britânico, vinha atender às novas necessidades sociais e políticas.

A doutrina tem considerado que "a Constituição de 91 usou de fórmula demasiado ampla"[21], alegação que não se justifica, pois os constituintes pretendiam

---

[19] RUI BARBOSA, *Obras seletas*, IV, *Tribuna Parlamentar, República*, Rio de Janeiro: Casa de Rui Barbosa, 1955, p. 207-208, e RUI BARBOSA, *Comentários à Constituição Federal*, Coligidos e ordenados por HOMERO PIRES, São Paulo: Saraiva, 1934, vol. V, p. 502.

[20] RUI BARBOSA, *Obras seletas*, já citadas na nota anterior, p. 208.

[21] JOSÉ DE CASTRO NUNES. *Do Mandado de Segurança*. 5. ed.. Rio de Janeiro: Forense, 1956, p. 38.

Capítulo II · AS ORIGENS DO MANDADO DE SEGURANÇA | 19

realmente aumentar o campo de ação do remédio rápido e eficiente para corrigir os abusos do poder público.

RUI BARBOSA explicou, em memorável discurso pronunciado no Senado, em 22 de janeiro de 1915, a evolução do Instituto:

> "Se a Constituição de 1891 pretendesse manter no Brasil o *habeas corpus* com os mesmos limites dessa garantia durante o Império, a Constituição de 1891 teria procedido em relação ao *habeas corpus* como procedeu relativamente à instituição do júri. A respeito do júri, diz formalmente o texto constitucional: 'É mantida a instituição do júri.'"

O alcance dessa proposição na sua simplicidade é transparente. Quando se mantém uma instituição, mantém-se o que existe, mantém-se o que se acha estabelecido, mantém-se o que se encontra, consolida-se o que estava.

Não foi deste modo que procedeu a Constituição Republicana no tocante ao *habeas corpus*. No Império, bem sabem os nobres senadores, o *habeas corpus* não tinha instituição constitucional.

O constrangimento corporal era, portanto, sob o Império, a condição *sine qua non* da concessão do *habeas corpus*[22].

Ora, se o pensamento constituinte republicano fosse o de conservar o *habeas corpus* na sua proposição primitiva, análoga às das legislações inglesa e americana, não tinha a Constituição Republicana mais do que dizer, do mesmo modo que disse em relação ao júri:

> "Fica mantida a instituição do *habeas corpus*."

Neste caso, não haveria questão, estaria o *habeas corpus* definido pelas leis imperiais. Que fez, porém, o legislador constituinte neste regime?

Rompeu abertamente, pela fórmula, que adotou na Carta Republicana, com a estreiteza da concepção do *habeas corpus* sob o regime antigo.

A definição do *habeas corpus* na Constituição de 1891 era dada pelo art. 72, § 22, em que se lia:

> "Dar-se-á o *habeas corpus* sempre que o indivíduo sofrer ou se achar em iminente perigo de sofrer *violência* ou *coação* por ilegalidade ou abuso do poder."

Não se falava em prisão, nem mesmo em constrangimentos corporais. Falava--se amplamente, indeterminadamente, absolutamente, em coação e violência; de

---

[22] RUI BARBOSA, *Obras Seletas* citadas, p. 209 e *Comentários* citados, p. 503.

modo que onde quer que surja, onde quer que se manifestasse a violência ou a coação, por um desses meios, aí estaria estabelecido o cabimento do *habeas corpus*[23].

Esta evolução jurídica, pelo seu caráter construtivo, pode ser comparada aos movimentos que culminaram com a criação da doutrina francesa do *détournement du pouvoir* pelo Conselho de Estado e com o controle da constitucionalidade das leis pela Corte Suprema dos Estados Unidos[24], dando margem à mais memorável contenda jurídica constitucional do Brasil e da América Latina[25].

Mas, não obstante o texto existente, a teoria brasileira do *habeas corpus* foi o produto do trabalho constante da doutrina e da jurisprudência. Deixando de lado as origens históricas do instituto e a sua conceituação no direito estrangeiro, procuraram os nossos juristas atender às necessidades brasileiras existentes num sistema jurídico em que desconhecíamos medidas rápidas e eficientes, a fim de evitar os abusos do poder público. RUI BARBOSA e, posteriormente, PEDRO LESSA e EDMUNDO LINS estenderam a função protetora do *habeas corpus*, esquecendo deliberadamente o sentido tradicional do instituto para consagrá-lo em nova forma. Partindo do princípio geral de que não deve haver direito sem ação correspondente (*Ubi jus, ibi remedium*), entenderam o advogado e os juízes que o conceito do *habeas corpus* devia ser alargado, hipertrofiando-se o instituto para que pudesse realizar a sua missão social.

A história da doutrina brasileira do *habeas corpus* teve como marco inicial uma petição de RUI BARBOSA de 1892. Decretado o estado de sítio e suspensas as garantias constitucionais pelo Decreto n° 791, de 10 de abril, o Marechal FLORIA-NO PEIXOTO prendeu e desterrou numerosos homens políticos que considerava implicados no movimento de sedição. Decorridas as 72 horas que durara o estado de sítio, RUI BARBOSA impetrou ao Supremo Tribunal Federal um *habeas corpus* em favor dos presos políticos. Submetia à alta Corte a apreciação do ato político, mostrando que era dever do poder judiciário examinar a legalidade do estado de sítio e dos seus efeitos. Provada a inconstitucionalidade da decretação do estado de sítio, não poderia o tribunal invocar a sua incompetência em virtude da natureza política do caso. O Supremo titubeou. Afinal, por dez votos contra um, denegou a ordem pedida por considerar que "não é da índole do Supremo Tribunal Federal envolver-se nas funções políticas do poder executivo ou legislativo". Foi relator do feito o Ministro JOAQUIM DA COSTA BARRADAS, que, seis anos depois, já aposentado, viria como advogado requerer uma ordem de *habeas corpus* em favor de congressistas presos na Ilha de Fernando Noronha, com a argumentação defendida por RUI na petição de 1892. Votou vencido o Ministro PIZA E ALMEIDA, "cuja

---

[23]   RUI BARBOSA, ob. e páginas citadas na nota anterior.
[24]   CASTRO NUNES, ob. cit., p. 19-20.
[25]   PONTES DE MIRANDA, ob. cit., p. 234.

opinião foi recebida entre aplausos que os tímpanos do Presidente não conseguiram abafar facilmente"[26]. Era o primeiro esforço no sentido da renovação do instituto que, se não obtivera completa vitória judicial, impressionara profundamente os meios jurídicos nacionais[27].

Em julho de 1893, impetrava RUI novo *habeas corpus* em favor dos presos civis no barco mercante *Júpiter*, que, desta vez, foi acolhido pelo Supremo Tribunal Federal, assegurando-se assim ao judiciário a faculdade de examinar a legalidade dos atos do executivo por meio do *habeas corpus*.

A mesma doutrina foi defendida e ampliada na obra de RUI BARBOSA – *O estado de sítio, sua natureza e seus efeitos e seus limites* – e no *Habeas Corpus* nº 1.063, de 1898, resumindo-a o eminente publicista em artigo redigido para a *Revista de Jurisprudência* e intitulado "A Lição de dois acórdãos"[28].

Em 1898, reconhecia o Supremo Tribunal Federal no acórdão do *Habeas Corpus* nº 1.073, relatado pelo Ministro LÚCIO DE MENDONÇA, que:

> "Cessam com o estado de sítio todas as medidas de repressão durante ele tomadas pelo Executivo. A atribuição judiciária de conhecer de tais medidas, findo o sítio, não é excluída pela do Congresso para o julgamento político dos agentes do Executivo."[29]

Ficava, assim, reconhecida a competência do poder judiciário para examinar a legalidade dos atos políticos, grande conquista na história do *habeas corpus* que está intimamente ligada à luta forense de RUI BARBOSA em favor da liberdade individual[30].

---

[26] LUÍS VIANA FILHO, *A vida de Rui Barbosa*. 2. ed. São Paulo: Companhia Editora Nacional, 1943, p. 168.

[27] V. RUBEM NOGUEIRA, *O advogado Rui Barbosa*. Rio de Janeiro: Olímpica, 1949, p. 99 e ss., e AMÉRICO JACOBINA LACOMBE, *Rui Barbosa e primeira Constituição da República*. Rio de Janeiro: Casa de Rui Barbosa, 1949, p. 20.

[28] Obras completas de RUI BARBOSA, vol. XXV, 1898, tomo IV, *Trabalhos Jurídicos*, Rio de Janeiro: Ministério da Educação e Saúde, 1948, p. 277 a 358.

[29] RUI BARBOSA, ob. cit., na nota anterior, p. 341.

[30] No plano da argumentação jurídica, RUI BARBOSA invocou o sentido amplo que as liberdades tinham na jurisprudência norte-americana, abrangendo não apenas a liberdade de locomoção, mas os direitos civis e políticos entre os quais o de exercer as funções públicas e os mandatos políticos. Aplicando os princípios da hermenêutica ao art. 72 da Constituição de 1891, concluiu pela interpretação ampliativa dos dispositivos referentes ao *habeas corpus*: "1º, porque não é lícito distinguir onde a lei não distingue. *Ubi lex non distinguit, nec nos distinguere possumus*; 2º, porque a mesma norma que manda interpretar restritivamente as disposições restritivas do direito estabelece que as disposições a ele favoráveis se devem entender liberalmente. *Odiosa restringenda, favorabilia amplianda*; 3º, porque, em se oferecendo alguma dúvida, a lei se entende sempre a favor da liberdade. *Quotiens dubia interpretatio libertatis est, secundum libertatem respondendum*

10. A EVOLUÇÃO JURISPRUDENCIAL (1901-1909)

Passaremos uma rápida vista de olhos na jurisprudência que ampliou o conceito do *habeas corpus* dando origem posteriormente à criação do mandado de segurança como novo recurso específico.

Se examinarmos as decisões do Supremo Tribunal Federal, veremos que, ainda em 1901, a área coberta pelo *habeas corpus* não está bem delimitada. Um acórdão da época, contendo numerosos votos vencidos ainda considera não ser caso de *habeas corpus* a demissão ilegal de um magistrado.

> "Havendo coação motivada pelo fato de obstar-se a um cidadão, por meio da força pública, a entrar num tribunal não dá lugar ao salutar recurso de *habeas corpus*, não sendo admissível este recurso contra fatos que, importando lesão de direitos individuais, não constituam constrangimento ilegal à liberdade individual.
>
> A demissão ilegal de um magistrado não é caso de *habeas corpus*."[31]

No *habeas corpus* requerido em favor de Gastão de Orleans, CONDE D'EU e mais membros da ex-dinastia brasileira de Bragança, em 1903, o Supremo Tribunal Federal procurou definir a função lata do remédio judicial, acentuando o relatório do Ministro PIZA E ALMEIDA, que:

> "O 'habeas corpus' aplica-se à proteção da liberdade individual em sentido amplo e não ao caso restrito de não se poder ser preso e conservado em prisão por ato ilegal, sendo, porém, preciso para que se conceda a ordem de *habeas corpus*, que o Tribunal conheça um constrangimento atual ou perigo iminente de constrangimento.
>
> Imediatamente criado como remédio específico contra a detenção ilegal do direito anglo-saxônico, o *habeas corpus* foi mantido com este caráter, em várias leis processuais que o regulam, e nenhuma das quais o define em absoluto, porque, ao lado dele, a *common law* e os estatutos estabelecem diferentes *writs* para a defesa dos outros direitos da liberdade pessoal e semelhantes, ampliando geralmente, quando outro não houver criado, e a violação do direito partir de autoridade ou funcionário público, o *writ of mandamus*. A doutrina dos povos de onde importamos o nosso instituto funda-se, pois, na especialização processual de remédios, distingue e designa

---

erit" (POMPÔNIO, Fr. 20, Dig. de Regulis Juris) (RUI BARBOSA, "Discurso de 22.01.1915", *In: Comentários*, já citados, vol. 5, p. 507).

[31] Acórdão do Supremo Tribunal Federal, de 12 de junho de 1901, sob a presidência do Ministro AQUINO E CASTRO, vencidos os Ministros PIZA E ALMEIDA, ESPÍRITO SANTO e PEREIRA FRANCO, *Jurisprudência do STF* Acórdãos de 1901, compilados pelo Presidente do Tribunal, Imprensa Nacional, 1905-24.

Capítulo II · AS ORIGENS DO MANDADO DE SEGURANÇA | 23

os meios de ação, segundo as violações do direito e não isenta nenhuma destas de um remédio reparador.

Entre nós, onde não estão criados estes remédios, tal razão não prevalece, e como a Constituição estende amplamente o *habeas corpus* a todos os casos de coação ilegal ou violência contra o indivíduo, é forçoso admiti-lo como instrumento próprio para suspender ou prevenir essas infrações pela aplicação do brocardo *ubi jus, ibi remedium* – máxima que resulta tanto do nosso regime político, como das instituições daqueles povos"[32].

O voto do Ministro PIZA E ALMEIDA sintetiza o pensamento do Supremo Tribunal Federal na primeira década do século, procurando adaptar o instrumento processual às necessidades do momento e já refletindo posição que, posteriormente, viria a ser a do Ministro EDMUNDO LINS.

No caso mencionado, os julgadores conheceram do *habeas corpus*, mas o indeferiram por não haver coação real e por não competir ao Supremo Tribunal Federal a revogação da lei que impusera o banimento da família imperial.

Encontramos, naquela época, acórdãos contraditórios e referentes aos mais variados assuntos que nos fazem pressentir os aspectos multiformes do mandado de segurança.

Nos anos de 1904 e 1905, são numerosos os *habeas corpus* impetrados contra as autoridades sanitárias, alegando os requerentes a proteção constitucional da inviolabilidade do domicílio. O Supremo Tribunal Federal, em acórdão de 31 de janeiro de 1905, em que foi concedido um *habeas corpus* contra os expurgos sanitários, reconheceu no remédio processual um meio de proteger a inviolabilidade do lar[33].

Em 4 de março do mesmo ano, a nossa mais alta Corte admitia que:

> "Os tribunais têm firmado o princípio de que o constrangimento à liberdade individual poderá dar-se ainda quando o cidadão não chega a sofrer o constrangimento corporal."[34]

Recorreu-se ao *habeas corpus* não somente para soltar os bicheiros presos, e para manter abertos os estabelecimentos em que o jogo é praticado[35], como tam-

---

[32] Acórdão do Supremo Tribunal Federal de 14 de janeiro de 1903, relator o Ministro PIZA E ALMEIDA, *ap.* JOSÉ TAVARES BASTOS, *O "Habeas corpus" na República*, Rio de Janeiro: H. Garnier, 1911, p. 358 e ss.

[33] Acórdão do STF, de 31.1.1905, sob a presidência do Ministro AQUINO E CASTRO, vencidos os Ministros PIZA E ALMEIDA e ESPÍRITO SANTO, *O Direito*, vol. 98, p. 469.

[34] Acórdão de 4.3.1905, relator o Ministro PIZA E ALMEIDA, *Jornal do Comércio*, de 5.3.1905, *ap.* JOSÉ TAVARES BASTOS, ob. cit., p. 376.

[35] V. as decisões constantes da obra já citada de JOSÉ TAVARES BASTOS, nas p. 517, 531 *in fine* e 594-595.

24 | MANDADO DE SEGURANÇA NA PRÁTICA JUDICIÁRIA – *Arnoldo Wald*

bém para assegurar a liberdade de locomoção das meretrizes[36], impedir o exame de livros comerciais[37], garantir a liberdade profissional[38] e o exercício de cargos públicos eletivos[39], a prática do culto espírita[40], o direito de reunião[41] e ainda para reformar sentenças[42] e permitir à mulher que acompanhe o marido, não obstante a oposição dos seus pais[43].

Diante desta variedade ampla de aspectos do remédio processual, o Supremo Tribunal Federal, em 9 de maio de 1908, reafirmava a tese tradicional, de acordo com a qual:

> *"O habeas corpus* só garante a liberdade pessoal e não se estende a garantia de todos os direitos."[44]

Assim é que o Juiz Federal da 1ª Vara declarava em sentença, em 1906, que:

> "O remédio do *habeas corpus* só pode ser invocado para proteger a liberdade corpórea do cidadão contra qualquer constrangimento ilegal ou ameaça de constrangimento, e não para proteger todos os direitos."[45]

---

[36] "Negou-se o pedido de *habeas corpus* a pacientes meretrizes alegando constrangimento pela polícia para impedir-lhes o trânsito pelas ruas e permanência na porta das suas casas". Acórdão da 2ª Câmara da Corte de Apelação do Distrito Federal em 11 de setembro de 1906, *ap.* ob. cit., na nota anterior, p. 516. No mesmo sentido, um acórdão do Supremo Tribunal Federal de 1900, na ob. cit., p. 390.

[37] Acórdão do Supremo Tribunal Federal, de 14 de novembro de 1906, *O Direito*, vol. 104, p. 478.

[38] Acórdão do Superior Tribunal de São Paulo, de 18 de dezembro de 1900, *ap.* JOSÉ TAVARES BASTOS, ob. cit., p. 502.

[39] Sentença do Juiz Federal do Estado do Rio, de 29 de janeiro de 1909, negando uma ordem de *habeas corpus* pedida pelo presidente da Câmara Municipal de Nova Friburgo destituído por decreto do governo estadual e que queria lhe fosse assegurado o exercício do cargo, *ap.* ob. cit., na nota anterior, p. 528.

[40] Sentença do Juiz Criminal da 3ª Vara, Dr. GEMINIANO DA FRANCA, proferida em 7 de março de 1907, e sentença do Juiz da 1ª Vara Criminal de 20 de dezembro do mesmo ano, *ap.* ob. cit., p. 532 e 635.

[41] Acórdão do Supremo Tribunal Federal, de 27 de maio de 1903, *O Direito*, ano de 1903, vol. 92, p. 140 e também ob. cit., p. 559.

[42] "O *habeas corpus* não é meio judicial próprio para reforma de sentença" (Acórdão da Corte de Apelação de 2 de maio de 1905), *in O Direito*, vol. 98, p. 475; *"Habeas corpus* contra a execução de decisão judiciária; casos em que é admissível" (Acórdão do Supremo Tribunal Federal, de 13 de janeiro de 1906), *ap.* ob. cit., p. 628 e 629.

[43] *"Habeas corpus* aplicado no lar doméstico para evitar qualquer constrangimento ilegal". V. *Jornal do Comércio* de 24 de dezembro de 1907, decisão do Juiz CLEMENTINO DE SOUSA E CASTRO, *ap.* ob. cit., p. 644.

[44] Ob. cit., p. 635.

[45] *Revista de Direito*, 1906, vol. 1, p. 605, e JOSÉ TAVARES BASTOS, ob. cit., p. 627.

11. A TESE DE PEDRO LESSA

Em 11 de dezembro de 1909, o Supremo Tribunal Federal concedia, pelos votos dos Ministros RIBEIRO DE ALMEIDA, AMARO CAVALCÂNTI, MANUEL MURTINHO e PEDRO LESSA, um *habeas corpus* a Correia de Melo e outros intendentes municipais, a fim de que lhes fosse permitido o ingresso no edifício do Conselho Municipal para exercerem sem detença, estorvo ou dano, os direitos decorrentes dos seus diplomas, continuando no processo de verificação de poderes, expedindo-se para este fim os respectivos salvo-condutos[46].

O voto do Ministro PEDRO LESSA, no referido acórdão, que se tornou um caso-líder em matéria de *habeas corpus*, assinala o domínio de que se assenhoreou o remédio processual. Só remotamente se parece com o instrumento existente no direito inglês. Trata-se, agora, de um remédio processual para garantir todo direito certo e incontestável, desde que relacionado de qualquer modo, direta ou indiretamente, com a liberdade de locomoção. O texto de PEDRO LESSA testemunha da importância do papel da jurisprudência, verdadeira fonte do direito, quando o juiz se substitui ao legislador para suprir as lacunas da lei, de acordo com a recomendação do Código Suíço[47]. O Código Napoleão manteve a sua atualidade, depois de 150 anos de existência, porque os juristas e os juízes franceses não interpretaram as suas disposições de acordo com o pensamento que o legislador teve quando as promulgou[48]. Assim, também, puderam os nossos juízes manter os institutos consagrados pela Constituição de 1891, adaptando-os, todavia, às novas necessidades sociais.

O voto do Ministro PEDRO LESSA, como o seu pensamento expresso em outras oportunidades, inclusive no seu ensaio *Do Poder Judiciário*[49], procura acomodar a nova função que veio a ter o *habeas corpus* com o seu caráter histórico e, poderíamos dizer, etimológico.

Revoltando-se contra a terminologia da época, que aludia aos *habeas corpus políticos*, esclarece que não há *habeas corpus políticos* como não há *habeas corpus profissionais*. Garante-se pelo *habeas corpus* todos os direitos ilegalmente cerceados que tenham como pressupostos a liberdade de locomoção.

> "A liberdade de locomoção, explica o Ministro PEDRO LESSA, é um meio para a consecução de um fim, ou de uma multiplicidade infinita de fins; é

---

[46] PONTES DE MIRANDA, ob. cit., p. 276, e JOSÉ TAVARES BASTOS, ob. cit., p. 667.

[47] V. o art. 1º do Cód. Civil Suíço, de 10 de dezembro de 1907.

[48] BALLOT-BEAUPRÉ, *ap.* LÉON DUGUIT, *Leçons de droit public général.* Paris: E. de Boccard, 1926, p. 300. No mesmo sentido: RENÉ DAVID, *Traité élémentaire de droit comparé.* Paris: Librairie Générale de Droit et de Jurisprudence, 1950, p. 234.

[49] PEDRO LESSA, *Do Poder Judiciário*, Rio de Janeiro: Francisco Alves, 1915, p. 339.

um caminho em cujo termo está o exercício de outros direitos. Porque o paciente determina precisamente em vários casos o direito que não pode exercer, não é razão jurídica para se negar o *habeas corpus*.

Tendo presente e bem viva a ideia de que o *habeas corpus* somente garante a liberdade individual, deve o juiz averiguar se, concedendo o *habeas corpus*, não decide implicitamente qualquer outra questão, estranha à liberdade individual e relativa ao direito que o paciente pretende exercer, utilizando-se para esse fim da sua liberdade de locomoção."[50]

Caracteriza-se, pois, o modo de pensar de PEDRO LESSA por entender o eminente magistrado que, sendo a liberdade de locomoção um meio para alcançar um fim, deve ser concedida a ordem de *habeas corpus* sempre que o fim almejado, sendo lícito, tenha como pressuposto a liberdade de locomoção. O fim deve corresponder a um direito certo, incontestável e líquido. Nessas palavras, já encontramos a fórmula embrionária do mandado de segurança, cuja função consiste justamente em defender o direito líquido e certo, nos casos que não se referem à liberdade de locomoção.

E continua o Ministro PEDRO LESSA:

"Desde que o juiz se convence de que, abstração feita da liberdade individual que se cogita exatamente de garantir, a situação legal do paciente é clara e *superior a qualquer dúvida razoável*, ou, por outras palavras, que o paciente pretende praticar um ato legalmente, que tem um *direito inqüestionável* de fazer o que quer, o *habeas corpus* não poderá ser negado."[51]

Já vimos que a opinião de PEDRO LESSA refletia a própria posição do Supremo Tribunal Federal. Assim é que, a partir de 1910, sucedem-se os *habeas corpus* em matéria política e eleitoral.

Em 15 de outubro de 1910, decide o Supremo Tribunal Federal conceder "uma ordem de *habeas corpus* em favor de um governador de Estado que foi coagido a retirar-se do palácio do governo e da capital do Estado pelas forças federais de terra e mar que ali estacionavam sem ordem do Presidente da República"[52].

Em 1911 e nos anos seguintes, uma série de acórdãos firmam o princípio de que:

"O *habeas corpus* é recurso hábil para garantir a cidadãos eleitos deputados, legalmente diplomados, o direito de se reunirem no lugar designado para exercerem as suas funções.

---

[50] *Ap.* JOSÉ TAVARES BASTOS, ob. cit., p. 668-669.

[51] Acórdão de 11 de dezembro de 1909.

[52] *Habeas corpus* nº 2.950, de 15.10.1910, relator o Ministro PEDRO LESSA, acórdão publicado na *Revista Forense*, Rio de Janeiro, vol. XV, p. 287, 1912.

Capítulo II · AS ORIGENS DO MANDADO DE SEGURANÇA | 27

Ainda que seja caso *político*, não pode o poder judiciário esquivar-se de conhecer a questão judiciária que lhe foi submetida, ligada ou envolvida naquele."[53]

Outro acórdão da Suprema Corte, datado de 2 de dezembro de 1911, afirma que:

"Consoante à jurisprudência do Supremo Tribunal Federal, cabe *habeas corpus* do ato do governador do Estado que anula os diplomas expedidos pela junta apuradora das eleições para prefeito, subprefeito e conselheiros municipais e impede que os diplomados entrem no Paço Municipal e aí exerçam as funções decorrentes dos seus diplomas.[54]"

Por outro lado, numerosos julgados se referem à função pública, já que o *habeas corpus* não protege apenas o indivíduo na sua liberdade de locomoção, mas, também, o homem na atividade que exerce, como funcionário público, como comerciante, como profissional, como representante do povo.

O "habeas corpus", assinala a ementa de um acórdão do Supremo Tribunal, "pode ser concedido não só aos indivíduos que nenhuma função pública exercem, mas aos funcionários públicos que precisam de liberdade individual para exercer as suas funções"[55].

A ideia que se fixa na jurisprudência da época, dominando a maioria dos julgados e revelando a preocupação dos juízes, é a da defesa do direito certo e líquido, terminologia que viria a ter toda a sua importância com a conceituação do mandado de segurança.

Entre outras decisões, um acórdão da Suprema Corte de 22.11.1919, de que foi relator o Ministro MUNIZ BARRETO, esclarece que:

---

[53] *Habeas Corpus* nº 3.061, de 27.7.1911, julgado pelo Supremo Tribunal Federal, sendo relator o Ministro CANUTO SARAIVA e paciente Modesto Alves Pereira de Melo, *Revista Forense*, Rio de Janeiro, vol. XVII, p. 457, 1913. No mesmo sentido, o *Habeas Corpus* nº 3.143, de 27.1.1912, do mesmo relator, *Revista Forense*, Rio de Janeiro, vol. XVIII, p. 453,1913 e o *Habeas Corpus* nº 3.650, relator o Ministro PEDRO MIBIELI, julgado em 4.11.1915 e publicado na *Revista Forense*, vol. XXV, p. 425, 1920 e o *Habeas Corpus* nº 3.760, de 10.4.1915, relator o Ministro LEONI RAMOS, *Revista Forense*, Rio de Janeiro, vol. 28, p. 173, 1920.

[54] *Habeas Corpus* nº 5.514, de 24.12.1919, tendo como relator o Ministro MUNIZ BARRETO, *Revista Forense*, Rio de Janeiro, vol. 38, p. 98, 1923.

[55] V. o *habeas corpus* do Supremo Tribunal Federal de 25.1.1911, relator o Ministro PEDRO LESSA, *Revista Forense*, Rio de Janeiro, vol. 15, p. 199, 1912, o Recurso nº 5.090, do Supremo Tribunal Federal, julgado em 5 de julho de 1919, tendo como relator o Ministro EDMUNDO LINS, *Revista Forense*, Rio de Janeiro, vol. 33, p. 125, o *Habeas Corpus* nº 7.649, de 5.9.1921, relator o Ministro LEÔNI RAMOS, *Revista Forense*, Rio de Janeiro, vol. 39, p. 288, 1923, e o *Habeas Corpus* nº 15.597, de 18.5.1925, relator o Ministro EDMUNDO LINS, *Arquivo Judiciário*, Rio de Janeiro, vol. 1, p. 364, 1927.

MANDADO DE SEGURANÇA NA PRÁTICA JUDICIÁRIA – *Arnoldo Wald*

"não procede o pedido de *habeas corpus*, quando o direito com que se apresenta o paciente não é *certo, líquido, incontestável*.[56]"

"É jurisprudência firmada", registra outro acórdão, "que o recurso de *habeas corpus* é admissível:

a) para garantia de liberdade individual, do direito de locomoção, do direito de ir e vir, enfim, do direito de mover-se fisicamente sem obstáculo;

b) para garantia da liberdade de movimento necessária ao exercício de um direito, mas com a condição de ser esse direito *líquido e incontestável*, entendendo-se nesse caso que a garantia da mesma liberdade se inclui na do direito de locomoção."[57]

Vemos, pois, a jurisprudência adotar uniformemente a preclara lição de PEDRO LESSA, inspirada, por sua vez, nas razões forenses de RUI BARBOSA, que procurara estender ainda mais o instituto, considerando que cabia o *habeas corpus* sempre que se tratasse de proteger direito certo e líquido pouco importando que fosse ou não relacionado com o direito de locomoção.

12. A REVISÃO CONSTITUCIONAL DE 1926

Em 1926, assistimos à revisão constitucional modificando-se o artigo referente ao *habeas corpus*.

A mensagem presidencial, de 3 de maio de 1904, já assinalara que:

"A extensão dada ao instituto do *habeas corpus* desviado do seu conceito clássico por interpretações que acatamos, é outro motivo de excesso de trabalho no primeiro Tribunal da República.

É tempo de fixar-se os limites do instituto criando-se ações rápidas e seguras, que o substituam nos casos que não sejam de ilegal constrangimento ao direito de locomoção e à liberdade física do indivíduo."[58]

O texto constitucional de 1891, no seu art. 72, § 22, garantia o *habeas corpus* "sempre que o indivíduo sofrer ou se achar em iminente perigo de sofrer violência ou coação por ilegalidade do poder".

---

[56] *Habeas Corpus* nº 5.443, de 22.11.1919, relator o Ministro MUNIZ BARRETO, *Revista Forense*, Rio de Janeiro, vol. 39, p. 54, 1923.

[57] *Habeas Corpus* nº 1.370, do Tribunal de Apelação de Minas Gerais, de 5.12.1919, relator o Desembargador CONTINENTINO, *Revista Forense*, Rio de Janeiro, vol. 33, p. 283, 1921.

[58] *Documentos Parlamentares*, Revisão constitucional, 1, p. 6, *ap.* TEMÍSTOCLES BRANDÃO CAVALCÂNTI, *Tratado de Direito Administrativo*. 2. ed. Rio de Janeiro: Freitas Bastos, 1951, vol. VI, p. 260.

Capítulo II · AS ORIGENS DO MANDADO DE SEGURANÇA | 29

A reforma de 1926 procurou restringir o campo de aplicação do remédio processual, estabelecendo que seria dado o *habeas corpus* "sempre que alguém sofrer ou se achar em iminente perigo de sofrer violência por meio de prisão ou de constrangimento ilegal em sua *liberdade de locomoção*".

Cerceava-se, assim, a extensão que tinha sido dada ao *habeas corpus*. Oito anos depois, surgia o mandado de segurança cobrindo a área retirada ao *habeas corpus*. E os primeiros mandados de segurança assinalam esta substituição:

> "É o mandado de segurança e não o *habeas corpus* o remédio adequado para a defesa do direito à inamovibilidade[59]" – declara um julgado do Supremo Tribunal, de 1935.

Dois anos mais tarde, o Tribunal de Apelação do Estado de São Paulo lembrava que:

> "O *habeas corpus* não é mais meio idôneo para garantir outros direitos que não o de locomoção; o remédio legal para garanti-los é hoje o mandado de segurança."[60]

Na realidade, de 1926 a 1934, o *habeas corpus*, não obstante as limitações constitucionais, manteve-se no papel de remédio geral contra as ilegalidades, na teoria defendida por RUI e definida por PEDRO LESSA. É o que afirmam JOÃO MANGABEIRA e AZEVEDO MARQUES[61]. É depois de 1926 que, em memorável voto, o Ministro EDMUNDO LINS, modificando a sua compreensão anterior do instituto, decidiu aderir à interpretação lata do *habeas corpus* por ser "a garantia única dos oprimidos". As razões em que se fundamentou a decisão do ilustre magistrado lembram as invocadas, duas décadas antes, pelo Ministro PIZA E ALMEIDA que também se convencera da utilidade da ampliação do *habeas corpus*, já que não podia haver direito sem ação. *Ubi jus, ibi remedium*[62].

De fato, a extensão dada ao instituto chegou, algumas vezes, a ser excessiva. Concedeu-se *habeas corpus* para a publicação de discursos parlamentares[63]. O Supremo Tribunal Federal chegou a conceder uma ordem de *habeas corpus* para que

---

[59] Mandado de Segurança nº 109, de 16.8.1935, relator o Ministro ATAULFO DE PAIVA, requerente CARLOS AMORETTY OSÓRIO, *Arquivo Judiciário*, Rio de Janeiro, vol. 38, p. 239, abr./jun. 1936.

[60] *Habeas Corpus* nº 301, do Tribunal de Apelação de São Paulo, julgado em 23.9.1937, relator o Desembargador HERMÓGENES SILVA, requerente ANTÔNIO JOSÉ PIRES DA CRUZ, *Arquivo Judiciário*, Rio de Janeiro, vol. 44, p. 288.

[61] *Ap.* TEMÍSTOCLES BRANDÃO CAVALCÂNTI, *Do Mandado de Segurança*. Rio de Janeiro: Freitas Bastos, 1934, p. 59 e ss.

[62] V. o voto do Ministro EDMUNDO LINS, *In:* TEMÍSTOCLES CAVALCÂNTI, ob. cit. na nota anterior, p. 61/64 (p. 70 da 4ª ed.), e em *Pandectas Brasileiras*, vol. 1, 2ª parte, p. 113.

[63] TEMÍSTOCLES BRANDÃO CAVALCÂNTI, *Tratado de Direito Administrativo*, tomo VI, p. 263.

30 | MANDADO DE SEGURANÇA NA PRÁTICA JUDICIÁRIA – *Arnoldo Wald*

a reforma do ensino ROCHA VAZ não alcançasse os acadêmicos já então matriculados[64]. Foi preciso um acórdão especial da mais alta Corte para determinar que:

> "o *habeas corpus* não pode ser invocado para proteger todos e quaisquer direitos, inclusive os reais e, conseqüentemente, a posse de bens."[65]

ASTOLFO RESENDE resumiu a orientação da nossa jurisprudência quando afirmou:

> "A verdade é que o Supremo Tribunal, mesmo na sua fase mais liberal, e salvo casos excepcionais, raros, só protegia por meio de *habeas corpus* os direitos individuais que se apresentassem como *certos, líquidos e incontestáveis*, e contivessem como condição a *liberdade corpórea*."[66]

13. A FUNÇÃO HISTÓRICA DO *HABEAS CORPUS*

Procuramos esboçar a história do *habeas corpus* durante a primeira República, história que se confunde com a do nosso direito constitucional, como a história do mandado de segurança, a partir de 1934, identifica-se com a do nosso direito administrativo. Assinalamos conquistas sérias que asseguraram a manutenção do regime democrático e deram ao judiciário a sua verdadeira função. Apontamos excessos e deturpações.

O sentido real e social da doutrina brasileira do *habeas corpus* nem sempre foi compreendido. Comentando a frase de RUI, que via na denegação do *habeas corpus* um atentado contra a pátria, RUBEM NOGUEIRA tece as seguintes considerações:

> "A Pátria, convenhamos, não tinha lá muito que ver com aquilo. É mesmo provável que ela estivesse ausente daquilo tudo. A pátria viva que se espalhava pelo Brasil a dentro, à espera do organizador das suas equações sociais; as aspirações obscuras da coletividade e as características maiores da terra e da gente, nada disso por certo inflamava RUI naqueles arroubos de eloquência enfurecida e amargada por causa de errada interpretação de textos de lei. O que o desesperava, afinal de contas, era aquele equívoco que praticamente se exprimia em termos de violência e injustiça."[67]

---

[64]   *Habeas Corpus* nº 16.175, *Arquivo Judiciário*, vol. VII, p. 453.

[65]   Acórdão do Supremo Tribunal Federal, de 17.4.1916, *Revista do Supremo Tribunal Federal*, vol. VII, p. 171.

[66]   ASTOLFO REZENDE, "O sucedâneo do *habeas corpus*", *Arquivo Judiciário*, Rio de Janeiro, vol. 7, p. 47, 1928. Encontramos julgados discrepantes deste critério citados em LINO MORAIS LEME, *Posse dos direitos pessoais*, São Paulo: Saraiva, 1927, p. 119, e em LUÍS EULÁLIO DE BUENO VIDIGAL, *Do mandado de segurança*. São Paulo: , 1953, p. 33-34.

[67]   RUBEM NOGUEIRA, *O advogado Rui Barbosa*. Rio de Janeiro: Olímpica, 1949, p. 116.

Por sua vez, PONTES DE MIRANDA chegou a dizer:

> "RUI BARBOSA pretendia fazer do *habeas corpus* remédio para todos os abusos do poder, *desvirtuando-o das suas fontes britânicas e comprometendo a liberdade* pelo excesso demagógico."[68]

A ampliação do remédio processual não foi mera especulação de jurista romântico, nem teve sentido demagógico. Estava muito intimamente ligada ao desenvolvimento político do nosso povo. Visava assegurar ao Brasil, dentro de certos limites, o respeito aos direitos individuais, restringindo o arbítrio do executivo e dando ao judiciário a função fiscalizadora da aplicação da Constituição e das leis, que lhe pertence dentro do nosso sistema. A discussão teórica não constituíra, pois, mera filigrana ou sutileza jurídica, mas tivera destacada repercussão política na realidade viva do Brasil, como posteriormente haveria de suceder com o mandado de segurança, que iria moldar a realidade orgânica das nossas instituições.

O próprio PONTES DE MIRANDA reconheceu que:

> "O *habeas corpus* exerceu no Brasil, após mais de século de adoção, principalmente até 1930 e entre 1934 e 1937, extraordinária *função coordenadora e legalizante*. Se as nossas estatísticas fossem perfeitas, se tivéssemos notícias e dados exatos da nossa vida social e moral, estaríamos aptos a avaliar o grande bem que à evolução do país tem produzido o habeas corpus[69].

O *habeas corpus, alavanca social* que é manobrada pelo simples rábula dos sertões, ou pelo bacharel que exerce, mais do que se pensa, pelo interior do país, a anônima e alta missão civilizadora e renovante, *fez cessar a violência do chefe local, ou dos agentes do Governo federal ou estadual, mediante a ordem concedida originariamente ou em grau de recurso pelo Supremo Tribunal Federal.*"[70]

Na realidade, RUI transformou o instrumento antigo, dando-lhe nova feição, fazendo com que se tornasse um elemento básico na grande campanha de *educação democrática* do nosso povo, integrando-se em nossos costumes e tornando-se uma possante arma de defesa contra o mandonismo.

Esta conquista, que nenhum constitucionalista pode negar à doutrina brasileira do *habeas corpus*, foi descrita por LEVI CARNEIRO em conferência pronunciada no Instituto Histórico:

> "Ele (RUI BARBOSA) oferece à nossa gente, àquele mesmo Jeca-tatu que imortalizou, tirando-o do livro de MONTEIRO LOBATO – um escudo infrangível, uma arma preciosa, para defesa contra os mandões, os sátrapas,

---

[68]   PONTES DE MIRANDA, ob. cit., p. 35.
[69]   PONTES DE MIRANDA, ob. cit., p. 173.
[70]   PONTES DE MIRANDA, ob. cit., p. 173.

MANDADO DE SEGURANÇA NA PRÁTICA JUDICIÁRIA – *Arnoldo Wald*

e todas as prepotências: o recurso judicial do *habeas corpus*. Ensinou a usar dessa velha arma enferrujada, dando-lhe novo brilho e manejando-a ele mesmo, como ninguém a soubera manejar. Mostrou que não seria conspirando, maquinando revoluções, fomentando a desordem, que se conseguiria o respeito e o amparo dos direitos individuais."[71]

A doutrina brasileira do *habeas corpus* foi um curso de legalidade, de resistência e de educação democrática.

Se um país vale pelo seu apego às liberdades individuais, pelas suas conquistas no campo do direito, o Brasil se tornou possuidor de uma tradição jurídica de liberdade graças ao remédio constitucional do *habeas corpus*.

14. *HABEAS CORPUS* E MANDADO DE SEGURANÇA

Quando se restringiu o seu campo de aplicação, o próprio Governo sentiu a necessidade de oferecer aos particulares outros meios eficazes de proteção dos seus direitos em relação aos atos da Administração Pública. O exame histórico de nossas doutrina e jurisprudência revela que a proteção do direito *certo, líquido e incontestável*, que encontrarmos no *habeas corpus*, passou a estar sob a tutela do mandado de segurança, remédio constitucional cunhado, por sugestão de João Mangabeira, no Congresso Jurídico de 1922, em tese relatada pelo Ministro Muniz Barreto[72].

Os diversos projetos que encontramos no Congresso, a partir de 1926, tendem indiscutivelmente a criar um novo remédio jurídico destinado a substituir o *habeas corpus*, garantindo de modo rápido e eficiente a proteção de todo direito certo e líquido. É na teoria dos interditos possessórios que alguns estudiosos foram buscar o instrumento desejado. Diante da insuficiência dos remédios possessórios e aproveitando a nossa experiência do *habeas corpus* e dos interditos, o constituinte de 1934 iria engendrar o mandado de segurança.

Reconheceu-se, pois, que:

> "As origens do mandado de segurança estão naquele memorável esforço realizado pela jurisprudência, sob a égide do Supremo Tribunal Federal, em torno do *habeas corpus*, para não deixar sem remédio certas situações jurídicas que não encontravam no quadro das nossas ações a proteção adequada."[73]

---

[71] LEVI CARNEIRO, "Benemerência de Rui", *Revista do Instituto Histórico e Geográfico Brasileiro*, Rio de Janeiro, vol. 205, 1949, p. 157. V., ainda, do mesmo autor, *Dois arautos da democracia*. Rio de Janeiro: Casa de Rui Barbosa, 1954, p. 161 e ss.

[72] JOSÉ DE CASTRO NUNES. *Do Mandado de Segurança*. 5. ed. Rio de Janeiro: Forense, 1956.

[73] CASTRO NUNES, ob. cit., p. 19.

Capítulo II · AS ORIGENS DO MANDADO DE SEGURANÇA

Quando a jurisprudência tenta definir o mandado de segurança, apela para a doutrina brasileira do *habeas corpus*. A própria Constituição definiu o mandado de segurança como remédio processual destinado a proteger direito certo e líquido não amparado pelo *habeas corpus*. Anteriormente, a jurisprudência fizera do *habeas corpus* o meio idôneo para evitar qualquer cerceamento ilegal de direito líquido, certo e incontestável[74]. A partir da Constituição de 1934, numerosos acórdãos se esforçam para traçar a linha demarcatória entre o *habeas corpus* e o mandado de segurança.

Os primeiros que tratam do mandado de segurança se apegam, ainda, ao seu paralelismo com o *habeas corpus*. Assim, uma sentença em mandado de segurança ao Juiz CUNHA MELLO, de 11.8.1934, lembra que:

> "De acordo com a chamada doutrina brasileira sobre *habeas corpus*, o Ministério Público, órgão em juízo da pessoa de direito público interessada, tem direito à vista do processo."[75]

Do mesmo modo, o Mandado de Segurança nº 1, da Corte de Apelação de Minas Gerais, relatado em 22.10.1934, pelo Desembargador RODRIGUES CAMPOS, assinala que:

> "O mandado de segurança, que teve por fim reduzir o *habeas corpus* ao seu papel tradicional, só se dá à defesa de direito certo e incontestável, ameaçado ou violado por ato manifestamente inconstitucional ou ilegal de qualquer autoridade. A medida pede, pois, a evidência do direito, que deve ser certo e incontestável, como a violência se exige manifesta. O processo do mandado de segurança é o mesmo do *habeas corpus*, devendo sempre ser ouvida a pessoa de direito público interessada."[76]

Por longo tempo, houve dúvidas entre advogados e magistrados sobre os casos em que cabia o mandado e aqueles em que o remédio aplicável era o *habeas corpus*. A dificuldade se tornava mais evidente nas hipóteses em que o direito ferido não era propriamente o direito de locomoção, mas com ele estava relacionado. Não mais cabia, depois da criação do novo remédio processual, apelar para a doutrina de PEDRO LESSA, mas como existira jurisprudência neste sentido, por longo tempo vacilaram os tribunais.

---

[74] *Habeas Corpus* nº 9.301, de 27.6.1929, relator o Ministro VIVEIROS DE CASTRO, *Revista Forense*, Rio de Janeiro, vol. 57, p. 54, 1930.

[75] Mandado de Segurança sem número de 11.8.1934, sentença do Juiz CUNHA MELLO, *Arquivo Judiciário*, Rio de Janeiro, vol. 31, p. 505, 1934.

[76] Mandado de Segurança nº 1, da Corte de Apelação de Minas Gerais, relator o Ministro RODRIGUES CAMPOS, *Revista Forense*, Rio de Janeiro, vol. 63, p. 288, 1934.

34 | MANDADO DE SEGURANÇA NA PRÁTICA JUDICIÁRIA – *Arnoldo Wald*

Em 1935, diversos acórdãos assinalam que:

"É o mandado de segurança – e não o *habeas corpus* – o remédio adequado para a defesa de direito à inamovibilidade."[77]

"Contra penas disciplinares não se admite *habeas corpus*; pela mesma razão se não concede mandado de segurança."[78]

A partir de 1937, a jurisprudência se firma no sentido de só conhecer do *habeas corpus* como medida protetora da liberdade de locomoção, exclusivamente. Sempre que a liberdade de locomoção está vinculada a algum outro direito cerceado, o remédio há de ser o mandado de segurança.

"O *habeas corpus* não é mais meio idôneo para garantir outros direitos que não o de locomoção."[79]

"Não se conhece do mandado de segurança, quando se trata de liberdade de locomoção exclusivamente."[80]

"Cabe mandado de segurança quando o caso não é de liberdade de locomoção exclusivamente."[81]

"É a liberdade pessoal a única liberdade protegida pelo *habeas corpus*. Qualquer outro atentado ou ameaça a direito líquido e certo, cabível será o remédio heróico do mandado de segurança."[82]

Em 1947, quando os dirigentes do Partido Comunista do Brasil recorreram ao Judiciário para que fosse assegurada a continuação do funcionamento do Partido, impetraram um *habeas corpus*. Na realidade, não se tratava de assegurar a liberdade de locomoção e o Supremo Tribunal Federal, em sessão plenária, distinguiu os dois institutos, estabelecendo que:

"A pretensão dos pacientes não pode ser resolvida por *habeas corpus*, senão por mandado de segurança."[83]

---

[77] Mandado de Segurança nº 109, do Supremo Tribunal Federal, de 16.8.1935, relator o Ministro ATAULPHO DE PAIVA, *Arquivo Judiciário*, Rio de Janeiro, vol. 38, p. 239, 1936.

[78] Mandado de Segurança nº 145, do Supremo Tribunal Federal, de 25.10.1935, relator o Ministro COSTA MANSO, *Arquivo Judiciário*, vol. 36, p. 390, 1936.

[79] *Habeas Corpus* nº 301, de 23.9.1937, do Tribunal de Apelação do Estado de São Paulo, relator o Desembargador HERMÓGENES SILVA, *Arquivo Judiciário*, Rio de Janeiro, vol. 44, p. 288, 1937.

[80] Mandado de Segurança nº 2.637, do Tribunal de Apelação de São Paulo, de 12.1.1943, relator o Desembargador FREDERICO ROBERTO, *Revista dos Tribunais*, São Paulo, vol. 142, p. 484.

[81] Mandado de Segurança nº 2.758, julgado pela 1ª Câmara Cível do Tribunal de Apelação de São Paulo, 5.4.1943, relator o Desembargador J. M. GONZAGA, *Revista Forense*, Rio de Janeiro, vol. 98, p. 386, 1944.

[82] *Habeas Corpus* nº 487, do Tribunal de Justiça do Estado do Rio de Janeiro, 5.9.1946, relator o Desembargador IVAIR NOGUEIRA ITAGIBA, *Arquivo Judiciário*, Rio de Janeiro, vol. 80, p. 293, 1947.

[83] *Habeas Corpus* nº 29.763, impetrado pelos dirigentes do Partido Comunista Brasileiro contra o Presidente da República no Supremo Tribunal Federal, em 28.5.1947, relator o Ministro CASTRO NUNES, *Arquivo Judiciário*, Rio de Janeiro, vol. 84, fasc. 2, p. 83, 1947.

Capítulo II · AS ORIGENS DO MANDADO DE SEGURANÇA | 35

Coube aos nossos tribunais a função de definir o critério de distinção entre o mandado de segurança e o *habeas corpus*, traçando a linha demarcatória entre os campos de aplicação dos dois remédios processuais.

"Tratando-se de cerceamento do direito de locomoção, o remédio cabível é o *habeas corpus* e não o mandado de segurança."[84]

Ao contrário, na hipótese de violação, por autoridade pública, de qualquer direito certo e líquido, que não afete exclusiva ou primordialmente a liberdade de locomoção, cabe o mandado de segurança.

15. OS INTERDITOS E A PROTEÇÃO POSSESSÓRIA DOS DIREITOS PESSOAIS. AS ORIGENS DA PROTEÇÃO INTERDITAL

Se a função originária do *habeas corpus* consistiu em proteger a liberdade individual contra o indevido ou abusivo constrangimento físico, coube inicialmente aos interditos possessórios garantir, contra qualquer lesão, o aspecto exterior da propriedade e de outros direitos reais consubstanciados na posse.

Com a evolução das necessidades sociais e das estruturas econômicas, a técnica jurídica se transformou e os interditos possessórios destinados a impedir a perturbação da posse mansa e pacífica foram convertidos em remédios processuais assecuratórios de certos direitos pessoais historicamente vinculados à propriedade de determinados bens, como o de exercer cargo público, por exemplo.

No direito romano, os interditos surgiram no campo do direito público, como medidas defensivas concedidas pelo pretor, de caráter mais administrativo do que judicial, que visavam evitar a prática de atos violentos (*vim fieri veto*).

Beneficiaram, inicialmente, o precarista que recebia em caráter precário uma gleba do *ager publicus* para cultivá-la, sem ter sobre a mesma nenhum título e não se enquadrando tal situação em nenhum dos contratos típicos conhecidos pelo direito romano. Como necessitava, todavia, o precarista de um remédio judicial para evitar a turbação de sua posse por terceiros e não tinha, em seu favor, uma das ações legalmente previstas, o pretor concedeu-lhe o interdito para a defesa da gleba que cultivava.

Com o decorrer do tempo, os interditos passaram a proteger, não só os imóveis, como também os móveis e os escravos, permitindo-se a sua utilização pelo precarista, como também pelo credor pignoratício, pelo sequestratário e pelo adquirente imperfeito, cuja propriedade não decorria de título que tivesse obedecido a todas as formalidades exigidas pelo direito romano.

---

[84] Mandado de Segurança nº 64.889, do Tribunal de Justiça do Estado de São Paulo, 9.12.1953, relator o Desembargador COSTA MANSO, *Revista dos Tribunais*, São Paulo, vol. 221, p. 282.

36 | MANDADO DE SEGURANÇA NA PRÁTICA JUDICIÁRIA – *Arnoldo Wald*

Sendo a proteção possessória um meio eficiente da defesa de quem exercesse determinado poder de fato sobre um objeto, os proprietários que também eram possuidores, preferiram, em muitos casos, invocar a proteção possessória, recorrendo aos interditos, em vez de recorrer às ações petitórias, baseadas nos seus títulos.

No direito romano, a concessão da proteção possessória beneficiou àqueles que, pelos seus atos e pela sua situação, exteriorizassem o direito de propriedade (*possessio*) e qualquer outro direito real suscetível de exteriorização (*quasi possessio*).

Se o direito romano assegurou a proteção possessória àqueles que exerciam os poderes inerentes à propriedade e aos outros direitos reais, ou seja, que possuíam, como se proprietários ou titulares de outros direitos reais fossem, o direito medieval e canônico ampliou ainda mais o campo de aplicação da proteção possessória, estendendo-a aos direitos pessoais.

Esta evolução se processou no sentido de admitir a posse de todo e qualquer direito. Poder-se-ia até configurar, na Idade Média, dois mundos superpostos: o plano das situações de fato ou exteriorizações do direito munidas da proteção possessória e o mundo jurídico, baseado nos títulos, com proteção petitória.

Situações oriundas de contratos, como a do locatário, do comodatário, do depositário, passaram a merecer a proteção possessória também invocada para a defesa do *status* do indivíduo dentro da família, da sua condição de filho legítimo ou de marido ou mulher, ou de sua posição na sociedade medieval, como nobre, membro do clero ou titular de algum diploma.

A transformação sofrida pela posse tem uma explicação histórica. Efetivamente, na Idade Média, a distinção entre os conceitos de direito público e de direito privado não havia sido feita com a necessária nitidez. Confundia-se ainda a soberania, poder político, com a propriedade, poder do particular oriundo do direito privado. Entendia-se que o Estado, por intermédio do seu chefe, tinha, não apenas a soberania, mas o domínio eminente sobre todo o território nacional. O Rei, chefe político, era, ao mesmo tempo, uma espécie de proprietário latente do país. A jurisdição estava vinculada à propriedade da terra. O soberano transmitia aos suseranos e estes aos seus vassalos o poder político e o poder de jurisdição, ao mesmo tempo que o direito de propriedade sobre determinada região. Em vez de ser única e exclusiva, a propriedade se desdobrava numa série de direitos paralelos, de maior ou menor densidade, que se exerciam sobre o mesmo objeto, numa cadeia de enfiteuses, constituindo o chamado "anfiteatro enfitêutico". O vassalo recebia do suserano certa gleba de terra, assumindo aquele a obrigação de pagar a este certa renda e de auxiliá-lo militarmente sempre que necessário fosse. Nestas condições, a situação política de determinada pessoa estava vinculada à propriedade de certas terras. Duques, condes, marqueses, eram os titulares dos direitos sobre os ducados, condados e marquesados. Para defender os seus títulos de duque, conde ou marquês, deviam tomar as medidas necessárias para manter a propriedade das terras que lhes pertenciam. Assim, a proteção possessória, re-

Capítulo II · AS ORIGENS DO MANDADO DE SEGURANÇA | 37

curso de direito privado, tornou-se o meio de defender simultaneamente as terras e o título de nobreza, o poder de jurisdição e a percepção das rendas vinculadas às terras, transformando-se em instrumento de direito público, sendo utilizado finalmente para assegurar o exercício de cargo de magistrado ou de cargo eclesiástico e mesmo para a defesa da posse de título científico.

A ampliação da esfera da proteção possessória é também, e em grande parte, devida ao direito canônico, que concedeu os interditos aos prelados para lhes garantir a continuidade do exercício das suas funções, o que se explica por ser a autoridade eclesiástica vinculada, na Idade Média, ao exercício de direito real sobre determinada região, como, por exemplo, as terras do bispado.

Coube ao direito canônico generalizar o princípio da proteção possessória dos direitos pessoais que, ainda hoje, reconhece o *Codex Juris Canonici*, cânones 1.694 e seguintes.

O rompimento com o sistema feudal, concretizado na abolição dos privilégios da nobreza e do clero, criou a necessidade de uma revisão completa das noções jurídicas então vigentes.

Afastado o direito costumeiro, baseado numa escala de valores já ultrapassada, necessário se tornava encontrar outras fontes de inspiração para moldar um novo sistema jurídico equacionado nas bases igualitárias da filosofia do século XVIII.

Foi então que, pela terceira vez, o direito romano dominou o mundo, como o fizera na época de Roma e na fase da criação das grandes universidades da Renascença (IHERING).

O individualismo econômico e político do século XIX apresenta na sua estrutura e nas suas aspirações certas analogias com o mundo romano. Os institutos jurídicos, libertando-se das restrições medievais, concretizam a vontades das partes contratantes e reencontram os esquemas do direito romano. A autonomia da vontade, manifestada nos contratos, a unidade e exclusividade do direito de propriedade são princípios romanos que o século XIX acatou e consagrou.

Com relação à posse, a doutrina escolheu um caminho eclético entre o direito romano clássico, que reduzira o campo da proteção possessória aos direitos reais, e o direito intermédio, que o estendera a todas as espécies de situações.

Entendeu-se que devia haver proteção possessória sempre que alguém exercesse poderes inerentes ao domínio, pouco importando se tivesse ou não algum título e se este fosse um direito real ou um direito obrigacional.

No direito contemporâneo, há posse quando, em virtude de relação contratual ou independentemente dela, alguém exerce sobre determinado objeto os poderes de uso, gozo ou disposição (Código Civil, art. 1.196).

O locatário, o comodatário, o depositário e outros são, assim, possuidores *diretos* (mas não indiretos), pois a sua posse recai sobre a própria coisa e existe independentemente da relação obrigacional (Código Civil, art. 1.197). Enquanto o locatário não receber o objeto que lhe foi alugado, não se tornará possuidor, não terá *ius possessionis*.

O direito só conhece, pois, atualmente, a posse de coisas e de direitos reais. A posse de coisas exterioriza o direito de propriedade. A posse de direitos reais apresenta o exercício de poderes que pertencem normalmente aos titulares de direitos reais limitados, como a servidão, o uso, o usufruto. *Evidentemente, os direitos reais limitados que não se exteriorizaram não são suscetíveis de proteção possessória*. Assim, não há posse de hipoteca, nem de servidão não aparente (servidão de não construir, *v.g.*).

16. EVOLUÇÃO DO DIREITO BRASILEIRO

No direito brasileiro, a controvérsia sobre a posse dos direitos pessoais foi uma das polêmicas mais importantes da nossa vida judiciária, especialmente na última década do século XIX, época de profundo liberalismo em que a opinião pública e, em particular, os advogados se insurgiam contra a crescente prepotência da Administração Pública, cuja atividade intervencionista na vida do país aumentava progressivamente.

Militavam, aliás, em favor do emprego dos interditos contra os poderes públicos, argumentos ponderáveis e a consolidada tradição dos praxistas portugueses e do direito canônico.

Nos principais países europeus, existindo a dualidade de jurisdição, que conhecemos durante o Império, os interditos eram considerados como recursos de natureza cível e deles não conheciam os tribunais administrativos por ser a matéria referente à posse da competência exclusiva dos tribunais comuns. Estes, por sua vez, não podiam apreciar os atos administrativos que estavam sujeitos a uma competência reservada pertinente ao contencioso. Tal dificuldade técnica para a admissão dos interditos, como meio de controle dos atos administrativos, não existia no Brasil, pois a República extinguira os tribunais administrativos, consagrando a Constituição o princípio da unidade jurisdicional[85].

Inicialmente, as Ordenações Filipinas no seu Livro III, Título LXXVIII, § 5º, garantiam pelos interditos possessórios não apenas os direitos sobre os bens, mas, ainda, os direitos pessoais, como se verifica pelo texto seguinte:

> "Se algum se temer de outro que o queira *ofender na pessoa* ou lhe queira sem razão ocupar e tomar suas coisas, poderá requerer ao juiz que SEGURE a *ele e às suas coisas* do outro, que o quiser ofender, A QUAL SEGURANÇA lhe o juiz dará; e se depois dela ele receber ofensa daquele, de que foi seguro,

---

[85] V. no mesmo sentido a observação de MORTARA, *ap.* CASTRO NUNES, *Do Mandado de Segurança*. 4. ed. Rio de Janeiro: Forense, 1954, p. 54.

Capítulo II · AS ORIGENS DO MANDADO DE SEGURANÇA | 39

restituí-lo-á o juiz, e tornará tudo que foi cometido e atentado depois da segurança dada, e mais procederá contra o que aquebrantou e menosprezou seu *mandado*, como achar por direito."

Verificamos que o mandado possessório atendia, no caso, tanto à proteção pessoal como à patrimonial.

A questão era polêmica no século passado e se uma corrente liderada por LAFAYETTE RODRIGUES PEREIRA[86], RIBAS[87] e TEIXEIRA DE FREITAS[88] considerava que os interditos só se aplicavam na hipótese de posse de coisas ou de direitos reais; outros juristas, como CARLOS DE CARVALHO[89] e RUI BARBO-SA[90], defenderam a tese da admissibilidade das ações possessórias para a defesa dos direitos pessoais.

Diante do texto das Ordenações e das divergências doutrinárias e jurispru-denciais, admitiu-se que os juristas brasileiros do fim do século XIX recorressem aos interditos para proteger direitos individuais contra os atos ilegais ou arbitrários das autoridades administrativas.

Na época que precedeu a elaboração do Código Civil de 1916, a jurisprudência e a doutrina parecem ter hesitado quanto ao problema da proteção possessória dos direitos pessoais.

O julgado que RUI BARBOSA obteve em favor dos lentes da Escola Poli-técnica foi muito debatido e criticado nos meios jurídicos nacionais. Contra ele, insurgiu-se, em artigos publicados na imprensa, o Ministro LÚCIO DE MEN-DONÇA. O debate assim nascido provocou uma série de estudos sobre a posse, entre os quais se destacam o excelente tratado de ASTOLFO RESENDE – *A Posse e a sua proteção* – e a brilhante monografia de AZEVEDO MARQUES – *A ação*

---

[86] LAFAYETTE RODRIGUES PEREIRA, *Direito das coisas*. 2. ed. Rio de Janeiro: Jacintho Ribeiro dos Santos, s.d., § 17, p. 45, e nota 7 na página mencionada.

[87] ANTONIO JOAQUIM RIBAS, *Da posse e das ações possessórias, segundo o direito pátrio comparado com o direito romano e canônico*. São Paulo: Grande Livraria Paulista, 1901, p. 102 e ss., entende que só podem ser possuidores as pessoas que exteriorizem o direito de propriedade, de superfície e de servidão.

[88] Art. 811 da *Consolidação das Leis Civis* de TEIXEIRA DE FREITAS, 2. ed. Rio de Janeiro: Tipografia Universal de Laemmert, 1865, p. 393.

[89] O art. 336 *caput,* da *Nova Consolidação das Leis Civis*, vigentes em 11 de agosto de 1899, tinha a seguinte redação: "Presume-se posse na detenção ou fruição de *qualquer espécie de bens*, a menos que exista uma relação de direito que a exclua ou em virtude da qual a detenção ou fruição se exerça em nome de outrem."

[90] RUI BARBOSA, *Posse de direitos pessoais*. Rio de Janeiro: Organização Simões, 1950. A crítica da tese de RUI foi feita por ASTOLFO RESENDE, *As ações possessórias*. Rio de Janeiro: Francisco Alves, 1914, p. 128 e ss., e por RUBENS LIMONGI FRANÇA, em excelente monografia denominada *A proteção possessória dos direitos pessoais e o mandado de segurança*. São Paulo: Revista dos Tribunais, 1958, p. 31 e ss.

40 | MANDADO DE SEGURANÇA NA PRÁTICA JUDICIÁRIA – *Arnoldo Wald*

possessória. Ambos fazem uma crítica construtiva à teoria da posse dos direitos pessoais defendida por RUI BARBOSA[91].

Posteriormente, CLÓVIS BEVILÁQUA divergiu da tese de RUI, declarando que "na sistemática do Código, não há posse senão de direitos reais"[92]. E explicou, em outra obra:

> "Assim o art. 485 do Cód. Civil brasileiro definiu possuidor todo aquele que tem, de fato, o exercício pleno ou não, de algum dos poderes inerentes ao domínio ou propriedade. Na definição do possuidor está incluída, claramente, a da posse, que é o exercício, de fato, de poderes constitutivos do domínio, ou propriedade ou de algum deles somente, isto é, de algum direito real sobre propriedade alheia.
>
> O Código reconhece a posse dos direitos reais; não, porém, a dos pessoais, que não são desmembramento do domínio."[93]

Já na *Introdução* ao Projeto do Código Civil de 1916, dissera o seu autor:

> "O atual projeto seguiu uma linha intermediária, compreendendo no conceito de posse todos os direitos reais, com exclusão naturalmente da hipoteca, pois que ela não se aplica de modo continuado sobre coisa nem importa a detenção do bem vinculado. Embora a palavra posse seja empregada em relação a outras relações jurídicas (posse de estado, por exemplo), o seu emprego não traduz senão uma analogia a que não corresponde uma identidade jurídica, pois não se tem em vista nem a manifestação exterior da propriedade, nem os interditos, mas uma relação de fato representando-se sob uma forma externamente apreciável."[94]

Coube a RUI BARBOSA, na Comissão do Senado, modificar o artigo do projeto do Código Civil de 1916 que definia o possuidor. A redação do art. 491, aprovada pela Câmara dos Deputados, era a seguinte:

> "Considera-se possuidor todo aquele que tem, de fato, o exercício pleno ou limitado de alguns dos poderes inerentes ao domínio."

RUI BARBOSA modificou este artigo, que passou a ter a forma do art. 485 daquele Código Civil[95]:

---

91 ASTOLFO RESENDE, *A Posse e a sua proteção*. São Paulo, Saraiva, 1937, p. 93-151, e AZEVEDO MARQUES, *A ação possessória*. São Paulo: Secção de Obras Estado de São Paulo, 1923, p. 18-25.

92 CLÓVIS BEVILÁQUA, *Código Civil Comentado*. 8. ed. Rio de Janeiro: Livraria Francisco Alves, 1950, 3º vol., p. 10.

93 CLÓVIS BEVILÁQUA, *Direito das coisas*. 3. ed. Rio de Janeiro: Freitas Bastos, 1951, 1º vol., p. 28.

94 CLÓVIS BEVILÁQUA, *Código Civil Brasileiro, trabalhos relativos à sua elaboração*. Rio de Janeiro: Imprensa Nacional, 1917, vol. I, p. 65.

95 Correspondente ao art. 1.196 do Código Civil de 2002.

Capítulo II · AS ORIGENS DO MANDADO DE SEGURANÇA | 41

> "Considera-se possuidor aquele que tem de fato o exercício pleno ou não de algum dos poderes inerentes ao domínio ou propriedade."[96]-

A jurisprudência, depois de longas hesitações, firmou-se definitivamente no sentido de negar a proteção interdital aos direitos pessoais, não obstante o acórdão do Supremo Tribunal Federal de 10 de setembro de 1921, de que foi relator o Ministro EDMUNDO LINS e que firmou a seguinte doutrina:

> "O interdito proibitório não protege somente a posse dos direitos reais, aplica-se também à dos direitos pessoais; pois a lei quando a ele se refere, fala simplesmente em direitos e onde a lei não distingue a ninguém é lícito distinguir."[97]

A posse dos direitos pessoais foi defendida com maior ardor depois da reforma constitucional de 1926, que limitou o âmbito de aplicação do *habeas corpus*, deixando desprotegidos certos direitos anteriormente amparados por este remédio processual.

Vinte anos após a elaboração do Código Civil de 1916, a dúvida ainda subsistia.

A despeito de os magistrados terem efetivamente concedido interditos proibitórios para garantia ou proteção de direitos pessoais[98]-[99], na realidade, a introdução da proteção possessória dos direitos reais no Código Civil de 1916 pela emenda de RUI BARBOSA não se justificava, já que:

- 1º, parece haver perfeita sinonímia entre propriedade e domínio, como ficou estabelecido em outros artigos do Código;
- 2º, a própria forma da emenda, sem uso do artigo, indica esta sinonímia, que RUI utilizava muito;
- 3º, a intenção do parecer literário de RUI BARBOSA, donde se originou a emenda, era, como o provou o Professor SAN TIAGO DANTAS, em magnífica conferência[100], de limitar-se à forma do projeto para alertar a opinião pública, com uma discussão menos técnica e mais ao alcance de todos, que é a crítica da forma, sobre o perigo de um "Código feito quanto antes", de um "Código já e já".

---

[96] RUI BARBOSA, *Obras completas*, vol. XXIX, 1902, tomo I – *Parecer sobre a redação do Código Civil*. Rio de Janeiro: Ministério da Educação e Saúde, 1949, p. 182.

[97] Acórdão nº 3.022, *Revista do Supremo Tribunal Federal*, vol. XXXIV, p. 62-66.

[98] *Revista dos Tribunais*, vol. 95, p. 244.

[99] RUBEM NOGUEIRA, *O Advogado Rui Barbosa*, Rio de Janeiro: Olímpica, 1949, p. 350, e *Revista dos Tribunais*, vol. LXXXIX, p. 521 e vol. XCV, p. 231 e ss.

[100] SAN TIAGO DANTAS, *Rui Barbosa e o Código Civil*. Rio de Janeiro: Casa de Rui Barbosa, , 1949, *passim*, e, especialmente, p. 31.

Não sabemos se o autor do opúsculo sobre a posse dos direitos pessoais foi o *advogado* RUI BARBOSA, como quer ASTOLFO RESENDE, ou o *jurista* RUI BARBOSA, como acredita RUBEM NOGUEIRA. Em todo caso, foi um RUI BARBOSA atento às necessidades da época, revoltado contra o direito rígido, exigindo da ciência e das normas jurídicas uma plasticidade, uma mobilidade, uma adequação constante às novas realidades.

Hoje, o próprio RUI talvez não houvesse de pugnar pela proteção possessória dos direitos pessoais, uma vez que a necessidade de amparar certos direitos violados, que naquela época não conseguiam rápida defesa judicial, passou a ser atendida pelo mandado de segurança. E, quando as exigências da prática não divergem da dogmática jurídica, podemos voltar à técnica em toda a sua pureza, abandonando os artifícios criados diante da premência das necessidades sociais, e considerando que só há posse de coisas e de direitos reais. Sendo a posse um poder material, a proteção interdital é, pois, o apanágio dos direitos que recaem diretamente sobre as coisas, não devendo, pois, haver posse de direitos pessoais.

A ampliação do conceito de posse foi uma hipertrofia de um instituto de direito civil que visou suprir uma lacuna do direito processual, que desconhecia um remédio rápido para a proteção dos direitos pessoais. Abriu-se, assim, o caminho para a criação, no direito positivo brasileiro, do mandado de segurança.

Se aderirmos ao pragmatismo jurídico, considerando com HENRI POINCARÉ que, como a matemática, o direito é uma linguagem cômoda, tornando-se verdadeiros os conceitos úteis, não poderemos negar a especial importância que teve a teoria da posse dos direitos pessoais na história do desenvolvimento do nosso direito. A jurisprudência então surgida viria influir nos debates parlamentares que engendraram o mandado de segurança.

O substitutivo de 1926, da Comissão de Justiça da Câmara dos Deputados, presidida por AFRÂNIO DE MELO FRANCO, e os projetos posteriores dos Professores MATOS PEIXOTO e FRANCISCO MORATO e de LEVI CARNEIRO giraram em torno da extensão do campo de aplicação dos interditos possessórios para a proteção dos direitos do indivíduo lesados pelos poderes públicos, na hipótese de não se tratar da liberdade de locomoção que continuava amparada pelo *habeas corpus*.

LEVI CARNEIRO pretendia manter-se fiel à lição de RUI, conservando o *habeas corpus* para a defesa das pessoas e os interditos para os bens. Na realidade, com a criação do mandado de segurança, o direito administrativo brasileiro se emancipou, passando a ter uma técnica própria. Não mais se justificava a utilização de medidas privatistas e era sobremaneira aconselhável a concepção de um novo instituto de direito público que viesse cobrir a área, que, numa boa técnica, não podia pertencer nem ao *habeas corpus*, destinado a proteger a liberdade de locomoção, nem aos interditos possessórios, primeira linha de defesa do direito de propriedade e cuja aplicação não se justifica fora do campo dos direitos reais.

Capítulo II · AS ORIGENS DO MANDADO DE SEGURANÇA | 43

Compreende-se, pois, a preferência da Câmara para um processo peculiar, de natureza publicista, "que mais se aproximasse das medidas similares existentes nos Estados Unidos, no México, na Áustria e na Espanha, pela sua índole mais garantidora das liberdades públicas do que dos interesses de ordem privada"[101].

17. A POSSE NO CÓDIGO CIVIL DE 2002

Dissemos anteriormente que o direito romano relacionava a posse ao exercício dos poderes inerentes à propriedade e a outros direitos reais, assegurando a proteção possessória àqueles que possuíam a coisa como se proprietários ou titulares de outros direitos reais fossem. Com a espiritualização da posse, o direito medieval e o canônico ampliaram o campo de aplicação da proteção possessória, reconhecendo a posse não apenas de coisas e direitos reais, mas também a posse de estado (posse de estado de filho legítimo) e, enfim, a posse de direitos pessoais (*quase possessio*). Nessa esteira e diante da falta de um remédio específico foi que RUI BARBOSA desenvolveu a tese que viabilizou a utilização da tutela possessória de direitos pessoais.

Promulgado já sob a égide da Constituição Federal de 1988, que contempla expressamente o *habeas corpus* e o *mandado de segurança*, o Código Civil de 2002 não teve de se preocupar com eventual tutela possessória de direitos pessoais. Isso porque, com o advento do mandado de segurança, deixou de existir a antiga lacuna legislativa que a corrente liderada por RUI BARBOSA buscou colmatar.

Desta feita, observou-se retorno à tradição romanista. Tanto que o Código Civil de 2002, ao definir o possuidor (art. 1.196), seguindo a lição de Ihering e do Código Civil alemão, reconhece na posse o *exercício, pleno ou não, de um ou mais poderes constitutivos da propriedade.*

O art. 1.997 ("A posse direta, de pessoa que tem a coisa em seu poder, temporariamente, em virtude de direito pessoal, ou real, não anula a indireta, de quem aquela foi havida, podendo o possuidor direto defender a sua posse contra o indireto"), por sua vez, reconhece a posse àqueles que exercem poder inerente ao domínio, mesmo que em virtude de direito pessoal. Entretanto, vale frisar, tal posse merece proteção porque o titular do direito obrigacional exerce posse – um poder inerente ao domínio – sobre a coisa. É o exercício de fato do uso, gozo ou disposição, que leva à proteção possessória, e não o contrato em si. Tanto assim que, ao aludir aos efeitos do surgimento do mandado de segurança no direito brasileiro, CAIO MÁRIO DA SILVA PEREIRA afirmou:

> "A teoria da posse retoma leito mais firme: podem ser objeto da proteção possessória, na verdade, tanto as coisas corpóreas quanto os bens incor-

---

[101] TEMÍSTOCLES CAVALCÂNTI, ob. cit., p. 271.

MANDADO DE SEGURANÇA NA PRÁTICA JUDICIÁRIA – *Arnoldo Wald*

póreos ou os direitos, mas, sendo a posse a visibilidade do domínio, os direitos insuscetíveis de posse hão de ser aqueles sobre os quais é possível exercer um poder ou um atributo dominial, como se dá com a enfiteuse, as servidões, o penhor. Não os outros, que deverão procurar medidas judiciais adequadas à sua proteção."[102]

Assim, fica evidente que, em nosso ordenamento jurídico, existe somente a posse de *coisas* (em que o possuidor atua como se proprietário fosse) e, por convenção, admite-se também a posse de *direitos reais limitados quando exteriorizáveis* (posse em que o possuidor exerce atos que exteriorizam um direito real limitado).[103]

18. UTILIZAÇÃO PRIVATIVA OU ALTERNATIVA DO MANDADO E DOS INTERDITOS POSSESSÓRIOS

Embora estivessem perfeitamente delineados historicamente os campos de aplicação dos interditos possessórios e do mandado de segurança, algumas dúvidas surgiram, na jurisprudência, quanto à possibilidade de utilização do mandado de segurança para a defesa de direitos reais certos e líquidos violados pela Administração Pública.

Sendo o mandado de segurança o sucessor do *habeas corpus*, a sua finalidade primordial é evidentemente a defesa dos direitos pessoais, mas nada no texto constitucional impede que também os direitos reais pudessem ser amparados por mandado de segurança.

Uma corrente restritiva, liderada por TEMÍSTOCLES CAVALCÂNTI, não admitia que o mandado de segurança fosse utilizado para a defesa de direitos reais, por se tratar de um instituto de direito público destinado à proteção dos direitos individuais. A existência de remédio específico previsto na legislação excluiria a possibilidade de utilizar o mandado de segurança para a defesa de direitos reais[104].

CASTRO NUNES distinguia os atos praticados pelo Estado, na sua atuação funcional, das controvérsias civis decorrentes da gestão pelo estado de seus bens, criando, modificando ou extinguindo relações jurídicas de ordem privada, que estariam sujeitas ao direito civil ou comercial. Parte assim o eminente magistrado da clássica distinção entre atos de império – contra os quais seria cabível o mandado de segurança – e atos de gestão – cujo controle seria feito, no campo dos direitos reais, pelos interditos possessórios sempre que cabíveis.

---

[102] CAIO MÁRIO DA SILVA PEREIRA. *Instituições de direito civil.* 20. ed. Rio de Janeiro: Forense, 2009,, vol. IV, direitos reais, p. 18.

[103] Tratando mais detidamente do assunto, v. o nosso *Direito civil*: Direito das coisas. 14. ed. São Paulo: Saraiva, 2015, p. 50 e ss.

[104] TEMÍSTOCLES CAVALCÂNTI, *Do Mandado de Segurança.* 4. ed. Rio de Janeiro, Freitas Bastos, 1957, p. 91.

Conclui CASTRO NUNES afirmando que "o interdito é inadequado à solução das controvérsias entre o particular e o Estado, como poder público"[105]. Para CASTRO NUNES, pois, sempre que se trata de controle de legalidade ou da constitucionalidade de um ato administrativo, mesmo quando lesa a posse de um cidadão, o remédio só pode ser o mandado de segurança.

Mais liberal e atendendo ao espírito e à letra do texto constitucional se apresenta a tese defendida por ARAÚJO CASTRO, para o qual o mandado de segurança deve ser considerado remédio idôneo para a defesa de qualquer direito líquido e certo, seja pessoal ou real, cabendo assim ao interessado optar, em determinados casos, entre a impetração do mandado de segurança e o recurso aos interditos possessórios[106].

A jurisprudência admitiu a escolha do remédio processual pelo lesado, conhecendo de interditos possessórios destinados a obter a liberação de mercadorias apreendidas pelas autoridades alfandegárias. Considerou-se, assim, que nenhuma norma impedia a utilização dos interditos para a defesa de direitos reais líquidos e certos violados por atos da Administração.

Em excelente estudo sobre a matéria[107], o Ministro AGUIAR DIAS esclareceu ter sido objeto de grande celeuma a admissão das ações possessórias para obtenção do desembaraço dos bens, citando, em favor da tese por ele defendida, um acórdão do Supremo Tribunal Federal que tem a seguinte ementa:

> "O interdito possessório é meio mais idôneo para resguardar a lesão à posse do proprietário do que o mandado de segurança."[108]

AGUIAR DIAS fundamenta o seu ponto de vista nas lições de CARVALHO SANTOS, PONTES DE MIRANDA, CLÓVIS BEVILÁQUA e ASTOLFO RESENDE e recorda a regra *Electa una via, non datur recursus ad alteram* para concluir que nada se opõe à escolha de um remédio adequado entre as diversas ações possíveis em cada caso, não se admitindo apenas sejam os diversos remédios usados simultaneamente. Conclui o magistrado afirmando:

---

[105] CASTRO NUNES, *Do Mandado de Segurança*. 4. ed., Rio de Janeiro: Forense, 1954, p. 241 e 242, nº 113.

[106] ARAÚJO CASTRO, *A nova Constituição brasileira*. Rio de Janeiro: Freitas Bastos, 1935, p. 458 e ss.

[107] JOSÉ DE AGUIAR DIAS, "Mandado de segurança e interditos possessórios", *Revista de Direito da Procuradoria Geral do Estado da Guanabara*, vol. 6, 1957, p. 168 e ss.

[108] STF-1ª T., RE 7.530/AL, Rel. Min. ANÍBAL FREIRE, j. 05.04.1945.
O Supremo Tribunal Federal entendeu, todavia, ser o interdito possessório meio impróprio para obter a liberação alfandegária de automóvel vindo do exterior por não configurar a atuação da autoridade esbulho possessório. V. a decisão do Supremo Tribunal Federal de 12 de dezembro de 1963 no Agravo de Instrumento nº 30.602, do qual foi relator o Ministro PEDRO CHAVES e que foi publicado no *Diário da Justiça* de 30 de abril de 1964, p. 190 do Apenso ao nº 75.

"Asseverar, ilogicamente, que uma hipótese comporta mandado de segurança e não comporta possessória é o mesmo que dizer que o credor de uma nota promissória, por ter à mão a ação executiva, meio processual específico para a sua cobrança, não pode optar pela ação ordinária, propiciando ao devedor defesa muito mais ampla do que a permitida pelo rito especial."[109]

---

[109] AGUIAR DIAS, artigo citado, loc. cit., p. 177.

Capítulo III
A LIÇÃO DO DIREITO COMPARADO

> **Sumário: 19.** Controle judicial e contencioso administrativo – **20.** O "governo dos juízes" e os *writs* do direito norte-americano – **21.** O recurso de amparo – **22.** O recurso de anulação dos atos inconstitucionais no direito austríaco – **23.** O Conselho de Estado e a teoria do *détournement de pouvoir* – **24.** O mandado de segurança e o direito estrangeiro. Síntese comparativa.

19. CONTROLE JUDICIAL E CONTENCIOSO ADMINISTRATIVO

Lembrava GUTTERIDGE, na conferência dos professores de direito, realizada em Cambridge, em julho de 1952, que o verdadeiro objetivo do direito comparado é menos a unificação do direito dos diversos Estados do que a melhor compreensão dos direitos nacionais pelo emprego do método comparativo, a descoberta da melhor norma *de jure constituendo* e a aproximação dos povos[1].

Na realidade, o constituinte de 1934, ao elaborar o novo instituto do mandado de segurança, não podia deixar de perscrutar a história do direito pátrio e a "geografia do direito" que é o direito comparado.

Embora viesse à tona um instituto novo, profunda e tipicamente brasileiro, que honra nossa cultura jurídica e nossa nacionalidade, um instituto sem correspondente exato em nenhuma outra legislação[2], teve o legislador que conhecer

---

[1] V. o relatório sobre a "Cambridge Conference of teachers of law", *Revue de Droit International et de Droit Comparé* do Instituto Belga de Direito Comparado, Bruxelas, n. 3-4, 1952, p. 212-213. No mesmo sentido, FELIPE DE SOLA CANIZARES, *Iniciación al Derecho Comparado*, Barcelona, 1954, p. 110 e ss.

[2] A originalidade do mandado de segurança como garantia constitucional dos direitos subjetivos individuais violados por ilegalidade ou abuso do poder, constituindo um instituto tipicamente brasileiro, é reconhecida pela doutrina tanto nacional como estrangeira. V. ALFREDO BUZAID, "*Juicio de amparo* e mandado de segurança (contrastes e confrontos)", *Revista da Faculdade de Direito de São Paulo*, ano LVI, fasc. I, 1961, p. 173 e segs., assim como PHANOR J. EDER, "Judicial Review in Latin America", *Ohio State Law Journal*, vol. 21, n. 4, p. 582, 1961, que a este respeito, esclarece: *The writ of security is a new institution in jurisprudence, typically and natively Brazilian, without a*

48 | MANDADO DE SEGURANÇA NA PRÁTICA JUDICIÁRIA – *Arnoldo Wald*

e assimilar o acervo da experiência dos outros povos que possuíram remédios processuais semelhantes ou parecidos.

Um dos problemas básicos do direito público tem sido, em todos os tempos, o do controle judicial dos atos administrativos. Como decorrência do princípio da separação dos poderes, entende-se que a competência dos órgãos administrativos deve abranger tão somente a realização de atos administrativos específicos, ficando a função judicante em todos os seus aspectos reservada aos tribunais. Assim, o Estado, representado por seus órgãos administrativos, encontrar-se-ia perante os tribunais na mesma posição que qualquer particular. A submissão do Estado aos tribunais é a característica básica do Estado de Direito (*Rechtsstaat)* onde impera a norma jurídica (*Rule of Law*)[3].

Diz HANS KELSEN que:

> "Esse ideal, que é parte da concepção liberal do Estado, prevalece no Direito inglês e no americano por mais tempo que no Direito europeu (em especial no Direito francês e no alemão). Mas o ideal nunca foi completamente concretizado. Em todas as ordens jurídicas existem casos em que outros órgãos, que não os tribunais, têm de exercer funções judiciárias, estabelecer a ocorrência de um delito e ordenar a sanção estipulada pela lei. As autoridades fiscais e policiais, sobretudo, costumam ser convocadas a cumprir funções judiciárias ou quase judiciárias. Tão logo a ordem jurídica autoriza a administração pública a interferir mais amplamente, por meio dos seus atos específicos, na vida econômica e cultural, surge a tendência de atribuir aos órgãos administrativos também a função judiciária que está ligada à sua função administrativa específica"[4].

É verdade que o controle judicial dos atos administrativos corresponde a uma concepção essencialmente democrática. Nos Estados autoritários, a realização de tal exame pelo judiciário não é admissível. O contencioso administrativo, que pode, em certos casos, revestir o aspecto independente do Conselho de Estado

---

parallel elswhere in the world. The principles o four writs of mandamus, prohibition, quo warranto and injunction are all embraced in the single Brazilian writ of security" (ob. E loc. cits. na presente nota). No mesmo sentido manifestaram-se HECTOR FIX ZAMUDIO e NICETO ALCALÁ-ZAMORA Y CASTILLO nos seus excelentes relatórios publicados em *Tres estudios sobre el mandato de seguridad brasileño*, obra do Instituto de Derecho Comparado da Universidad Nacional Autónoma de México, 1963, p. 4 e 100.

[3] A Comissão Internacional de Juristas reunida em Atenas, em 1955, declarou que a conservação do Estado de Direito depende da submissão do Estado à lei e do respeito que os governos devem assegurar aos direitos individuais, criando as técnicas necessárias para garantir o livre exercício dos mesmos (itens 1 e 2 da Proclamação de Atenas, publicada no opúsculo *Ce qu'il faut savoir de la Commission Internationale de Juristes*, Genebra).

[4] HANS KELSEN, *Teoria geral do direito e do Estado*. São Paulo: Martins Fontes, 2000, p. 396.

francês, é então a técnica pela qual o executivo se arroga o direito de examinar e julgar os seus próprios atos. Na maioria dos casos, o contencioso administrativo não consegue alcançar uma verdadeira autonomia em relação aos outros corpos da Administração e, assim sendo, não oferece garantia suficiente aos cidadãos lesados por atos administrativos[5].

É um exemplo sugestivo nesta matéria o que nos oferece o direito brasileiro, já que "durante meio século, aproximadamente, o contencioso administrativo do Império não conseguiu sequer funcionar em regime de completa autonomia, isto é, sem interferência das autoridades da administração ativa. Tornando-se um anacronismo, foi repelido pelos republicanos de 1889, como se fosse um fantasma no meio dos Poderes do Estado"[6]. Fantasma, poderíamos acrescentar, que dificultava sobremaneira a proteção dos direitos individuais que o constituinte republicano quis assegurar.

20. O "GOVERNO DOS JUÍZES" E OS *WRITS* DO DIREITO NORTE--AMERICANO

Uma defesa ampla desses direitos exige a existência de um controle realizado por órgão totalmente independente do Executivo. Coube à jurisprudência norte--americana desenvolver e hipertrofiar a tese da fiscalização dos atos do Executivo e do Legislativo pelo Judiciário, baseada na interpretação dos textos constitucionais. Numerosas obras focalizaram a importância da missão do Poder Judiciário nos Estados Unidos, referindo-se ao *Government by Judiciary*, a *The American Doctrine of Judicial Supremacy*, culminando tais estudos com a excelente e erudita monografia do comparatista EDOUARD LAMBERT intitulada *Le gouvernement des juges et la lutte contre la législation sociale aux États Unis (L'expérience américaine du contrôle judiciaire de la constitutionnalité des lois)*[7]-[8].

O *Judicial Review* fez com que, desde a decisão do *Chief Justice* MARSHALL, no caso Marbury *versus* Madison, em 1803, os tribunais norte-americanos não se limitassem a aplicar a lei, mas indagassem da sua constitucionalidade. Assim sendo, o papel da lei para o jurista não é o mesmo nos Estados Unidos e no velho mundo. Na palavra de COURTENAY ILBERT, o jurista americano concebe as legislaturas como corpos cuja atividade deve ser e é efetivamente controlada pelas cortes. A lei

---

[5]   Sobre o contencioso administrativo no Brasil. V. J. GUILHERME DE ARAGÃO, *A justiça administrativa no Brasil*, publicação da Fundação Getúlio Vargas, 1955, p. 4 e do mesmo autor, *La jurisdiction administrative au Brésil*, Rio de Janeiro: Imprensa Nacional, 1955, p. 13 e ss.

[6]   J. GUILHERME DE ARAGÃO, *A justiça administrativa no Brasil*, ob. cit., p. 4.

[7]   EDOUARD LAMBERT, *La gouvernement des juges et la lutte contre la législation sociale aux États-Unis*. Paris: Marcel Giard & Cie., 1921.

[8]   Tradução livre pelo autor: "O governo dos juízes e a luta contra a legislação social nos Estados Unidos (a experiência americana do controle judicial de constitucionalidade das leis)".

é assim *"freinée par un réseau subtil de limitations constitutionnelles"*[9]-[10], existindo sempre o risco de ser ou não acatada pela jurisprudência[11].

Nos Estados Unidos, a Suprema Corte foi o baluarte da proteção dos direitos individuais, inclusive contra as reformas sociais e a socialização do direito pretendidas pelo *New Deal*. Quando se travou, em 1938, a luta entre o Executivo e o Judiciário, é que este perdeu o seu predomínio, permitindo que os autores assinalassem o fim do governo dos juízes.

Toda a evolução da política social norte-americana está ligada à atuação do Judiciário. Assim é que ROGER PINTO, professor na Faculdade de Direito de Lille, ponderou que:

> *"Au moment où l'économie et la philosophie individualistes nées des mouvements commerciaux du XVIII e siècle se trouvent modifiées et dépassées par une économie et une philosophie sociales nouvelles, avènement rendu nécessaire par la révolution industrielle et le développement du machinisme, au moment donc où la société américaine essaie de contrôler ces forces par une législation appropriée, le role du juge, gardien éclairé ou étroit d'une constitution vieillie, passe au premier plan"*[12]-[13].

No mesmo sentido é a afirmação de W. Y. ELLIOT que encarece a necessidade de adaptar a Constituição às novas necessidades sociais para que seja a expressão de uma justiça viva. Assevera ELLIOT que *"quand, par exemple, des garanties procédurales constitutionnelles des droits des citoyens, qui convenaient pour protéger la liberté individuelle contre les persécutions politiques arbitraires dans les communautés agraires, sont employées comme des instruments rigides pour faire échec à des méthodes de police moderne dans les grandes communau-*

---

[9]   *Ap.* LAMBERT, ob. cit., p. 19.

[10]   Tradução livre pelo autor: "[A lei é assim] freada por uma rede sutil de limitações constitucionais".

[11]   Este risco que a lei corria era também sentido no Brasil e, quando o legislador elaborava normas sobre a entrada de bagagens e de mercadorias no exterior, quando regulava o pagamento do imposto de cessão ou do imposto sobre lucro imobiliário, quando o Poder Executivo tabelava os aluguéis ao arrepio da lei, era possível prever que alguns artigos seriam considerados inconstitucionais pelo Judiciário, não tanto por ferir ostensivamente a letra da Constituição, mas por uma interpretação ampla que o juiz fará do espírito e da intenção da lei, da *mens legis*.

[12]   ROGER PINTO, *Éléments de droit constitutionnel*. Paris: Little, 1948, p. 237.

[13]   Tradução livre pelo autor: "No momento em que a economia e a filosofia individualistas oriundas dos movimentos comerciais do Século XVIII se veem modificadas e ultrapassadas por uma economia e por uma filosofia sociais, novas – advento imposto pela Revolução Industrial e pelo desenvolvimento de mecanização – isto é, no momento em que a sociedade americana tenta controlar as suas forças por uma legislação apropriada, o papel do juiz, guardião mais esclarecido ou mais limitado de uma Constituição envelhecida, passa ao primeiro plano".

tés métropolitaines, on aboutit, en ossifiant ainsi les vieilles règles, à détruire la Constitution véritable"[14]-[15].

Devemos salientar, todavia, que, nos Estados Unidos[16], o Judiciário desempenha uma missão mais importante na evolução da vida política do país, pois a formação dos juristas se faz menos pelo estudo das leis (*statute*) do que pelo *case-system*, ou seja, pelo exame da jurisprudência, já que apenas uma pequena parcela do direito está codificada[17].

A luta da Suprema Corte contra a legislação social não obedeceu, por outro lado, a um movimento uniforme e, em 1904, no caso Lochner *versus* Nova York, em que se discutiu as primeiras leis que limitavam a duração do trabalho e cuja inconstitucionalidade foi reconhecida pelo tribunal, o *justice* HOLMES, em voto vencido, apontava uma série de restrições à liberdade individual impostas pelo bem-estar comum, restrições que todos deveriam acatar por responderem a imperativos de ordem social.

Por maior que tenha sido o seu poder, jamais houve na realidade o governo dos juízes, porque estes podiam deixar de aplicar uma decisão, mas nunca tiveram competência para decidir *"Ils contrôlent, mais ne gouvernent pas"*[18]-[19]. Quando os constitucionalistas estudaram *La fin du principe de séparation des pouvoirs*[20], foi possível, com a maioria dos publicistas, reconhecer que a hipertrofia do executivo relegou o judiciário a um plano secundário, embora tenha sido o grande esteio protetor dos direitos individuais[21].

---

[14]   Ap. EDOUARD LAMBERT, et J. R. XIRAU, *L'ancêtre américain du droit comparé – La doctrine du juge Story*. Paris: Sirey, 1947, p. 298.

[15]   Tradução livre pelo autor: "Quando, por exemplo, as garantias constitucionais processuais dos direitos dos cidadãos, que se prestavam a proteger a liberdade individual contra as perseguições políticas arbitrárias nas comunidades agrárias, são utilizadas como instrumentos rígidos, para impor derrota a métodos de polícia moderna nas grandes comunidades metropolitanas, o resultado final a que chegamos, ao assim endurecer as velhas regras, é o de destruir a própria Constituição".

[16]   Na realidade, tanto nos Estados Unidos como no Brasil, as medidas judiciais foram empregadas contra a Administração Pública, a fim de evitar a aplicação de certas medidas necessárias para garantir o bem-estar social. Já se disse que o progresso se realizou proporcionalmente à limitação do campo de aplicação dos interditos possessórios que, em nosso direito, foram empregados para proteger antros de jogo, evitar inspeções sanitárias etc.

[17]   SAN TIAGO DANTAS, *A educação jurídica e a crise brasileira*. São Paulo: Revista dos Tribunais, 1955, pp. 17 e ss.

[18]   MAURICE DUVERGER, *Les régimes politiques*. Paris: Presses Universitaires, 1948, p. 90.

[19]   Tradução livre pelo autor: "Eles controlam, porém não governam".

[20]   MARCEL DE LA BIGNE DE VILLENEUVE, *La fin du principe de séparation des pouvoirs*. Paris: Sirey, 1934.

[21]   V. ARNOLDO WALD, *A evolução do direito e a absorção da administração privada pela administração pública*. Rio de Janeiro: Imprensa Nacional, 1953, p. 16.

MANDADO DE SEGURANÇA NA PRÁTICA JUDICIÁRIA – Arnoldo Wald

O aspecto político da Suprema Corte já fora salientado por ALEXIS DE TOCQUEVILLE na sua obra clássica – *De la démocratie en Amérique*[22] e a sua história está intimamente vinculada às grandes conquistas sociais do povo norte--americano, nos quais sempre teve o ensejo de fazer ouvir a sua voz, favorável ou contrariamente às reformas pleiteadas.

Já se denominou a Suprema Corte de "terceira Câmara negativa", em virtude do poder que lhe pertence de negar validade aos diplomas legais aprovados pela Câmara dos Representantes e pelo Senado[23].

Mas, muitas vezes, a sua atuação tem sido construtiva e de caráter positivo, destacando-se neste sentido a sua luta prudente, mas contínua contra a segregação e pela integração racial, admitida como corolário necessário dos princípios da igual aplicação da lei a todos os cidadãos e do *due process of law*, que não se coaduna com qualquer espécie de discriminação[24].

O próprio equilíbrio político e econômico do país depende da sabedoria das decisões da Suprema Corte, à qual cabe dirimir definitivamente os grandes conflitos do direito do trabalho e aplicar as leis contra os trustes.

Não é, pois, estranho que o sistema americano nos ofereça remédios correspondentes ao nosso mandado para evitar a aplicação de normas inconstitucionais.

---

[22] Escreve ALEXIS DE TOCQUEVILLE: *"Ce qu'un étranger comprend avec le plus de peine aux États-Unis, c'est l'organisation judiciaire. Il n'y a pour ainsi dire pas d'événement politique dans lequel il n'entende invoquer l'autorité du juge; et il en conclut naturellement qu'aux États-Unis, le juge est une des premières puissances politiques. Lorsqu'il vient ensuite à examiner la constitution des tribunaux, il ne leur découvre, au premier abord, que des attributions et des habitudes judiciaires. À ses yeux, le magistrat ne semble s'introduire dans les affaires publiques que par hasard; mais ce même hasard revient tous les jours... Mais le juge américain est amené malgré lui sur le terrain de la politique. Il ne juge la loi que parce qu'il a à juger un procès, et il ne peut s'empecher de juger le procès. La question politique qu'il doit résoudre se rattache donc à l'intérêt des plaideurs, et il ne saurait refuser de la trancher sans fair 'un déni de justice'"* (*De la démocratie en Amérique*, Livro I, 1ª parte, cap. VI). Tradução livre pelo autor: "O que um estrangeiro entende com maior dificuldade a respeito dos Estados Unidos é a sua organização judiciária. Não existe, por assim dizer, um só evento político em que ele não pretenda invocar a autoridade do juiz; e ele conclui naturalmente que, nos Estados Unidos, o juiz está entre as potências políticas de maior relevo. Quando ele passa, em seguida, a examinar a organização dos tribunais, ele aí somente descobre, à primeira vista, atribuições e hábitos judiciais. Aos seus olhos, o magistrado não parece se imiscuir nas questões públicas senão por acaso; mas esse mesmo acaso retorna todos os dias... Mas o juiz americano é levado, a contragosto, ao domínio da política. Ele não julga a lei porque há um processo a julgar e ele não pode se refutar a julgar o processo. A questão política que ele deve resolver relaciona-se, portanto, ao interesse dos litigantes, e ele não pode deixar de resolvê-la sem promover uma 'denegação de justiça".

[23] ANDRÉ TUNC, *Les États-Unis*. Paris: LGDJ, 1959, p. 234.

[24] Sobre a luta da Suprema Corte contra a segregação racial, v. os informes de ANDRÉ TUNC, *Revue Internationale de Droit Comparé*, Paris,1954, p. 816, e em 1955, p. 783. O liberalismo da Suprema Corte dos Estados Unidos foi reafirmado em decisão de 9 de março de 1964, em que admitiu amplamente a crítica à Administração, entendendo não caber indenização ao ofendido, quando as afirmações, embora errôneas, tivessem sido feitas numa livre discussão da atuação da autoridade.

Deixando de lado o *habeas corpus*, os *writs* mais importantes são: *mandamus, injunction, prohibition, quo warranto* e *certiorari*. É preciso salientar que o *mandamus* e a *injunction* não são remédios específicos contra atos do poder público, admitindo-se a sua utilização contra atos de particulares[25].

Os *writs* são remédios típicos, assinalando a doutrina norte-americana que:

> "Where the party has an adequate remedy by action, the writ will not be awarded."

O *mandamus* é uma ordem do tribunal que visa compelir alguém a exercer certo dever de ofício, restaurando o direito lesado. Cabe para exigir o cumprimento de um dever legal. É graças a ele, que a parte obtém certas licenças ou certidões a que tem direito e que a Administração lhe nega.

Esta medida não é concedida normalmente contra o Presidente da República, nem contra o Legislativo. Os tribunais também não ordenam às autoridades administrativas a prática de atos que, embora constituam dever legal, teriam consequências manifestamente contrárias ao interesse público[26]. GELLHORN cita, a propósito, o caso de *writ of mandamus* que foi denegado pelo tribunal por ser impetrado contra o ato de uma junta eleitoral que se recusara a fazer o registro de certos candidatos, condenados à pena de prisão. A junta não aceitou as referidas candidaturas tendo em vista que, se eleitos os candidatos, não poderiam exercer o mandato por estarem cumprindo pena. Embora não houvesse lei que autorizasse a denegação do registro, o *writ* não foi concedido atendendo o tribunal à inutilidade de tal eleição[27].

Havendo controvérsia quanto à matéria de fato, é normalmente ouvida a parte interessada. Quando a questão discutida se limita ao direito, a ordem pode ser expedida liminarmente.

A primeira grande questão que foi discutida num *writ of mandamus* foi o caso Marbury *versus* Madison que firmou definitivamente a competência da Suprema Corte para apreciar a constitucionalidade das leis[28].

Enquanto no *mandamus* exige-se um *facere*, na *injunction* exige-se uma abstenção.

---

[25]   WALTER GELLHORN, *Administrative Law-Cases and Comments*. Chicago: The Foundation, , 1940, p. 794. CASTRO NUNES na sua obra *Do Mandado de Segurança*, 5. ed. Rio de Janeiro: Forense, 1956, p. 63, limita o campo de aplicação da *injunction* à esfera administrativa.

[26]   A respeito do *mandamus*, v. o trabalho do Dr. CARLY SILVA, pesquisador do Centro de Pesquisas da Casa de RUI BARBOSA, publicado no livro *O mandado de segurança e a sua jurisprudência*, 1960.

[27]   GELLHORN, ob. cit., p. 850.

[28]   O acórdão do caso Marbury v. Madison se encontra transcrito no livro de CARL BRENT SWISHER, *Decisões Históricas da Corte Suprema*. Rio de Janeiro: Forense, 1964, p. 9.

MANDADO DE SEGURANÇA NA PRÁTICA JUDICIÁRIA – *Arnoldo Wald*

Neste sentido, é a lição de OSCAR RABASA:

> *"El* writ of mandamus, *ordenamiento judicial, es el procedimiento que desempeña la misma función que el* writ of injunction, *con la sola distinción de que tanto que este ultimo sirve para impedir en forma prohibitiva, la ejecución del acto o ley reclamados, el primero tiene por objeto la ejecución de un modo activo, de un acto ou obligación por la autoridad demandada cuando la violación consiste en la negativa de esta a ejecutar lo que legalmente está obligada a llevar o cabo. De modo que el injunction es de efecto negativo, pues impide que la autoridad viole la ley por un acto de comisión; el mandamus es de resultado positivo, ya que compele a la autoridad a que ejecute su obligación y no viole la ley por una omisión. Ambos recursos, pues, desempeñan separadamente las dos funciones esenciales que en el sistema mexicano realiza el juicio de amparo, dentro de un solo procedimiento."*[29]-[30]

A *injunction* se filia historicamente aos interditos, embora o seu processo se diferencie do dos interditos[31]. A *injunction* é uma arma mais efetiva do que os interditos, abrangendo o seu campo de aplicação todo o direito e especialmente os direitos de família, a proteção da propriedade, o cumprimento das obrigações contratuais e o ressarcimento dos danos causados.

A *injunction* foi uma criação da *equity*, distinguindo-se as *mandatory injunctions* que ordenavam a realização de um ato das *restrictive injunctions* que proibiam a realização do ato. Originariamente, a *injunction* teve caráter proibitivo e hoje a *mandatory injunction* se confunde em certo sentido com o *writ of mandamus*. Certas *injunctions* foram inclusive concedidas, a fim de impedir a execução de sentenças lavradas pelos tribunais de acordo com a *common law*[32]. A desobediência a uma *injunction* importa no crime de *contempt of Court*, espécie de crime de

---

[29]   OSCAR RABASA, *El derecho anglo-americano*, p. 641.

[30]   Tradução livre pelo autor: "O *writ of mandamus*, ordem judicial, é o procedimento que desempenha a mesma função do *writ of injunction*, com a única distinção de que, ao passo que este último serve para impedir de forma proibitiva a execução do ato ou lei impugnado, o primeiro tem por objeto a execução de modo ativo, de um ato ou obrigação pela autoridade demandada, nos casos em que a violação consista na proibição desta de executar aquilo a que legalmente esteja obrigada a levar a cabo. De modo tal que o *injunction* possui efeito negativo, porque impede que a autoridade viole a lei por um ato comissivo; e o *mandamus* possui resultado positivo, já que compele a autoridade a executar a sua obrigação e a não violar a lei por sua omissão. Ambos os recursos, portanto, desempenham separadamente as duas funções essenciais que, no sistema mexicano, realiza o *juicio de amparo*, dentro de um único procedimento".

[31]   W. BUCKLAND & ARNOLD MAC NAIR, *Roman Law and Common Law*. 2. ed., revista pelo Professor LAWSON, Cambridge University Press, 1952, pp. 420 e ss., fazem a análise das relações entre a *injunction* e os interditos.

[32]   ARMIJON, NOLDE et WOLFF, *Traité de Droit Comparé*. Paris: Librairie Générale de Droit et de Jurisprudence, 1950, vol. II, p. 514.

Capítulo III · A LIÇÃO DO DIREITO COMPARADO | **55**

responsabilidade por desobediência à ordem do tribunal, que pode acarretar ao infrator a aplicação da pena de prisão ou de multa.

A *injunction*, inicialmente apanágio dos tribunais de *equity*, passou a ser concedida, a partir de 1854, pelas Cortes de *Common Law*.

A *injunction* é hoje utilizada, conjuntamente, com a ação de *trespass* no direito anglo-americano, a fim de proteger o direito do possuidor. Pode, outrossim, assegurar a execução de uma obrigação de fazer ou de não fazer. O tribunal pode obrigar o devedor a cumprir a obrigação assumida, que no caso não se resolverá em perdas e danos. Assim é possível pela *injunction* uma *specific performance* da obrigação.

A *injunction* pode ser provisória, correspondendo à nossa medida liminar e à *einstweilige Verfügung* do direito alemão e, neste caso, é denominada *interlocutory*. Serve como medida conservatória, a fim de evitar prejuízo irreparável. Embora geralmente proibitiva, mandando cessar a prática de um ato ilegal, pode também implicar na prática de um ato para, por exemplo, restabelecer o *statu quo* anterior ao ato ilegal e lesivo. Tanto o direito inglês quanto o norte-americano admitem a caução no caso de concessão da medida liminar. A *injunction* perpetual ou definitiva é concedida no fim do julgamento, podendo ser submetida a determinada condição.

A *injunction* desempenha um papel tão importante no direito anglo-saxão que nos revela como um instituto processual pode modificar a própria estrutura do direito substantivo e, em particular, o direito das obrigações. PHANOR J. EDER, professor da New York State University, lembra que, tendo BETTE DAVIS um contrato exclusivo com a Warner Brothers até 1942, decidira ela rompê-lo em 1937, fazendo outro com uma companhia inglesa. O tribunal britânico, a pedido da Warner, concedeu uma *injunction* para que a atriz atendesse ao aspecto negativo do contrato, não trabalhando para outrem, sendo rejeitada a defesa do advogado de Bette Davis, para o qual o contrato implicava numa espécie de escravidão, embora fossem de outro as algemas que cerceavam a liberdade contratual da atriz[33].

A *injunction* se aplica, pois, tanto no domínio dos conflitos de vizinhança quanto no campo contratual e delitual. *"Comme en matière de contrats, l'injunction est en matière de torts une mesure exceptionnelle (Shelfer versus City of London Electric Lighting Co., 1985). Elle laisse intacte l'action en dommages-intérêts qui sanctionne normalment le dommage infligé par un tort: le tribunal reste libre d'acorder des dommages 'pour compléter l'injunction ou en tenir lieu' (Lord Cairn's Act, 21 et 22 Vict. c. 27, s. 2). Cette règle a été inscrite dans le Supreme Court of Judicature (Consolidation Act, 1925, 15 et 16, Geo, 5, c. 49, s. 37)."*[34-35]

---

[33] PHANOR J. EDER, *A comparative survey of Anglo-American and Latin-American Law*. New York: University Press, 1950, p. 81.

[34] ARMINJON, NOLDE et WOLFF, ob. cit., vol. III, Paris, 1952, p. 181.

[35] Tradução livre pelo autor: "Como em matéria contratual, o *injunction* em matéria de responsabilidade civil extracontratual [ou delitiva] constitui uma medida excepcional (Shelfer versus City of

No direito norte-americano, a *injunction* tem sido um meio de interferência do judiciário nos dissídios trabalhistas. Até o *Norris – La Guardia Anti-Injunction Act*, de 1932, os tribunais usaram amplamente o remédio processual para evitar as greves, as manifestações de grevistas etc... alegando que assim estavam protegendo a propriedade privada e a paz pública. OGG & RAY esclarecem a respeito que *"the writ of injunction originated far back in English judicial history without reference, of course, to modern industrial situation. But its use in this country in later days has been principally in connection with labor disputes..."*[36]-[37]. Em 1946, o Governo dos Estados Unidos obteve uma *injunction* contra JOHN L. LEWIS e o sindicato dos mineiros, a fim de que lhes fosse proibido entrar em greve sob pena de *contempt of court*. Declarada a greve, não obstante a *injunction*, o sindicato e o seu presidente foram condenados a pagar uma multa de US 3,500,000.00, entendendo o tribunal que a lei Norris-La Guardia já citada não se aplicava aos casos em que fosse parte o Governo dos Estados Unidos[38]. Vimos, assim, sumariamente o papel desempenhado pela *injunction* que se, de um lado, aproxima-se do nosso mandado de segurança, não deixa de ter, por outro, certa relação com os interditos possessórios e a ação cominatória.

O *writ of prohibition* visa evitar que tribunais ou órgãos administrativos de competência restrita conheçam no futuro de matéria que não esteja nas suas atribuições legais, não cabendo em relação ao ato já consumado.

O *writ quo warranto* assegura o direito a um título ou ao exercício de uma função. No Estado de Dakota do Norte, foi por um *writ quo warranto* que se decidiu quem devia exercer o cargo de governador do Estado. Tendo sido o governador Langer condenado a uma pena de detenção por um tribunal federal, o vice--governador Olson tomou posse do cargo. Langer entrou com um pedido de *quo warranto*, a fim de que lhe fosse assegurado a continuação do exercício do cargo. Tomando conhecimento do caso, a Suprema Corte de Dakota do Norte rejeitou o *writ*, confirmando no cargo o vice-governador já empossado. Um outro *writ* da mesma natureza foi acolhido pela mencionada Corte contra o governador Modie, que não residira durante cinco anos antes da eleição no referido Estado, como o exigia a Constituição estadual.

London Electric Lighting Co., 1985). Ela torna intacta a ação, por meio de indenização que sanciona normalmente o prejuízo infligido por um evento danoso: o tribunal tem a liberdade de conceder indenização 'para concluir o *injunction* ou para substitui-lo' (Lord Cairn's Act, 21 et 22 Vict. c. 27, s. 2). Esta regra foi acolhida pela Supreme Court of Judicature (Consolidation Act, 1925, 15 et 16, Geo, 5, c. 49, s. 37)".

[36] FREDERIC A. OGG and P. ORMAN RAY, *Introduction to American Government*. 9. ed. New York: Appleton Century Crofts, 1948, p. 731.

[37] Tradução livre pelo autor: "o *writ of injunction* originou-se longinquamente na história da praxe judiciária inglesa, sem referência, é claro, a situações industriais modernas. Mas a sua utilização neste país em tempos recentes tem-se dado sobretudo em conexão com disputas laborais".

[38] OGG and RAY, ob. cit., p. 732, nota 1.

O *writ of certiorari* provoca a verificação pelos tribunais da legalidade do ato administrativo, funcionando como recurso judicial das decisões dos funcionários ou corpos administrativos, como também de decisões judiciárias. O recurso somente é admitido para assegurar a uniformidade e evitar diversidade dos julgados que poderiam prevalecer nos diversos circuitos. É um recurso unificador e construtivo, pelo qual não se revê o mérito da questão, limitando-se o tribunal à revisão e reparação dos erros de direitos, sem levar em consideração a prova de fato. Numerosos são os *certiorari* julgados pela Suprema Corte, a maioria dos quais são denegados, o que se explica por não haver recurso no caso de decisão administrativa evidentemente ilegal considerada inválida pelos tribunais inferiores[39].

Nenhum dos *writs* norte-americanos se confunde com o nosso mandado de segurança que realiza simultaneamente as funções de todos eles, obrigando ou impedindo a realização de certos atos pela autoridade administrativa, assegurando a determinado funcionário o exercício do seu cargo, reconhecendo, num caso concreto, a inconstitucionalidade de uma lei ou a ilegalidade de uma decisão administrativa ou judiciária.

Vimos, assim, que, como o asseverou TEMÍSTOCLES CAVALCÂNTI, "não são poucas as afinidades do instituto americano com o nosso mandado de segurança"[40] já que os *writs* são os meios de proteção do direito indiscutível, na falta de outros recursos adequados.

O constituinte de 1934 não pôde deixar de receber e utilizar o acervo da experiência constitucional e administrativa dos Estados Unidos quando introduziu o mandado de segurança na nossa Constituição.

21. O RECURSO DE AMPARO

O recurso de amparo, oriundo do direito mexicano, exerceu influência mais direta sobre a criação do nosso mandado de segurança. Tanto assim é que o relatório do Ministro MUNIZ BARRETO no Congresso Jurídico de 1922, como também o Projeto GUDESTEU PIRES, de 11 de agosto de 1926, que pretendeu instituir no Brasil o *mandado de proteção*, já se referiam à criação de um remédio idêntico ao recurso de amparo, do México, afirmação que também se encontra no parecer da Comissão de Justiça da Câmara de 9 de julho de 1927, que examinou o projeto do mencionado deputado.

---

[39] ARTHUR T. VANDEBLIT, *The doctrine of the separation of powers and its present-day significance*. Lincoln: The University of Nebraska Press, 1953, p. 133. Sobre as restrições sofridas pelos *certiorari* e também pelo *writ of prohibition*, v. BERNARD SCHWARZ, *American Constitutional Law*. Cambridge: University Press, 1955, pp. 203 e 298.

[40] TEMÍSTOCLES BRANDÃO CAVALCÂNTI, *Do mandado de segurança*. Rio de Janeiro: Freitas Bastos, 1934, p. 19.

MANDADO DE SEGURANÇA NA PRÁTICA JUDICIÁRIA – *Arnoldo Wald*

O *juicio de amparo* é, como o mandado de segurança, um remédio constitucional destinado à defesa dos direitos do homem. O amparo e o mandado de segurança "exercem função análoga nos países em que foram adotados e guardam cunho nitidamente americano, quiçá sem paralelo no direito comparado"[41]. Já se afirmou que ambos os remédios têm as suas origens mais remotas no espírito de inquietação e de desconfiança que caracterizou o renascimento e dominou os primeiros emigrantes que chegaram à América, a fim de se "libertarem da estrutura econômica e das perseguições religiosas tão freqüentes na Europa", após o regime de opressão organizada que representou a Idade Média.

A ideia de liberdade garantida, mediante processos adequados, afirma-se nas diversas declarações de direitos das colônias inglesas da América do Norte[42], onde os latino-americanos vão descobri-la, para criarem sistemas próprios de proteção constitucional dos direitos individuais.

Se a liberdade individual necessita da proteção constitucional, a aplicação da Constituição pressupõe a atividade vigilante do cidadão e a provocação oportuna do Poder Judiciário, a fim de manter a vigência material das normas constitucionais. Como já o dizia FRANCIS BACON: "A lei garante o cidadão e o magistrado garante a lei." Assim sendo, "entre a Constituição e os indivíduos há um nexo de reciprocidade. A Constituição protege os indivíduos, conferindo-lhes as garantias necessárias à satisfação dos direitos. Os indivíduos, fazendo valer em Juízo os seus direitos violados por ilegalidade ou abuso de poder, preservam, por via indireta, a autoridade da Constituição, porque a proteção não ocorre senão por iniciativa e obra do particular"[43].

O *juicio de amparo* é uma ação de controle da constitucionalidade das decisões e da competência dos órgãos jurisdicionais, que protege o queixoso ou agravado, nos casos de violação de direitos individuais ou da autonomia estadual e de prática por autoridades estaduais de atos atribuídos a órgãos federais. Foi definido o amparo pelo Professor IGNÁCIO BURGOA, na sua clássica monografia como sendo "uma instituição processual que tem por objeto proteger o governado contra qualquer ato de autoridade (em sentido lato) que, em detrimento dos seus direitos e interesses jurídicos particulares, viole a Constituição. Esta mesma ideia expressada em outros termos nos descreve o amparo como uma instituição jurídica de tutela direta da Constituição e indireta extraordinária da legislação secundária (controle constitucional e legal) que se traduz num procedimento autônomo de caráter contencioso (controle jurisdicional em virtude de ação) e que tem por objetivo

---

[41] ALFRED BUZAID, "*Juicio de amparo* e mandado de segurança (contrastes e confrontos)", artigo publicado na *Revista da Faculdade de Direito de São Paulo*, ano LVI, fasc. I, 1961, p. 173.

[42] É a tese defendida por GEORGE JELLINEK, *La Déclaration des droits de l'homme et du citoyen*, tradução francesa de GEORGES FARDIS, Paris: Albert Fontemoing, 1902, pp. 13 e ss.

[43] BUZAID, ob. cit., p. 191.

Capítulo III · A LIÇÃO DO DIREITO COMPARADO | 59

invalidar, em relação ao governado em particular e a pedido deste, qualquer ato de autoridade (em sentido lato) inconstitucional ou ilegal que possa prejudicá-lo"[44].

O *juicio de amparo* é um instituto propriamente mexicano[45] que, apresentando-se inicialmente como técnica de proteção dos direitos individuais, foi ampliando o seu campo de ação passando a ter novas funções adicionais ou acessórias e adquirindo, consequentemente, uma complexidade crescente. Funciona na realidade o *juicio de amparo* não só como instrumento protetor dos direitos fundamentais da pessoa humana, mas ainda como garantia jurisdicional contra leis inconstitucionais como recurso de cassação (pelos tribunais superiores de decisões de instância inferior) e como meio de defesa dos particulares nos seus conflitos com a Administração Pública[46].

A superposição de funções concentradas no amparo fez com que fosse comparado *"a un edificio que ostentando una fachada venerable, encubre habitaciones con estilos heterogéneos, que han ido construyendo según necesidades posteriores que no fueron previstas por sus fundadores, no obstante lo qual forman una unidad arquitectónica, de manera que únicamente aquel que puede penetrar al interior se percata de la variedade de estructuras, que no son visibles desde afuera."*[47]-[48]

Não se encontra o princípio do controle da constitucionalidade das leis pela Suprema Corte na Constituição Mexicana de 1824 e a Constituição centralista de 1836 atribuiu a função de verificar a validade dos atos inconstitucionais a um órgão político denominado o Supremo Poder Conservador, que não correspondeu às esperanças nele depositadas, não tendo chegado a funcionar no tocante à apreciação do problema da inconstitucionalidade das leis[49].

A doutrina é unânime em reconhecer que o *juicio de amparo* surgiu no projeto de Constituição elaborado, em 1840, para o Estado de Yucatan pelo Deputado MANUEL CRESCENCIO REJÓN que assim pretendia garantir uma proteção rápida e eficiente dos direitos individuais constitucionalmente assegurados contra os atos

---

[44] IGNÁCIO BURGOA, *El juicio de amparo*4. ed. México: Editorial Porrua, 1957, p. 151.

[45] O amparo é *"as typically and natively Mexican as pulque and the tortilla"*, afirma PHANOR EDER no seu estudo já citado no *Judicial Review in Latin America*, p. 599.

[46] HÉCTOR FIX ZAMUDIO, *Tres estudios*, já citados, p. 5. Quanto ao controle da legalidade dos atos administrativos pelo *juicio de amparo*, v. GABINO FRAGA, *Derecho Administrativo*. 4. ed. México: Editorial Porrua, 1948, p. 587, nº 370.

[47] HÉCTOR FIX ZAMUDIO, ob. e loc. cit. na nota anterior.

[48] Tradução livre pelo autor: "[...] a um edifício que, ostentando uma fachada venerável, encobre habitações com estilos heterogêneos, que foram sendo construídos de acordo com necessidades posteriores, as quais não foram previstas por seus fundadores, a despeito do que formam uma unidade arquitetônica, de modo que somente aquele que pode penetrar no seu interior percebe a variedade de estruturas que não são visíveis a partir do lado de fora".

[49] BUZAID, ob. cit., pp. 197 e 198; FELIPE TENA RAMIREZ, *Derecho Constitucional*. México: Editorial Porrua, 1944, pp. 433 e ss. OSCAR RABASA, *El derecho anglo-americano*, já citado, p. 633.

lesivos praticados pelas autoridades administrativas. Inspirou-se REJÓN na obra de TOCQUEVILLE – *De la démocratie en Amérique* – que divulgara no México a técnica de controle dos atos do Poder Público pelos tribunais empregada nos Estados Unidos, encontrando, pois, as suas origens o *amparo* mexicano nos *writs* norte-americanos[50]. O *juicio de amparo* foi inicialmente o meio de assegurar os direitos individuais assegurados constitucionalmente. O art. 53 da Constituição do Estado de Yucatan, de 1840, estabeleceu que cabia à autoridade judicial *"amparar en el goce de sus derechos a los que le pidan su protección, contra las leyes y decretos de la Legislatura que sean contrarios a la Constitución; o contra las providencias del Governador y Ejecutivo reunido, cuando en ellas se hubiese infringido el Código fundamental o las leyes, limitándose en ambos casos a reparar el agravio en la parte en que éstas o la Constitución hubiesen sido violadas."*[51]-[52]

Discutiu-se muito as origens remotas do recurso de amparo, que alguns autores quiseram encontrar nos *Quatro Processos Forales de Aragon* que se referem à concessão de *"amparos en defesa del Rey, de las Leyes y de los Reynícolas"*. Na realidade, somente a terminologia do amparo tem as suas origens no documento espanhol do século XVIII. Por uma tradição muito comum em matéria jurídica, o legislador mexicano conservou o nome do antigo instituto para, com ele, criar um remédio processual novo[53].

Por ocasião da reforma da Constituição mexicana em 1847, o advogado Don MARIANO OTERO retomou a tese defendida por REJÓN, em Yucatan, propondo que os tribunais federais dessem o *amparo* a qualquer pessoa domiciliada na República para exercer e conservar os direitos garantidos pela Constituição e pelas leis constitucionais contra qualquer violação por parte das autoridades federais ou estaduais, executivas ou legislativas. Os tribunais deveriam conceder o *amparo* no caso particular e concreto que lhe fosse apresentado, sem proferir nenhuma declaração de caráter geral sobre a constitucionalidade da lei ou do ato impugnado, limitando-se, assim, o magistrado a afastar a aplicação do texto inconstitucional na hipótese *sub judice*.

As três ideias fundamentais de OTERO são: 1º, considerar o *amparo* uma ação de natureza especial; 2º, dar competência para o seu julgamento aos tribunais

---

[50] OSCAR RABASA, ob. cit., p. 634.

[51] *Ap.* BURGOA, ob. cit., p. 85

[52] Tradução livre pelo autor: "...amparar, no gozo dos seus direitos, aos que requeiram a sua proteção, contra as leis e os decretos da Legislatura que sejam contrários à Constituição; ou contra as providências do Governador e do Executivo reunidos, quanto nestas se houvesse infringido o Código fundamental ou as leis; limitando-se, em ambos os casos, a reparar a ofensa na parte em que estas ou a Constituição tivessem sido violadas".

[53] V. BUZAID, ob. cit., nota 54, nas pp. 198 e ss. BUZAID aponta, também, no privilégio geral ou processo foral de Aragão, as origens do nosso mandado de segurança, pois à autoridade judicial cabia pôr os direitos do interessado *en seguro*. Já assinalamos no capítulo anterior a referência à segurança encontrada nas Ordenações portuguesas.

Capítulo III · A LIÇÃO DO DIREITO COMPARADO | 61

federais e 3º, proibir toda declaração geral sobre o ato ou a lei impugnados em virtude do *juicio de amparo*[54].

A introdução do *juicio de amparo* na legislação federal mexicana ocorreu com a Constituição de 1857, que adotou o instituto ampliando a sua área de incidência a fim de que pudesse também ser utilizado para a correição de atos inconstitucionais praticados pelos membros do Poder Judiciário.

A regulamentação do *juicio de amparo* se encontra no art. 101 da Constituição de 1857, cujo texto foi mantido no art. 103 da Constituição de 1917, reformada em 1950. O referido artigo dá competência aos tribunais federais para resolver as controvérsias suscitadas:

> "*I – Por leyes o actos de la autoridad que violen las garantias individuales.*
>
> *II – Por leyes o actos de la autoridad federal que vulneren o restrinjan la soberanía de los Estados.*
>
> *III – Por leyes o actos de las autoridades de éstos que invadan la esfera de la autoridad federal.*"[55]

Vemos, assim, que o *amparo* é o remédio processual cabível sempre que há uma lesão a direitos individuais garantidos, seja pela Constituição, seja por leis ordinárias. Um dos grandes marcos na evolução do instituto foi de passar de defensor do homem no plano constitucional a remédio utilizado para garantir tais direitos na esfera da legalidade[56]. Desempenha, ainda, outro papel, a fim de delimitar exatamente as competências respectivas da União e dos Estados.

O art. 107 da Constituição de 1950 estabelece, a grosso modo, o rito processual do *amparo*, esclarecendo que:

> "Todas las controversias de que habla el artículo 103 se seguirán a instancia de la parte agraviada, por medio de procedimientos e formas del orden jurídico que determinará una ley que se ajustará a las bases seguientes:
>
> *I. La sentencia será siempre tal, que sólo se ocupe de individuos particulares, limitándose a ampararlos e protegerlos en el caso especial sobre el que verse la queja, sin hacer una declaración general respecto de la ley o acto que la motivare.*"[57]

---

[54] OSCAR RABASA, ob. cit., p. 635.

[55] Tradução livre pelo autor: "I – Por leis ou atos da autoridade que violem as garantias fundamentais; II – Por leis ou atos da autoridade federal que vulnerem ou restrinjam a soberania dos Estados; III – Por leis ou atos das autoridades destes que invadam a esfera da autoridade federal".

[56] V. EDER, ob. cit., p. 600, e FELIPE TENA RAMIREZ, ob. cit., p. 469.

[57] Tradução livre pelo autor: "Todas as controvérsias de que trata o artigo 103 se seguirão na instância da parte agravada, por meio de procedimentos e formas do ordenamento jurídico que determinará uma lei a ajustar-se às bases seguintes: I. A sentença será sempre tal que se ocupe

É preciso assinalar, com os autores mexicanos, que o *amparo*, recurso individual no caso de lesão de direito por autoridades públicas, tem sido utilizado preponderantemente como proteção dos direitos do homem, ficando relegado a um plano secundário a sua função constitucional de demarcador das competências dos Estados e da União.

O campo de aplicação de *juicio de amparo* é mais amplo do que o do mandado de segurança, pois aquele abrange o domínio que, entre nós, é reservado ao *habeas corpus*. Do *amparo*, já se disse que:

> *"No hay una institución política más grata ni de más arraigo para el pueblo que el juicio de amparo, por el cual, en el curso de ciento nueve años que lleva de vigencia, se le ha protegido contra la arbitrariedad: por él se ha salvado la vida a gente condenada sin proceso e por procesos defectuosos; han recuperado la libertad quienes arbitrariamente sufrían prisiones injustas; se ha liberado de servicios forzados de las armas o trabajos públicos a quienes sin su voluntad o sin que se cumplieran los requisitos legales, eran llevados a ejecutarlos; se han defendido hogares; se ha garantizado la libertad de pensamiento; se han evitado confiscaciones etc."[58].*

Quem deve impetrar o *amparo* é o próprio lesado, mas permite a lei que outras pessoas o façam quando a própria índole da violação impede que o prejudicado recorra à justiça, como em certos casos em que a vítima da arbitrariedade administrativa está privada da liberdade ou ameaçada de perder a vida.

O processo do *amparo* se assemelha ao do mandado de segurança. Começa com a petição do impetrante em que deve assinalar a lesão de direito e a autoridade responsável. Diante do pedido, o juiz pede informações ao coator, e dá vista dos autos ao Ministério Público. Na audiência, o impetrante e a Administração Pública apresentam as suas provas e o juiz dá a sua sentença, da qual cabe recurso para os tribunais superiores.

O juiz, de acordo com a legislação mexicana, pode conceder a medida liminar, ou seja, suspender os efeitos da violação até que decida sobre o fundo da questão, sempre que houver perigo de dano irreparável. A medida liminar pode ser concedida *ex officio* ou a pedido do interessado. Quando a concessão liminar puder causar danos a terceiros, o impetrante deverá prestar caução.

Por outro lado, determinando o art. 14 da Constituição que as sentenças sejam sempre proferidas de acordo com a lei, o *amparo* é utilizado como recurso

---

apenas de particulares, limitando-se a ampará-los e a protege-los no caso especial sobre o qual verse a arguição, sem proferir declaração geral a respeito da lei ou ato que a motive".

[58] GERMAN FERNANDEZ DEL CASTILLO, "El amparo como derecho del hombre en la Declaración Universal", *Boletim del Instituto de Derecho Comparado de México*, nº 27, sept./dic. 1956, p. 10.

Capítulo III · A LIÇÃO DO DIREITO COMPARADO | **63**

contra as decisões finais dos magistrados que estiverem em choque com o texto legal, funcionando, assim, como uma espécie de cassação.

O grande desenvolvimento do *juicio de amparo* está ligado aos nomes de IGNACIO VALLARTA, Presidente da Suprema Corte – que foi denominado o "JOHN MARSHALL mexicano" – e de EMILIO RABASA, que são os dois autores clássicos que escreveram sobre a matéria[59].

Discutiu-se na jurisprudência e na doutrina o cabimento do amparo contra a lei, especialmente quando ela se apresenta como autoexequível. Em virtude de modificação da lei sobre *amparo*, realizada em 1950, é admissível o *amparo* contra a lei inconstitucional, desde que impetrado nos dias que se seguem à sua promulgação.

É imprescindível que a parte que recorre ao *amparo* possa provar um prejuízo real e atual, constituindo tal requisito condição para a titularidade da ação de *amparo*.[60]-[61]

A jurisprudência mexicana não tem admitido o *amparo* contra violações de contratos pelos organismos governamentais, salvo casos excepcionais, nem considera o remédio processual adequado para a solução de conflitos eleitorais, assim como para a defesa de nacionais ou estrangeiros contra a expulsão ou a extradição[62].

O *amparo* não existe somente no México, mas foi introduzido em diversas repúblicas americanas como Guatemala (1877), El Salvador (1886), Honduras (1894), Nicarágua (1911), Chile (1925), Panamá (1941), Costa Rica (1949) e Venezuela (1961). Geralmente, em todos esses países o sistema mexicano é seguido, não se admitindo, todavia, o *amparo* contra decisões judiciais[63].

A garantia do *amparo* também tem sido desenvolvida na Argentina, para a proteção da liberdade de imprensa (caso Siri) e em conflitos de natureza trabalhista (caso Kot)[64].

---

[59]   IGNACIO VALLARTA, *El juicio de amparo y el "Writ of Habeas-corpus"*, 1881, e EMILIO RABASA, *El juicio constitucional*.

[60]   BUZAID, ob. cit., p. 208.

[61]   Tradução livre pelo autor: "Não há uma instituição política mais grata ou de maior enraizamento para o povo do que o juízo de amparo, por meio do qual, no curso dos cento e nove anos em que está em vigor, foi protegido contra a arbitrariedade: por meio deste, salvou-se a vida de pessoas condenadas sem processo e por processos defeituosos; recuperaram a liberdade aqueles que arbitrariamente sofriam prisões injustas; se libertou de trabalhos forçados das armas ou trabalhos públicos a quem contra a sua vontade ou sem que se cumprissem os requisitos legais os executava; defenderam-se domicílios; garantiu-se a liberdade de pensamento; evitaram-se confiscos etc."

[62]   PHANOR J. EDER, ob. cit., p. 601.

[63]   PHANOR J. EDER, ob. cit., p. 602.

[64]   S. V. LINARES QUINTANA, *Gobierno y administración de la República Argentina*. Buenos Aires: Editora Argentina, 1946, vol. II, p. 255, e EDER, ob. cit., p. 603. No mesmo sentido, v. o prefácio de OTTO GIL aos *Estudos sobre o mandado de segurança*. Rio de Janeiro: Instituto Brasileiro de Direito

MANDADO DE SEGURANÇA NA PRÁTICA JUDICIÁRIA – *Arnoldo Wald*

Por sua vez, a Constituição Espanhola de 1931 criou, no seu art. 101, recursos especiais contra a ilegalidade dos atos da administração, por violação das normas ou em virtude de excesso ou desvio de poder, e fez referência expressa ao *amparo* das garantias individuais (arts. 105, 121, "b", e 123). Posteriormente, o recurso de *amparo* foi previsto na Constituição Espanhola de 1978 (arts. 53, 2º; 161, "b"; 162, "b" e 164, 1) e pela Lei Orgânica 2/1973, de 3 de outubro, do Tribunal Constitucional (arts. 41 e seguintes).

Por lá, o *amparo* é destinado à tutela de direitos fundamentais enunciados no art. 53, 2º, da Constituição[65], a saber: igualdade, "objeção de consciência" (que permite a substituição do serviço militar por outra prestação social), vida e integridade física e moral, liberdades ideológica, religiosa e de culto, segurança, honra, intimidade pessoal e da família, imagem, domicílio, expressão, comunicação, associação, reunião pacífica, dentre outros. Entretanto, observa-se que os tribunais espanhóis têm afirmado o não cabimento do *amparo* para a tutela de outros direitos fundamentais, como o direito de propriedade, bem como de princípios da política social e econômica, e ainda dos princípios da segurança jurídica, vedação da arbitrariedade, reserva de lei e hierarquia normativa ou para acesso a arquivos e registros administrativos. O recurso não serve para tutelar senão direitos fundamentais da pessoa; os demais aspectos da atividade pública são objeto de processo ordinário.[66]

Quanto ao *amparo* mexicano, parece-nos que sua real estrutura não foi muito bem compreendida pelos juristas brasileiros que o estudaram. TEMÍSTOCLES CAVALCÂNTI, interpretando a lição de IGNACIO VALLARTA, afirma que o *amparo* mexicano não é um recurso comum. "Não tem por fim corrigir injustiças, mas apenas prevenir as infrações da Constituição."[67] Não há dúvida que o *amparo* não seja um remédio de equidade; protege, como o nosso mandado de segurança, direitos certos e líquidos. Mas não é indispensável que o direito seja assegurado pela Constituição. Basta que tenha a proteção legal. Inicialmente, o *amparo* surgiu como remédio destinado a assegurar direitos constitucionalmente reconhecidos; depois protegeu o indivíduo contra toda lei inconstitucional e contra todo ato administrativo ilegal. Já assinalamos esta evolução que o instituto sofreu sob a pressão das necessidades sociais.

Processual Civil, 1963, às pp. 9 e ss. Esclarece a este respeito OTTO GIL que "na Argentina, depois dos casos 'SIRI' e 'KOT', notável esforço doutrinário vem sendo feito para dar ao recurso de *amparo* uma estrutura processual própria, sem necessidade da construção que se verificou naqueles dois *leading cases*".

[65] Ver: CASTRO, Jose L. Cascajo; SENDRA, Vicente Gimeno. *El recurso de amparo*. 2. ed. Madri: Editorial Tecnos, 1988.

[66] DURÁN, Manuel Carrasco. *Los procesos para la tutela judicial de los derechos fundamentales*. Madri: Centro de Estudios políticos y constitucionales, 2002, pp. 191-192.

[67] TEMÍSTOCLES BRANDÃO CAVALCÂNTI, ob. cit., p. 23.

Capítulo III · A LIÇÃO DO DIREITO COMPARADO | 65

CASTRO NUNES faz interessante análise do instituto mexicano, esclarecendo que: "É inexato identificar o nosso mandado de segurança com o *amparo* mexicano. Este, tem as suas raízes históricas no *fuero de manifestación*, misto de interdito e de *habeas corpus* que visava principalmente a ação exorbitante dos juízes e dos particulares, nos atentados à pessoa e aos bens. Com esse caráter, passou para o México e outras Repúblicas de origem ibérica, que, como São Salvador, o imitaram. O *amparo* mexicano é remédio contra sentenças e procedimentos judiciais principalmente e, só em segundo plano, 'contra atos de autoridades, distintas da judicial'.[68]" Quem lê a lição de CASTRO NUNES poderá acreditar que no direito mexicano o *amparo* caiba contra atos de particulares, o que não corresponde à verdade.[69]

O que existe, de fato, são duas funções distintas do recurso de *amparo* que é um remédio contra atos arbitrários do Executivo e do Legislativo e, por outro lado, um recurso das sentenças que infringem textos legais; nunca, todavia, cabe contra atos de particulares.[70]

22. O RECURSO DE ANULAÇÃO DOS ATOS INCONSTITUCIONAIS NO DIREITO AUSTRÍACO

Diferente do recurso de *amparo* por se limitar a proteger os direitos constitucionalmente garantidos é o remédio processual que encontrávamos no art. 144 da Constituição austríaca de 1920. Tal recurso era utilizado havendo *"un intérêt privé suffisament individualisé au respect d'une disposition objective de la Constitution"*[71]-[72].

O processo na legislação austríaca era sumário, importando na anulação do ato administrativo ou da lei increpados de inconstitucionais.

---

[68] CASTRO NUNES, *Do Mandado de Segurança*. 5. ed. Rio de Janeiro: Forense, 1956, p. 59, nº 18.

[69] A interpretação do *juicio de amparo* por CASTRO NUNES sofreu a crítica de HECTOR FIX ZAMUDIO, ob. cit., p. 23.

[70] Sobre o *amparo*, v. GERMAN FERNANDEZ DEL CASTILLO, artigo citado, IGNACIO L. VALLARTA, *El juicio de Amparo, y el Writ of Habeas Corpus*, México, 1881, IGNÁCIO BURGOA, *El juicio de Amparo*, 1951, e ROMEO LEÓN ORANTES, *El juicio de Amparo*, México, 1941. No direito brasileiro, diversas monografias apresentam um estudo mais minucioso do *amparo*. Destaca-se em primeiro plano, a magnífica monografia de BUZAID já citada em nota anterior. O *amparo* e o seu processo foram analisados por J. M. OTHON SIDOU, tanto em opúsculo intitulado o *Juicio de amparo (subsídios ao estudo do mandado de segurança no direito comparado*. Recife: Ed. Câmbio, 1958, como no seu livro *Do mandado de segurança*. 2. ed. Rio de Janeiro: Freitas Bastos, 1959, pp. 31 e ss.), constituindo tais trabalhos ponderáveis contribuições para o estudo do direito público comparado.

[71] V. CHARLES EISENMANN, *La justice constitutionelle de l'Autriche*. Paris: LGDJ, 1928, e B. MIRKINE-GUETZEVITCH, *Modernas tendencias del derecho constitucional*, tradução de SABINO ALVAREZ, GENDIN. Madrid: Editorial Reus, 1934, p. 31 e ss.

[72] Tradução livre pelo autor: "…um interesse privado suficientemente individualizado com respeito a uma disposição objetiva da Constituição".

MANDADO DE SEGURANÇA NA PRÁTICA JUDICIÁRIA – *Arnoldo Wald*

Projetos de institutos análogos ao nosso mandado de segurança e visando obstar à prática de ato administrativo ilegal existem, também, na Argentina e no Uruguai.[73]

23. O CONSELHO DE ESTADO E A TEORIA DO *DÉTOURNEMENT DE POUVOIR*

Já tivemos o ensejo de ver que os países de contencioso administrativo não admitiram o controle judicial dos atos da Administração Pública, considerando a função fiscalizadora exercida pelo magistrado contrária ao princípio da separação dos poderes. A questão não deixa de estar ligada ao problema do controle da constitucionalidade das leis e decretos, através do qual o Judiciário pode apreciar os atos do Legislativo e do Executivo. É interessante ressaltar que eminentes constitucionalistas franceses como LÉON DUGUIT e MAURICE HAURIOU defenderam a introdução de tal controle na França, considerando-o a maior garantia da manutenção da legalidade e da realização do Estado de Direito, embora em sentido contrário se manifestassem comparatistas do porte de EDOUARD LAMBERT.[74]

Na realidade, o contencioso administrativo francês deu sérias garantias ao indivíduo contra os excessos da Administração, inclusive com a elaboração de doutrinas novas, como a da responsabilidade baseada na culpa de serviço ou no dever de garantia[75].

O sistema empregado já é, todavia, totalmente diferente do nosso e o seu sucesso se explica talvez menos pela boa técnica do instituto do que pela sabedoria, senso de equilíbrio e profunda autonomia dos membros do Conselho de Estado[76].

O Conselho de Estado decide soberanamente os recursos em matéria de contencioso administrativo e os pedidos de anulação de atos administrativos desde que tenha havido excesso de poder. Os recursos de anulação por excesso de poder têm como fundamento a incompetência do funcionário, a existência de vício de forma, a falta de justa causa ou o desvio do poder[77]. É a teoria do *détournement de pouvoir* que mais nos interessa, por ser de aplicação generalizada e constituir

---

[73] CASTRO NUNES, ob. cit., p. 61 (p. 60 da 4ª edição), faz referência aos projetos apresentados por BIELSA na Argentina e COUTURE no Uruguai. V. ainda a tese de J. M. OTHON SIDOU sobre *A Tutela Judicial dos Direitos Fundamentais* apresentada no Congresso de Direito Processual Civil de São Paulo, realizado em 1962, e publicada na obra *Estudos sobre o mandado de segurança*, do Instituto Brasileiro de Direito Processual Civil, Rio de Janeiro, 1963, pp. 109 e ss.

[74] LÉON DUGUIT, *Leçons de droit public général*. Paris; Boccard, 1926, pp. 288 e ss., e EDOUARD LAMBERT, *Le gouvernment des juges*, já cit., pp. 4 e ss.

[75] MARCEL WALINE, *Traité élémentaire de droit administratif*. 5. ed., Paris: Recueil Sirey, 1950, p. 550 e ss., e LÉON DUGUIT, ob. cit., pp. 310 e ss.

[76] H. BERTHÉLÉMY, *Traité élémentaire de droit administratif*. 11. ed., Paris: Rosseau, 1926, p. 1.101.

[77] MARCEL WALINE, ob. cit., p. 124.

Capítulo III · A LIÇÃO DO DIREITO COMPARADO | 67

conquista da teoria geral do direito. Há desvio de poder quando o funcionário pratica ato de incontestável legalidade quanto à sua forma, competência e conteúdo, mas atendendo a motivo estranho ou diverso daquele pelo qual o legislador lhe atribuiu a faculdade de praticar o ato.

Criação jurisprudencial de destacado valor, representa a teoria do desvio do poder, no campo do direito público, o que o abuso do direito foi na esfera privatista.

> *"La recherche du détournement de pouvoir* – escreve MARCEL WALINE – *suppose, de la part de la jurisprudence, une certaine hardiesse, puisqu'il s'agit en somme de découvrir l'esprit de la législation et de sanctionner des violations de l'esprit, non de la lettre des lois."*[78]-[79]

Não foi sem razão que os autores franceses puderam ter orgulho da doutrina elaborada pelo Conselho de Estado, sendo unânimes em lhe fazer os maiores elogios.

LOUIS JOSSERAND a considera *"le chef d'oeuvre de notre Conseil d'État, la plus harmonieuse construction juridique qu'il ait érigée dans la plénitude de sa juridiction souveraine"*[80]-[81]. MAURICE HAURIOU conceitua, por sua vez, a teoria do *détournement de pouvoir* como *un jaillissement de directives*[82]-[83].

24. O MANDADO DE SEGURANÇA E O DIREITO ESTRANGEIRO. SÍNTESE COMPARATIVA

No Brasil, o mandado de segurança tem sido o remédio processual proteiforme, que corresponde ao mesmo tempo ao *mandamus* e à *injunction*, ao *certiorari* e ao *quo warranto*, sempre que concebidos como recursos judiciários contra atos administrativos, desempenhando ainda papel análogo ao *amparo* do direito mexicano, com as restrições oriundas da defesa da liberdade de locomoção que é reserva ao *habeas corpus*.

Sucessor dos interditos possessórios e do *habeas corpus* hipertrofiado pela nossa jurisprudência, constitui o mandado o instrumento adequado para corrigir

---

[78] MARCEL WALINE, ob. cit., p. 132. No mesmo sentido, H. BERTHÉLÉMY, ob. cit., p. 1.131.

[79] Tradução livre pelo autor: "A perquirição quanto ao desvio de poder pressupõe, exige da parte da jurisprudência uma certa ousadia, visto que se trata de descobrir o espírito da legislação e de sancionar às violações ao espírito, não à letra das leis".

[80] LOUIS JOSSERAND, *De l'esprit des droits et de leur relativité*. 2. ed. Paris: LGDJ, 1939, pp. 257 e ss. V., também do mesmo autor, *Les mobiles dans les actes juridiques de droit privé*, Paris, Dalloz, 1928, pp. 137 e ss.

[81] Tradução livre pelo autor: "... a obra-prima do nosso Conselho de Estado, a mais harmoniosa construção jurídica que ele ergueu na plenitude da sua jurisdição soberana".

[82] MAURICE HAURIOU, *Précis de droit administratif*. 2. ed. Paris: Sirey, 1927pp. 417 e ss. V. também LÉON DUGUIT, ob. cit., p. 280.

[83] Por assim dizer, em tradução livre do autor: "... uma *efusão* de diretivas".

MANDADO DE SEGURANÇA NA PRÁTICA JUDICIÁRIA – *Arnoldo Wald*

as ilegalidades e os abusos cometidos pelos órgãos estatais, ou por particulares no exercício de funções delegadas pelo poder público.

A teoria francesa do *détournement de pouvoir* tem sido admitida entre nós, embora com outra fisionomia, diante da dificuldade de apurar tal desvio no rito especial do mandado. Assim mesmo, a nossa doutrina a consagrou ao exigir que o ato, para ter autoridade do governo, "esteja em conformidade com a lei ou tenha sido determinado por motivos legítimos, isto é, por motivos que a lei estabeleça como pressupostos do ato"[84].

A jurisprudência brasileira tem admitido a concessão do mandado de segurança quando o ato praticado pela Administração Pública, embora sendo legal, disfarça evidente desvio ou abuso de poder[85].

Vimos, assim, os antecedentes históricos do instituto e os seus correspondentes no direito estrangeiro, que tiveram de esclarecer a nossa jurisprudência, guiando-a nos meandros pelos quais o mandado de segurança foi abrindo uma estrada vasta e ampla para a proteção dos direitos individuais. Podemos agora definir o instituto e analisar a sua índole para depois vermos a extensão que tomou.

O mandado de segurança é, pois, o remédio judicial pelo qual o lesado, ou o ameaçado de lesão, pedem ao juiz que proíba ou ordene a prática de certo ato por parte da autoridade administrativa, ou de quem a represente, em virtude de determinação constitucional ou legal. O mandado "previne a ilegalidade, faz cessar a violação, obsta a que continue a lesão"[86], modifica uma situação ilegal ou abusiva, ou impede que ela se consuma, não comportando, todavia, a reparação pecuniária do prejuízo causado, que deverá ser pleiteado em ação ordinária. Em síntese, o mandado de segurança defende os direitos individuais e coletivos, estes por força da inovação introduzida pela Constituição Federal de 1988; quanto aos individuais sua aplicabilidade é por exclusão ao campo de abrangência do *habeas corpus* e *habeas data* contra lesão ou ameaça de lesão a direito líquido e certo.

---

[84] FRANCISCO CAMPOS, *Direito Administrativo*, pp. 86/88. V. também o excelente voto do Ministro PHILADELPHO AZEVEDO no Recurso Extraordinário nº 8.576, *In: Um triênio de judicatura*, São Paulo: Max Limonad, 1948, vol. VII, pp. 170 a 212 e, especialmente, pp. 202-203. V. também MIGUEL SEABRA FAGUNDES, *O controle dos atos administrativos pelo Poder Judiciário*, Rio de Janeiro: Freitas Bastos, 1941, p. 57, nº 35, e CAIO TÁCITO, *O abuso do poder administrativo no Brasil*. Rio de Janeiro: DASP, 1959, *passim*.

[85] Assim, no mandado impetrado pela Empresa de Transportes Potiguar contra as autoridades locais que se recusavam a permitir o tráfego dos carros da impetrante em certo horário, a fim de favorecer empresa concorrente, o Tribunal de Justiça do Rio Grande do Norte concedeu a medida requerida, por ter verificado a existência de um abuso de direito por parte do impetrado (*Revista de Direito Administrativo*, vol. XIV, out./dez. 1948, pp. 52 e ss.).

[86] CASTRO NUNES, ob. cit., 2. ed., p. 53.

Capítulo IV
A EVOLUÇÃO LEGISLATIVA

Sumário: 25. Origens remotas. Primeiros projetos – **26.** A comissão do Itamaraty e a Constituição de 1934 (art. 113, nº 33) – **27.** A Lei nº 191, de 16 de janeiro de 1936 – **28.** A Carta de 1937 – **29.** O Código de Processo Civil de 1939 (arts. 319 a 331) – **30.** A Constituição de 1946 (art. 141, § 24) – **31.** A Lei nº 1.533, de 31 de dezembro de 1951 – **32.** A Constituição Federal de 1988 – **33.** A Lei nº 12.016, de 07 de agosto de 2009.

25. ORIGENS REMOTAS. PRIMEIROS PROJETOS

As primeiras tentativas de introduzir em nossa legislação o instituto que viria a ser o mandado de segurança remontam a sugestões de ALBERTO TORRES, que, no seu livro *Reorganização Nacional*[1], aludia a um *mandado de garantia*, e do Ministro MUNIZ BARRETO, que, na secção de direito judiciário do Congresso Jurídico de 1922, apresentou um relatório em que propunha "a criação de um instituto processual capaz de reintegrar o direito violado" nos casos em que não coubesse o *habeas corpus*[2].

A mensagem presidencial de 1926 também se referia à matéria, que foi objeto de estudos do relator-geral do projeto de reforma, HERCULANO DE FREITAS. Surgiu o primeiro projeto de autoria de GUDESTEU PIRES datado de 11 de agosto de 1926, que se referia aos *mandados de proteção e de restauração*, seguido do substitutivo elaborado, em 1927, pela Comissão de Justiça, de que era presidente o relator AFRÂNIO DE MELO FRANCO, e que adotou a terminologia possessória, garantindo os direitos pessoais pelos *mandados de reintegração, manutenção e proibitório*. Vieram a ser debatidos longamente os projetos de MATOS PEIXOTO, ODILON BRAGA, BERNARDES SOBRINHO, CLODOMIR CARDOSO

---

[1] ALBERTO TORRES, *Organização Nacional*. Rio de Janeiro: Editora Nacional, 1914, p. 367.

[2] Deve ser ressaltada a contribuição no mesmo congresso do Dr. MÁRIO TIBÚRCIO GOMES CARNEIRO, referida por TEMÍSTOCLES BRANDÃO CAVALCÂNTI, ob. cit., 2. ed., p. 42, e por CASTRO NUNES, ob. cit., 5. ed., p. 22, nota 1.

26. A COMISSÃO DO ITAMARATY E A CONSTITUIÇÃO DE 1934 (ART. 113, Nº 33)

Depois da Revolução de 1930, a comissão do Itamaraty, incumbida de redigir o anteprojeto da Constituição, aprovou a fórmula e a denominação apresentadas pelo deputado JOÃO MANGABEIRA: "Toda pessoa que tiver um direito incontestável, ameaçado ou violado por um ato manifestamente ilegal, poderá requerer ao poder judiciário que o ampare com um mandado de segurança. O juiz, recebendo o pedido, resolverá dentro de 72 horas, depois de ouvida a autoridade coatora. E, se considerar o pedido legal, expedirá o mandado, ou proibindo-a de praticar o ato, ou ordenando-lhe restabelecer integralmente a situação anterior até que a respeito resolva definitivamente o Poder Judiciário."

Outros textos foram apresentados, destacando-se as emendas de TEMÍSTO-CLES CAVALCÂNTI e de CARLOS MAXIMILIANO, além de outras sugeridas por MAURÍCIO CARDOSO, PEDRO ALEIXO, GODOFREDO VIANA, LINO LEME e LEVI CARNEIRO.

O art. 113, nº 33, da Constituição de 1934, definiu o mandado de segurança no capítulo dedicado aos direitos e garantias individuais:

> "Dar-se-á mandado de segurança para defesa de direito certo e incontestável, ameaçado ou violado por ato manifestamente inconstitucional ou ilegal de qualquer autoridade. O processo será o mesmo do *habeas corpus*, devendo ser sempre ouvida a pessoa de direito público interessada. O mandado não prejudica as ações petitórias competentes."

É interessante notar que o preceito constitucional entrou em vigor com a própria Constituição, sem nenhuma lei ordinária que regulasse o seu processo. Este fato e a dificuldade de definir, em casos litigiosos, o conceito de direito certo e incontestável fizeram com que os tribunais, "sem excetuar o Supremo, recebessem com grandes reservas o novo instituto"[3]. Os primeiros mandados de segurança revelam esta vacilação dos nossos magistrados ainda muito empenhados em definir e esclarecer quais os direitos merecedores da proteção do novo remédio processual.

Vencida a primeira etapa, em que a jurisprudência tentou definir o instituto e delimitar o seu campo de aplicação, os julgados, num trabalho construtivo, passaram a estender a proteção do mandado de segurança aos direitos lesados por atos judiciais e por concessionários de serviços públicos, dando assim uma interpretação ampla à expressão *qualquer autoridade* empregada pelo texto constitucional.

---

3   CASTRO NUNES, ob. cit., p. 30.

Capítulo IV · A EVOLUÇÃO LEGISLATIVA | 71

27. A LEI Nº 191, DE 16 DE JANEIRO DE 1936

Coube a ALCÂNTARA MACHADO elaborar o projeto da lei reguladora do mandado de segurança, a Lei nº 191, de 16 de janeiro de 1936.

A mencionada lei permitiu a utilização do mandado de segurança contra atos ilegais ou abusivos de entidades autárquicas e de pessoas naturais ou jurídicas, no desempenho de serviços públicos, em virtude de delegação ou de contrato, ainda quando transgridam o mesmo contrato. Estabeleceu o prazo de 120 dias para requerer o mandado de segurança e não admitiu o emprego do recurso processual: *a*) nos casos referentes exclusivamente à liberdade de locomoção; *b*) contra atos de que coubesse recurso administrativo com efeito suspensivo, independentemente de caução, fiança ou depósito; *c*) contra atos puramente políticos ou de natureza disciplinar. Impetrado o mandado, são notificados o coator e a pessoa jurídica interessada para, dentro do prazo de 10 dias, apresentar as informações e a defesa respectivamente. O juiz deve dar a sentença em cinco dias. O ato da autoridade pode ser sustado ou suspenso liminarmente quando se evidencie a relevância do pedido e haja justos motivos para temer grave e irreparável lesão do direito do impetrante. Pode, todavia, suspender a medida liminar ou a execução de sentença, por motivo de ordem pública, o Presidente do Tribunal competente para conhecer do agravo. O recurso não é suspensivo, em regra geral podendo recorrer o impetrante, a pessoa jurídica de direito público interessada, ou o coator. São esses os termos gerais da Lei nº 191, que mereceu os louvores da doutrina nacional à época.

28. A CARTA DE 1937

A Carta Política de 1937 silenciou sobre o mandado de segurança, que perdeu, em grande parte, a sua finalidade, já que o texto constitucional não o admitia contra o Presidente da República e os Ministros de Estado, visto que não incluíra a matéria na competência da Suprema Corte, a quem caberia tal atribuição, de acordo com a Lei nº 191. Dificultou ainda mais o desenvolvimento do instituto o fato de serem deslocadas as competências em fraude à lei, a fim de evitar os recursos judiciais. Assim, não cabia mandado de segurança, desde que o ato de qualquer funcionário fosse homologado ou ratificado pelo Ministro de Estado. Esse deslocamento de competência nos parece profundamente condenável, caracterizando o regime do arbítrio que repugna ao Estado de Direito.

O art. 16 do Decreto-lei nº 6, de 16 de novembro de 1937, estabeleceu que:

> "Continua em vigor o remédio do mandado de segurança nos termos da Lei nº 191, de 16 de janeiro de 1936, exceto a partir de 10 de novembro de 1937, quanto aos atos do Presidente da República e dos Ministros de Estado, Governadores e Interventores."

MANDADO DE SEGURANÇA NA PRÁTICA JUDICIÁRIA – *Arnoldo Wald*

Por sua vez, o Decreto-lei nº 96, de 22 de dezembro de 1937, dispondo sobre a administração do Distrito Federal, excluiu a possibilidade de impetração do mandado de segurança contra atos do Prefeito, a partir da data da Constituição.

Esclarecendo a situação do mandado na época da ditadura, escreve CASTRO NUNES que "se foi possível manter o *habeas corpus*, preservativo da liberdade individual, não se compreende por que excluir do plano institucional o mandado de segurança, relegando-o para o plano legal, em que foi apenas tolerado pelo legislador do Decreto-lei nº 6, de 16 de novembro, com restrições demasiadas que acabaram por atrofiá-lo nas estreitezas de sua aplicação, restrições, aliás, mantidas pelo Código de Processo"[4].

29. O CÓDIGO DE PROCESSO CIVIL DE 1939 (ARTS. 319 A 331)

O Código de Processo Civil de 1939, nos seus arts. 319 a 331, regulou o processo do mandado de segurança em termos análogos aos consagrados pela Lei nº 191. Inicialmente, aquela lei processual declarou ineficaz o mandado contra atos do Presidente da República, dos Ministros de Estado, Governadores e Interventores, restrição que mereceu todas as críticas. O Código manteve as limitações da Lei nº 191, salvo a do caso político, acrescentando, todavia, a matéria fiscal, que excluiu do âmbito do mandado "salvo se a lei, para assegurar a cobrança, estabelecer providências restritivas da atividade profissional do contribuinte" (art. 320, nº IV). A citação dos interessados e os prazos de defesa e de sentença obedecem aos princípios da lei anterior. Permite-se a concessão liminar do mandado.

O Código de Processo Civil deu competência aos Tribunais para conhecerem dos mandados de segurança contra atos dos seus membros (arts. 144 e 145), tendo admitido os embargos em mandados de segurança quando não fosse unânime a decisão proferida (art. 833 do Código de Processo Civil com a redação que lhe deu o Decreto-lei nº 8.570, de janeiro de 1946).

O Decreto-lei nº 2.035, de 27 de fevereiro de 1940 (dispõe sobre a Organização Judiciária do Distrito Federal), e o Decreto-lei nº 8.527, de 31 de dezembro de 1945 (consolida e revê as leis de Organização Judiciária, instituindo o Código de Organização Judiciária do Distrito Federal) só admitiram os mandados de segurança contra atos de autoridades judiciárias quando de natureza administrativa.

O período ditatorial provocou a atrofia do mandado de segurança, já que o clima existente não era favorável à defesa dos direitos individuais, mantendo, ao contrário, a onipotência estatal, sem real separação dos poderes e sem que coubesse de fato ao Judiciário apreciar a legalidade de atos praticados pelos outros poderes, como aliás se verifica pela leitura dos artigos 94 e 96, parágrafo único, da Carta de 1937.

---

4   CASTRO NUNES, ob. cit., 5. ed., p. 32.

Capítulo IV · A EVOLUÇÃO LEGISLATIVA | 73

30. A CONSTITUIÇÃO DE 1946 (ART. 141, § 24)

Voltando o Brasil ao Estado de Direito, restabelecida a legalidade, o constituinte de 1946 devolveu ao mandado de segurança seu sentido primitivo, definindo-o amplamente e com admirável sobriedade, na palavra autorizada de OLIVEIRA E SILVA[5].

O art. 141, § 2º, da Constituição de 1946 prescrevia que:

> "Para proteger direito líquido e certo, não amparado por *habeas corpus*, conceder-se-á mandado de segurança seja qual for a autoridade responsável pela ilegalidade ou abuso de poder."

A Constituição de 1946 excluiu, pois, todas as restrições quanto à autoridade de que emana o ato e quanto à esfera em que se situa o direito certo e líquido, restrições essas existentes na legislação anterior. O texto constitucional não manteve, outrossim, a exigência contida nos diplomas anteriores de ser manifesta a ilegalidade ou inconstitucionalidade (art. 113, § 33, da Constituição de 1934, e art. 1º da Lei nº 191, de 16 de janeiro de 1936).

Com a promulgação da Constituição de 1946, não perduraram as restrições ao uso do mandado de segurança decorrentes da Lei nº 191 e da legislação do Estado Novo[6].

Criticou-se o texto constitucional por definir o mandado de segurança por exclusão do cabimento do *habeas corpus*, o que se explica pela evolução histórica do novo instituto a que já nos referimos.

Na realidade, a Constituição de 1946 definiu amplamente o mandado considerando-o cabível, por interpretação conjunta dos §§ 23 e 24 do art. 141, "sempre que alguém sofrer ou se achar ameaçado de sofrer violência ou coação", e a fim de "proteger direito líquido e certo não amparado por *habeas corpus*, seja qual for a autoridade responsável pela ilegalidade ou abuso de poder".

O próprio texto constitucional assegurava, pois, a utilização do mandado de segurança preventivo, sempre que houvesse justo e motivado receio de violação de direito certo e líquido e autorizava, por outro lado, o recurso ao remédio

---

[5] OLIVEIRA E SILVA, *Aspectos legais do mandado de segurança*. Rio de Janeiro: Imprensa Nacional, 1951, p. 5.

[6] OLIVEIRA E SILVA, ob. cit. na nota anterior, p. 6 e decisão do Tribunal Federal de Recursos no Mandado de Segurança nº 90 do Distrito Federal. TEMÍSTOCLES BRANDÃO CAVALCÂNTI defendeu no seu *Tratado de Direito Administrativo* (2. ed., Rio de Janeiro: Freitas Bastos, 1951, vol. 6, p. 307) a subsistência, após a promulgação da Constituição de 1946, das restrições oriundas da Lei nº 191, entendendo que "a natureza do *remedium juris* autoriza essas restrições, protegem interesses perfeitamente legítimos da Administração e da disciplina hierárquica inseparáveis do próprio sistema administrativo".

MANDADO DE SEGURANÇA NA PRÁTICA JUDICIÁRIA – *Arnoldo Wald*

heroico contra ato de qualquer autoridade, pouco importando a sua posição na escala hierárquica e entendendo-se que, tanto se referia o texto constitucional às autoridades administrativas, como às legislativas e mesmo judiciárias e até pessoas físicas e jurídicas de direito privado que estivessem exercendo, ocasionalmente e por delegação, funções públicas.

A Constituição de 1967, com as modificações introduzidas pela Emenda Constitucional nº 1 de 1969, manteve a criticada definição do mandado de segurança por exclusão do campo de abrangência do *habeas corpus*, o mesmo ocorrendo com a atual Constituição, de 5 de outubro de 1988, que não só manteve tal exclusão, como a ela acrescentou também as hipóteses de cabimento do *habeas data*[7]: *"conceder-se-á mandado de segurança para proteger direito líquido e certo, não amparado por* habeas corpus *ou* habeas data, *quando o responsável pela ilegalidade ou abuso de poder for autoridade pública ou agente de pessoa jurídica no exercício de atribuições do Poder Público"* (art. 5º, LXIX).

No inciso LXX do art. 5º, instituiu-se nova hipótese, o mandado de segurança coletivo[8], cuja impetração pode ser feita por: *"a) partido político com representação no Congresso Nacional; b) organização sindical, entidade de classe ou associação legalmente constituída e em funcionamento há pelo menos um ano, em defesa dos interesses de seus membros ou associados."*

31. A LEI Nº 1.533, DE 31 DE DEZEMBRO DE 1951

A Lei nº 1.533, de 31 de dezembro de 1951, alterou as disposições do Código de Processo Civil de 1939, relativas ao mandado de segurança, procurando conciliar a legislação ordinária com o texto constitucional. A nova lei sofreu sérias críticas pela sua falta de sistematização, tendo sido considerada como "preceituação incongruente nas suas disposições, desconexa, alheada de qualquer ideia de sistema, que veio gerar confusão em pontos já assentados e modificar para pior o que estava certo"[9]. Levantaram-se dúvidas sobre a continuação da vigência das disposições do Código de Processo Civil de 1939, já que a lei superveniente não disciplinou completamente a matéria, discutindo-se para saber se, nas matérias

---

[7] *Habeas data*, instituto criado pela Constituição de 1988, tem como finalidade *"assegurar o conhecimento de informações relativas à pessoa do impetrante, constantes de registros ou banco de dados de entidades governamentais ou de caráter público"*; bem como obter *"a retificação de dados, quando não se prefira fazê-lo por processo sigiloso, judicial ou administrativo".*

[8] Pelas suas peculiaridades o mandado de segurança coletivo será tratado em capítulo apartado.

[9] CASTRO NUNES, ob. cit., 5. ed., p. 33. Ao contrário, CÂNDIDO DE OLIVEIRA NETO reputa a Lei nº 1.533 "excelente em suas linhas gerais", louvando as qualidades do Projeto nº 466, de 1948, de autoria do Deputado GILBERTO VALENTE, que se transformou na nova lei do mandado de segurança (v. CÂNDIDO DE OLIVEIRA NETO, verbete Mandado de Segurança, *In: Repertório Enciclopédico do Direito Brasileiro*. Rio de Janeiro: Borsói, 1952, vol. 32, p. 275).

em que não se manifestara a Lei nº 1.533, ainda se aplicavam ou não as disposições do referido Código[10].

Mantendo-se vigente por quase sessenta anos, até ser revogada pela Lei nº 12.016, de 07 de agosto de 2009, a Lei nº 1.533, de 31 de dezembro de 1951, previa a concessão de mandado de segurança para a proteção de direito líquido e certo, não amparado por *habeas corpus*, diante de ato ilegal ou eivado de abuso de poder que cause lesão ou ameaça de lesão. A Constituição de 1988, posteriormente, retirou da abrangência do mandado também as hipóteses de *habeas data*.

Para os efeitos daquela Lei, consideravam-se autoridades, inclusive, os administradores e representantes das entidades autárquicas e das pessoas com funções delegadas do poder público, naturais ou jurídicas[11].

O art. 5º da Lei delimitava o alcance do mandado de segurança estabelecendo as hipóteses de não cabimento: quando do ato coubesse recurso administrativo com efeito suspensivo, independente de caução; quando fosse possível interpor recurso de despacho ou decisão judicial; quando se tratasse de ato disciplinar, exceto se praticado por autoridade incompetente, ou tiver ocorrido preterição de formalidade essencial.

A inicial, além de preencher os requisitos previstos no Código de Processo Civil, deveria ser acompanhada dos documentos que comprovassem as alegações, por não se admitir dilação probatória, exceto a expedição de ofício para autoridade que tivesse em seu poder documento do qual se recusa a fornecer cópia ou mesmo exibi-lo.

Ao despachar a inicial, cabia ao juiz determinar a notificação da autoridade apontada como coatora para prestar informações, no prazo de dez dias, bem como, se fosse o caso, a suspensão do ato coator, ou indeferir desde logo a inicial, se não fosse hipótese de cabimento de mandado de segurança ou lhe faltasse qualquer requisito previsto na lei.

Findo o prazo de dez dias, com ou sem informações, os autos deveriam ser remetidos ao Ministério Público para ofertar parecer, no prazo de cinco dias, após o que eram conclusos para o juiz prolatar a sentença, no prazo de cinco dias. Da

---

[10] O art. 20 da Lei nº 1.533, revogou expressamente os dispositivos do Código de Processo Civil de 1939 referentes ao mandado de segurança. Assim mesmo, CASTRO NUNES (ob. e loc. cit. na nota anterior) entendia que continuavam em vigor as disposições do mencionado Código referentes ao mandado de segurança que não tivessem sido explícita ou implicitamente revogadas pela Lei nº 1.533. Quanto ao art. 328 (que rezava: *"a requerimento do representante da pessoa jurídica de direito público interessada à segurança pública, poderá o presidente do Supremo Tribunal Federal, ou do Tribunal de Apelação, conforme a competência, autorizar a execução do ato impugnado"*) confira-se as observações de PONTES DE MIRANDA, *Comentários ao Código de Processo Civil*, 2. ed. Rio de Janeiro: Forense, 1959, tomo V, p. 198, *in fine*.

[11] Será considerada federal a autoridade se as consequências de ordem patrimonial decorrentes do ato impugnado forem suportadas pela União ou entidades autárquicas federais.

76 | MANDADO DE SEGURANÇA NA PRÁTICA JUDICIÁRIA – *Arnoldo Wald*

sentença, concessiva ou denegatória, bem como na hipótese de indeferimento da inicial, cabia o recurso de apelação. Embora sujeita ao duplo grau de jurisdição, era possível o cumprimento provisório da sentença.

A decisão no mandado não impedia a parte de requerer, em ação própria, o reconhecimento de seus direitos e os respectivos efeitos patrimoniais; nem tampouco, quando não houver sido apreciado o mérito, a renovação do pedido, desde que não esgotado o prazo decadencial de cento e vinte dias[12].

O art. 13 da Lei nº 1.533 previa a possibilidade de suspensão da execução da sentença, quando concessivo o mandado, pelo Presidente do Tribunal ao qual competisse o exame do recurso; desse ato cabia agravo para o próprio Tribunal. Vale ressaltar que a Lei nº 4.348 previa igualmente a possibilidade de suspensão da liminar concedida em primeiro grau.

O processo de mandado de segurança já tinha prioridade sobre os demais, exceto os de *habeas corpus*, incumbindo seu processamento ao relator, nos casos de competência do Supremo Tribunal Federal e dos demais Tribunais[13].

32. A CONSTITUIÇÃO FEDERAL DE 1988

O art. 5º, LXIX, da Constituição Federal de 1998 assegura a concessão de mandado de segurança *"para proteger direito líquido e certo, não amparado por* habeas corpus *ou* habeas data, *quando o responsável pela ilegalidade ou abuso de poder for autoridade pública ou agente de pessoa jurídica no exercício de atribuições do Poder Público"*. E criou a figura do mandado de segurança coletivo, previsto no inciso LXX, que pode ser impetrado por partido político com representação no Congresso Nacional e por organização sindical, entidade de classe ou associação legalmente constituída. Exige-se para essa legitimação que a entidade ou associação esteja em funcionamento há pelo menos um ano e que a impetração seja para a defesa dos interesses de seus membros ou associados.

O art. 102, I, *d*, e II, *a*, do texto constitucional atribui ao Supremo Tribunal Federal a competência originária para julgar o mandado de segurança contra atos do Presidente da República, das Mesas da Câmara dos Deputados e do Senado Federal, do Tribunal de Contas da União, do Procurador-Geral da República e do próprio Supremo Tribunal Federal; e, em recurso ordinário, o mandado julgado em única instância pelos Tribunais Superiores, se denegatória a decisão.

Nos termos do art. 105, I, *b*, e II, *b*, da Constituição Federal, compete ao Superior Tribunal de Justiça julgar, originariamente, os mandados de segurança contra atos de Ministro de Estado, dos Comandantes da Marinha, do Exército e da Aeronáutica

---

[12]   O direito de pleitear mandado de segurança se extingue no prazo de cento e vinte dias, contados da ciência, pelo interessado, do ato impugnado.

[13]   Lei nº 1.533, de 1951, apêndice desta edição.

Capítulo IV · A EVOLUÇÃO LEGISLATIVA | 77

ou do próprio Tribunal e, em grau de recurso ordinário, os mandados de segurança decididos em única instância pelos Tribunais Regionais Federais ou pelos Tribunais dos Estados, do Distrito Federal e Territórios, na hipótese de decisão denegatória.

Aos Tribunais Regionais Federais, por previsão do art. 108, I, *c*, da Constituição Federal, compete processar e julgar, originariamente, os mandados de segurança contra ato do próprio Tribunal ou de juiz federal, enquanto este último tem competência para o julgamento do mandado de segurança impetrado contra ato de autoridade federal (art. 109, VIII), resguardadas, evidentemente, as hipóteses de competência originária de Tribunal.

33. A LEI Nº 12.016, DE 07 DE AGOSTO DE 2009

Em 7 de agosto de 2001, o Ministro Pedro Parente, Chefe da Casa Civil da Presidência da República, encaminhou à Câmara dos Deputados projeto de lei que disciplina o mandado de segurança individual e coletivo, calcado em proposta elaborada por Comissão de juristas integrada pelo Professor Caio Tácito, pelo Ministro Carlos Alberto Direito e da qual tivemos a honra de também integrar.

Pela leitura do texto ficou evidenciada a preocupação de incorporar na legislação entendimentos doutrinários e jurisprudenciais aprimorados e consagrados ao longo das quase seis décadas de prática judiciária sob a égide da Lei nº 1.533, o que levou à promulgação da Lei nº 12.016, na qual, em grande medida, foram mantidas a redação e a sistemática das regras até então vigentes.

O art. 1º da Lei nº 12.016 se mostra mais abrangente do que o art. 1º da Lei nº 1.533. De seu *caput*, por exemplo, consta a menção ao *habeas data* como hipótese de não cabimento do mandado de segurança, adaptando o texto legal à Constituição de 1988, restando expressamente mantida a possibilidade de impetração *preventiva*, em caso de ameaça de lesão, condizente com a parte final do inciso XXXV do art. 5º da Constituição.

Ampliando a previsão que constava da lei revogada, o § 1º qualifica como autoridade coatora "*os representantes ou órgãos de partidos políticos e os administradores de entidades autárquicas, bem como os dirigentes de pessoas jurídicas ou as pessoas naturais no exercício de atribuições do poder público*", desde que o ato impugnado diga respeito a atribuições típicas do poder público.

O § 2º, em rigor, é fruto do desmembramento e de alterações da lei revogada (art. 1º, § 1º, parte final), tornando expressa a vedação do mandado de segurança "*contra os atos de gestão comercial praticados pelos administradores de empresas públicas, de sociedade de economia mista e de concessionárias de serviço público*", incorporando na legislação entendimento à época já consagrado na jurisprudência.

O § 3º do art. 1º da lei vigente reafirma o teor do § 2º da lei revogada, mantendo a hipótese de impetração do mandado de segurança por um dos diversos titulares do direito ameaçado ou violado.

78 | MANDADO DE SEGURANÇA NA PRÁTICA JUDICIÁRIA – *Arnoldo Wald*

A disposição contida no art. 2º da Lei nº 12.016 é, com ajustes de redação, a mesma do art. 2º da lei revogada.

Superando a vagueza da legislação anterior, que aludia a "prazo razoável", o art. 3º da Lei nº 12.016 fixa o prazo de 30 (trinta) dias para que o titular de direito líquido e certo decorrente de direito, em condições idênticas, de terceiro, possa impetrar mandado de segurança, na hipótese do titular, embora notificado judicialmente[14], manter-se inerte. Verifica-se, portanto, que o prazo *razoável* da Lei nº 1.533, que ensejava interpretações díspares, como conceito indeterminado que é, foi substituído por prazo fixado na própria lei. Condiciona-se o exercício desse direito, no entanto, ao prazo decadencial de cento e vinte dias, a ser contado da notificação (§ único).

Incorporou-se ao texto legal (art. 4º), para os casos de urgência, a possibilidade de utilização, no processo judicial, de meios que, à época, eram inovações técnicas: telegrama, radiograma, fax ou outro meio eletrônico, desde que comprovada sua autenticidade, devendo ser o texto original (leia-se: a *via física*) da petição apresentado em cinco dias úteis, seguintes ao da impetração. Colimava-se, assim, facilitar o uso de instrumento processual tão eficaz na defesa de direitos contra abusos da autoridade pública, adotando-se disposições da Lei nº 9.800, de 26 de maio de 1999, que permite a prática de atos processuais por meio de sistema de transmissão de dados, e da Lei nº 11.419, de 19 de dezembro de 2009, que dispõe sobre a informatização do processo judicial. Atualmente, em que vivemos a realidade do processo digital, o artigo de lei que tinha por finalidade trazer *inovação* se tornou verdadeiramente *obsoleto*.

O art. 5º dispôs três hipóteses de não cabimento do mandado de segurança: quando se impugna ato de que caiba recurso administrativo com efeito suspensivo, independente de caução, decisão judicial da qual caiba recurso com efeito suspensivo, ou decisão judicial transitada em julgado, evitando-se o uso do remédio constitucional quando a hipótese é de ação rescisória. Para o cabimento do mandado de segurança, exige-se que o ato impugnado seja dotado de eficácia e que não esteja ao alcance do impetrante outro instrumento, com efeito suspensivo e para o qual não se exija caução ou obrigação equiparável, sob pena de carência de interesse processual. Eliminou-se a restrição quanto ao ato disciplinar, acatando-se nesse particular a jurisprudência pacificada na matéria, pois o referido ato, sob os aspectos e nuances da legalidade, não pode escapar do exame do Poder Judiciário.

---

[14] Trata-se da dicção legal, mas há dissenso doutrinário a respeito. A favor da exigência da notificação *judicial:* HUMBERTO THEODORO JÚNIOR, *Lei do mandado de segurança comentada:* artigo por artigo. Rio de Janeiro: Forense, 2014, pp. 147-148. Dispensando a formalidade do ato, desde que atingida a finalidade, nos termos do art. 277 do CPC/2015: CASSIO SCARPINELLA BUENO, *A nova lei do mandado de segurança:* comentários sistemáticos à Lei n. 12.016, de 7-8-2009. São Paulo: Saraiva, 2009, pp. 15-16; J. E. CARREIRA ALVIM, *Comentários à lei do mandado de segurança (Lei 12.016/2009).* 3. ed. Curitiba: Juruá, 2009, p. 69.

Capítulo IV · A EVOLUÇÃO LEGISLATIVA | **79**

No tocante à autoridade coatora, a redação legal (art. 6º, § 3º) sugere ser possível a impetração do mandado de segurança tanto em face do agente que tenha praticado o ato impugnado quanto daquele que tenha expedido a ordem para sua prática. Apesar do veto que recaiu sobre o § 3º, nada impede a conclusão de que, a fim de preservar o processo e de fazer prevalecer o conteúdo sobre a forma, deva-se admitir a emenda da inicial e a correção da indicação da autoridade coatora[15]. Buscando pacificar controvérsia doutrinária e jurisprudencial, o art. 14, § 2º, da Lei nº 12.016 assegura à autoridade coatora o direito de recorrer, em nome próprio, não apenas como representante da pessoa jurídica à qual se acha vinculado.

O art. 7º determina que o juiz, ao despachar a inicial, além de notificar a autoridade coatora para prestar as informações no prazo de dez dias (inc. I), deve dar ciência à pessoa jurídica interessada para que, querendo, ingresse no feito (inc. II). É também neste momento que, presentes os requisitos legais, o magistrado ordenará a suspensão do ato coator, sendo-lhe autorizado exigir do impetrante caução, fiança ou depósito (inc. III).

Oportuno salientar a dicção imperativa do art. 7º, *caput* e inc. III, da Lei nº 12.016, que não confere ao magistrado *liberdade* para escolher entre o deferimento ou o indeferimento: presentes os pressupostos legais do art. 7º, III, da Lei nº 12.016, o caso é de *necessário deferimento*; ausente um dos pressupostos, o indeferimento é inescapável.[16]

Ainda, a parte final do art. 7º, III, prevê a possibilidade de o magistrado exigir caução, fiança ou depósito, com o objetivo de assegurar o ressarcimento à pessoa jurídica. A exigência há de ser *justificada* conforme as circunstâncias do caso, sob as balizas *objetivas* da necessidade, não se podendo subverter a norma legal em instrumento de arbitrariedades ou de denegação de justiça, à vista de sua finalidade que é prevenir a pessoa jurídica do risco de dano grave, quiçá irreversível, decorrente do cumprimento da liminar concedida, conforme FERNANDO GAJARDONI:

> "Para a concessão da tutela de urgência, o juiz pode, conforme o caso, exigir caução real (bens) ou fidejussória (fiança) idônea para ressarcir os danos que a outra pessoa possa vir a sofrer (artigo 302, CPC/2015). A caução é típica medida de contracautela, que pode ser imposta como condição judicial para a concessão da liminar, quando houver dúvida sobre a idoneidade financeira da parte para suportar a responsabilidade objetiva pelos danos ocasionados pela efetivação da tutela provisória concedida (artigo 302 do CPC/2015)."[17]

---

[15] É o que determina, *v.g.*, o art. 339 do CPC/2015, subsidiariamente aplicável.

[16] No mesmo sentido: LÚCIA VALLE FIGUEIREDO. *Mandado de segurança*. 6. ed. São Paulo: Malheiros, 2009, p. 134; HUMBERTO THEODORO JÚNIOR. *O mandado de segurança segundo a Lei n. 12.016, de 07 de agosto de 2009*. Rio de Janeiro: Forense, 2009, pp. 24-25.

[17] FERNANDO DA FONSECA GAJARDONI (e outros). *Teoria geral do processo:* comentários ao CPC de 2015: parte geral. 2. ed. Rio de Janeiro: Forense, 2018, pp. 978-979.

80 | MANDADO DE SEGURANÇA NA PRÁTICA JUDICIÁRIA – *Arnoldo Wald*

Para eliminar dúvida existente à época, o § 1º do art. 7º consigna o cabimento de agravo de instrumento contra a decisão que conceder ou negar a liminar, dialogando com o art. 1.015, XIII, do Código de Processo Civil de 2015, observando-se, quanto ao rito, o disposto na própria legislação processual.

O art. 7º, § 2º, também incorporou na lei a regra consagrada na Súmula 212 do STJ[18], sendo vedada a concessão de liminar que tenha por objeto a compensação de créditos tributários, a entrega de mercadorias e bens provenientes do exterior, a reclassificação ou equiparação de servidores públicos e a concessão de aumento ou extensão de vantagens ou pagamento de qualquer natureza (§ 2º). Assim, foram reafirmadas as restrições previstas em leis especiais e, por força do art. 1.059 do Código de Processo Civil, o disposto no art. 7º, § 2º, da Lei nº 12.016 se aplica à tutela provisória requerida contra a Fazenda Pública.

Os efeitos da medida liminar, salvo se revogada ou cassada, persistirão até a prolação da sentença (art. 7º, § 3º), tendo prioridade de julgamento os feitos em que foi concedida (§ 4º), certamente de acordo com o regramento imposto pelo art. 12 do Código de Processo Civil de 2015. Dada a *provisoriedade* da tutela a que se refere o dispositivo, sua suspensão *deve* ocorrer em caso de desaparecimento de qualquer dos pressupostos que levaram ao deferimento. Além disso, a lei deixa claro que a sentença, seja pela concessão ou pela denegação da segurança, por ser proferida com base em cognição exauriente, passa a regular a relação, substituindo a decisão liminar.[19]-[20]-[21]

Determina-se a decretação da perempção ou caducidade da liminar, quando o impetrante criar óbices ao normal andamento do processo, ou deixar de praticar atos e promover diligências, por mais de três dias úteis (art. 8º). Na prática, objetiva--se dar celeridade ao julgamento do mandado de segurança, sem a utilização de expedientes protelatórios.

---

[18] Súmula 212 do STJ: "A compensação de créditos tributários não pode ser deferida em ação cautelar ou por medida liminar cautelar ou antecipatória."

[19] Positivou-se, assim, o enunciado da Súmula 405 do STF: "Denegado o mandado de segurança pela sentença, ou no julgamento do agravo dela interposto, fica sem efeito a liminar concedida, retroagindo os efeitos da decisão contrária."

[20] THEOTONIO NEGRÃO (e outros). *Código de Processo Civil e legislação processual civil em vigor*. 49. ed. São Paulo: Saraiva, 2018, p. 1.642: "A eficácia da medida liminar sempre cessa com o advento da sentença, independentemente do resultado do processo. A partir de sua prolação, é a sentença que passa a regular a situação da vida até então provisoriamente disciplinada pela medida liminar."

[21] Manifestando entendimento contrário ao positivado: CASSIO SCARPINELLA BUENO. *Mandado de segurança e CPC de 2015*: homenagem a Hely Lopes Meirelles. *In*: WALD, Arnoldo; JUSTEN FILHO, Marçal; PEREIRA, Cesar Augusto Guimarães (Orgs.). *O direito administrativo na atualidade*: estudos em homenagem ao centenário de Hely Lopes Meirelles (1917-2017). São Paulo: Malheiros, 2017, pp. 269-270.

Capítulo IV · A EVOLUÇÃO LEGISLATIVA | 81

As autoridades administrativas são obrigadas a, no prazo de 48 horas da notificação da medida liminar, enviar ao ministério ou órgão a que estejam vinculadas e à Advocacia Geral da União, ou a quem tiver a representação judicial da União, Estado ou Município, cópia da notificação, a fim de que possam ser tomadas as medidas necessárias para eventual pedido de suspensão da liminar e defesa apropriada do ato apontado como coator (art. 9º).

O art. 10 da Lei nº 12.016 prevê o indeferimento da petição inicial, por decisão motivada, quando não for caso de mandado de segurança, quando lhe faltar um dos requisitos legais ou quando decorrido o prazo fixado pelo art. 23 para impetração (120 dias). A medida extrema deve ser aplicada consoante o Código de Processo Civil e, portanto, à luz da cooperação[22]-[23], deve facultar ao impetrante a emenda da petição inicial, "indicando com precisão o que deve ser corrigido ou completado"[24].

Do indeferimento da inicial pelo juiz de primeiro grau cabe apelação[25] e, na hipótese de competência originária do tribunal, o recurso cabível será o agravo interno (art. 10, § 1º), fazendo ser *erro grosseiro* eventual interposição de recurso especial e/ou extraordinário. A previsão, que se mostrava útil para afastar a carga histórica de alterações dos regimes recursais, hoje pode parecer desnecessária, pois condizente com a regra geral veiculada pelos arts. 1.009 e 1.021 do Código de Processo Civil. Em que pese o silêncio da Lei nº 12.016, mostra-se correto o entendimento de que, interposto o recurso, abre-se oportunidade para o juízo de retratação, nos termos do art. 331 do Código de Processo Civil, subsidiariamente aplicável.[26]

Dirimindo a controvérsia outrora existente, a Lei nº 12.016 inadmite a formação do litisconsórcio ativo após o despacho da inicial (art. 10, § 2º), a fim de evitar-se a ofensa ao princípio do juiz natural, com a escolha *"a posteriori"* do ma-

---

[22] Art. 6º: "Todos os sujeitos do processo devem cooperar entre si para que se obtenha, em tempo razoável, decisão de mérito justa e efetiva".

[23] Art. 10: "O juiz não pode decidir, em grau algum de jurisdição, com base em fundamento a respeito do qual não se tenha dado às partes oportunidade de se manifestar, ainda que se trate de matéria sobre a qual deva decidir de ofício".

[24] Art. 321: "O juiz, ao verificar que a petição inicial não preenche os requisitos dos arts. 319 e 320 ou que apresenta defeitos e irregularidades capazes de dificultar o julgamento de mérito, determinará que o autor, no prazo de 15 (quinze) dias, a emende ou a complete, indicando com precisão o que deve ser corrigido ou completado. Parágrafo único. Se o autor não cumprir a diligência, o juiz indeferirá a petição inicial."

[25] Com a superveniência do Código de Processo Civil de 2015, por se tratar de hipótese de julgamento sem solução do mérito, cabe juízo de retratação, pelo Magistrado, quando da interposição do recurso de apelação (art. 485, § 7º).

[26] v. CASSIO SCARPINELLA BUENO. *A nova lei do mandado de segurança:* comentários sistemáticos à Lei n. 12.016, de 7-8-2009. São Paulo: Saraiva, 2009, pp. 64-65.

82 | MANDADO DE SEGURANÇA NA PRÁTICA JUDICIÁRIA – *Arnoldo Wald*

gistrado. A esse respeito, ainda, o art. 24 da Lei nº 12.016 fez expressa remissão às regras gerais do litisconsórcio, à época constantes dos arts. 46 a 49 do CPC/1973, tema agora regulado pelos arts. 113 a 118 do CPC/2015.

Os prazos para a prolação do parecer do Ministério Público, cuja intervenção como *custos legis* é obrigatória e para prolação da sentença, pelo magistrado, foram dilatados. Assim, esgotado o prazo para informações, os autos serão remetidos para que o Ministério Público apresente parecer no prazo *improrrogável* de dez dias[27] e, ato contínuo, serão conclusos para que a sentença seja proferida no prazo de trinta dias (art. 12).

A sentença, se concedida a segurança, necessariamente será submetida ao duplo grau de jurisdição (art. 14, § 1º), podendo ser executada provisoriamente, salvo nas hipóteses em que for vedada a concessão da medida liminar (§ 3º). Nesse caso, o recurso de apelação, passa a ter os efeitos devolutivo e suspensivo. Assegurou-se à autoridade coatora o direito de recorrer, independentemente da postura adotada pela pessoa jurídica à qual é vinculada (§ 2º), o que posteriormente foi reforçado pelo art. 996 do Código de Processo Civil.

Em matéria atinente à suspensão da liminar e da sentença pelo Presidente do Tribunal, a Lei nº 12.016 incorporou e sistematizou o que antes se achava na Lei nº 1.533, de 31 de dezembro de 1951, e na Lei nº 4.348, de 26 de junho de 1964 (art. 15).

A legitimação para o requerimento é da pessoa jurídica de direito público interessada e do Ministério Público, para evitar grave lesão à ordem, à saúde, à segurança e à economia públicas. Da decisão do Presidente do Tribunal a que pertença o juiz prolator do despacho ou da sentença cabe agravo, sem efeito suspensivo, que deverá ser julgado na sessão seguinte à sua interposição. Indeferido o pedido de suspensão, ou provido o agravo, caberá novo pedido de suspensão ao Presidente do Tribunal competente para conhecer de eventual recurso especial ou extraordinário, na esteira de inúmeras decisões dos Tribunais superiores que têm admitido tal possibilidade, diante de situações comprovadas de lesão aos valores protegidos pela lei (§ 1º).

Fica também assegurado o cabimento de pedido de suspensão caso negado provimento a agravo de instrumento interposto contra a liminar, cuja interposição em nada prejudica ou condiciona o julgamento da suspensão (§ 2º).

---

[27] STJ-1ª S., RMS 32.880/SP, Rel. Min. TEORI ZAVASCKI, j. 20.09.2011: "Em mandado de segurança, o prazo para a manifestação do Ministério Público como *custos legis* (art. 12 da Lei 12.016/098) não tem a mesma natureza dos prazos das partes, denominados próprios, cujo descumprimento acarreta a preclusão (art. 183 do CPC). Trata-se de prazo que, embora improrrogável, é impróprio, semelhante aos do juiz e seus auxiliares, a significar que a extemporaneidade da apresentação do parecer não o invalida, nem inibe o julgamento da demanda."

Há a previsão de concessão de efeito suspensivo liminar, quando o Presidente do Tribunal, em juízo prévio, constatar a plausibilidade do direito invocado e a urgência da medida (§ 4º). Outra inovação consiste na possibilidade de suspensão, em única decisão, de liminares cujo objeto seja idêntico e a extensão a liminares supervenientes, mediante simples aditamento do pedido original (§ 5º).

Aprimorando a redação da lei revogada, a Lei nº 12.016 expressa que, nos casos de competência originária de tribunal, a "instrução" do processo é incumbência do relator e que a decisão liminar desafia agravo interno (art. 16).

Outra inovação relevante, atenta à observância da economia e celeridade processual, consiste na substituição do acórdão pelas notas taquigráficas, independentemente de revisão, quando não publicado no prazo de trinta dias contados da data do julgamento, nas decisões proferidas em mandado de segurança e respectivos recursos (art. 17). A previsão, que se aplica a todas as instâncias, tem por finalidade solucionar um dos gargalos de estrangulamento do processo, que era (e ainda pode, ocasionalmente, ser) a publicação de acórdãos.

Alinhada com os arts. 102, II, *a*, e 105, II, *b*, da Constituição Federal, a Lei nº 12.016 afirma o cabimento de *recurso extraordinário* e de *recurso especial* contra as decisões *concessivas* proferidas em única instância pelos tribunais, ou seja, em mandados de segurança impetrados originariamente em tribunal, e de *recurso ordinário* quando a decisão for *denegatória* de segurança (art. 18).

Foram mantidas a preferência de julgamento sobre os demais processos, exceto os de *habeas corpus* (art. 20) bem como a possibilidade de ajuizamento de ação própria para pleitear direitos e respectivos efeitos patrimoniais, se a sentença proferida no mandado de segurança não decidir o mérito (art. 19). Ficam mantidas as vedações à interposição de embargos infringentes e à condenação em honorários advocatícios, sem prejuízo da aplicação das sanções por litigância de má-fé (art. 25).

O mandado de segurança coletivo recebeu disciplina própria em dois artigos, que cuidaram da legitimação ativa, dos direitos protegidos e dos efeitos da liminar e da sentença.

Estão legitimados, para propor o mandado coletivo, o partido político com representação no Congresso Nacional, na defesa de seus interesses legítimos relativos a seus integrantes ou à finalidade partidária; a organização sindical, entidade de classe ou associação legalmente constituída e em funcionamento há pelo menos um ano. A defesa é da totalidade ou de parte de seus membros ou associados, observados os estatutos e as suas finalidades, sem necessidade de autorização especial (art. 21).

Os direitos protegidos foram assim classificados: (i) *coletivos*, assim entendidos os transindividuais, de natureza indivisível, de que seja titular grupo ou categoria de pessoas ligadas entre si ou com a parte contrária por uma relação jurídica básica; (ii) *individuais homogêneos*, os decorrentes de origem comum e da atividade ou situação específica da totalidade ou parte dos associados ou membros da impetrante (parágrafo único, I e II).

A sentença do mandado de segurança coletivo fará coisa julgada limitadamente aos membros do grupo ou da categoria e a liminar só poderá ser concedida após a audiência do representante da pessoa de direito público, que deverá manifestar-se no prazo de setenta e duas horas (art. 22, *caput* e § 2º).

O mandado de segurança coletivo não induz litispendência para as ações individuais, mas o impetrante individual deverá requerer desistência de seu mandado de segurança individual, no prazo de trinta dias contados da ciência comprovada da impetração coletiva, caso pretenda usufruir dos efeitos da coisa julgada decorrente desta (§ 1º).

Pondo fim a mais uma controvérsia, a Lei nº 12.016 textual e expressamente afirma que o não cumprimento de decisão proferida em mandado de segurança, seja interlocutória, sentença ou acórdão, configura *crime de desobediência*, nos termos do art. 330 do Código Penal, além de sujeitar o agente público a sanções administrativas, quando cabíveis, nos termos da Lei nº 1.079, de 10 de abril de 1950 (art. 26).

Capítulo V
NATUREZA PROCESSUAL DO MANDADO DE SEGURANÇA

Sumário: 34. Finalidade do mandado de segurança – **35.** A natureza do mandado de segurança. A tese de Castro Nunes – **36.** O mandado como ação mandamental – **37.** O mandado como ação anulatória de medidas abusivas ou ilegais da administração – **38.** O mandado como interdito possessório – **39.** O mandado de segurança como ação especial de maior densidade.

34. FINALIDADE DO MANDADO DE SEGURANÇA

O problema da natureza jurídica do mandado de segurança provocou acentuadas divergências entre os estudiosos da matéria que se refletiram na jurisprudência pátria. As sucessivas leis sobre o mandado de segurança não se preocuparam com a estrutura processual do instituto e as primeiras obras doutrinárias relegaram a um plano secundário a natureza do mandado de segurança, inclusive porque os seus autores, muitas vezes, tinham uma formação mais vinculada ao direito administrativo do que ao direito processual.

O acordo se realizou, todavia, na doutrina quanto à finalidade específica do mandado de segurança, entendendo-se que constituía um instrumento de defesa dos particulares contra a Administração Pública, destinado a assegurar o cumprimento das leis, evitando ou eliminando as eventuais lesões de direito mediante a restauração imediata da situação anterior ou a criação da situação que existiria, se a autoridade tivesse cumprido o seu dever.

O mandado de segurança pressupõe um direito violado por ato da autoridade pública, constituindo, pois, um "meio de defesa do direito contra ato do Estado, como poder público"[1].

A solução que o mandado de segurança oferece para tal violação de direito por parte da autoridade pública é uma ordem que implica execução específica ou *in*

---

[1] CASTRO NUNES, *Do mandado de segurança*. 5. ed. Rio de Janeiro, Forense, 1956, p. 75.

86 | MANDADO DE SEGURANÇA NA PRÁTICA JUDICIÁRIA – *Arnoldo Wald*

natura contra o poder público, constituindo tal característica o aspecto inovador e até revolucionário do mandado de segurança, rompendo com a tradição do direito, que era a de admitir a resolução da violação das obrigações de fazer ou de não fazer, convertendo-as em perdas e danos, conforme retratado por ALFREDO BUZAID:

> "A característica fundamental (do mandado de segurança) consiste na possibilidade de compelir a Administração Pública a praticar ou deixar de praticar algum ato. Esta solução rompeu com a tradição do direito brasileiro, segundo o qual o inadimplemento das obrigações de fazer ou de não fazer se resolve em reparação pecuniária, isto é, na condenação em perdas e danos. Anteriormente, não se negava ao Poder Judiciário a competência para decretar a nulidade dos atos administrativos, violadores da lei ou da Constituição. Mas a sanção, daí decorrente, dava lugar de ordinário a uma indenização, não podendo o juiz substituir-se à Administração. O mandado de segurança é, ao contrário, uma ação que confere ao titular do direito a possibilidade de obter a prestação *in natura*; mais vigorosa que todas as outras, esta ação consegue, não só a suspensão liminar do ato impugnado, como também a execução específica, repondo as coisas no estado anterior à ofensa."[2]

O mandado de segurança apresenta a singularidade de permitir a *execução específica* da obrigação[3], diversamente do que ocorre na maioria das legislações estrangeiras, no caso de violação de um direito individual ou coletivo por parte da Administração Pública. Não há, na hipótese, opção para o poder público; não lhe cabe escolher entre obedecer ao comando ou reparar os prejuízos decorrentes da violação do direito. O cumprimento da obrigação *in natura* reconhecida na sentença é imperativa, compelindo-se a Administração a praticar ou deixar de praticar o ato específico, sendo compulsória a execução direta da sentença concessiva do mandado de segurança[4].

O Ministro CASTRO NUNES firmou com extrema clareza este aspecto peculiar ao mandado de segurança, afirmando que ele "assenta num princípio que o nosso direito anterior desconhecia: a possibilidade de ser a Administração compelida a praticar certo ato ou abster-se de o praticar...

O mandado de segurança dá ao titular do direito a prestação *in natura*. É um procedimento *ad ipsam rem*, que não comporta a substituição da prestação devida"[5].

---

[2] ALFREDO BUZAID, "*Juicio de amparo* e mandado de segurança (contrastes e confrontos)", *Revista da Faculdade de Direito da Universidade de São Paulo*, ano LVI, fasc. I, 1961, p. 218.

[3] LUÍS EULÁLIO DE BUENO VIDIGAL, *Do mandado de segurança*, S. Paulo, 1953, p. 126.

[4] CASTRO NUNES, ob. cit. pp. 405 e 406.

[5] CASTRO NUNES, ob. cit., pp. 63 e 64.

Capítulo V · NATUREZA PROCESSUAL DO MANDADO DE SEGURANÇA | 87

"Está nisso precisamente a característica do *writ*: a restituição do direito *in natura*, a prestação devida por coerção direta."[6]

De tal característica deste remédio constitucional decorre a dicção imperativa da Constituição Federal e da Lei nº 12.016, que obrigam o magistrado a conceder o mandado de segurança quando constatada a violação do direito líquido e certo por ato de autoridade, assegurando ao impetrante a fruição *in natura* do direito. Nos dizeres de CASSIO SCARPINELLA BUENO:

> "As raízes históricas do mandado de segurança evidenciam a preocupação com a necessidade de ser desenvolvido um mecanismo de tutela jurisdicional *eficaz* do cidadão contra arbitrariedades dos exercentes de *função pública*. Por tutela jurisdicional *eficaz* deve-se entender a tutela jurisdicional apta a assegurar àquele que se afirma lesionado ou ameaçado em seu direito a conservação *in natura* desse mesmo direito, isto é, a possibilidade de sua fruição integral e plena, afastando ou evitado o ato ou fato que motiva seu ingresso no Poder Judiciário. Tanto quanto se dá com o *habeas corpus*, em que se pretende a tutela do direito e locomoção em sim esmo e não sua substituição por qualquer outro bem, ou com os interditos possessórios, em que a tutela é dirigida à fruição plena da posse e não dos direitos patrimoniais dela decorrentes. (...) [A] concessão do mandado de segurança é impositiva ao julgador quando a ilegalidade ou o abuso de poder (o ato ou o fato violador do direito líquido e certo) descritos na petição inicial forem admitidos como verdadeiros"[7]-[8]

Assim se vê que a evolução da técnica jurídica, no tocante ao cumprimento e à execução das obrigações, realizou-se no sentido do abandono progressivo da responsabilização por perdas e danos, pelo descumprimento da obrigação, de acordo com o qual *nemo precise cogi potest ad factum*, admitindo-se, ao contrário, tanto no campo do direito público como do direito privado, a execução específica de todas as obrigações que não tenham natureza personalíssima, ou seja, das obrigações fungíveis.

Reforçamos apenas que o mandado de segurança, ao invés de repor as coisas no *status quo ante*, também pode criar a situação jurídica que deveria existir se a ofensa não tivesse havido e se a autoridade tivesse cumprido o seu dever, pois nem sempre o ato da autoridade é comissivo; também poderá ser omissivo e ao mandado caberá então corrigir a inércia da autoridade.

---

[6]   CASTRO NUNES, ob. cit., p. 403.

[7]   CASSIO SCARPINELLA BUENO, *Mandado de segurança*: comentários às Leis n. 1.533/51, 4.348/64 e 5.021/66. 5. ed. São Paulo: Saraiva, 2009, pp. 8-14.

[8]   Também: DIREITO, Carlos Alberto Menezes. *Manual do mandado de segurança*. 4. ed. Rio de Janeiro: Renovar, 2003, p. 148: "No que concerne à execução, a sentença concessiva executa-se de imediato sem possibilidade de ser substituída pela reparação pecuniária."

35. A NATUREZA DO MANDADO DE SEGURANÇA. A TESE DE CASTRO NUNES

A classificação do mandado de segurança no rol dos diversos tipos de ações[9] conhecidos pela processualística apresenta certas dificuldades, pois, enquanto alguns autores insistem nas origens históricas do instituto, outros preferem atender mais diretamente à forma processual da sua tramitação e uma substancial parte da doutrina se deixa impressionar pela execução que se almeja obter com o mandado de segurança[10].

CASTRO NUNES, na sua monografia clássica, mostrou com muita felicidade que o mandado de segurança é materialmente um recurso administrativo porque tem, como objeto, matéria contenciosa administrativa e, jurisdicionalmente, um remédio judiciário, abrangendo na realidade o controle judicial da Administração[11].

Quando, porém, se trata de enquadrar o mandado de segurança, lembra CASTRO NUNES que "é um remédio aparentado com os recursos administrativos nos países do contencioso autônomo. Mas, a esses não se equipara, pela natureza da prestação, inibitória ou compulsória, que assegura. E, ainda, porque é remédio judicial.

Das velhas categorias, a que melhor comporta o *writ* – conclui CASTRO NUNES – é a das ações de estado, pelas quais se declara uma condição do indivíduo ligada aos diferentes *status* em que se desdobra a personalidade (liberdade, cidade, família)"[12].

Tal enquadramento se nos apresenta como infeliz, pois o mandado de segurança não se limita a declarar uma simples situação, não se identificando, pois, com

---

[9] Inicialmente algumas dúvidas surgiram quanto ao enquadramento do mandado de segurança como ação judicial. Algumas das primeiras decisões proferidas em mandado de segurança consideraram o instituto, não como verdadeira ação, mas como "medida acautelatória, para evitar lesões de direito" no entender do Ministro Carvalho Mourão, no voto proferido no Mandado de Segurança nº 60 (*Arquivo Judiciário*, vol. 39, p. 346). Outros procuraram ressuscitar a distinção entre ações e remédios judiciais, fazendo do mandado "um remédio jurídico, sem forma nem figura de juízo" (acórdão do Tribunal de Justiça de São Paulo, no Mandado de Segurança nº 94, *Arquivo Judiciário*, Rio de Janeiro, vol. 40, out./dez. 1936, p. 283). Tais equívocos decorrentes da excessiva valorização da medida liminar ou da identificação entre o mandado de segurança e o *habeas corpus* já foram superadas pela doutrina e pela jurisprudência, reconhecendo-se atualmente o caráter de verdadeira ação judicial, que reveste o mandado de segurança. Essa é a opinião de todos os autores que trataram do assunto, dentre os quais, podem ser citados CELSO BARBI, CASTRO NUNES, ALFREDO BUZAID, OTHON SIDOU, SEABRA FAGUNDES e HELY LOPES MEIRELLES.

[10] O mandado de segurança é ação constitutiva para SEBASTIÃO DE SOUSA, ação de estado para CASTRO NUNES, ação mandamental para PONTES DE MIRANDA, interdito para J. M. OTHON SIDOU, remédio anulatório de medidas administrativas para LUÍS EULÁLIO DE BUENO VIDIGAL e ação de cognição para CELSO AGRÍCOLA BARBI.

[11] CASTRO NUNES, ob. cit., p. 72.

[12] CASTRO NUNES, ob. cit., p. 70.

as ações prejudiciais ou de estado, que têm um aspecto meramente declaratório ou recognitivo[13].

36. O MANDADO COMO AÇÃO MANDAMENTAL

Coube a PONTES DE MIRANDA acentuar o caráter de ação mandamental do nosso mandado de segurança[14]-[15].

A ação mandamental surgiu na classificação geral das ações, ao lado das demandas condenatórias, constitutivas e declaratórias por iniciativa de KUTTNER na sua obra *Urteilswirkungen ausserhalb des Zivilprozess*, publicada em 1914. As sentenças mandamentais eram inicialmente definidas como aquelas "em que o juiz competente, sem resolver a relação de direito privado existente no fundo do litígio, dá a outro órgão do Estado, autoridade pública ou funcionário público, a ordem concreta de praticar ou omitir um ato compreendido dentro dos poderes de seu cargo, e isso em virtude de nova e especial petição da parte vencedora"[16].

A teoria das ações mandamentais sofreu críticas por não se caracterizarem tais ações pela existência de um conteúdo distinto das outras demandas, apresentando tão somente um efeito específico constituído pela ordem dirigida à autoridade pública para que pratique ou não determinado ato[17].

O mandado de segurança não se enquadra perfeitamente na definição ortodoxa da ação mandamental dada por KUTTNER, pois, no mandado, o juiz não se abstém de solucionar o conflito básico existente entre o impetrante e a autoridade pública.

Não há dúvida, todavia, que a conclusão do julgamento se corporifica e concretiza numa ordem e, neste sentido, poderíamos acolher a afirmação de ser o mandado de segurança uma ação mandamental, pois, sempre conclui, na hipótese

---

[13] A tese de CASTRO NUNES mereceu as críticas de LUÍS EULÁLIO DE BUENO VIDIGAL, ob. cit., p. 69, e de ALFREDO BUZAID, ob. cit., p. 220.

[14] Afirma PONTES DE MIRANDA que "a ação de mandado de segurança é tipicamente ação mandamental, como o é no direito constitucional e no direito processual penal a ação de *habeas corpus*" (PONTES DE MIRANDA, *Comentários ao Código de Processo Civil*, 2. ed., Rio de Janeiro: Forense, 1959, tomo V, p. 149). O mesmo ponto de vista é adotado por CÂNDIDO DE OLIVEIRA NETO (ob. cit., p. 306) e LOPES DA COSTA (*Direito Processual Civil*, 2. ed., Rio de Janeiro, 1959, vol. IV, p. 431).

[15] MIRANDA, Pontes de. *Tratado das ações*: ações mandamentais: tomo VI. São Paulo: Revista dos Tribunais, 2016, pp. 111-112.

[16] ADOLFO SCHÖNKE, *Derecho procesal civil*, tradução espanhola da 5ª ed., alemã, 1950, Barcelona Bosch, Casa Editorial, p. 153. É preciso ponderar que PONTES DE MIRANDA não acolhe integralmente a definição de KUTTNER. O eminente jurista brasileiro limita-se a conceituar como ação mandamental àquela "que é mais específica em mandar" (v. PONTES DE MIRANDA, ob. cit., vol. I, p. 89).

[17] V. SCHÖNKE, ob. e loc. cit. A crítica à tese de PONTES DE MIRANDA foi feita por LUÍS EULÁLIO DE BUENO VIDIGAL, ob. cit., nota 115, p. 131, e por J. M. OTHON SIDOU, ob. cit., p. 50.

MANDADO DE SEGURANÇA NA PRÁTICA JUDICIÁRIA – *Arnoldo Wald*

de procedência do pedido, por uma determinação do magistrado à autoridade pública considerada como coatora.

Desenvolvendo tal pensamento, CÂNDIDO DE OLIVEIRA NETO salienta o colorido mandamental que encontramos na tutela jurisdicional propiciada pelo mandado de segurança, desde a pretensão da parte até o nome do instituto, pois trata-se de uma "ordem que se pede que o juiz dê à autoridade coatora para substituir, ela mesma, sem outros órgãos, seu primeiro ato por outro, com sua eficácia normal e próxima, ordem que é o que imediatamente se pede, e não como consequência de outros pedidos acaso identificáveis"[18].

O efeito mandamental decorre, pois, do pedido feito no mandado de segurança, em que se requer uma ordem dirigida à autoridade para que ela própria cesse logo a violação do direito líquido e certo do impetrante, não havendo, em princípio, execução forçada pelo Poder Judiciário, mas pela própria autoridade, sob pena de responsabilidade.

37. O MANDADO COMO AÇÃO ANULATÓRIA DE MEDIDAS ABUSIVAS OU ILEGAIS DA ADMINISTRAÇÃO

Num trabalho de profundidade, o Professor LUÍS EULÁLIO DE BUENO VIDIGAL estudou a natureza do mandado de segurança, afirmando, inicialmente, tratar-se de verdadeira ação jurisdicional, pois o conflito é decidido por autoridade judiciária, embora o objeto do ato apreciado seja normalmente de caráter administrativo.

Lembra o mestre paulista que a distinção entre jurisdição e administração tem sido objeto de estudos dos processualistas nacionais e estrangeiros. Enquanto alguns caracterizam a jurisdição como atividade de substituição em que o juiz profere decisão determinando o comportamento que devem ter as partes litigantes, outros autores preferem reconhecer como fator básico da jurisdição a imparcialidade e a independência do órgão judicante. Uma síntese feliz se encontra na lição de CRISTOFOLINI, citado por VIDIGAL, quando o jurista italiano esclarece que:

> "Essa distinção entre jurisdição e administração não repousa tanto sobre uma base lógica quanto sobre uma base histórico-política; administração é a atividade do Estado dirigida à consecução dos seus fins, mediante a satisfação daqueles interesses que o Estado considera seus; jurisdição é a atividade do Estado orientada para o fim de assegurar a satisfação do interesse coletivo à composição das lides, mediante o estabelecimento de ordens concretas dirigidas aos titulares dos interesses em lide; a jurisdição entra conceitualmente na administração, da qual se desmembrou pela exigência

---

[18] CÂNDIDO DE OLIVEIRA NETO, ob. e loc. cit., p. 306.

Capítulo V · NATUREZA PROCESSUAL DO MANDADO DE SEGURANÇA | 91

política de assegurar a necessária independência aos órgãos incumbidos de realizar esse importantíssimo interesse coletivo."[19]

VIDIGAL procura, ainda, num excesso de escrúpulo dogmático, provar que o mandado de segurança não é ato de jurisdição graciosa ou voluntária, o que, aliás, decorre do simples fato de haver litígio entre o impetrante e a autoridade coatora, cabendo ao juiz dirimi-lo. Concluindo, o autor entende que, não podendo haver jurisdição contenciosa sem ação, o mandado de segurança se conceitua como autêntica ação[20].

Admite o eminente processualista que a sentença concessiva do mandado de segurança possa ser meramente declaratória, constitutiva, condenatória ou ainda cominatória, podendo conter, em si mesma, a sua própria execução e, assim sendo, "a ação em que se pede mandado de segurança não difere, quanto ao seu escopo, de qualquer outra ação; visa obter provimento jurisdicional, declaratório, constitutivo ou condenatório a respeito de um conflito de interesses"[21].

É muito feliz, neste particular, a lição de VIDIGAL, pois esclarece que, quanto à finalidade, o mandado de segurança não diverge das outras ações, enquadrando-se, conforme o caso, numa das categorias da classificação geral das ações.[22]

Quando, todavia, VIDIGAL pretende precisar a função do mandado definindo-o como "remédio que cabe ao particular para anular as medidas de execução, possessórias ou acautelatórias, que a Administração pode tomar, sem intervenção judicial"[23], ele restringe indevidamente o âmbito de ação do instrumento processual. O mandado de segurança não é apenas o antídoto das medidas executórias, possessórias ou acautelatórias do poder público, podendo ser utilizado em outras hipóteses e não apenas como medida de defesa contra a atuação do poder público, mas ainda como meio de ataque para obrigar a autoridade a praticar determinado ato, no caso de omissão ilegal de providência que a autoridade deveria tomar em virtude de lei.

Não é, pois, o mandado de segurança uma simples contramedida de execução, pois não se deve sacrificar a importância da decisão proferida pelo juiz no conflito entre o indivíduo e a coletividade a uma excessiva valorização do efeito decorrente do julgamento. Como já se afirmou em bem lançada observação, referente à tese

---

[19] LUÍS EULÁLIO DE BUENO VIDIGAL, ob. cit., p. 75, *in fine*.

[20] LUÍS EULÁLIO DE BUENO VIDIGAL, ob. cit., p. 86.

[21] LUÍS EULÁLIO DE BUENO VIDIGAL, ob. cit., p. 130.

[22] Nesse sentido: LUIZ FUX, *Mandado de segurança*. 2. ed. Rio de Janeiro: Forense, 2019, p. 33: "o Mandado de Segurança distingue-se das demais ações cíveis apenas pela especificidade de seu objeto e pela sumariedade de seu procedimento, que é próprio, extremamente célere, de forma a não permitir dilação probatória."

[23] LUÍS EULÁLIO DE BUENO VIDIGAL, ob. cit., p. 198.

defendida por VIDIGAL, "a decisão é o *prius*; o mandado é o *posterius*. Este não existe sem aquela; em compensação aquela contém ínsito o mandado, que é, em última análise, a sua forma natural e específica de execução"[24].

Atendendo ao aspecto que mais frequentemente reveste o mandado de segurança, VIDIGAL definiu o seu âmbito de ação de modo excessivamente restrito, não abrangendo a sua conceituação todas as hipóteses de impetração do remédio heroico que podem surgir em nossa legislação.

38. O MANDADO COMO INTERDITO POSSESSÓRIO

J. M. OTHON SIDOU pretendeu enquadrar o mandado de segurança entre os interditos possessórios, com os quais tem incontestável analogia quanto à tramitação processual e com os quais mantém parentesco histórico[25].

É necessário, todavia, salientar que tais analogias não justificam a construção de uma identidade que seria forçada.

Na classificação das ações não podemos atender exclusivamente à dinâmica processual de cada uma delas, sendo ainda necessário considerar as suas finalidades e o campo de ação em que se desenvolvem. Neste particular, o mandado de segurança se afirma como remédio constitucional, emanado do direito público e destinado a proteger os direitos líquidos e certos violados pela autoridade pública, enquanto as ações possessórias atendem normalmente à composição de conflitos de ordem privada.

Não existe, outrossim, qualquer paralelismo entre a correspondência das ações possessórias e das ações petitórias e a possibilidade de rediscutir em ação ordinária matéria que tenha sido vencida em mandado de segurança ou que não tenha sido possível pleitear no remédio heroico.

Embora algumas vezes seja admissível a dúvida quanto ao cabimento do mandado de segurança ou de interdito possessório, é inegável a distinção entre ambos os instrumentos decorrente da índole publicista do mandado e do espírito predominante privatista dos remédios possessórios.

Poderíamos acrescentar que, do ponto de vista dogmático, ações possessórias são tão somente aquelas como tais definidas no Código de Processo Civil (arts. 554 a 598) e que tem como fundamento a proteção de uma situação de fato juridicamente relevante, conhecida pela nossa legislação como posse (Código Civil, arts. 1.196 a 1.224), não se enquadrando, pois, em tais condições, o mandado de segurança.

---

[24] ALFREDO BUZAID, "Do mandado de segurança", *Revista de Direito Administrativo*, Rio de Janeiro, vol. 44, p. 32, 1956, e "*Juicio de amparo*" e mandado de segurança (contrastes e confrontos), *Revista da Faculdade de Direito de São Paulo*, n. 56, p. 220, 1961.

[25] J. M. OTHON SIDOU, ob. cit., p. 51, e A. BUZAID, ob. cit., na nota anterior.

39. O MANDADO DE SEGURANÇA COMO AÇÃO ESPECIAL DE MAIOR DENSIDADE

Rejeitamos sucessivamente as diversas teses que faziam do mandado de segurança uma ação prejudicial ou de estado (CASTRO NUNES), uma ação mandamental (PONTES DE MIRANDA), uma ação defensiva contra certas medidas executivas, possessórias ou acautelatórias da pessoa jurídica de direito público (LUÍS EULÁLIO DE BUENO VIDIGAL) e um interdito possessório (OTHON SIDOU), pois cada uma delas se prendia a um aspecto isolado do remédio judicial, pretendendo conceder-lhe hegemonia sobre os demais aspectos.

Não desprezamos a importância da execução do mandado de segurança, mas não queremos sacrificar a fase decisória, que se apresenta como condição necessária da futura execução. Entre a execução do mandado e a sentença, há, como salienta BUZAID, um nexo de interdependência, "não sendo legítimo atribuir ao efeito importância maior que à causa que o determinou"[26].

O acordo da doutrina se realiza quanto ao aspecto especial, *sui generis* e peculiar do mandado de segurança, caracterizado pela sua origem constitucional e pela sua finalidade de direito público. O erro em que incide parte da doutrina consiste em querer assemelhar a uma categoria já conhecida o que é totalmente novo e intrinsecamente diferente, embora com semelhanças de estrutura ou de tramitação com tal ou qual outro remédio processual.

Atento a isso, CELSO AGRÍCOLA BARBI criticou as tentativas de enquadramento do mandado de segurança nesta ou naquela classificação rígida das ações[27], no que foi acompanhado por grande parte da doutrina, a exemplo de CARLOS ALBERTO MENEZES DIREITO, para quem:

> "A crítica tem toda a procedência. O mandado de segurança não cabe, por inteiro, nas vestimentas conhecidas, nem se lhe pode agasalhar às exatas na ação mandamental como pretende mestre Pontes de Miranda. O mandado foi criado para compor o sistema constitucional de garantias dos direitos individuais. E foi criado, como já vimos, no corrimão do *habeas corpus*, ou seja, para manter íntegro o remédio contra o ataque à liberdade de ir, vir e ficar, dele destacando as outras áreas incluídas por via de interpretação pela chamada doutrina brasileira do *habeas corpus*"[28].

Com a acuidade que o caracteriza, SEABRA FAGUNDES se limitou, desde há longos anos, a conceituar o mandado de segurança como ação civil de rito

---

[26] ALFREDO BUZAID, *Revista da Faculdade de Direito de São Paulo*, já citada, p. 220.
[27] BARBI, Celso Agrícola. *Do mandado de segurança*. 12. ed. Rio de Janeiro: Forense, 2009, p. 46.
[28] CARLOS ALBERTO MENEZES DIREITO, *Manual do mandado de segurança*. 4. ed. Rio de Janeiro: Renovar, 2003, pp. 18-19.

sumaríssimo destinada a suscitar o controle jurisdicional sobre ato de qualquer autoridade que, por ilegalidade ou abuso de poder, viole ou ameace direito líquido e certo. O mandado se conceitua para o eminente mestre como uma "ação particularmente destinada pelo legislador a remover as situações contenciosas formadas pela negação de direito líquido e certo (certo e incontestável) através de ato manifestamente inconstitucional ou ilegal"[29].

Na realidade, o mandado de segurança é um instrumento processual que se destina a corrigir a atividade estatal ilegal ou abusiva e cujo rito processual não comporta dilação probatória, como bem salienta LUIZ FUX:

> "Na realidade, o Mandado de Segurança constitui um rito especial destinado à tutela célere e adequada de determinados direitos qualificados na Constituição, quais sejam, líquidos e certos, não amparados por *habeas corpus* ou *habeas data*, quando o responsável pela ilegalidade ou abuso de poder for autoridade pública ou agente de pessoa jurídica no exercício de atribuições do Poder Público (art. 5º, LXIX)."[30]

É um remédio que visa a defesa dos direitos individuais ou funcionais contra atos de autoridade, mediante a tutela específica ou *in natura* da obrigação.

Trata-se de um processo de natureza e tramitação especiais, que se torna imprescindível diante da maior densidade do direito defendido – a ponto de se caracterizar como "líquido e certo" – e da força de pressão exercida pela autoridade coatora. À medida que vai aumentando a prepotência do Estado, impõe-se a criação de recursos mais poderosos e eficazes para a defesa do indivíduo nas suas relações com a coletividade. Ao desenvolvimento das atribuições das pessoas jurídicas de direito público deve corresponder maior intensidade e celeridade na defesa dos direitos individuais, a fim de se manter o equilíbrio entre os interesses da coletividade e a liberdade de cada cidadão.

O mandado de segurança é, assim, o instrumento harmonioso e aperfeiçoado que garante a intangibilidade das conquistas da civilização contra o arbítrio do poder estatal, em qualquer de suas funções.

Poderíamos reconhecer com BUZAID a existência no direito processual de uma gradação na eficiência das medidas judiciárias, atendendo-se à índole do direito que cada uma delas visa tutelar. Teríamos, assim, três classes de ações que poderíamos denominar *grosso modo* ações ordinárias, ações executivas e

---

[29] MIGUEL SEABRA FAGUNDES, ob. cit., pp. 215 e segs. Também CELSO BARBI define o mandado de segurança como ação de cognição, podendo ser declaratória, constitutiva ou condenatória, esclarecendo o professor mineiro que "o mandado de segurança se exerce através de procedimento especial da mesma natureza, caracterizado particularmente pela forma peculiar da execução do julgado" (BARBI, ob. cit., p. 47).

[30] LUIZ FUX, *Mandado de segurança*. 2. ed. Rio de Janeiro: Forense, 2019, p. 31.

Capítulo V · NATUREZA PROCESSUAL DO MANDADO DE SEGURANÇA | 95

mandados de segurança. Na primeira classe os direitos "hão de ser afirmados e provados judicialmente sob pena de ser rejeitado o pedido formulado pelo autor (ex.: ação de reintegração de posse; de anulação de contrato); a segunda é de alguns direitos reconhecidos em documentos, que exprimem não só a certeza da obrigação, mas, também, a liquidez do seu valor (letras de câmbio, notas promissórias, duplicatas); e a terceira, que ocupa a posição mais elevada na escala, abrange direito líquido e certo, que, por sua clareza e evidência, não comporta discussão judicial a seu respeito. A ordem jurídica subministra ações diversas que correspondem a cada uma dessas categorias de direitos. Para a primeira, a ação ordinária; para a segunda, a ação executiva; para a terceira, o mandado de segurança"[31].

Verificamos, assim, que ao lado das diferenças quanto ao conteúdo das ações, podemos admitir diferenças nos níveis ou planos em que as mesmas se encontram de acordo com a maior ou menor densidade ou intensidade do direito tutelado. Como as outras ações ordinárias, o mandado de segurança pode ter fins declaratórios, constitutivos ou condenatórios. O que o distingue dos outros remédios jurídicos é o caráter de certeza e liquidez do direito defendido e a necessidade de uma atuação mais rápida e eficaz por se tratar de violação de situação jurídica individual por ato ilegal ou abusivo da autoridade pública.

Esses fatores explicam o caráter urgente e despido de formalismo e a índole sumaríssima do mandado de segurança.

CASSIO SCARPINELLA BUENO destaca que deve haver, à disposição dos destinatários do poder, mecanismos através dos quais se possa contrastar a atuação do Estado e verificar se esta se encontra subsumida aos princípios consagrados na Constituição e na lei[32]. Inegavelmente, o mandado de segurança se revela o meio mais eficaz para exercer esse papel.

---

[31] Consideramos muito importante esta hierarquia das ações defendida por BUZAID, atendendo--se à intensidade do direito tutelado. V. ALFREDO BUZAID, *Revista da Faculdade de Direito de São Paulo*, já citada, p. 221, e, também, *Revista de Direito Administrativo*, vol. 44, pp. 32 e segs. Quanto à necessidade de criação de normas processuais especiais para a defesa dos direitos individuais contra o Estado, é interessante lembrar a afirmação oportuna de CELSO BARBI:

"As normas de processo civil, elaboradas secularmente para solução de litígios entre particulares, não se mostraram aptas para adequada resolução dos conflitos em que a Administração, com o peso do seu poder e de sua responsabilidade, pudesse desequilibrar a balança da justiça. Daí a necessidade da instituição de formas processuais especialmente afeiçoadas para ajuizamento das demandas entre a Administração e o indivíduo" (CELSO BARBI, ob. cit., p. 4).

Por sua vez, o clássico GOODNOW já reconhecia a insuficiência das ações ordinárias de perdas e danos para proteger o indivíduo contra a coletividade, esclarecendo que "*si l'on veut protéger d'une manière adéquate les droits individuels contre l'administration, il faut organiser un mode de contrôle judiciaire, en autre de ceux déjà mentionnés*" (Ap. SEABRA FAGUNDES, ob. cit., p. 195).

[32] *Liminar em Mandado de Segurança*, 2. ed. São Paulo: Revista dos Tribunais, 1999, p. 72.

96 | MANDADO DE SEGURANÇA NA PRÁTICA JUDICIÁRIA – *Arnoldo Wald*

A jurisprudência tem admitido sua ampla utilização, para controlar o exercício do poder estatal a fim de adequá-lo aos limites estabelecidos pelo sistema. Vale ressaltar que essa possibilidade se mostra eficaz tanto no mandado de segurança com caráter repressivo, quanto naquele impetrado com finalidade preventiva, e, nessa última hipótese, pode propiciar tutela meramente declaratória[33].

Na verdade, o mandado de segurança é ação civil de rito sumário e, nos termos da Constituição de 1988, consoante salientamos na obra em coautoria com HELY LOPES MEIRELLES e GILMAR FERREIRA MENDES, tratar-se de medida especial "destinada a afastar ofensa ou ameaça a direito subjetivo individual ou coletivo, privado ou público, através de ordem corretiva ou impeditiva da ilegalidade – ordem, esta, a ser cumprida especificamente pela autoridade coatora, em atendimento da notificação judicial"[34].

Reveste-se sempre de natureza de ação civil, mesmo quando impetrado contra ato de juiz criminal no bojo de processo penal, aplicando-se-lhe as regras do Código de Processo Civil, consoante a melhor doutrina[35] e jurisprudência[36]-[37].

---

[33] Confira-se o REsp nº 81.218/DF, Rel. Min. ARI PARGENDLER, j. 28.03.1996, cuja ementa é a seguinte: "*Processo Civil. Mandado de Segurança. Tutela Declaratória – Quando impetrado com finalidade preventiva, o mandado de segurança pode propiciar tutela meramente declaratória. Recurso especial conhecido e provido.* Destacou o eminente Ministro, em seu voto, que quando o mandado de segurança, antecipando-se ao lançamento fiscal, não ataca ato da autoridade fazendária, a sentença que concede a ordem tem natureza exclusivamente declaratória."

[34] HELY LOPES MEIRELLES; ARNOLDO WALD; GILMAR FERREIRA MENDES, *Mandado de Segurança e ações constitucionais*. 38. ed. São Paulo: Malheiros, 2019, pp. 32-33.

[35] CASSIO SCARPINELLA BUENO, *Mandado de segurança*: comentários às Leis n. 1.533/51, 4.348/64 e 5.021/66. 5. ed. São Paulo: Saraiva, 2009, p. 11; JOSÉ AFONSO DA SILVA, *Comentário contextual à Constituição*. 8. ed. São Paulo: Malheiros, 2012, p. 166; ALEXANDRE DE MORAES, *Constituição do Brasil interpretada e legislação constitucional*. 9. ed. São Paulo: Atlas, 2013, pp. 391-392.

[36] STF-2ª T., RE 85.278/SP, Rel. Min. XAVIER DE ALBUQUERQUE, j. 23.08.1977; STF-Pleno, AgRg no MS 22.626/SP, Rel. Min. CELSO DE MELLO, j. 31.10.1996.

[37] Também: TJSP: MS 0090091-98.2007.8.26.0000, Rel. Des. UBIRATAN DE ARRUDA, j. 05.09.2007; MS 2003552-12.2018.8.26.0000, Rel. Des. RENATO SARTORELLI, j. 25.07.2018.

Capítulo VI

O CONCEITO DE DIREITO LÍQUIDO E CERTO

Sumário: 40. Pressupostos do mandado de segurança no direito constitucional brasileiro – **41.** Ato inconstitucional ou ilegal e abuso de direito – **42.** Violação de direito individual ou coletivo – **43.** Prova cabal do fato alegado – **44.** Importância da apreciação subjetiva do magistrado – **45.** A lição de Costa Manso e as críticas de Castro Nunes e Temístocles Cavalcânti – **46.** A síntese de Pontes de Miranda e Seabra Fagundes – **47.** O abuso de poder na jurisprudência brasileira.

40. PRESSUPOSTOS DO MANDADO DE SEGURANÇA NO DIREITO CONSTITUCIONAL BRASILEIRO

Já vimos que o mandado de segurança visa a compelir a Administração Pública a praticar ou deixar de praticar certo ato. Não é, pois, um remédio reparatório, tampouco um meio de ressarcir danos causados; o mandado de segurança modifica compulsoriamente uma situação, dando ao impetrante direito à prestação *in natura*.

Já vimos que a Constituição de 1934, no seu art. 113, nº 33, determinava que se desse mandado de segurança:

> "Para defesa de direito, certo e incontestável, ameaçado ou violado por ato manifestamente inconstitucional ou ilegal de qualquer autoridade."

O texto da Constituição de 1946 manteve o remédio processual "para proteger direito líquido e certo não amparado por *habeas corpus*..., seja qual for a autoridade responsável pela ilegalidade ou abuso de poder" (art. 141, § 24).

Vemos que os pressupostos do mandado de segurança não variaram muito. Para que a medida possa ser concedida, necessária se torna a existência de um direito líquido e certo, ameaçado ou violado, por ato ilegal ou abusivo de qualquer autoridade.

A Constituição de 1988 estatui que o mandado de segurança será concedido para proteção de direito líquido e certo, não amparado por *habeas corpus* ou *habeas data*, quando o ato for emanado por autoridade pública ou agente de pessoa jurídica no exercício de atribuições do Poder Público. O inciso LXIX do art. 5º da Constituição prevê o mandado de segurança para proteção de direito individual, enquanto o inciso LXX cuida do mandado de segurança coletivo, que será impetrado por partido político, organização sindical, entidade de classe ou associação legalmente constituída.

O conceito de direito líquido e certo foi sendo paulatinamente elaborado pela jurisprudência a partir do *habeas corpus*, que tem como pressuposto a liberdade; a expressão *direito líquido e certo* substitui a precedente ("direito certo e incontestável"), inserido na legislação criadora do mandado de segurança. HELY LOPES MEIRELLES[1] observa com acuidade que o conceito é "impróprio e mal expresso", pois direito líquido e certo "é o que se apresenta manifesto na sua existência, delimitado na sua extensão e apto a ser exercitado no momento da impetração".[2]

41. ATO INCONSTITUCIONAL OU ILEGAL E ABUSO DE DIREITO

Desde que surgiu o instituto, os tribunais estabeleceram as premissas para o seu conhecimento. Assim, o mandado de segurança nº 1 do Supremo Tribunal Federal, que data de 10 de setembro de 1934, afirmou que:

> "Quer em face da doutrina, quer em face da Constituição que o consagrou, para que o mandado de segurança seja concedido, é indispensável que seja certo e incontestável o direito ameaçado ou violado por ato manifestamente inconstitucional ou ilegal da autoridade".[3]

Na realidade, não era necessária a dupla adjetivação, já que todo ato inconstitucional é naturalmente ilegal. A terminologia empregada pela Constituição de 1934 se explica por motivo histórico, já que houve quem quisesse dar ao mandado

---

[1] Ob. cit., p. 38.

[2] V. também: ARNOLDO WALD; MARCUS VINICIUS VITA FERREIRA, "A atual lei do mandado de segurança e suas inovações (Lei n. 12.016 de 7.8.2009)", *In:* FORGIONI, Paula A.; DEL NERO, Patrícia A.; DEZEM, Renata Mota M.; MARQUES, Samantha Ribeiro Meyer-Pflug. *Direito empresarial, direito do espaço virtual e outros desafios do direito:* homenagem ao professor Newton de Lucca. São Paulo: Quartier Latin, 2018, p. 226: "A nova lei manteve a expressão 'direito líquido e certo', que não significa corresponder a uma quantia fixa, mas, como já mencionado, ter existência manifesta, possibilidade de comprovação de plano e aptidão para o imediato exercício."

[3] Rio de Janeiro, 10.9.1934, relator o Ministro HERMENEGILDO DE BARROS, Impetrante Manuel Pinto de Resende, *Arquivo Judiciário*, Rio de Janeiro, vol. 31, jul./set. 1934, p. 505.

  É pacífica a possibilidade de exame da inconstitucionalidade da lei ou do ato administrativo em mandado de segurança, conforme se verifica na jurisprudência desde a decisão tomada pelo Supremo Tribunal Federal no Mandado de Segurança nº 767 (*Revista Forense*, Rio de Janeiro, vol. 118, p. 403, 1948), não obstante o voto vencido do Ministro HAHNEMANN GUIMARÃES.

  A doutrina é unânime na matéria (CASTRO NUNES, ob. cit., 4. ed., p. 117, PONTES DE MIRANDA, *Comentários à Constituição de 1946*, 3. ed. Rio de Janeiro: Borsoi, 1960, tomo V, p. 291).

Capítulo VI · O CONCEITO DE DIREITO LÍQUIDO E CERTO | 99

de segurança uma função mais restrita, limitando o seu âmbito de aplicação aos casos de evidente inconstitucionalidade dos atos praticados pelas autoridades administrativas. Quando o constituinte decidiu ampliar a esfera de aplicação do remédio processual, estendendo-a aos casos de ilegalidades cometidas pela Administração, conservou o adjetivo *inconstitucional* e depois acrescentou a expressão "ou ilegal".

Na Constituinte de 1946, o problema já estava superado e o legislador não mais se referiu ao ato inconstitucional já abrangido no ilegal, mas aludiu ao abuso de poder, que é uma forma indireta de ilegalidade e ao qual já fizemos menção no estudo comparativo da doutrina francesa do *détournement de pouvoir* (abuso de poder).

Apreciados, assim, os elementos indispensáveis para o conhecimento do mandado de segurança, vejamos a conceituação do *direito líquido e certo* ou *certo e incontestável*, na expressão da Constituição de 1934.

42. VIOLAÇÃO DE DIREITO INDIVIDUAL OU COLETIVO

Em sentença de 11 de agosto de 1934, que deve ser a primeira proferida em mandado de segurança, já que a própria Constituição foi promulgada em 16 de julho de 1934, o então Juiz FRANCISCO TAVARES DA CUNHA MELO assim definiu o direito certo e incontestável:

> "É aquele contra o qual se não podem opor 'motivos ponderáveis' e sim meras alegações, cuja improcedência o magistrado pode reconhecer imediatamente, 'sem necessidade de detido exame.'"[4]

Tal terminologia foi mantida e desenvolvida em diversos acórdãos posteriores, inclusive do Supremo Tribunal Federal[5] e dos Tribunais de Justiça locais do Paraná[6] e de São Paulo.[7]

Encontramos uma definição análoga em outros acórdãos do Supremo Tribunal Federal que afirmaram:

---

[4] Sentença do Juiz da 3ª Vara no mandado de segurança impetrado por Américo São Paulo Torres, *Arquivo Judiciário*, Rio de Janeiro, vol. 31, p. 505, 1934.

[5] V. o acórdão do Supremo Tribunal Federal no Mandado de Segurança nº 122, impetrado por Alcides Figueiredo de Medeiros em que foi relator o Ministro ATAULFO DE PAIVA, *Arquivo Judiciário*, Rio de Janeiro, vol. 38, p. 387, 1936.

[6] V. o Mandado de Segurança nº 17, da Corte de Apelação do Estado do Paraná, impetrado por Bernardo Sabat contra o Prefeito Municipal de Curitiba, com acórdão datado de 10.1.1936, de que foi relator o Desembargador HUGO SIMAS, *Revista Forense,* vol. 66, p. 566, 1936.

[7] Mandado de Segurança nº 52.939, julgado pelo Tribunal de Justiça do Estado de São Paulo, sendo impetrante Shell Mex e relator o Desembargador J. C. DE AZEVEDO MARQUES, *Revista dos Tribunais*, vol. 194, p. 297, 1951.

"O mandado de segurança só tem fundamento quando a violação de direito individual é de tal ordem, clara e evidente, que exclui a necessidade de se recorrer a interpretações mais ou menos controvertidas para reconhecer-lhe procedência; esta deve defluir imediata e pronta do simples cotejo entre o fato e o mandamento destinado a regê-lo."[8]

No mesmo sentido é a definição dada pelo Tribunal de Justiça mineiro em acórdão da lavra do Ministro OROSIMBO NONATO, quando desembargador naquela Corte:

"Direito certo e incontestável é o que é sobranceiro a qualquer dúvida razoável e maior do que qualquer controvérsia sensata."[9]

Tem-se entendido, pois, que:

"Não se considera direito líquido e certo, capaz de ser protegido por mandado de segurança aquele contra o qual se pode opor dúvida razoável ou fundada."[10]

A orientação inicial da doutrina e da jurisprudência foi no sentido de restringir a utilização do mandado de segurança aos casos de questões jurídicas simples, em que não se apresentassem divergências de interpretação. Nesse sentido, manifestou--se o Ministro CARLOS MAXIMILIANO, ao conceituar o direito certo e líquido como "direito translúcido, evidente, acima de toda dúvida razoável, apurável de plano sem detido exame, nem laboriosas cogitações".[11]

Tal ponto de vista, que dominou as primeiras decisões no tocante ao mandado de segurança, se impregnava do próprio texto constitucional que então determinava fosse o direito amparável por mandado de segurança necessariamente *incontestável*

---

[8] Mandado de Segurança nº 88, da Corte Suprema de 5.1.1935, relator o Ministro OTÁVIO KELLY, *Arquivo Judiciário*, vol. 39, p. 263.

[9] Mandado de Segurança nº 13, da Corte de Apelação do Estado de Minas Gerais, *Revista Forense*, vol. 66, p. 292, jan./abr. 1936.

[10] Recurso de Mandado de Segurança nº 1.156, de 12.6.1939, da 2ª Câmara do Tribunal de Justiça do Estado de São Paulo, *Revista dos Tribunais*, vol. 120, p. 79, 1939.

[11] CARLOS MAXIMILIANO, "Parecer", *Jornal do Comércio*, de 28.8.1934, *ap.* CASTRO NUNES, ob. cit., 4. ed., p. 89. Nos seus *Comentários à Constituição Brasileira*.5. ed. Rio de Janeiro: Freitas Bastos, 1954, vol. III, p. 147), salienta CARLOS MAXIMILIANO que o mandado de segurança é remédio judiciário excepcional acrescentando que "nos casos comuns, complexos, discutíveis, a regra é propor uma ação ordinária ou especial". Conclui o eminente publicista, afirmando que direito líquido e certo "é o que nenhum jurista de mediana cultura contestaria de boa-fé e desinteressadamente", pois para CARLOS MAXIMILIANO "torna-se indispensável que até mesmo no terreno da doutrina jamais paire dúvida sobre a juridicidade do caso e se aprenda, pelo primeiro exame de profissional esclarecido, que o ato impugnado é ilegal" (*Comentários*, ed. citada, p. 147 do vol. III).

Capítulo VI · O CONCEITO DE DIREITO LÍQUIDO E CERTO | 101

(art. 113, nº 33, da Constituição de 1934), enquanto no diploma atualmente vigente se exige tão somente a certeza e a liquidez do direito.

Direito líquido não significa uma pretensão jurídica correspondente a uma quantia fixa. O adjetivo líquido não tem em relação ao mandado de segurança a mesma acepção que se lhe reconhece quando caracteriza o débito em que se fundamenta a ação executiva ou requerimento de falência.

Para o direito civil obrigação líquida é aquela determinada quanto ao seu objeto. Os dicionários, por sua vez, esclarecem que líquido é o que está "perfeitamente determinado e verificado" (LAUDELINO FREIRE).

Direito líquido é o que se apresenta devidamente individuado e caracterizado, para que não haja dúvida alguma quanto aos exatos limites do que se pede.[12]

A caracterização do direito líquido e certo pela sua incontestabilidade, afastando-se o recurso ao mandado de segurança nas questões jurídicas complexas ou intrincadas ou de interpretação duvidosa, foi mantida pela jurisprudência até o advento da Constituição de 1946,[13] merecendo na doutrina a adesão de CARLOS MAXIMILIANO, PLÁCIDO E SILVA, JORGE AMERICANO e TEMÍSTOCLES CAVALCÂNTI.[14]

---

[12] É esclarecedora a lição de HUMBERTO THEODORO JÚNIOR, segundo a qual "pode-se afirmar que ocorre a certeza do crédito quando não há controvérsia sobre sua existência (*an*); a liquidez, quando é determinada a importância da prestação (*quantum*)" (*Comentários ao código de processo civil*, XV: arts. 771 a 796. São Paulo: Saraiva, 2017, p. 204). "E, pois, o que se conclui é que, para o sistema legal brasileiro, líquido não é só o certo em quantidade, mas também o concretizado como objeto, não dependendo de nenhuma liquidação" (*Repertório enciclopédico*, já citado, vol. 32, p. 299).

Concluímos, assim, que direito líquido é aquele cujo pedido está devidamente individuado, não apresentando qualquer dúvida quanto aos seus limites. O mandado de segurança não poderá assim ser requerido, a fim de ser concedido ao impetrante a promoção ou a gratificação a quem tiver direito, sem que se especifique qual é a promoção ou o valor ou percentagem da gratificação pleiteada.

O Professor Alfredo Buzaid prefere considerar como líquido o direito "estremado de dúvida, isento de controvérsias" (*Revista de Direito Administrativo*, vol. 44, p. 34), caracterizando-o pela sua incontestabilidade, de acordo com a redação da Constituição de 1934. Essa incontestabilidade, afirma Buzaid, "tem, na realidade, dois pólos: um positivo, porque se funda na lei; outro negativo, porque nasce da violação da lei. Ora, a lei há de ser certa em atribuir ao interessado o direito subjetivo, tornando-se insuscetível de dúvida. *Se surge a seu respeito qualquer controvérsia*, quer de interpretação, quer de aplicação, *já não pode constituir fundamento para a impetração do mandado de segurança*" (*Revista da Faculdade de Direito da Universidade de São Paulo*, ano LVI, fasc. I, 1961, p. 223).

[13] Acórdãos admitem o recurso ao mandado de segurança, mesmo nas hipóteses jurídicas de maior complexidade, conforme veremos em seguida. Alguns acórdãos isolados mantêm, todavia, a posição tradicional. Assim, por exemplo, o acórdão no Mandado de Segurança nº 28.821, do Tribunal Federal de Recursos, cuja ementa é a seguinte: "A disputa entre contribuinte e fisco não pode ser dirimida através de mandado de segurança, quando sobre o objeto da controvérsia ocorre divergência de doutrina" (*Diário da Justiça da União*, de 5.11.1963, p. 3.798).

[14] CARLOS MAXIMILIANO, *Comentários à Constituição Brasileira*, 5. ed. Rio de Janeiro: Freitas Bastos, 1954, vol. III, p. 146; DE PLÁCIDO E SILVA, *Comentários ao Código de Processo Civil*, 4. ed. Curitiba,

MANDADO DE SEGURANÇA NA PRÁTICA JUDICIÁRIA – *Arnoldo Wald*

A crítica a tal orientação jurisprudencial e doutrinária foi feita atendendo-se ao caráter subjetivo da convicção de cada juiz e de cada jurista. Sentiu-se que nem sempre a certeza e a liquidez do direito decorriam de sua simplicidade, afirmando BUZAID que "o direito por ser menos singelo, não se torna por isso mais incerto. *Complexidade não é sinônimo de incerteza*".[15]

A mesma ponderação foi levantada, em importante voto, pelo Ministro OROSIMBO NONATO, que lembrou os perigos da interpretação restritiva do texto constitucional, pois, se a mesma fosse aceita, "nenhum ato ofereceria matéria a mandado de segurança, pois muito rara é a regra de direito ou princípio jurídico que não sofre crítica, revisão ou restrição".[16]

O Ministro VITOR NUNES LEAL reconheceu, por sua vez, que:

> "Diariamente, os tribunais concedem mandado de segurança, resolvendo difíceis questões de direito, porque dificuldade não é antônimo de liquidez e certeza. Dificuldade contrasta é com simplicidade, mas *a simplicidade não é requisito estabelecido em lei para concessão do mandado de segurança*.

A complexidade, que prejudica a liquidez e certeza do direito pleiteado, é a que obscurece e tumultua a situação de fato. Fora dessa hipótese, tem o mandado de segurança inteira propriedade".[17]

A doutrina evoluiu, pois, no sentido de considerar suscetível de apreciação por mandado de segurança toda questão em que a prova fosse documental e não deixasse dúvida alguma quanto à situação de fato, apresentando-se um pedido líquido, ou seja, claro, concretizado e individuado.

Apreciar a evidência do direito antes da sentença seria conceituar a pretensão jurídica pelos efeitos eventuais do seu reconhecimento judicial. Direito evidente seria o que a justiça reconheceu como tal. Tratar-se-ia de uma solução meramente verbal, sem alcance científico, lembrando as definições metafísicas da Idade Média que explicavam os efeitos do ópio pela "virtude dormitiva" que o mesmo teria.

Guaira, 1948, 2º vol., p. 405; JORGE AMERICANO, *Comentários ao Código de Processo Civil*, 2ª ed., 2º vol., p. 113 e TEMÍSTOCLES CAVALCÂNTI, *Tratado de Direito Administrativo*, 2. ed. Rio de Janeiro: Freitas Bastos, 1951, vol. VI, p. 292.

No mesmo sentido, a jurisprudência publicada na *Revista Forense*, vol. 123, p. 207, e na *Revista dos Tribunais*, vol. 194, p. 298, nov. 1951; vol. 224, p. 327, jun. 1954; vol. 208, pp. 366 e 412, fev. 1953; vol. 212, p. 490, jun. 1956.

V. ainda *O mandado de segurança e a sua jurisprudência*, publicação da Casa de Rui Barbosa, vol. 1, ementas 212, 218, 219, 220, 225, 228, 236, 264, 265, 267, 269 e 276, pp. 133 e segs.

[15] BUZAID, *Revista de Direito Administrativo*, vol. 44, p. 33, abr./jun. 1956.

[16] Voto no mandado de segurança nº 726 no Supremo Tribunal Federal, em 2.5.1945, *Revista Forense*, vol. 105, p. 495, jan./mar. 1945.

[17] VITOR NUNES LEAL, *Problemas do Direito Público*. Rio de Janeiro: Forense, 1960, p. 467, *in fine*.

Capítulo VI · O CONCEITO DE DIREITO LÍQUIDO E CERTO | 103

A expressão "direito incontestável" também foi infeliz e, por essa razão, o constituinte não a manteve. A incontestabilidade é noção essencialmente subjetiva, além de ser incompleta, pois só à vista da contestação se depreenderia a possibilidade ou não de impugnar o ato administrativo praticado. "E quem dirá que as artes da chicana não pactuem para dar um tom sério e válido à contestação."[18]

O acordo se realizou, pois, entre a doutrina e a jurisprudência no sentido de reconhecer que o direito líquido e certo é o direito subjetivo, decorrente de *fato suscetível de ser provado com documentos apresentados com a inicial, sem necessidade de provas complementares de qualquer espécie* – exceção feita à previsão do art. 6º, § 1º, da Lei nº 12.016 – , pouco importando a complexidade das questões jurídicas envolvidas na hipótese.[19-20]

Cumpre observar que a norma extraída do art. 6º, § 1º, da Lei nº 12.016, foi repetida nos arts. 396 a 404 do Código de Processo Civil de 2015, sendo permitido formular, na petição inicial, mero pedido de *exibição* de documentos que estiverem em poder de autoridade, estabelecimento público ou de terceiro.

Em conclusão, desde que o *fato* esteja provado documentalmente no momento da impetração, o mandado de segurança poderá ser concedido, mesmo sendo a tese jurídica objeto de divergências doutrinárias ou jurisprudenciais, entendimento que veio a ser cristalizado na Súmula 625 do STF, aprovada em sessão plenária de

---

[18] J. M. OTHON SIDOU, "Para proteger direito líquido e certo", *Revista de Direito Processual Civil*, 2º vol., p. 9.

[19] Entre as principais referências doutrinárias neste sentido, podemos citar: ALCINO PINTO FALCÃO, *Constituição anotada*. Rio de Janeiro: J. Konfino, 1956, vol. II, pp. 190-191; CAIO TÁCITO, "O abuso do poder administrativo no Brasil", *Revista de Direito Administrativo*, vol. 56, p. 23, abr./jun. 1959; CÂNDIDO DE OLIVEIRA NETO, *Repertório Enciclopédico*, vol. 32, p. 299; CASTRO NUNES, ob. cit., p. 101; CELSO AGRÍCOLA BARBI, ob. cit., p. 56; HAMILTON DE MORAIS E BARROS, *As liminares do mandado de segurança*, tese, Rio de Janeiro, 1963, p. 45; HELY LOPES MEIRELLES, "Problemas do mandado de segurança", *Revista de Direito Administrativo*, Rio de Janeiro, vol. 73, p. 40, jul./set. 1963; JORGE SALOMÃO, *Execução em mandado de segurança*, tese, Rio, Freitas Bastos, p. 41; J. M. OTHON SIDOU, *Do mandado de segurança*, 2. ed. Rio de Janeiro: Freitas Bastos, 1959, p. 87 e artigo citado na *Revista de Direito Processual Civil*, vol. 2, p. 94; LUIS EULÁLIO DE BUENO VIDIGAL, *Do mandado de segurança*, São Paulo, 1953, p. 143; OROSIMBO NONATO, voto, *Revista Forense*, Rio de Janeiro, vol. 141, p. 130, 1952, e parecer em *Jurídica*, n. 81, p. 237, abr./jun. 1963; PONTES DE MIRANDA, *Comentários à Constituição de 1946*, 3.ed. Rio de Janeiro: Borsoi, 1960, tomo V, p. 286; SEABRA FAGUNDES, *O controle dos atos administrativos pelo Poder Judiciário*. 3. ed., Rio de Janeiro: Forense, 1957, p. 308, e VÍTOR NUNES LEAL, *Problemas de Direito Público*. Rio de Janeiro: Forense, 1960, p. 463.

[20] STF-Pleno, AgRg no MS 23.190/RJ, Rel. Min. CELSO DE MELLO, j. 16.10.2014: "A noção de direito líquido e certo ajusta-se, em seu específico sentido jurídico-processual, ao conceito de situação decorrente de fato incontestável e inequívoco, suscetível de imediata demonstração mediante prova literal pré-constituída. Precedentes."

STJ-4ª T. RMS 28.336/SP, Rel. Min. JOÃO OTÁVIO DE NORONHA, j. 24.03.2009: "O direito líquido e certo a que alude o art. 5º, inciso LXIX, da Constituição Federal deve ser entendido como aquele cuja existência e delimitação são passíveis de demonstração de imediato, aferível sem a necessidade de dilação probatória."

MANDADO DE SEGURANÇA NA PRÁTICA JUDICIÁRIA – Arnoldo Wald

setembro de 2003: "Controvérsia sobre matéria de direito não impede concessão de mandado de segurança".

43. PROVA CABAL DO FATO ALEGADO

É preciso que o direito alegado pela parte esteja lastreado em fatos certos, provados documentalmente, com a petição inicial, de modo absoluto e evidente.

Conforme assentado na jurisprudência, para fins de mandado de segurança, direito líquido e certo é o *direito comprovado de plano* – ou melhor, a comprovação de plano dos fatos que demonstram o direito do impetrante –, pois o rito do mandado de segurança não admite dilação probatória. A exceção é a do art. 6º, § 1º, da Lei nº 12.016, que autoriza a intimação da autoridade coatora ou de órgão público para apresentação de documento que se encontre em seu poder.[21]-[22]

Assim, pouco importa a complexidade do problema jurídico discutido, conforme evidencia a Súmula 625 do STF[23]. É indispensável que *o fato alegado* esteja comprovado de antemão, com a petição inicial, evidenciando o direito subjetivo cuja proteção o impetrante requer ao juiz[24]. Nesse sentido é o que se encontra na doutrina, conforme demonstram SÉRGIO CRUZ ARENHART e NELSON NERY JR. e ROSA MARIA DE A. NERY, respectivamente:

> "A liquidez e a certeza do direito tem sim vinculação com a maior ou menor facilidade na *demonstração dos fatos* sobre os quais incide o Direito. Desse modo, a questão do direito líquido e certo se põe no campo da *prova* das afirmações de fato feitas pelo impetrante."[25]

> "Direito líquido e certo. É o direito que pode ser comprovado *prima facie*, por documentação inequívoca que deve ser juntada com a petição inicial

---

[21] O STJ tem afirmado, inclusive, a impossibilidade de juntada de documentos de posse da autoridade coatora quando não invocado pelo Impetrante, na petição inicial, o art. 6º, § 1º, da Lei nº 12.016: STJ-2ª T., RMS 33.824/MS, Rel. Min. HUMBERTO MARTINS, j. 24.05.2011; STJ-1ª S., EDcl no MS 15.828/DF, Rel. Min. MAURO CAMPBELL MARQUES, j. 14.12.2016; STJ-1ª S. AgInt no MS 23.565/DF, Rel. Min. Assusete Magalhães, j. 24.04.2019.

[22] Excepcionalmente, o STJ já admitiu a apresentação de documentos novos, nos termos do art. 435 do CPC de 2015: STJ, RMS 55.967, Rel. Min. HERMAN BENJAMIN, j. 30.07.2018: "Ponderando que os valores constitucionais direcionados à concretização de um julgamento mais justo, que, após o CPC/2015, permeiam a ordem jurídica com maior intensidade, (...), é possível a juntada de novo documento nos autos do writ, inexistindo prejuízo ao contraditório e à ampla defesa."

[23] "Controvérsia sobre matéria de direito não impede concessão de mandado de segurança".

[24] É precursor deste entendimento, na jurisprudência do STF, o acórdão do MS nº 333, Rel. Min. COSTA MANSO, j. 09.12.1936.

[25] SÉRGIO CRUZ ARENHART, Comentário ao artigo 5º, LXIX. In: CANOTILHO, J. J. Gomes; MENDES, Gilmar F.; SARLET, Ingo W.; STRECK, Lênio L. (Coords.). *Comentários à constituição do Brasil*. São Paulo: Saraiva/Almedina, 2013, p. 478.

do MS. A matéria de fato e de direito já deve estar comprovada de início, pois não se admite dilação probatória no procedimento augusto do MS."[26]

No âmbito dos tribunais superiores, o entendimento encontra farta acolhida, como evidenciam trechos de acórdãos:

"A noção de direito líquido e certo ajusta-se, em seu específico sentido jurídico, ao conceito de situação que deriva de fato certo, vale dizer, de fato passível de comprovação documental imediata e inequívoca."[27]

"Em sede de mandado de segurança, é indispensável que a prova do direito seja pré-constituída, sendo inviável a dilação probatória."[28]

"É pacífica a jurisprudência desta Corte no sentido de que 'o Mandado de Segurança detém entre seus requisitos a demonstração inequívoca de direito líquido e certo pela parte impetrante, por meio da chamada prova pré-constituída, inexistindo espaço para dilação probatória na célere via do *mandamus*' (STJ--2ª T, RMS 45.989/PB, Rel. Min. Herman Benjamin, DJe de 06/04/2015)."[29]

A jurisprudência, quando sai de um conceito puramente *formal* de direito líquido e certo, procura acentuar a necessidade de prova cabal dos fatos alegados sobre os quais repousam as pretensões jurídicas, tratando da suficiência do acervo probatório da petição inicial para levar ao convencimento do magistrado quanto ao direito do impetrante:

"... a doutrina acentua a incomportabilidade de qualquer dilação probatória no âmbito desse 'writ' constitucional, que supõe – insista-se – a produção liminar, pelo impetrante, das provas literais pré-constituídas, destinadas a evidenciar a incontestabilidade do direito público subjetivo invocado pelo autor da ação mandamental. Por isso mesmo, adverte HUMBERTO THEODORO JÚNIOR ('O Mandado de Segurança Segundo a Lei n. 12.016, de 09 de agosto de 2009', p. 19, item n. 9, 2009, Forense), que 'O que importa não é a maior ou menor complexidade da tese jurídica, mas a prova pré-constituída (documental) do seu suporte fático. Se a demonstração do direito do impetrante estiver na dependência de investigação probatória, ainda a ser feita em juízo, o caso não é de mandado de segurança. Terá de ser resolvido pelas vias ordinárias.'"[30]

---

[26]   Também: NELSON NERY JR. E ROSA MARIA DE ANDRADE NERY. *Constituição federal comentada.* 7. ed. São Paulo: Thomson Reuters Brasil, 2019, p. 316.

[27]   STF-Pleno, MS nº 20.882-1/DF, Rel. Min. CELSO DE MELLO, j. 23.06.1994. No mesmo sentido: STF--Pleno, MS 24.500/DF, Rel. Min. GILMAR MENDES, j. 25.11.2010.

[28]   STJ-1ª S., AgInt no MS 23.736/DF, Rel. Min. GURGEL DE FARIA, j. 11.09.2019.

[29]   STJ-1ª S., AgInt no MS 23.565/DF, Rel. Min. ASSUSETE MAGALHÃES, j. 24.04.2019.

[30]   STF, MS 33.515/MA, Rel. Min. Celso de Mello, j. 01.02.2019.

106 | MANDADO DE SEGURANÇA NA PRÁTICA JUDICIÁRIA – *Arnoldo Wald*

Embora o Supremo Tribunal Federal tenha firmado, há décadas, o princípio da *inadmissibilidade de fase probatória* no mandado de segurança,[31] sendo inúmeros os acórdãos que afirmam ser incabível o remédio processual quando a controvérsia dos fatos demandar dilação probatória,[32] o Superior Tribunal de Justiça já refutou a alegação de que no mandado de segurança não haveria exame de provas, esclarecendo que é vedada apenas a *coleta de novos elementos* durante o processo.[33] Também já se rechaçou a tese segundo a qual o mandado de segurança seria restrito a casos de menor complexidade sob o aspecto dos fatos, sendo reiterados os julgamentos afirmando que:

> "A complexidade dos fatos não exclui o caminho do mandado de segurança, desde que todos se encontrem comprovados de plano".[34]-[35]

Os acórdãos exigem a certeza e a prova imediata e completa do fato em que se fundamenta o direito. A prova do fato não deve depender, numa interpretação rigorosa do texto legal, nem de provas testemunhais, nem de exames periciais, devendo ser feita completa e absolutamente com os documentos juntos pelo im-

---

[31] Recurso Extraordinário nº 20.999, julgado pelo Supremo Tribunal Federal em 10.11.1952, sendo relator o Ministro NÉLSON HUNGRIA, *Revista de Direito Administrativo*, Rio de Janeiro, vol. 47, p. 266, jan./mar. 1947.

[32] "Exclui o cabimento do mandado de segurança a controvérsia sobre matéria de fato" é a ementa do acórdão do Recurso Extraordinário nº 41.779, de 29.1.1959, do qual foi relator o Ministro LUÍS GALLOTTI, publicado na *Revista Trimestral de Jurisprudência*, do Supremo Tribunal Federal, vol. 9º, p. CXXIII. No mesmo sentido, a decisão no Recurso de Mandado de Segurança nº 7.009, publicado em 23.10.1959, sendo relator o Ministro HENRIQUE D'AVILA, *Revista Trimestral de Jurisprudência*, do Supremo Tribunal Federal, vol. II, p. XCIX.

Também o Tribunal Federal de Recursos entendeu que "O mandado de segurança não se presta ao acerto de questões jurídicas que se alicerçam em fatos mal comprovados" (Decisão no Agravo de Petição em Mandado de Segurança nº 27.408, *Diário da Justiça*, de 3.4.1964, p. 320 do Apenso ao nº 60).

A Súmula nº 270 do Supremo Tribunal Federal esclarece ser pacífico o entendimento da nossa mais alta Corte nesta matéria, tendo a seguinte ementa: "*Não cabe mandado de segurança para impugnar enquadramento da Lei nº 3.780, de 12 de julho de 1960, que envolva exame de prova ou de situação funcional complexa.*"

[33] STJ-1ª T. RMS 8.844/RS, Rel. Min. HUMBERTO GOMES DE BARROS, j. 16.03.1999.

[34] STF-2ª T., RE 100.411/RJ, Rel. Min. FRANCISCO REZEK, j. 04.09.1984. No mesmo sentido: STJ-1ªS. MS 19.739, Rel. Min. NAPOLEÃO NUNES MAIA FILHO, j. 11.12.2013; TJSP, Ap. 1013850-33.2019.8.26.0554, Rel. Des. FERRAZ DE ARRUDA, j. 02.10.2019; TJSP, Ap. 1062741-07.2017.8.26.0053, Rel. Des. ANTONIO CELSO AGUILAR CORTEZ, j. 07.10.2019.

[35] CARLOS ALBERTO MENEZES DIREITO, *Manual do mandado de segurança*. 4. ed. Rio de Janeiro: Renovar, 2003, p. 72: "Tenha-se presente sempre que fatos complexos não desqualificam o uso do mandado de segurança. O que tira a idoneidade do *writ* é a necessidade de provas complementares." No mesmo sentido: NERY JR., Nelson; NERY, Rosa Maria de A. *Ob. cit.*, p. 316: "A complexidade da matéria é irrelevante para a aferição da liquidez e certeza do direito."

Capítulo VI · O CONCEITO DE DIREITO LÍQUIDO E CERTO | 107

petrante à petição inicial. Devendo haver perícia, compreende-se que a prova do direito subjetivo e dos seus pressupostos não foi completa, não se tratando, pois, de direito líquido e certo, mas de direito a ser provado, não podendo ser protegido pelo mandado de segurança.[36]

Concordamos com a afirmação da doutrina no sentido de que o direito líquido e certo configura verdadeira condição da ação, bem como com a conclusão que, não estando os fatos narrados na inicial suficientemente provados, deverá o juiz decretar a carência do mandado de segurança, sem o julgamento do mérito.[37]

Vemos, assim, que, numa primeira fase da evolução do mandado de segurança, caracterizou-se o direito certo e incontestável pela translucidez e pela evidência da pretensão jurídica. Posteriormente, admitiu-se o mandado de segurança como meio de resolver questões mais complexas desde que o fato alegado, como base do direito subjetivo, fosse certo e provado inequivocamente pelos documentos juntos à inicial. Hodiernamente, há de se entender que *direito líquido e certo* está relacionado à apresentação, com a petição inicial, de elementos pré-constituídos de prova, suficientes e hábeis à comprovação do direito alegado pelo impetrante, dispensando dilação probatória.

Como bem assinala Lúcia Valle Figueiredo,[38] o direito líquido e certo desponta em dois momentos distintos durante o rito do mandado de segurança: como condição da ação, verdadeiro requisito de admissibilidade da petição inicial, e na sentença, quando o magistrado, ao julgar o mérito, conclui a respeito da existência da violação de direito alegada pelo impetrante e da suficiência das provas carreadas aos autos para a legitimação da tutela jurisdicional pleiteada.[39]

44. IMPORTÂNCIA DA APRECIAÇÃO SUBJETIVA DO MAGISTRADO

Essa evidência concreta é conceito subjetivo e relativo, variando de juiz para juiz. Aqui, como no direito suíço, o magistrado faz as vezes de legislador, apreciando

---

[36] STF-1ª T., RMS nº 23.518-1/DF, Rel. Min. ILMAR GALVÃO, j. 12.09.200: "Não cabe ao Judiciário, em mandado de segurança, reapreciar prova técnica, complexa, produzida na esfera administrativa, para decidir se, na espécie, houve simples ajuste de itinerário, ou concessão de nova linha sem o processo licitatório exigido pelo art. 175 da Constituição Federal."

[37] Confira-se EDUARDO ARRUDA ALVIM – *Mandado de Segurança no Direito Tributário*. São Paulo: Revista dos Tribunais, 1997, p. 103.

[38] Esclarece a Autora: "Em conseqüência, o próprio conceito de direito líquido e certo incide duas vezes. Incide de início no controle do juiz. Quando se apresenta a inicial, impende ao juiz verificar se há – como diz o Professor SERGIO FERRAZ – *a plausibilidade da existência do direito líquido e certo*. O problema que se coloca a seguir, é de como aparece o direito líquido e certo no final do mandado de segurança. É dizer, instruído o mandado de segurança, se ao juiz se apresentou o direito como líquido e certo inicialmente, mesmo assim poderá, afinal, o juiz dizer que inexiste tal direito" (*Mandado de Segurança*, p. 17).

[39] Nesse sentido: STF-Pleno. MS 21.188-AgR/DF. Rel. p/ o acórdão Min. CARLOS VELLOSO, j. 01.11.90.

em cada caso concreto a clareza meridiana que deve caracterizar o direito violado. A lei e a jurisprudência se limitam a dar uma diretriz e uma orientação, deixando ao juiz a solução de cada hipótese. O magistrado, no exame dos processos que lhe são submetidos, procurará fixar o seu próprio conceito de direito líquido e certo, assinalando o que para ele se torna evidente, natural, decorrente dos inabaláveis princípios jurídicos inerentes à nossa civilização. Tal é a razão pela qual nem sempre se justifica a revolta contra a concessão ou a denegação do mandado de segurança. O que é transparente, evidente e cristalino para o advogado pode não ser para o juiz. São problemas de formação pessoal, de ideologia, de escalas de valores.

Indiscutivelmente, há pretensões jurídicas, direitos subjetivos, que gozam de garantias constitucionais, que o legislador não pode restringir. É o caso, por exemplo, das garantias concedidas à magistratura, como a vitaliciedade, a inamovibilidade e a irredutibilidade de vencimentos. Mesmo nesse campo, dúvidas, algumas vezes, são suscitadas como no mandado de segurança impetrado por alguns juízes, a fim de obter a isenção do pagamento do imposto de renda denegado por se tratar de imposto geral que recai sobre todos os cidadãos.

Há outros domínios, em que os conflitos entre a norma constitucional e a lei ordinária não permitem uma solução tão simplista. Torna-se difícil dizer se a lei apenas regulamentou o princípio constitucional ou se, ao contrário, reduziu garantias oferecidas pela Carta Magna. Tais dúvidas surgiram em relação ao dispositivo que encontramos no art. 142 da Constituição de 1946 e que permite a entrada e saída de nacionais e estrangeiros, em tempo de paz, com os seus bens e pertences.

Seria facultado à lei ordinária diminuir tal garantia constitucional? Esse é um dos problemas que tornou o mandado de segurança um instituto bastante discutido.

Assim, vemos que a apreciação do juiz não deixa de conter certa margem de subjetividade, como restou assinalado em vários acórdãos históricos. Todavia, é certo que o ordenamento jurídico, pautado nos princípios da democracia, da moralidade, da imparcialidade e do *convencimento motivado do juiz*, faz prevalecer a *objetividade*, induzindo a julgamentos de acordo com as provas dos autos e menos pautados pelas subjetividades e crenças pessoais do julgador.[40]

45. A LIÇÃO DE COSTA MANSO E AS CRÍTICAS DE CASTRO NUNES E TEMÍSTOCLES CAVALCÂNTI

O Ministro COSTA MANSO procurou demonstrar com habilidade e poder de argumentação que o direito era sempre certo. Incerto só poderia ser o fato:

---

[40] Nesse sentido: CASSIO SCARPINELLA BUENO, *Curso sistematizado de direito processual civil, 2: procedimento comum, processos nos tribunais e recursos.* 8. ed. São Paulo: Saraiva, 2019, p. 219; NERY JR., Nelson (e outra). *Código de Processo Civil comentado.* 17. ed. São Paulo: Revista dos Tribunais, 2018, pp. 1.148-1.149.

Capítulo VI · O CONCEITO DE DIREITO LÍQUIDO E CERTO | **109**

"O fato é que o peticionário deve tornar certo e incontestável, para obter o mandado de segurança. O direito será declarado e aplicado pelo juiz, que lançará mão dos processos de interpretação estabelecidos pela ciência para esclarecer os textos obscuros ou harmonizar os contraditórios. Seria absurdo admitir se declare o juiz incapaz de resolver *de plano* um litígio, sob o pretexto de haver preceitos legais esparsos, complexos ou de inteligência difícil ou duvidosa. Desde, pois, que o fato seja certo e incontestável, resolverá o juiz a questão de direito, por mais difícil e intrincada que se apresente, para conceder ou denegar o mandado de segurança."[41]

A tese do Ministro COSTA MANSO é das mais simpáticas porque, na realidade, importaria em denegação de justiça a recusa do juiz em conhecer o pedido de mandado de segurança por complexidade excessiva da questão de direito. *Jura novit curia.*

Pode acontecer, todavia, que, embora certo o fato, não haja imperatividade da lei, ou seja, determinação legal obrigando a autoridade a praticar ou deixar de praticar certo ato em termos explícitos. Nessa hipótese – critica com sagacidade o Ministro CASTRO NUNES – o juiz não pode substituir-se ao legislador para obrigar a autoridade a praticar ou deixar de praticar determinado ato, sem que haja obrigação legal neste sentido:

> "Se a lei é obscura ou presta-se razoavelmente a mais de um entendimento, não vejo como se possa compelir a autoridade a praticar ou abstrair-se de praticar ato de sua função."[42]

Cita o eminente magistrado a doutrina americana que só concede o *writ* quando há *plain duty* do funcionário para realizar o ato e determina que o ato não seja praticado quando o funcionário está agindo *plainly beyond his power*,[43] ou seja, fora da competência decisória que a lei lhe reconhece.

TEMÍSTOCLES BRANDÃO CAVALCÂNTI discorda, por sua vez, de COSTA MANSO, por entender que nem todas as questões jurídicas se revestem da mesma complexidade ou da mesma simplicidade, havendo algumas "que podem ser resolvidas de plano, enquanto, outras, de alta indagação, exigem maior debate, estudos mais aprofundados, sem falar na prova mais completa, quanto à sua qualidade e quantidade. O conjunto desses elementos de fato e de direito é que integram o instituto. A natureza da contestação, a profundidade e a relevância de seus argumentos são outros tantos elementos que influem na caracterização do

---

[41] Voto do Ministro COSTA MANSO no Mandado de Segurança nº 333, de 9.12.1936.

[42] CASTRO NUNES, ob. cit., 5. ed., p. 93.

[43] CASTRO NUNES, ob. e loc. cit. na nota anterior.

instituto. E a palavra incontestável foi incluída na lei para exprimir precisamente a medida da contestação e a influência que possa ter no espírito do julgador".[44]

Não podemos concordar com o eminente publicista pátrio nas reservas que faz à lição de COSTA MANSO.

Preferimos ficar com COSTA MANSO, já que não deve haver lacunas num sistema jurídico, constituindo este uma unidade sistemática. Não é necessário, a nosso ver, que a determinação legal seja explícita como o quer CASTRO NUNES. Pode também ser implícita. E, por outro lado, lícito é recorrer às fontes subsidiárias da lei, como o determinam a Lei de Introdução às Normas do Direito Brasileiro[45] e o Código de Processo Civil.[46]-[47]-[48] O que o juiz não pode é, recebendo o fato que lhe apresentam as partes, se negar a dar o direito, na fórmula pretoriana. Seria uma verdadeira denegação de justiça. A complexidade da legislação vigente ou a dificuldade jurídica sentida pelo juiz não podem prejudicar as partes. E o fato de remeter o lesado para as vias ordinárias, por ser espinhosa a questão de direito, parece ser critério subjetivo do juiz, que acabaria deturpando completamente a função do mandado de segurança. Algo inadmissível, portanto.

46. A SÍNTESE DE PONTES DE MIRANDA E SEABRA FAGUNDES

Na realidade, o fato é que deve ser certo. Deve ser provada a violação do direito subjetivo pertinente ao lesado. Essa prova deve ser completa e cabal. É o que afirma, em outras palavras, PONTES DE MIRANDA quando diz:

> "Desde que, com os documentos juntos, fica patente o direito do suplican-te, líquido e certo é o seu direito. Não deixa de ser certo e incontestável se a controvérsia estabelecida somente concerne à interpretação da lei ou à revelação do direito objetivo, porque aí a incerteza ou contestabilidade é só subjetiva – é simples insuficiência do juiz. Por mais grave que seja a dúvida sobre a questão jurídica, não torna não-certo e não-contestável o direito das partes. A lei, a regra jurídica, incidiu quando devia incidir; trata-se agora de dizer o que é que incidiu, qual foi a regra. Se o juiz não está a par

---

[44]　TEMÍSTOCLES BRANDÃO CAVALCÂNTI, *Tratado de direito administrativo*, 2. ed. Rio de Janeiro: Freitas Bastos, 1951, vol. VI, p. 292.

[45]　V. art. 4º.

[46]　V. art. 140.

[47]　V. CASSIO SCARPINELLA BUENO, Mandado de segurança e CPC de 2015: homenagem a Hely Lopes Meirelles. *In:* WALD, Arnoldo; JUSTEN FILHO, Marçal; PEREIRA, Cesar Augusto Guimarães (Orgs.). *O direito administrativo na atualidade:* estudos em homenagem ao centenário de Hely Lopes Meirelles (1917-2017). São Paulo: Malheiros, 2017, pp. 262-283.

[48]　STJ-3ª T., REsp 97.148, Rel. p/ o acórdão Min. MENEZES DIREITO, j. 20.05.1997; STJ-3ª T., REsp 317.809/MG, Rel. Min. MENEZES DIREITO, j. 02.05.2002; STJ-5ªT. HC 309.732/PR, Rel. Min. JORGE MUSSI, j. 12.05.2015; STJ-4ª T. AgInt no REsp 1.800.379/SP, Rel. Min. MARCO BUZZI, j. 02/09/2019.

Capítulo VI · O CONCEITO DE DIREITO LÍQUIDO E CERTO | **111**

do direito, isso nada tem a ver com as relações jurídicas. Para que possa deixar de conhecer do pedido ou julgá-lo improcedente, denegando-o com fundamento em não ser certo e incontestável, é de mister que mostre ser incerto e contestável, *objetivamente*; nunca seria suficiente dizer que há dúvida sobre o entendimento da lei ou sobre qual a lei que tenha regido a relação jurídica, e *ainda que haja discordância na jurisprudência*.

"A certeza e liquidez de um direito não podem resultar da *dúvida* quanto à lei que rege esse direito, porque tal dúvida é subjetiva, existe e depende de condições interiores, de estados de consciência e de convicção dos juízes, e não da relação jurídica. Por mais duvidoso que se sinta o espírito do julgador na determinação da lei competente, isto não atua na situação jurídica que não passa, por esse acidente psíquico do julgador, a ser incerta e contestável. O direito existe, ou não existe; mas, existindo, pode depender de provas em dilações, e, então, é incerto e ilíquido."[49]

Na realidade, o direito objetivo pode amparar ou não determinada pretensão jurídica, não havendo lugar para a dúvida. A dúvida, tão somente, pode existir em relação ao fato alegado pelo impetrante como base do seu direito. A dúvida só pode existir em relação à situação em que o impetrante declara que se encontra, quando, inicialmente, não foi provada de modo completo e inequívoco. Quer dizer que a dúvida só se pode referir ao fato e nunca ao direito objetivo, à *norma agendi*.

Acórdão do extinto TFR esclareceu sobremaneira os requisitos ou pressupostos do mandado de segurança, afirmando que:

"A liquidez e certeza do direito não decorrem de situações de fato ajustadas com habilidade, mas de sua apresentação, estreme de dúvidas, permitindo ao julgador não só apurá-lo, como verificar a violência praticada."[50]

Resumiu os requisitos necessários à existência do direito certo e líquido SEABRA FAGUNDES, mostrando que:

"Primeiro: as circunstâncias de fato a respeito das quais se pretende a incidência de certa norma legal, sejam demonstráveis com clareza transparente, através de prova que permita ao juiz firmar, desde logo, a certeza da sua existência. Segundo: o ato administrativo denegatório da prestação pretendida pelo administrado seja evidentemente contrário à Constituição ou à lei."[51]"

---

[49]   PONTES DE MIRANDA, *Comentários à Constituição de 1946*, 2. ed. São Paulo: Max Limonad, 1960, vol. IV, p. 370.

[50]   Mandado de Segurança nº 2.942, julgado pelo Tribunal Federal de Recursos em 20.7.1953, relator o Ministro SAMPAIO COSTA, *Revista Forense*, Rio de Janeiro, vol. 152, p. 169, 1954.

[51]   SEABRA FAGUNDES, ob. cit., p. 228.

47. O ABUSO DE PODER NA JURISPRUDÊNCIA BRASILEIRA

De acordo com o art. 5º, LXIX, da Constituição Federal, o mandado de segurança é a garantia constitucional adequada para tutelar direito líquido e certo, não amparado por *habeas corpus* ou *habeas data*, contra "ilegalidade ou abuso de poder" praticada por autoridade pública ou por quem lhe faça as vezes. Nesse sentido, ressaltam NELSON NERY JÚNIOR e ROSA MARIA DE ANDRADE NERY:

> "O ato coator, que ofende direito líquido e certo, é o ato ilegal *lato sensu* (inconstitucional, ilegal etc.) ou abusivo, vale dizer, praticado com abuso ou excesso de poder."[52]

A expressa menção a ilegalidade e a abuso de poder se mostra de didática, mas dispensável, visto que o abuso de poder configura espécie de ilegalidade.[53] Bastaria mencionar a primeira. Todavia, a escolha visa a consolidar o cabimento dessa garantia constitucional não apenas para as hipóteses envolvendo atos vinculados, assim como atos discricionários.

Configura-se o abuso de poder quando não está devidamente atendida a finalidade da lei, embora o ato se revista de todas as condições formais por ela estabelecida. Para a perfeição do ato administrativo não basta que a autoridade seja competente, o objeto lícito e os motivos adequados. Como o salientou com muita felicidade CAIO TÁCITO, "a regra de competência não é um cheque em branco concedido ao administrador".[54]

Assim, a doutrina reconhece que:

> "Desvio de poder é uma ilegalidade disfarçada; é uma ilicitude com aparência de legalidade. Ao vício propriamente jurídico agrega-se o vício ético; o embuste, a intenção de enganar. Pelo desvio de poder violam-se, simultaneamente, os princípios da legalidade e da moralidade administrativa. O desvio de poder nunca é confessado, somente se identifica por meio de um feixe de indícios convergentes, dado que é um ilícito caracterizado pelo disfarce, pela aparência de legalidade, para encobrir o propósito de atingir

---

[52] NELSON NERY JR.; ROSA MARIA DE A.NERY, *Constituição federal comentada*. 7. ed. São Paulo: Thomson Reuters Brasil, 2019, p. 316.

[53] MARIA SYLVIA ZANELLA DI PIETRO, *Direito administrativo*. 31. ed. Rio de Janeiro: Forense, 2018, p. 971.

[54] CAIO TÁCITO, *O abuso do poder administrativo no Brasil (conceito e remédios)*, Rio de Janeiro: DASP, 1959, p. 28.

Capítulo VI · O CONCEITO DE DIREITO LÍQUIDO E CERTO | 113

um fim contrário ao direito, exigindo um especial cuidado por parte do Poder Judiciário."[55]

A Administração deve atender aos superiores interesses da coletividade, não lhe cabendo satisfazer interesses pessoais, sectários ou político-partidários. Por esse motivo, reconhecem os publicistas que a finalidade é condição obrigatória da legalidade dos atos administrativos, surgindo o abuso de poder com a violação da finalidade da lei.[56]

Ensina ainda o Professor CAIO TÁCITO que:

> "A acolhida, na jurisprudência dos tribunais, da teoria do desvio do poder, ou da inexistência de motivos (mesmo quando não expressamente invocadas entre as razões de decidir) possibilita a defesa do indivíduo contra as formas mais insidiosas do abuso de poder, em que este se acoberta sob a aparência de legalidade, deturpando o sentido da norma jurídica."[57]

Daí a razão de CELSO ANTÔNIO BANDEIRA DE MELLO dizer que a violação disfarçada da lei não é hipótese menos grave do que sua afronta escancarada, sendo justamente naqueles casos em que o mandado de segurança se mostra mais valioso.[58]

Observadas tais premissas do direito público, o Superior Tribunal de Justiça tem afirmado que:

> "A margem de liberdade de escolha da conveniência e oportunidade, conferida à Administração Pública, na prática de atos discricionários, não a dispensa do dever de motivação. O ato administrativo que nega, limita ou afeta direitos ou interesses do administrado deve indicar, de forma explícita, clara e congruente, os motivos de fato e de direito em que está fundado (art. 50, I, e § 1º da Lei 9.784/99)."[59]

> "O Superior Tribunal de Justiça, por sua vez, possui orientação firmada em diversos julgados precedentes, de que, conquanto seja vedado ao Poder Judiciário o exame do mérito dos atos discricionários da Administração,

---

[55] SÉRGIO FERRAZ, "O desvio de poder" *In:* DALLARI, Adilson Abreu; NASCIMENTO, Carlos Valder do; MARTINS, Ives Gandra da Silva (Coords.). *Tratado de direito administrativo.* São Paulo: Saraiva, 2013, vol. 1, pp. 517-518.

[56] Sobre a invalidade do ato praticado com desvio da finalidade, v. SEABRA FAGUNDES, *O controle dos atos administrativos.* Rio de Janeiro: Forense, 1941, p. 57.

[57] CAIO TÁCITO, ob. cit., p. 30.

[58] CELSO ANTÔNIO BANDEIRA DE MELLO, *Curso de direito administrativo.* 28 ed. São Paulo: Malheiros, p. 999.

[59] STJ-1ª S., MS nº 22.245/DF, Rel. Min. BENEDITO GONÇALVES, j. 10.05.2017.

114 | MANDADO DE SEGURANÇA NA PRÁTICA JUDICIÁRIA – *Arnoldo Wald*

não se deve confundir tal proibição com a possibilidade do Poder Judiciário de aferir a legalidade dos atos da Administração, em especial quando a Administração Pública, a despeito da existência de norma determinando a integração dos servidores aos quadros da AGU, deixa de fazê-lo por lapso considerável de tempo, como é o caso dos autos."[60]

Na atual concepção jurisprudencial, portanto, resta superada a falsa impressão de que seria vedado o controle jurisdicional dos atos discricionários da administração; em absoluto, inexiste tal vedação. O poder é outorgado às autoridades para que atuem em conformidade com a Constituição e com as leis, observados, sempre, a finalidade e o interesse público primário, sendo vedado o abuso de poder, inquestionavelmente remediável pela via do mandado de segurança. Isso restou bastante evidente em acórdão do Superior Tribunal de Justiça em que, reconhecendo se tratar de poder discricionário da administração, afirmou-se a inafastabilidade do controle jurisdicional da legalidade e da constitucionalidade dos juízos de conveniência e oportunidade.[61]

O Tribunal de Justiça do Estado de São Paulo, em certa oportunidade, embora tenha denegado a segurança pleiteada, reconheceu que, no caso de ato discricionário da administração, cabe ao Poder Judiciário "apreciar a legalidade e a moralidade, para fazer a distinção entre arbitrariedade e discricionariedade"[62], amparado na acertada premissa, encontrada noutros acórdãos, segundo a qual a discricionariedade "não pode constituir afronta aos princípios constitucionais que regem o ato administrativo"[63].

---

[60] STJ-1ª S., AgInt no MS nº 18.646/DF, Rel. Min. HERMAN BENJAMIN, j, 09.11.2016. No mesmo sentido: 1ª S., MS 18.701/DF, Rel. Min. MAURO CAMPBELL MARQUES, j. 23.09.2015; 1ª S., MS 20.567/DF, Rel. Min. OG FERNANDES, j. 26/8/2015; 1ª S., MS 15.970/DF, Rel. Min. OLINDO MENEZES (Desembargador Convocado do TRF 1ª REGIÃO), j. 26.08.2015.

[61] STJ-2ª T., AgRg no RMS nº 34.676/GO, Rel. Min. CASTRO MEIRA, j. 09.04.2013.

[62] TJSP, Ap. 3001198-19.2013.8.26.0405. Rel. Des. MOACIR PERES, j. 07.04.2014.

[63] TJSP, Ap. 0046542-70.2010.8.26.0602, Rel. Des. MARIA OLÍVIA ALVES, j. 30.07.2012.

Capítulo VII
ATOS DE AUTORIDADE

Sumário: 48. Conceito de autoridade – **49.** Atos do Poder Legislativo – **50.** Atos do Poder Judiciário – **51.** Atos do Poder Executivo – **52.** Autarquias e administração pública indireta. Partidos políticos. Autoridade delegada e concessão de serviços públicos. Sindicatos – **53.** Decisões de tribunais administrativos – **54.** Possibilidade de correção do polo passivo.

48. CONCEITO DE AUTORIDADE

Para que possa ser concedido o mandado é necessário que haja direito líquido e certo ameaçado ou violado por ato ilegal ou abusivo de autoridade. São, pois, pressupostos para a concessão do remédio processual:

a) existência de norma jurídica que assegure certa vantagem ou direito a todos aqueles que estejam em determinada situação[1];

b) prova de que o impetrante está na situação definida pela lei;

c) prova de que um ato de autoridade está ameaçando ou violando o direito do impetrante.

Do mesmo modo que variou o conceito de direito líquido e certo, de acordo com as diversas leis e constituições sucessivas, o *ato de autoridade* nem sempre foi definido uniformemente.

Assim é que, nos trabalhos preparatórios da Comissão do Itamarati, na década de 1930, cogitou-se tão somente de utilizar o mandado de segurança contra atos do Poder Executivo, excluindo-se da sua alçada os atos legislativos e judiciais. Desde o início, todavia, ficou evidente que não se podia conceder o mandado sem que tivesse havido, na maioria dos casos, um ato de autoridade, um ato de natureza administrativa que viesse lesar o direito subjetivo. Sem a lesão ou ameaça, não devia caber o remédio heroico.

---

[1] LUÍS EULÁLIO DE BUENO VIDIGAL, *Do Mandado de Segurança*. São Paulo: [s.n.], 1953, p. 148.

116 | MANDADO DE SEGURANÇA NA PRÁTICA JUDICIÁRIA – *Arnoldo Wald*

A jurisprudência sempre exigiu a prova da existência do *ato de autoridade* lesivo do direito alegado pelo impetrante[2].

A Constituição de 1934, no seu art. 113, n° 33, permitiu que se concedesse o mandado contra *qualquer autoridade*. A Lei n° 191, de 16 de janeiro de 1936, manteve a mesma expressão, considerando ainda, no parágrafo único do art. 1°:

> "... atos de autoridades, os das entidades autárquicas e de pessoas naturais ou jurídicas, no desempenho de serviços públicos em virtude de delegação ou de contrato exclusivo, ainda quando transgridam o mesmo contrato".

A partir da promulgação da Constituição de 1934 até a da Lei n° 191, uma importante corrente da nossa doutrina e da jurisprudência entendeu que não cabia a utilização do mandado contra atos legislativos e judiciais. Esclarece a respeito CASTRO NUNES que:

> "A doutrina dos julgados estava orientada nesse sentido. Só os atos do Poder Executivo poderiam ser corrigidos por aquele instrumento judicial do controle da Administração, instituído com este caráter pela Constituição e inadequado, portanto, para amparar o direito contra os outros poderes nos atos *específicos de sua função, a lei e a sentença*.
>
> No passado, sustentei esse mesmo ponto de vista.
>
> Contra a lei como fonte direta e imediata da lesão, ou contra a sentença ou qualquer procedimento judicial não cabe o mandado de segurança. E acrescentei:
>
> A Corte Suprema, no julgamento do Mandado de Segurança n° 7, do Rio Grande do Sul, indeferiu o pedido, entre outros motivos por não constar a existência de ato administrativo: sem a prova do ato – lê-se no voto do relator, Ministro LAUDO DE CAMARGO – não há como apreciar a arguida ilegalidade ou inconstitucionalidade.
>
> No mesmo sentido manifestaram-se os Ministros BENTO DE FARIA e COSTA MANSO."[3]

---

[2] Nas edições anteriores, referimo-nos a estes julgados: "Inadmissível é o mandado de segurança desde que não emana de qualquer autoridade o ato contra o qual é pedido o mandado." (TJDF, MS n° 362, Rel. Des. HENRIQUE FIALHO, j. em 11.11.1949, *Arquivo Judiciário*, vol. 94, p. 432, fasc. 6); "Constitui insubordinação contra a Constituição Federal e a lei do mandado de segurança, estender o remédio a ato de quem não é autoridade pública" (TJMG, Agravo n° 4.320, j. 11.9.1952, rel. Des. MENESES FILHO, *Revista Forense*, Rio de Janeiro, vol. 161, p. 293, set./out. 1955); "Mandado de segurança é remédio específico contra ato arbitrário da autoridade pública..." (STF-2ª T., RE n° 22.003, rel. Min. AFRÂNIO ANTÔNIO DA COSTA j. 23.6.1953, *Arquivo Judiciário*, Rio de Janeiro, vol. 111, p. 169, jul./set. 1954); "Não havendo, no momento, nenhum ato de autoridade pública apontada como coatora ... nega-se a segurança pretendida" (TJSP, Agravo n° 67.963, rel. Des. JOAQUIM DE SYLOS CINTRA, j. 6.8.1954, *Revista dos Tribunais*, São Paulo, vol. 228, p. 267, out. 1954).

[3] CASTRO NUNES, ob. e ed. cits., p. 108, e 2ª edição, p. 85, n° 48.

Capítulo VII · ATOS DE AUTORIDADE | **117**

Outros juristas, todavia, liderados por AUGUSTO MEIRA, entenderam que o mandado cabia não somente contra os atos do Executivo, mas também contra os que fossem ilegal ou inconstitucionalmente praticados pelo Legislativo e pelo Judiciário.

Esta última corrente é que se tornou vitoriosa com a promulgação da Lei nº 191, que se referia especificamente à competência dos juízes para conhecerem dos mandados "contra atos de quaisquer outras autoridades federais, inclusive legislativas" e contra "ato de juiz ou tribunal federal".

O entendimento se manteve com a promulgação da Lei nº 1.533, de 31 de dezembro de 1951, que previa a concessão do mandado de segurança para proteção de direito líquido e certo, não amparado por *habeas corpus* ou *habeas data*, sempre que, ilegalmente ou com abuso de poder, alguém sofrer lesão ou houver justo receio de sofrê-la por parte de autoridade *"seja de que categoria for e sejam quais forem as funções que exerça"* (art. 1º). Ademais, as restrições pontuais ao mandado de segurança, constantes do art. 5º da Lei nº 1.533, deixavam claro o seu cabimento contra atos praticados por qualquer espécie de autoridade, inclusive judiciária.

Em rigor, foi com a Lei nº 9.784, de 29 de janeiro de 1999, que se definiu que *autoridade* é *"o servidor ou agente público dotado de poder de decisão"* (art. 1º, § 2º, III).

Essa premissa deve ser adotada quando da interpretação do art. 6º, § 3º, da Lei nº 12.016, de 7 de agosto de 2009, segundo o qual:

> "Considera-se autoridade coatora aquela que tenha praticado o ato impugnado ou da qual emane a ordem para a sua prática."

Assim, tem-se que, para fins do mandado de segurança, *autoridade coatora* será o agente público dotado do poder de decisão ou quem lhe for equiparado. O art. 6º, § 3º, da Lei nº 12.016, atento à prática forense, buscou amparar uma infinidade de casos em que a identificação da autoridade coatora é difícil e nos quais a organização administrativa era utilizada como fundamento para a denegação da segurança.

Ao alargar o conceito de autoridade coatora, buscou-se atender ao princípio constitucional do pleno e geral *acesso à justiça*, viabilizar o julgamento de mérito desse sem número de mandados de segurança e, por consequência, a efetiva tutela do direito material pelo Poder Judiciário. A opção se mostrou frutífera e a jurisprudência acolheu a opção do legislador:

> "A autoridade coatora, para fins de impetração de Mandado de Segurança, é aquela que pratica ou ordena, de forma concreta e específica, o ato ilegal, ou, ainda, aquela que detém competência para corrigir a suposta ilegalidade. Inteligência do art. 6º, § 3.º, da Lei 12.016/2009."[4]

---

[4]   STJ-2ª T., RMS 56712/MG, Rel. Min. HERMAN BENJAMIN, j. 19.04.2018.

"A teor do art. 6º, § 3º, da Lei n. 12.016/2009, considera-se autoridade coatora aquela que tenha praticado o ato impugnado ou da qual emane a ordem para a sua prática, revelando-se incabível a segurança contra autoridade que não tenha competência para corrigir a ilegalidade impugnada."[5]

"Observa-se que a Autoridade Coatora, para fins de impetração de Mandado de Segurança, é aquela que pratica ou ordena, de forma concreta e específica, o ato ilegal, ou, ainda, aquela que detém competência para corrigir a suposta ilegalidade, conforme o art. 6º, § 3º, da Lei 12.016/2009."[6]

A demonstração pelo impetrante, já na petição inicial, de que o direito foi violado (ou é ameaçado) por *ato de autoridade* é essencial para a admissibilidade e para a concessão da segurança. Se a violação decorrer de ato praticado por alguém que não é *autoridade*, será caso de denegação de segurança (art. 6º, § 5º).

Nunca se admitiu, entre nós, a utilização do mandado contra atos de particulares, a menos que estivessem investidos de funções que lhes foram delegadas pelo poder público, até porque o mandado de segurança foi criado justamente para tutelar direitos dos particulares contra abusos praticados pelo Estado ou por quem lhe faça as vezes. Atualmente, a Lei nº 12.016 deixa clara essa orientação ao afirmar, no art. 1º, § 1º, que se equiparam às autoridades, "para os efeitos desta Lei, os representantes ou órgãos de partidos políticos e os administradores de entidades autárquicas, bem como os dirigentes de pessoas jurídicas ou as pessoas naturais no exercício de atribuições do poder público, somente no que disser respeito a essas atribuições."[7]

Vale ressaltar que não se consideram atos de autoridade, para fins de impetração de mandado de segurança, aqueles praticados por pessoas ou instituições particulares no exercício de atividade meramente *autorizada* ou *fomentada* pelo Poder Público, tais como hospitais e estabelecimentos bancários. É preciso que esteja configurada a *delegação de função pública*, como preceitua o enunciado da Súmula 510 do Supremo Tribunal Federal:

"Praticado o ato, por autoridade, no exercício de competência delegada, contra ela cabe o mandado de segurança ou a medida judicial."[8]

---

[5]   STJ-1ª S., AgInt no MS 23529/DF, Rel. Min. GURGEL DE FARIA, j. 12.12.2018.

[6]   STJ-1ª T., AgInt no RMS 57465/GO, Rel. Min. NAPOLEÃO NUNES MAIA FILHO, j. 27.05.2019.

[7]   ARENHART, Sérgio Cruz. Comentário ao artigo 5º, LXIX. In: CANOTILHO, J. J. Gomes; MENDES, Gilmar F.; SARLET, Ingo W.; STRECK, Lenio L. (Coords.). *Comentários à Constituição do Brasil*. São Paulo: Saraiva/Almedina, 2013, p. 478: "Pouco importa se o agente infrator é ou não investido de cargo público, como deixa clara a redação dada pela Constituição de 1988 ao instrumento em estudo. Bastará que esteja exercendo poderes e atribuições públicos, para que possa estar sujeito ao mandado de segurança."

[8]   No âmbito do STJ: 1ª T., AgInt no RMS 44.385/MG, Rel. Min. REGINA HELENA COSTA, j. 28.11.2017; 1ª S., AgInt no MS 22.648/DF, Rel. Min. OG FERNANDES, j. 22.02.2017; 1ª S., AgRg no MS 15.997/DF, Rel. Min. HAMILTON CARVALHIDO, j. 27.04.2011.

Capítulo VII · ATOS DE AUTORIDADE | **119**

Para além do aspecto *subjetivo*, do agente que ordena ou executa o ato, o cabimento do mandado de segurança depende da correta identificação da *natureza do ato impugnado*. Basta observar que os administradores de empresas públicas, de sociedade de economia mista e de concessionária de serviço público são equiparados às autoridades (art. 1º, § 1º), tanto que a Súmula nº 333 do Superior Tribunal de Justiça admite cabimento de mandado de segurança contra ato praticado em licitação por sociedade de econômica mista ou empresa pública[9], mas a lei expressamente exclui das hipóteses de cabimento os *atos de gestão comercial* (art. 1º, § 2º)[10].

A atenção à *natureza* do ato impugnado permite identificar, com correção, os casos em que se deve admitir ou rejeitar o mandado de segurança contra atos praticados por dirigentes de pessoas jurídicas de direito privado, como bem demonstram julgados relevantes das Cortes Superiores:

> "As bolsas de valores são pessoas juridicas de direito privado, sendo associações civis com finalidades lucrativas. Embora possam ser algumas das suas atividades consideradas como exercidas em função delegada da administração pública, não o são as operações de compra e venda das ações e, portanto, incabivel mandado de segurança contra ato seu referente a tal atividade e, muito menos, para investir contra comunicado expedido pela bolsa de valores do rio de janeiro, recomendando aos corretores a observancia de disposições de resolução do banco central do brasil, em face, ainda mais, do caráter normativo de tal ato. Acórdão que assim decidiu não e de ser reformado. Recurso extraordinário não conhecido."[11]

> "A jurisprudência desta Corte firmou o entendimento de que cabe mandado de segurança contra ato de dirigente de sociedade de economia mista quando investido em função delegada pelo Poder Público. Precedentes: AgRg no REsp 1.067.107/RN, Rel. Ministro Herman Benjamin, Segunda Turma, DJe 17/6/2009 e AgRg no CC 101.260/SP, Rel. Ministro Mauro Campbell Marques, Primeira Seção, DJe 9/3/2009."[12-13]

---

[9]   "Cabe mandado de segurança contra ato praticado em licitação promovida por sociedade de economia mista ou empresa pública."

[10] Art. 1º, § 2º: "Não cabe mandado de segurança contra os atos de gestão comercial praticados pelos administradores de empresas públicas, de sociedade de economia mista e de concessionárias de serviço público."

[11] STF-2ª T., RE 77.219/RJ, Rel. Min. ALDIR PASSARINHO, j. 09.08.1983.

[12] STJ-1ª T. REsp 1.186.517/RJ, Rel. Min. BENEDITO GONÇALVES, j. 02.09.2010.

[13] Ver também: STJ-2ª T., REsp 994.779/SP, Rel. Min. CASTRO MEIRA, j. 10.06.2008; STJ-1ª T., AgRg no Ag 1399034/RJ, Rel. Min. ARNALDO ESTEVES DE LIMA, j. 06.10.2011.

49. ATOS DO PODER LEGISLATIVO

Inicialmente, entendia-se não ser cabível mandado de segurança contra atos do Poder Legislativo. Tal entendimento foi superado com a Lei nº 191, de 16 de janeiro de 1936, que já fazia referência expressa no seu art. 5, I, *b*, à competência da justiça federal para conhecer dos mandados de segurança "contra atos de quaisquer outras autoridades federais, inclusive *legislativas...*".

Acresce que a Lei nº 2.664, de 3 de dezembro de 1955, reconhece expressamente o cabimento das ações judiciais contra os atos administrativos das Mesas das Câmaras do Congresso Nacional e da Presidência dos Tribunais Federais, admitindo tal disposição legal interpretação analógica no sentido do reconhecimento da admissibilidade das ações judiciais contra atos administrativos das Casas Legislativas de todas as esferas federativas.

O art. 1º da Lei nº 12.016, de 07 de agosto de 2009, admite o mandado de segurança contra ato de qualquer autoridade, "seja de que categoria for e sejam quais forem as funções que exerça", abrangendo assim o controle judicial, atos de todos os poderes, sem qualquer restrição.

O reconhecimento do controle judicial em relação a tais atos importa admissão do mandado de segurança sempre que o ato administrativo seja ilegal ou inconstitucional e implique violação ou ameaça de lesão de direito líquido e certo.

Assim, tem-se que o primeiro grupo de atos do poder legislativo que podem ser corrigidos pela via do mandado de segurança é o dos atos praticados pela Mesa e pelo Plenário das Casas Legislativas em afronta ao direito ao *devido processo legislativo* assegurado a seus integrantes[14], comissões e respectivas Mesas Diretoras.[15]

O próprio art. 102, I, *d*, da Constituição prevê a competência do Supremo Tribunal Federal para processar e julgar, originariamente, dentre outros, os mandados de segurança impetrados contra atos "das Mesas da Câmara dos Deputados e do Senado Federal". Portanto, *ato de parlamentar* na elaboração de lei ou votação de propostas, em afronta ao devido processo legislativo, configura *ato de autoridade* a que aludem o art. 5º, LXIX, da CF e o a Lei nº 12.016, autorizando a impetração de mandado de segurança.

A propósito do tema, merece realce o voto proferido pelo Min. MARCO AURÉLIO[16], que, no MS 22.503-3/DF, salientou o direito dos parlamentares

---

[14]   STF: MS 20.257/DF, Rel. p/ o acórdão Min. Moreira Alves, j. 08.10.1980; MS 23.334/RJ, Rel. Min. Celso de Mello, j. 27.01.1999; AgRg no MS 24.667, Rel. Min. Carlos Velloso, j. 04.12.2003; MS 27.971/DF, Rel. Min. Celso de Mello, j. 01.07.2011; MS 32.033/DF, Rel. p/ o acórdão Min. Teori Zavascki, j. 20.06.2013.

[15]   STF-Pleno, AgRg no MS 34.722/DF, Rel. Min. Celso de Mello, j. 20.09.2019.".

[16]   O Ilustre Ministro também examinou a matéria quando do questionamento da Emenda Constitucional Aglutinativa da Previdência nº 033-A, de 1995.

ao devido processo legislativo, sendo possível o manejo do mandado de segurança para impor à Casa Legislativa a observância das formalidades do rito da tramitação:

> "Ora, os participantes dos trabalhos legislativos, porque representantes do povo, quer de segmentos majoritários, quer de minoritários, têm o direito público subjetivo de ver respeitadas na tramitação de projetos, de proposições, as regras normativas em vigor, tenham estas ou não, estatura constitucional."

E, mais adiante, o Ministro esclarece ponto fundamental que é o do limite da atuação aos aspectos da formalidade do devido processo, não sendo dado ao Poder Judiciário se imiscuir no mérito das proposições debatidas no Legislativo:

> "Não admito mandado de segurança para impedir tramitação de projeto de lei ou proposta de emenda constitucional com base na alegação de que seu conteúdo entra em choque com algum princípio constitucional. E não admito, porque, nesse caso, a violação à Constituição só ocorrerá depois de o projeto se transformar em lei ou de a proposta de emenda vir a ser aprovada."

Essa limitação imposta à atuação do Poder Judiciário foi posteriormente reafirmada pelo Supremo Tribunal Federal em acórdão de relatoria do Min. TEORI ZAVASCKI, em cuja ementa assim se lê:

> "CONSTITUCIONAL. MANDADO DE SEGURANÇA. CONTROLE PREVENTIVO DE CONSTITUCIONALIDADE MATERIAL DE PROJETO DE LEI. INVIABILIDADE. 1. Não se admite, no sistema brasileiro, o controle jurisdicional de constitucionalidade material de projetos de lei (controle preventivo de normas em curso de formação). O que a jurisprudência do STF tem admitido, como exceção, é 'a legitimidade do parlamentar – e somente do parlamentar – para impetrar mandado de segurança com a finalidade de coibir atos praticados no processo de aprovação de lei ou emenda constitucional incompatíveis com disposições constitucionais que disciplinam o processo legislativo' (MS 24.667, Pleno, Min. Carlos Velloso, DJ de 23.04.04). Nessas excepcionais situações, em que o vício de inconstitucionalidade está diretamente relacionado a aspectos formais e procedimentais da atuação legislativa, a impetração de segurança é admissível, segundo a jurisprudência do STF, porque visa a corrigir vício já efetivamente concretizado no próprio curso do processo de formação da norma, antes mesmo e independentemente de sua final aprovação ou não. 2. Sendo inadmissível o controle preventivo da constitucionalidade material das normas em curso de formação, não cabe atribuir a parlamentar, a quem a Constituição nega habilitação para provocar o controle abstrato repressivo, a prerrogativa, sob todos os aspectos mais abrangente e mais eficiente, de provocar esse mesmo controle antecipadamente, por via de mandado de segurança. 3. A prematura intervenção do Judiciário em domínio

jurídico e político de formação dos atos normativos em curso no Parlamento, além de universalizar um sistema de controle preventivo não admitido pela Constituição, subtrairia dos outros Poderes da República, sem justificação plausível, a prerrogativa constitucional que detém de debater e aperfeiçoar os projetos, inclusive para sanar seus eventuais vícios de inconstitucionalidade. Quanto mais evidente e grotesca possa ser a inconstitucionalidade material de projetos de leis, menos ainda se deverá duvidar do exercício responsável do papel do Legislativo, de negar-lhe aprovação, e do Executivo, de apor-lhe veto, se for o caso. Partir da suposição contrária significaria menosprezar a seriedade e o senso de responsabilidade desses dois Poderes do Estado. E se, eventualmente, um projeto assim se transformar em lei, sempre haverá a possibilidade de provocar o controle repressivo pelo Judiciário, para negar-lhe validade, retirando-a do ordenamento jurídico. 4. Mandado de segurança indeferido."[17]

Ao par desse primeiro grupo de atos do Poder Legislativo, anteriores à formação da lei, pode-se cogitar também da impetração de mandados de segurança contra a lei já promulgada. Isso remete à distinção da chamada "lei em tese" e da "lei de efeito concreto".

Em edições anteriores, afirmamos que não se concede mandado de segurança contra a lei em tese, consoante entendimento de SEABRA FAGUNDES: "ao Judiciário em nosso País não se tem reconhecido o poder de examinar a lei em tese, mas só em espécie, o que pressupõe ato de realização, isto é, ato administrativo"[18].

Este entendimento foi consolidado na Súmula nº 266 do Supremo Tribunal Federal:

"Não cabe mandado de segurança contra lei em tese."

Na realidade, sempre se entendeu que o mandado de segurança não era remédio de natureza declaratória. Para que possa ser concedido é imprescindível

---

[17] STF-Pleno, MS 32.033/DF, Rel. p/ o acórdão Min. Teori Zavascki, j. 20.06.2013.

[18] SEABRA FAGUNDES, ob. cit., p. 218. O mesmo autor cita alguns acórdãos que admitem amplamente o mandado de segurança contra atos legislativos (*Arquivo Judiciário*, Rio de Janeiro, vol. 35, p. 313, jul./set. 1935 e vol. 46, p. 129, abr./jun. 1938). Na doutrina, a possibilidade de impetração de mandado de segurança contra qualquer ato do Legislativo é defendida por J. M. OTHON SIDOU, ob. cit., p. 98. Entendemos que, fora das hipóteses por nós enumeradas, não cabe o mandado de segurança contra atos do Poder Legislativo, não em virtude de natureza especial que teriam tais atos, mas pelo simples fato de não poderem ferir direito líquido e certo por dependerem, para tanto, de uma concretização ou execução somente viável por intermédio dos atos administrativos. Tal é, aliás, a tese do próprio SEABRA FAGUNDES.

Pelo cabimento do mandado de segurança contra lei autoexecutável, v. os acórdãos publicados na *Revista Forense*, Rio de Janeiro, vol. 195, p. 283, out./dez. 1961 e vol. 187, p. 284, jan./fev. 1960.

Capítulo VII · ATOS DE AUTORIDADE | **123**

a violação do direito alegado. Por este motivo, dificilmente seria admissível, na nossa sistemática, o mandado de segurança contra a lei em tese. A tendência que acabamos de apontar como dominante em nossa jurisprudência, no sentido de denegar o mandado de segurança sempre que não houvesse prova da efetiva violação ou ameaça do direito, tem as suas origens num acórdão da Suprema Corte de 8 de novembro de 1935, tendo sido seguida sem discrepância pelos tribunais inferiores.[19]

Se por um lado não se admite o mandado de segurança contra lei em tese, o ato de aplicação da lei não fica imune ao controle jurisdicional, conforme bem resumiu o Ministro OROSIMBO NONATO na ementa do seguinte acórdão:

> "Se contra a lei em tese não cabe o remédio, o ato de aplicação, em concreto, pode comportar o exame da validade da lei, que lhe serviu de suporte, em face da Constituição."[20]_[21]

Quanto às leis autoexecutáveis, que não dependem para a sua aplicação nem de regulamentação, nem de qualquer interferência das autoridades administrativas, que podem criar obrigações ilegais para os cidadãos, admite-se, contra elas o uso do mandado de segurança, a fim de impedir a sanção administrativa decorrente da violação da obrigação ilegal por parte do impetrante. O mandado de segurança não terá, então, como finalidade a declaração de inconstitucionalidade da lei, mas o cancelamento prévio de qualquer punição que a autoridade administrativa pretenda aplicar ao impetrante em virtude da desobediência à norma inconstitucional[22].

---

[19]   Mandado de Segurança nº 144, de 8.11.1935, julgado pelo Supremo Tribunal, sendo relator o Ministro LAUDO DE CAMARGO, *Arquivo Judiciário,* Rio de Janeiro, vol. 42, p. 18, ab./jun. 1937.

[20]   Mandado de Segurança nº 768, julgado pelo Supremo Tribunal Federal, em 4.12.1946, sendo relator o Ministro OROSIMBO NONATO, *Revista Forense,* Rio de Janeiro, vol. 113, p. 402, set./out. 1947.

[21]   Ver também: STF-Pleno, RMS 1.219/GO, Rel. Min. Luiz Gallotti, j. 30.11.1950.

[22]   Esclarece a este respeito SEABRA FAGUNDES que "o mandado de segurança impetrado pelo indivíduo sê-lo-á não diretamente contra o legislador, mas sim contra a autoridade administrativa, à qual incumba aplicar as sanções a que a infringência da obrigação dê lugar. Não há ato administrativo criador da obrigação do administrado, que nasce da lei diretamente, mas haverá ato ou fato administrativo aplicador da sanção pelo não cumprimento do dever público. Contra a autoridade que o deva praticar, submetendo coativamente o administrado rebelde, é que se impetrará a medida. Mesmo que ela não tenha agido ainda, o pedido será contra o seu ato futuro, ou seja, contra a ameaça do direito" (SEABRA FAGUNDES, ob. cit., p. 220).

Outros autores entendem que no caso de mandado de segurança impetrado contra a lei em tese, deveriam ser considerados como coatores os Poderes Legislativo e o Executivo. Tal é a opinião sustentada por CELSO AGRÍCOLA BARBI, ob. cit., p. 87, e pelo Desembargador AMILCAR DE CASTRO, *Revista Forense,* Rio de Janeiro, vol. 122, p. 194, mar./abr. 1949.

Há decisões admitindo que, no caso, somente seja impetrado o mandado contra o chefe do Poder Executivo (*Revista dos Tribunais*, São Paulo, vol. 242, p. 314, dez. 1955).

MANDADO DE SEGURANÇA NA PRÁTICA JUDICIÁRIA – *Arnoldo Wald*

Permite-se a utilização do mandado sempre que o ato legislativo seja dirigido a *sujeitos específicos* e produza *efeitos concretos*. O cabimento do mandado de segurança, na hipótese, serve para preservar a autoridade da Constituição quando o direito é ameaçado por atos que, embora formalmente se assemelhem a leis, materialmente guardam traços de ato administrativo, conforme consagrado voto vencido de SEABRA FAGUNDES:

> "Não cabe mandado de segurança contra lei em tese; mas, se a lei apenas o é formalmente, sendo, do ponto de vista material, um ato administrativo, aquele remédio é cabível."[23]

Esse ponto de vista, de acordo com o qual o mandado pode ser concedido contra o texto de lei desde que contenha na realidade um ato administrativo, surgiu nos votos vencidos e já é uma questão pacífica no direito pátrio.

Assim, em acórdãos que confirmam tal evolução, afirma-se que:

> "Se o ato normativo consubstancia ato administrativo, assim de efeitos concretos, cabe contra ele o mandado de segurança. Todavia, se o ato – lei, medida provisória, regulamento – tem efeito normativo, genérico, por isso mesmo sem operatividade imediata, necessitando, para a sua individualização, da expedição de ato administrativo, então contra ele não cabe mandado de segurança, já que, admiti-lo implicaria admitir a segurança contra lei em tese: Súmula 266-STF."[24]

> "Cumpre enfatizar, neste ponto, que normas em tese – assim entendidos os preceitos estatais qualificados em função do tríplice atributo da generalidade, impessoalidade e abstração – não se expõem ao controle jurisdicional pela via do mandado de segurança, cuja utilização deverá recair, unicamente, sobre os atos destinados a dar aplicação concreta ao que se contiver nas leis, em seus equivalentes constitucionais ou, como na espécie, em regramentos administrativos de conteúdo normativo (...)."[25]

> "A iminência de sofrer as sanções impostas pelo preceito municipal que determina a instalação dos requisitos de segurança autoriza a impetração de mandado de segurança que, longe de atacar a lei em tese, visa a evitar a lesão concreta."[26-27]

---

[23] O voto vencido é do Des. SEABRA FAGUNDES no Mandado de Segurança nº 66, julgado em 29.8.1949, pelo Tribunal de Justiça do Rio Grande do Norte, sendo relator o Des. CARLOS AUGUSTO, *Revista Forense*, Rio de Janeiro, vol. 132, p. 511, nov./dez. 1950.

[24] STF-2ª T., RMS 24.266/DF, Rel. Min. Carlos Velloso, j. 07.10.2003.

[25] STF-2ª T., AgRg no MS 32.809, Rel. Min. Celso de Mello, j. 05.08.2014.

[26] STJ-2ª T., RMS 13.314/AC, Rel. Min. Castro Meira, j. 07.08.2003.

[27] No mesmo sentido: STJ-2ª T., RMS 14.510/SF, Rel. Min. Castro Meira, j. 12.08.2003.

Vemos, pois, que se admite mandado de segurança contra os atos administrativos dos órgãos legislativos (atos das Mesas das Assembleias Legislativas estaduais, das Câmaras Municipais e Federal, bem como do Senado), e contra as leis autoexecutáveis (*self-enforcing*), assim como contra as leis em sentido formal que não o sejam em sentido material, encobrindo, na realidade, um ato administrativo, por não se apresentarem com a abstração e generalidade que caracterizam as normas legais.[28]

Cabe, ainda, o mandado de segurança contra o ato ilegítimo de promulgação da lei, quando praticado mediante usurpação de competência ou eivado de vício formal, em desatenção às formalidades impostas pela Constituição.

A jurisprudência é repleta de decisões que demonstram ser de rigor a observância às formalidades do devido processo do primeiro ao último ato do processo legislativo, sob pena de nulidade da lei promulgada.[29]

As nuances trazidas com a hipótese são marcadas pelo *momento* da impetração. Isso porque após a promulgação da lei, não mais cabe a impetração de mandado de segurança. A insurgência contra eventual nulidade do processo legislativo já consumado deve ser tratada em sede de ação direta de inconstitucionalidade, incidindo a Súmula nº 266 do Supremo Tribunal Federal, conforme já afirmou o Tribunal de Justiça do Estado de São Paulo:

> "Terminado o processo legislativo da Emenda à Lei Orgânica antes do ajuizamento, o mandado de segurança é via inadequada para sanar eventuais ilegalidades na tramitação do projeto, porque não abarca provimento jurisdicional sobre 'lei em tese'."[30]-[31]

Caso interessante é o do mandado de segurança impetrado durante o processo legislativo, mas cujo julgamento ocorre após a promulgação da lei. Há uma série de decisões que extinguem o processo, por perda de objeto, sendo necessário o

---

[28] Ver: ALVIM NETTO, José Manoel de Arruda. Mandado de segurança e lei municipal de efeitos concretos. In: _____. *Soluções práticas de direito* – pareceres – vol. I: direito público. São Paulo: Ed. Revista dos Tribunais, 2011, pp. 439 e ss.

[29] Em edições anteriores, fazíamos referência a decisão do TJMG segundo a qual "é cabível o mandado de segurança contra ato ilegítimo de promulgação de lei. É ilegítima a promulgação de lei pelo Presidente da Câmara Municipal cujo projeto foi vetado pelo Prefeito, se não houve rejeição regular deste veto" (Julgamento do Agravo de Petição nº 78.075, *in Revista Forense*, vol. 173, p. 233). A este respeito, v. também as razões forenses publicadas na *Revista de Direito da Procuradoria Geral do Estado da Guanabara*, vol. II, pp. 644 e segs., e que se referem ao Mandado de Segurança nº 2.150, do Estado da Guanabara.

[30] TJSP, 0029841-95.2011.8.26.0344, Rel. Des. TERESA RAMOS MARQUES, j. 08.05.2017.

[31] No mesmo sentido: TJSP, Apelação nº 9223773-59.2008.8.26.0000, Rel. Des. VERA ANGRISANI, j. 29.07.2008.

126 | MANDADO DE SEGURANÇA NA PRÁTICA JUDICIÁRIA – *Arnoldo Wald*

ajuizamento de ação direta de inconstitucionalidade, como bem demonstram as ementas a seguir:

> "MANDADO DE SEGURANÇA – pretensão à suspensão da tramitação de projeto de lei – posterior conversão em lei – não existência no mundo jurídico – perda do objeto do 'mandamus' – eventual vício no processo legislativo pode ser veiculado apenas em ação direta de inconstitucionalidade – precedentes do C. STF e deste C. Órgão Especial – extinção do processo sem resolução do mérito, de conformidade com o artigo 267 inciso VI do Código de Processo Civil."[32]
>
> "*Mandamus* – Impetração por vereador objetivando anular votação de projeto de lei nº 24/03 e seu substitutivo em que previstas mudanças na inspeção veicular – Alegação de inobservância das disposições legais, que regem a matéria – Liminar indeferida – Projeto sancionado pelo Prefeito Municipal, transformando– se na Lei nº 15.688/03 – Pretensão que não mais pode ser alcançada no bojo do presente *writ* – Carência da ação mandamental, decorrente da perda superveniente do interesse processual – Segurança denegada nos termos do art. 6º, §5º, da Lei nº 12.016/09."[33]-[34]

Em nosso entendimento, entretanto, a superveniente promulgação da lei não acarreta perda do objeto do mandado de segurança que discute vícios do processo legislativo, razão pela qual reputamos acertada a decisão proferida pelo Superior Tribunal de Justiça em que afirmou:

> "Na hipótese de mandado de segurança impetrado contra ato de Mesa de Câmara Legislativa, a posterior promulgação da lei não determina a extinção do processo sem julgamento do mérito (Súmula n. 266/STF), uma vez que o exame da ocorrência de vícios no procedimento legislativo não se confunde com o exame da lei em si."[35]

Além do aspecto evidenciado pelo Ministro JOÃO OTÁVIO DE NORONHA, acrescentamos que a utilidade e a efetividade da prestação jurisdicional, imperativos constitucionais que são, não poderiam ser prejudicadas na hipótese. O cabimento do mandado de segurança há de ser avaliado no momento da impetração e os efeitos da sentença proferida, caso reconheça a nulidade do ato coator, deverão ser plenamente assegurados. A propósito:

---

[32] TJSP, MS 9030086-25.2005.8.26.0000, Rel. Des. GONZAGA FRANCESCHINI, j. 23.08.2006.

[33] TJSP, MS 0056164-34.2013.8.26.0000, Rel. Des. ALVES BEVILACQUA, j. 31.07.2013.

[34] Ver também: TJSP: MS 2056594-44.2016.8.26.0000, Rel. Des. AMORIM CANTUÁRIA, j. 22.06.2016.

[35] STJ-2ª T., REsp 251.340/DF, Rel. Min. JOÃO OTÁVIO DE NORONHA, j. 02.02.2006.

"A alegação de perda do objeto da ação não merece prosperar, uma vez que o cerne da questão está calcado na invalidação de ato e não em declaração de inconstitucionalidade de lei, e, se existindo irregularidade no ato praticado, este é passível de invalidação pela presente via, não havendo assim que se falar em carência de ação."[36]-[37]

Destacamos, por fim, a viabilidade de que o vício do processo legislativo já consumado – ou seja: *a inconstitucionalidade formal da lei já promulgada* – da lei seja invocada como *causa de pedir* do mandado de segurança, levando à decretação de nulidade do ato administrativo praticado com base na lei inconstitucional.[38]

50. ATOS DO PODER JUDICIÁRIO

Outra questão que era polêmica, na esfera do mandado de segurança, é a de seu cabimento contra atos judiciais. Devemos preliminarmente distinguir os *atos administrativos praticados pelos órgãos do Poder Judiciário*, em relação aos quais entendem os julgados que o remédio processual é utilizável, dos atos propriamente *jurisdicionais*, em que só excepcionalmente se admite o mandado de segurança.

A título de registro histórico, vale lembrar das três correntes de opinião no tocante ao cabimento do mandado de segurança contra ato judicial.

Numerosos julgamentos consideraram incabível o mandado de segurança contra tais atos. Outros entendem que só excepcionalmente seria concebível a utilização do mandado contra decisões judiciárias. Outros ainda expressaram a ideia de que o mandado será cabível, sempre que não houvesse recurso previsto em lei dotado de efeito suspensivo.

Depois da promulgação da Lei nº 191, forte era a corrente de opinião que só admitia o mandado de segurança contra os atos administrativos do magistrado. GABRIEL PASSOS, então Procurador-Geral da República, sintetizou a tese dominante naquela época ao escrever:

"Para reparar erros de ofício de juiz e de legislador existem processos adequados; para reparar erros de administração – de juiz, legislador e de qualquer autoridade – é que existe, entre outros remédios, o mandado de segurança."

---

[36] TJSP, Apelação 9100094-22.2008.8.26.0000, Rel. Des. LINEU PEINADO, j. 05.10.2010.

[37] Realizando julgamento de mérito, inobstante o fato de ter havido promulgação da lei: TJRJ, MS 0053777-36.2016.8.19.0000, Rel. Des. JOSÉ CARLOS PAES, j. 14.12.2016.

[38] Exemplifica a hipótese o acórdão do TJSP na Apelação 9100094-22.2008.8.26.0000, Rel. Des. LINEU PEINADO, j. 05.10.2010.

128 MANDADO DE SEGURANÇA NA PRÁTICA JUDICIÁRIA – *Arnoldo Wald*

Diversos acórdãos das Cortes de Apelação do (antigo) Distrito Federal e de Minas Gerais firmaram, desde 1936, o princípio de que não cabia mandado de segurança contra os atos do Poder Judiciário no exercício da sua função soberana de julgar os litígios, porque senão,

"A admitir essa anomalia, estariam em breve substituídos pelo mandado de segurança todos os recursos e ações constantes da legislação comum."[39]

Divergindo, admitira o mandado como meio de correção de decisões judiciárias, na falta de outro recurso, o Tribunal de São Paulo[40].

A Corte Suprema, provocada para decidir a questão diante da discrepância existente entre a jurisprudência dos tribunais locais, reconheceu que não cabia mandado de segurança contra a coisa julgada, consubstanciando a sua opinião em diversos acórdãos como os seguintes:

"O mandado de segurança não pode servir para impedir a execução de uma sentença, seja ela da Justiça do Trabalho."[41]

"O mandado de segurança não cabe contra a coisa julgada para invalidar os efeitos de outro mandado de segurança."[42]

Acórdãos do Supremo Tribunal houve até que não concediam o mandado de segurança, por princípio, contra atos judiciais[43].

O próprio CASTRO NUNES reconheceu que:

"O Supremo Tribunal Federal, por grande maioria, não tem admitido o mandado de segurança contra atos judiciais. Votos vencidos temos sido o Ministro ANÍBAL FREIRE e eu (CASTRO NUNES), prestigiando-nos com a sua adesão o Ministro FILADELFO AZEVEDO. Creio, porém, na mesma corrente, o eminente Ministro HAHNEMANN GUIMARÃES."[44]

---

[39] Mandado de Segurança nº 38, da Corte de Apelação do (antigo) Distrito Federal, de 5.8.1936, relator o Desembargador ANDRÉ DE FARIA FERREIRA, *Arquivo Judiciário*, Rio de Janeiro, vol. 39, p. 369, jul./set. 1936, e *Revista Forense*, Rio de Janeiro, vol. LXVIII, p. 120, . No mesmo sentido, o acórdão do Tribunal de Minas Gerais, de 19 de fevereiro de 1936, *Revista Forense,,* vol.67, p. 365, maio/ago. 1936.

[40] Acórdão da Corte de Apelação de São Paulo, *Revista Forense,* Rio de Janeiro, vol. 67, p. 365, maio/ago. 1936, e *Revista dos Tribunais*, São Paulo, vol. 97, p. 358, set. 1935.

[41] Mandado de Segurança nº 77, julgado pela Corte Suprema, em 1.7.1935, relator o Ministro COSTA MANSO, *Arquivo Judiciário,* Rio de Janeiro, vol. 39, p. 344, jul./set. 1936, e *Revista Forense,* vol. 68, p. 104, set./dez. 1936.

[42] Mandado de Segurança nº 293, julgado pela Corte Suprema, em 18.8.1936, relator o Ministro CARVALHO MOURÃO.

[43] Mandado de Segurança nº 219, julgado pela Corte Suprema em 4.9.1936, sendo relator o Ministro LAUDO DE CAMARGO, *Arquivo Judiciário*, Rio de Janeiro, vol. 43, p. 3, jul./set. 1937.

[44] CASTRO NUNES, ob. e ed. cit., p. 126.

Capítulo VII · ATOS DE AUTORIDADE | 129

Em oposição, existem alguns acórdãos do Supremo Tribunal Federal concedendo o mandado de segurança contra atos judiciais, atendendo à excepcionalidade do caso e à evidente violação da lei por parte da sentença ou do acórdão ou à incompetência dos seus prolatores.

O caso líder da espécie é o de uma sentença que abalou todos os nossos princípios jurídicos, mandando que se fizesse a penhora das rendas do Estado de Minas Gerais. O Supremo Tribunal Federal houve por bem conceder mandado de segurança impetrado pelo próprio Estado contra a sentença discrepante de toda a legislação e jurisprudência pátrias.

O acórdão do Supremo Tribunal Federal, que concedeu o referido mandado de segurança, atendendo à impenhorabilidade dos bens públicos, fundamentou-se nas seguintes razões:

> "Quando o despacho do juiz viola flagrantemente a Constituição, fere de frente disposições expressas de lei, não compreendo como o titular do direito fuja ao mandado de segurança e não percebo por que se pretende negar o mesmo por questões puramente de respeito à independência do Poder Judiciário" (Ministro OTÁVIO KELLY).
>
> "Reputando manifestamente ilegal a decisão que determinou a penhora de rendas de um Estado da Federação e não havendo outro remédio eficaz para fazer cessar a anomalia, concedo o mandado" (Ministro COSTA MANSO).
>
> "Em tese, não é admissível o mandado de segurança contra decisões judiciais. O caso em discussão, porém, não se pode reger pelas normas comuns" (Ministro CARLOS MAXIMILIANO)[45].

Assim vemos que após rejeitar o mandado como remédio para corrigir sentenças judiciárias, o Supremo Tribunal Federal, com o acórdão de 1936, o admitiu excepcionalmente. Em 1943, o Excelso Pretório reconheceu o cabimento para cassar decisão do Tribunal de Apelação que julgara agravo numa causa em que era parte a Fazenda Nacional[46]. No mesmo ano, julgando um mandado de segurança contra o Presidente do Tribunal de Segurança Nacional, o Supremo Tribunal Federal reafirmava que"O mandado de segurança só é admissível contra atos judiciais *excepcionalmente, em falta de recurso ordinário e diante da manifesta incompetência* por parte do indigitado autor."[47]

---

45 Mandado de Segurança nº 319, julgado pela Corte Suprema em 2.10.1936, relator o Ministro CARLOS MAXIMILIANO, *in Revista Forense,* Rio de Janeiro, vol. 70, p. 481, abr./jun. 1937. Votou vencido o Ministro BENTO DE FARIA, que só considerava idôneo o mandado de segurança contra ato administrativo praticado pelo juiz, mas não contra ato tipicamente judicial.

46 CASTRO NUNES, ob. cit., 5. ed., p. 453.

47 Mandado de Segurança nº 699, julgado pelo Supremo Tribunal Federal, em 11.8.1943, sendo relator o Ministro FILADELFO AZEVEDO, *Revista dos Tribunais,* São Paulo, vol. 156, p. 366, 1945.

130 | MANDADO DE SEGURANÇA NA PRÁTICA JUDICIÁRIA – *Arnoldo Wald*

Era a tese já abraçada em 1941 pelo Ministro ANÍBAL FREIRE quando reconheceu o cabimento excepcional do mandado de segurança contra decisões judiciais:

> "Atos há, entretanto, de autoridades judiciárias, que, pelas circunstâncias excepcionais de que se revestem, merecem a aplicação de um corretivo pronto que impeça a prossecução de violência ou do atentado à ordem jurídica. Se o ato apontado não pode ser sanado de qualquer modo em face do sistema processual vigente, não deve prevalecer o ato de arbítrio ou inconsequência do juiz."[48].

A teoria elaborada, finalmente, foi a da concessão do mandado de segurança contra os atos administrativos praticados por autoridade judiciária, em termos amplos, e da concessão contra ato judicial, quando não oferecesse a legislação outro remédio eficiente para sustar os efeitos prejudiciais do ato ilegal ou abusivo praticado pelo magistrado.

O princípio geral é que o mandado de segurança descabe contra ato tipicamente judicial, sendo "impotente para aniquilar a imponência da coisa julgada e impróprio para, com aversão de todo o sistema processual, substituir os recursos que a lei suscita contra as sentenças em geral".

Admitiu-se, como já tivemos o ensejo de ver, a sua utilização contra sentenças e acórdãos *excepcionalmente,* no caso de evidente incompetência do juiz prolator ou de violação de norma legal, desde que não houvesse recurso suspensivo.

A evolução da jurisprudência, diante do critério essencialmente subjetivo da *excepcionalidade,* a que se referem os acórdãos do Supremo Tribunal, foi no sentido de admitir o mandado de segurança contra atos judiciais sempre que não houvesse outro recurso previsto pela lei e com efeito suspensivo. Esta última corrente se estava impondo na jurisprudência local, embora o Excelso Pretório continuasse a exigir para que fosse concedido o mandado que, ao lado da falta de recurso, as circunstâncias especiais do julgamento se revestissem de caráter excepcional, como no caso citado da penhora de bens do Estado.

A Lei nº 1.533 veio pôr fim à polêmica, abraçando a tese já vitoriosa nos tribunais locais, de acordo com a qual cabe mandado contra decisões judiciárias, desde que não haja outro recurso dotado de ordinário suspensivo. É o que dizia o art. 5º, inciso II, da mencionada lei.

Foi sob a vigência da citada lei que o Supremo Tribunal Federal consolidou os entendimentos jurisprudenciais prevalecentes e aprovou os enunciados das *Súmulas* 267 e 268, respectivamente:

---

[48]   STF-1ª T., RE 4.564/SC, Rel. Min. ANNIBAL FREIRE, j. 21.08.1941.

Capítulo VII · ATOS DE AUTORIDADE | 131

"Não cabe mandado de segurança contra ato judicial passível de recurso ou correição" (Súmula nº 267).

"Não cabe mandado de segurança contra decisão judicial com trânsito em julgado" (Súmula nº 268).

Posteriormente, o art. 5º, inciso II, da Lei nº 12.016, reiterou a vedação do mandado de segurança contra decisão judicial contra a qual caiba recurso com efeito suspensivo.

Vemos, pois, que a evolução da jurisprudência foi no sentido de acolher o mandado contra os atos administrativos do magistrado, excluindo a sua aplicação contra atos judiciais propriamente ditos, para, a seguir, admiti-lo, também em relação a estes, em condições excepcionais, desde que não houvesse outro recurso previsto em lei, dotado de efeito suspensivo e capaz de tutelar efetivamente o direito material.[49]

Concluído esse histórico, passamos ao exame do contexto normativo hoje vigente.

Cabe inicialmente considerar que a própria Constituição Federal de 1988, ao dispor a respeito da competência do Supremo Tribunal Federal (art. 102, I, *d*), do Superior Tribunal de Justiça (art. 105, I, *b*) e dos Tribunais Regionais Federais (art. 108, I, *c*), assegura o cabimento do mandado de segurança contra atos praticados por juízes e pelos Tribunais.

Partindo dessa premissa, a Lei nº 12.016 reafirma o cabimento do mandado de segurança para corrigir violação de direito líquido e certo cometida *"por parte de autoridade, seja de que categoria for e sejam quais forem as funções que exerça"*, abarcando claramente os atos praticados por magistrados, estejam eles exercendo função judicante ou administrativa.

Ficou acertado o entendimento de que as decisões judiciais são passíveis de mandado de segurança, desde que atendidos os requisitos da Lei nº 12.016 e apenas se o ordenamento jurídico não franquear à parte, na hipótese, recurso com efeito suspensivo[50]. De cabimento subsidiário, o mandado de segurança é salvaguarda de direitos fundamentais, necessário para viabilizar tutela jurisdicional e efetividade do direito quando ausente outro mecanismo eficaz, como

---

[49]   A propósito, Humberto Theodoro Júnior afirma: "O importante, na realidade, não é a existência ou não de efeito suspensivo do recurso manejado contra decisão judicial. O que é decisivo é avaliar a eficiência do meio impugnativo disponibilizado pela lei processual à parte prejudicada por decisão judicial" (*In: Lei do mandado de segurança comentada*: artigo por artigo. Rio de Janeiro: Forense, 2014, p. 161).

[50]   O pressuposto negativo consta do art. 5º, II, da Lei nº 12.016, de 07 de agosto de 2009.

132 | MANDADO DE SEGURANÇA NA PRÁTICA JUDICIÁRIA – *Arnoldo Wald*

há muito concluiu KAZUO WATANABE[51] e vínhamos defendendo na obra em coautoria com HELY LOPES MEIRELLES e GILMAR FERREIRA MENDES:

> "... é importante ressaltar que a mera existência de recurso processual cabível não afasta o mandado de segurança se tal recurso é insuficiente para coibir a ilegalidade do Judiciário e impedir a lesão ao direito evidente do impetrante. Os recursos processuais não constituem fins em si mesmos; são meios de defesa do direito das partes, aos quais a Constituição aditou o *mandado de segurança*, para suprir-lhes as deficiências e proteger o indivíduo contra os abusos da autoridade, abrangendo, inclusive, a autoridade judiciária. Se os recursos comuns se revelam ineficazes na sua missão protetora do direito individual ou coletivo, líquido e certo, pode seu titular usar, excepcional e concomitantemente, o *mandamus*."[52]

Ainda quanto ao ponto, cumpre observar que, ao prever o descabimento de mandado de segurança contra decisão da qual caiba recurso com efeito suspensivo, o art. 5º, II, da Lei nº 12.016 induz à correta interpretação do enunciado da Súmula 267 do Supremo Tribunal Federal[53]. A lei vigente não se contenta com a mera previsão de cabimento do recurso; a ausência de efeito suspensivo seria determinante para o cabimento ou descabimento do remédio constitucional, pois torna o recurso incapaz de prevenir a consumação do direito material, revelando-o *aquém* do exigido pelo art. 5º, XXXV, da Constituição.

No âmbito dos tribunais, permanece o entendimento segundo o qual o cabimento de mandado de segurança contra ato jurisdicional se reserva a hipóteses excepcionais, em que o ato atacado revela teratologia, ilegalidade ou abuso manifestos, como evidenciam acórdãos dos Tribunais Superiores:

> "O mandado de segurança somente se revelaria cabível se no ato judicial houvesse teratologia, ilegalidade ou abuso flagrante..."[54]

---

[51] KAZUO WATANABE, *Controle jurisdicional (princípio da inafastabilidade do controle jurisdicional no sistema jurídico brasileiro) e mandado de segurança contra atos judiciais*. São Paulo: Revista dos Tribunais, 1980, p. 106: "Dessa natureza especial decorre a sua admissibilidade contra atos judiciais, mas não como remédio alternativo à livre opção do interessado, e sim como instrumento que completa o sistema de remédios organizados pelo legislador processual, cobrindo as falhas neste existentes no que diz com a tutela de direitos líquidos e certos." No mesmo sentido: LUIZ FUX, *Mandado de segurança*. 2. ed. Rio de Janeiro: Forense, 2019, p. 68.

[52] HELY LOPES MEIRELLES; ARNOLDO WALD; GILMAR FERREIRA MENDES, *Mandado de segurança e ações constitucionais*. 38. ed. São Paulo: Malheiros, 2019, pp. 50-51.

[53] "Não cabe mandado de segurança contra ato judicial passível de recurso ou correição".

[54] STF-Pleno, AgRg no MS 31.831/PA, Rel. Min. DIAS TOFFOLI, j. 17.10.2013.

Capítulo VII · ATOS DE AUTORIDADE | 133

"O mandado de segurança não é via idônea para a revisão de ato de natureza jurisdicional de turma ou seção do STJ, salvo situações de absoluta excepcionalidade, em que ficar cabalmente evidenciado o caráter abusivo ou teratológico da medida impugnada."[55]

"É inadmissível a impetração de mandado de segurança contra ato jurisdicional, exceto nos casos de flagrante ilegalidade ou teratologia da decisão questionada."[56]

"Incabível o mandado de segurança contra ato judicial passível de impugnação por meio próprio, visto não ser sucedâneo de recurso."[57]

A respeito do não cabimento de mandado de segurança contra ato jurisdicional de Ministro do STF, interessante citar trecho da ementa de acórdão de relatoria do Ministro CELSO DE MELLO, *verbis*:

"A jurisprudência do Supremo Tribunal Federal – mesmo sob a égide da vigente Constituição – firmou-se no sentido de não admitir, por incabível, mandado de segurança contra atos decisórios de índole jurisdicional proferidos pela Suprema Corte, eis que tais decisões, ainda quando emanadas de Ministro-Relator, somente são suscetíveis de desconstituição mediante utilização dos recursos pertinentes, ou, tratando-se de pronunciamentos de mérito já transitados em julgado, mediante ajuizamento originário da ação rescisória."[58]-[59]

Certa feita, a Corte Especial do Superior Tribunal de Justiça afirmou quais seriam as situações excepcionais de cabimento de mandado de segurança contra ato jurisdicional:

"Fora das circunstâncias normais, entretanto, a doutrina e a jurisprudência majoritárias admitem o manejo do mandado de segurança contra ato judicial, pelo menos em relação às seguintes hipóteses excepcionais: a) decisão judicial manifestamente ilegal ou teratológica; b) decisão judicial contra a qual não caiba recurso; c) para imprimir efeito suspensivo a recurso desprovido de tal efeito; e d) quando impetrado por terceiro prejudicado por decisão judicial."[60]

---

[55] STJ-CE, AgRg no MS 21.597/DF, Rel. Min. FRANCISCO FALCÃO, j. 03.06.2015.

[56] STF-1ª T., AgRg no ROMS 32.043/DF, Rel. Min. LUIZ FUX, j. 10.05.2016.

[57] STJ-4ª T. AgInt no RMS 58.056/SP, Rel. Min. MARIA ISABEL GALLOTTI, j. 05.12.2019.

[58] STF-Pleno, AgRg no MS 22626/SP, Rel. Min. CELSO DE MELLO, j. 31.10.1996.

[59] No mesmo sentido: STF-Pleno: EDcl no MS 36.619/RJ, Rel. Min. RICARDO LEWANDOWSKI, j. 18.10.2019; AgRg no MS 36.152/MG, Rel. Min. CELSO DE MELLO, j. 06.08.2019; AgRg no MS 36.390/DF, Rel. Min. LUIZ FUX, j. 17.05.2019.

[60] STJ-CE, MS 21.877/DF, Rel. Min. RAUL ARAÚJO, j. 04.11.2015.

134 | MANDADO DE SEGURANÇA NA PRÁTICA JUDICIÁRIA – *Arnoldo Wald*

Um exemplo de pronunciamento judicial contra o qual o STF tem admitido mandado de segurança é aquele que assenta a intempestividade de recurso interposto dentro do prazo legal.[61]

Situação relevante é também a do enfrentamento dos atos dos Juizados Especiais pela via do mandado de segurança, uma vez que o art. 59 da Lei nº 9.099 proíbe expressamente a ação rescisória, mas o art. 5º, XXXV, da Constituição assegura a tutela jurisdicional efetiva e não admite, como já tratado, decisões teratológicas, manifestamente ilegais ou abusivas. *Em tais casos, o remédio constitucional não configura mero sucedâneo de ação rescisória (o que seria vedado pela Súmula 268/STF) e deve ser admitido,* como já fazem os tribunais pátrios.

Após alguma controvérsia a respeito da competência para o julgamento do mandado de segurança na hipótese, o Superior Tribunal de Justiça aprovou a Súmula nº 376, cujo enunciado afirma:

> "Compete a turma recursal processar e julgar o mandado de segurança contra ato de juizado especial."

O Plenário do Supremo Tribunal Federal, por sua vez, confirmou o acerto desse entendimento ao afirmar:

> "As Turmas Recursais são órgãos recursais ordinários de última instância relativamente às decisões dos Juizados Especiais, de forma que os juízes dos Juizados Especiais estão a elas vinculados no que concerne ao reexame de seus julgados. Competente a Turma Recursal para processar e julgar recursos contra decisões de primeiro grau, também o é para processar e julgar o mandado de segurança substitutivo de recurso."[62]-[63]

Por outro lado, resta consolidado o entendimento de que, em se tratando de discussão a respeito da competência do Juizado Especial para processar e julgar a causa, o mandado de segurança deve ser dirigido ao Tribunal de Justiça ou Tribunal Regional Federal, conforme o caso, a exemplo do que demonstram acórdãos do Superior Tribunal de Justiça:

> "1. 'A jurisprudência do STJ admite a impetração de mandado de segurança para que o Tribunal de Justiça exerça o controle da competência dos Juizados Especiais Cíveis e Criminais, vedada a análise do mérito do processo subjacente' (RMS 33.155/MA, Rel. Ministra Maria Isabel Gallotti, Quarta Turma, DJe 29.8.2011)."[64]

---

[61] STF-Pleno, MS 31.139/PR, Rel. Min. MARCO AURÉLIO, j. 03.10.2019.

[62] STF-Pleno, RE 586789/PR, Rel. Min. RICARDO LEWANDOWSKI, j. 16.11.2011.

[63] V. também: STF, MS 36122-MC/BA, Rel. Min. CELSO DE MELLO, j. 30.11.2018.

[64] STJ-2ª T., RMS 59378/CE, Rel. Min. HERMAN BENJAMIN, j. 05.09.2019.

Capítulo VII · ATOS DE AUTORIDADE | **135**

"Consolidou-se, no âmbito da jurisprudência deste Tribunal Superior, a orientação no sentido de que se admite a impetração de writ perante os Tribunais de Justiça dos Estados para o exercício do controle de competência dos juizados especiais, ficando a cargo das Turmas Recursais, a teor do que dispõe a Súmula nº 376/STJ, os mandados de segurança que tenham por objetivo o controle de mérito dos atos de juizado especial."[65]

Embora o Supremo Tribunal Federal tenha afirmado ser inadmissível o mandado de segurança impetrado contra decisão interlocutória de Juizado Especial[66], defendemos que o entendimento merece ser revisto. Ainda que a Lei nº 9.099 se destine a promover a celeridade, não se pode olvidar de pressupostos basilares da Justiça e do Direito, de modo que um pronunciamento jurisdicional que viole direito líquido e certo deverá ser contrastado pela via do mandado de segurança, prevalecendo o conteúdo sobre a forma, nos termos do art. 5º, XXXV, da Constituição Federal. Há decisões interlocutórias capazes de causar dano irreparável ou de difícil reparação e, portanto, a formalidade do rito procedimental deve ceder ante a finalidade da atuação jurisdicional que é a efetiva tutela dos direitos materiais.

Ademais, é de suma importância observar que, após a Lei nº 9.099, foram promulgadas outras duas, a Lei nº 10.259, de 12 de julho de 2001, que instituiu os Juizados Especiais Cíveis e Criminais no âmbito da Justiça Federal, e a Lei nº 12.153, de 22 de dezembro de 2009, que instituiu o Juizado Especial da Fazenda Pública. Ambas preveem o cabimento de recurso de agravo contra decisões que deferem tutelas provisórias e, por inexistir razão idônea que justifique a distinção, defendemos que o regime jurídico das Leis nºs 10.259 e 12.153, no que diz respeito à recorribilidade das interlocutórias, deveria ser estendido a todo o microssistema dos juizados especiais, inclusive para os feitos regidos pela Lei nº 9.099.

Por fim, não se pode admitir a impetração de mandado de segurança contra decisão transitada em julgado quando admissível a ação rescisória, conforme vedação expressa do art. 5º, III, da Lei nº 12.016 e de entendimento jurisprudencial consagrado na Súmula nº 268 do Supremo Tribunal Federal.[67]

O terceiro, contra o qual a decisão não faz coisa julgada (CPC, art. 506), está autorizado a impetrar o mandado de segurança, observado o prazo do art. 23 da Lei nº 12.016, mesmo após o prazo recursal a que estão sujeitas as partes, conforme prevê o enunciado da Súmula 202 do Superior Tribunal de Justiça:

---

[65] STJ-3ª T., RMS 48.413/MS, Rel. Min. RICARDO VILLAS BÔAS CUEVA, j. 04.06.2019.

[66] STF-Pleno, RE 576.847, Rel. Min. EROS GRAU, j. 20.05.2009 (Tema 77). Também: STF-1ª T., AgRg no AI 681037/Ba, Rel. Min. MARCO AURÉLIO, j. 20.09.2011; STF-2ª T., AgRg no AI 857811/PR, Rel. Min. RICARDO LEWANDOWSKI, j. 16.04.2013; STF-1ª T., AgRg no ARE 703840/SC, Rel. Min. ROBERTO BARROSO, j. 25.03.2014.

[67] Súmula nº 268/STF: "Não cabe mandado de segurança contra decisão judicial com trânsito em julgado."

"A impetração de segurança por terceiro, contra ato judicial, não se condiciona à interposição de recurso."[68]

Cumpre anotar, todavia, que a jurisprudência[69] tem afastado a aplicação da Súmula n° 202 do STJ nas hipóteses em que o impetrante, terceiro no processo, foi cientificado da decisão proferida e não interpôs o recurso cabível, entendimento recentemente reafirmado pelo Superior Tribunal de Justiça:

> "1. A impetração de mandado de segurança contra decisão judicial somente é admitida nos casos de manifesta ilegalidade ou abuso de poder. Precedentes.
> 2. De acordo com a Súmula 202 desta Corte, 'a impetração de segurança por terceiro, contra ato judicial, não se condiciona à interposição de recurso'.
> 3. A incidência desse verbete contempla 'tão somente aquele que não teve condições de tomar ciência da decisão que lhe prejudicou, ficando impossibilitado de se utilizar do recurso cabível' (RMS 42.593/RJ, Rel. Ministro JOÃO OTÁVIO DE NORONHA, Terceira Turma, julgado em 08/10/2013, DJe 11/10/2013), pois a condição de terceiro pressupõe o desconhecimento e ausência de manifestação no processo (RMS 34.055/SP, Rel. Ministro MAURO CAMPBELL MARQUES, Segunda Turma, julgado em 24/05/2011, DJe 31/05/2011).
> 4. Hipótese em que o impetrante teve ciência da decisão proferida em sede de medida cautelar que lhe foi desfavorável, inclusive interpondo agravo regimental, conforme consignado no acórdão recorrido, inviabilizando a impetração do *writ*."[70]

Outra é a situação da parte, contra a qual se produzem os efeitos da preclusão, sendo o caso de renovar aquilo que há décadas defendemos: a parte que não interpôs, tempestivamente, o recurso adequado, não tem direito de se socorrer do mandado de segurança. *Dormientibus jus non succurrit.* Basta observar que eventual cabimento levaria à deturpação dos sistemas recursal e de preclusões, pois a instabilidade das decisões perduraria não apenas pelos respectivos prazos recursais, mas por 120 dias dentro dos quais as partes poderiam impetrar mandado de segurança.[71]

---

[68] Também: 3ª T., RMS 49.265/MG, Rel. Min. MARCO AURÉLIO BELLIZZE, j. 10.12.2019; 3ª T., RMS 58.653/SP, Rel. Min. NANCY ANDRIGHI, j. 02.04.2019; 4ª T., RMS 59.322/MG, Rel. Min. ANTONIO CARLOS FERREIRA, j. 05.02.2019; 2ª T., REsp 1.678.879/SP, Rel. Min. HERMAN BENJAMIN, j. 03.10.2017.

[69] STJ-3ª T., RMS 42.593/RJ, Rel. Min. JOÃO OTÁVIO DE NORONHA, j. 08.10.2013; STJ-4ª T., AgRg no RMS 45.011/SC, Rel. Min. MARIA ISABEL GALLOTTI, j. 05.08.2014.

[70] STJ-1ª T., RMS 51.532-CE, Rel. Min. NAPOLEÃO NUNES MAIA FILHO, j. 04.08.2020.

[71] ARNOLDO WALD, "Do mandado de segurança contra atos do Poder Judiciário", *Revista de Direito da Procuradoria Geral do Estado da Guanabara*, n. 18p. 51-58, 1968.

Capítulo VII · ATOS DE AUTORIDADE | **137**

51. ATOS DO PODER EXECUTIVO

A) Histórico

Em relação aos atos do Poder Executivo, a lei nem sempre permitiu a utilização do mandado de segurança de modo irrestrito. Enquanto a Constituição de 1934, no seu art. 113, nº 33, e a Lei nº 191, de 16 de janeiro de 1936, no seu art. 1º, admitiam o *writ* contra atos de qualquer autoridade, a Carta de 1937 e o Código de Processo Civil de 1939 estabeleceram sérias restrições, que atrofiaram o remédio protetor dos direitos individuais não amparados pelo *habeas corpus*.

Na realidade, o Estado Novo relegou para o plano de legislação ordinária o mandado, que assim deixou de ser garantia constitucional. Por outro lado, não tiveram os tribunais competência para apreciar os mandados contra o Presidente da República, os componentes do Ministério e os governadores.

O Código de Processo Civil de 1939, no seu art. 319, determinou que se concedesse o mandado contra "ato manifestamente inconstitucional ou ilegal, de qualquer autoridade, salvo do Presidente da República, dos ministros de Estado, governadores e interventores".

Ficou, assim, limitado o campo de aplicação do remédio constitucional e a jurisprudência teve que atender às restrições legais. Surgiram, então, algumas dúvidas quando o ato impugnado tinha sido praticado por autoridade inferior obedecendo à ordem de superior hierárquico. Nesses casos, entenderam os tribunais que:

> "No sistema de nossa legislação específica, o mandado de segurança só cabe quando requerido contra a autoridade coatora, e, como tal, se entende a que direta e imediatamente pratica o ato violador do direito do impetrante."[72]

> "Se um titular recomenda ao seu subordinado a apuração de determinados fatos, e este, na execução da ordem pratica violência, a arbitrariedade não terá emanado daquele mas deste."[73]

> "Para que se considere mandante do ato reputado praticado contra direito líquido e certo, não basta que a autoridade superior tenha de modo geral provocado a sua execução; é necessário que o ato em apreço tenha sido especificadamente por ela ordenado; não basta igualmente que praticado o ato, a autoridade o encampe."[74]

---

[72] Apelação Cível nº 56.506, julgada em 7.3.1952, pela 5ª Câmara do Tribunal de Justiça de São Paulo, relator o Desembargador VICENTE SABINO JÚNIOR, *Revista dos Tribunais*, São Paulo, vol. 202, p. 190, ago. 1952.

[73] Mandado de Segurança nº 38, julgado pela Corte de Apelação de Minas Gerais, sendo relator o Desembargador RODRIGUES CAMPOS, *Arquivo Judiciário*, Rio de Janeiro, vol. 37, p. 505, jan./mar. 1936.

[74] Mandado de Segurança nº 2.704, julgado pelo Tribunal de Justiça do Estado de São Paulo, em 26.2.1943, sendo relator o Desembargador ALMEIDA FERRARI, *Revista dos Tribunais*, São Paulo, vol. 146, p. 37, 1943.

138 | MANDADO DE SEGURANÇA NA PRÁTICA JUDICIÁRIA – *Arnoldo Wald*

A fim de evitar o deslocamento de competência de que teria resultado a inidoneidade do mandado de segurança, os tribunais entenderam ainda que somente não cabia o mandado de segurança contra o ato privativo do ministro ou do interventor, cabendo, todavia, contra aquele que só em grau de recurso foi conhecido e decidido pelas mencionadas autoridades[75]. Garantia-se a eficiência do remédio constitucional dentro dos limites da lei, pois se se admitisse que a homologação do ato por autoridade superior viesse a deslocar a competência, nenhum ato seria sujeito ao controle judicial por via do mandado de segurança, pois todos passariam a ser encampados pelas autoridades superiores contra as quais o remédio não era cabível.

A Constituição de 1946 e a Lei nº 1.533, de 31 de dezembro de 1951, devolveram ao mandado de segurança a amplitude primitiva, autorizando sua utilização contra ilegalidade ou abuso de poder cometidos por qualquer autoridade (art. 141, § 24, da Constituição de 1946).

Dizia o art. 1º da Lei nº 1.533:

> "Conceder-se-á mandado de segurança para proteger direito líquido e certo, não amparado por *habeas corpus*, sempre que, ilegalmente ou com abuso de poder, alguém sofre violação ou houver justo receio de sofrê-la por parte da autoridade, seja *de que categoria for e sejam quais forem as funções que exerça*".

B) Legislação vigente

A superveniência da Constituição Federal de 1988 e da Lei nº 12.016, de 07 de agosto de 2009, pouco alterou as hipóteses de cabimento em relação ao que previa a lei revogada, excluindo do alcance do mandado de segurança também os casos que passaram a ser tratados por *habeas data*, conforme se vê do art. 5º, LXIX, da Constituição:

> "LXIX – conceder-se-á mandado de segurança para proteger direito líquido e certo, não amparado por *habeas corpus* ou *habeas data*, quando o responsável pela ilegalidade ou abuso de poder for autoridade pública ou agente de pessoa jurídica no exercício de atribuições do Poder Público"[76].

---

[75]   Mandado de Segurança nº 2.836, de 12.6.1943, julgado pelo Tribunal de Apelação de São Paulo, relator o Desembargador PEDRO CHAVES, *Revista dos Tribunais*, São Paulo, vol. 146, p. 55, 1943.

[76]   Eis o art. 1º da Lei nº 12.016: "Conceder-se-á mandado de segurança para proteger direito líquido e certo, não amparado por *habeas corpus* ou *habeas data*, sempre que, ilegalmente ou com abuso de poder, qualquer pessoa física ou jurídica sofrer violação ou houver justo receio de sofrê-la por parte de autoridade, seja de que categoria for e sejam quais forem as funções que exerça."

Capítulo VII · ATOS DE AUTORIDADE | **139**

O mandado de segurança pode ser impetrado contra atos de todas as autoridades[77], cabendo ao Supremo Tribunal Federal julgar, originariamente, os mandados contra atos do Presidente da República, da Mesa da Câmara ou do Senado e do Presidente do próprio Supremo Tribunal Federal e do Tribunal de Contas da União (art. 102, I, *d*, da Constituição de 1988) e ao Superior Tribunal de Justiça julgar os mandados contra atos de Ministro de Estado, dos Comandantes da Marinha, do Exército e da Aeronáutica ou do próprio Tribunal (art. 105, I, *b*).

Constituição Federal e lei vigente são claras no sentido de que a impetração do mandado de segurança é cabível em se tratando de ato praticado por autoridade pública em que revele ilegal ou abusivo. Estão ao alcance do remédio constitucional, portanto, não apenas os atos administrativos em manifesta contrariedade à lei, mas também aqueles a que remete o art. 187 do Código Civil, de ilegalidade disfarçada, de *abuso ou desvio de poder*, quando se identifica desvio quanto aos propósitos do ato, a despeito de sua aparente legalidade, como bem salientado pela doutrina:

> "Desvio de poder é uma ilegalidade disfarçada; é uma ilicitude com aparência de legalidade. Ao vício propriamente jurídico agrega-se o vício ético; o embuste, a intenção de enganar. Pelo desvio de poder violam-se, simultaneamente, os princípios da legalidade e da moralidade administrativa. O desvio de poder nunca é confessado, somente se identifica por meio de um feixe de indícios convergentes, dado que é um ilícito caracterizado pelo disfarce, pela aparência de legalidade, para encobrir o propósito de atingir um fim contrário ao direito, exigindo um especial cuidado por parte do Poder Judiciário"[78].

Estando equiparados no art. 5º, LXIX, da Constituição, a ilegalidade em sentido estrito ao abuso de poder[79], tem-se que não se pode negar o cabimento do remédio constitucional e a efetiva tutela jurisdicional do direito violado, conforme defende CASSIO SCARPINELLA BUENO:

> "É importante ter presente que tanto os casos de 'ilegalidade' como os de 'abuso de poder' são formas de invalidades e desconformidades com o

---

[77] LÚCIA VALLE FIGUEIREDO, *Mandado de segurança*. 6. ed. São Paulo: Malheiros, 2009, p. 32: "Doutrina, jurisprudência e legislação infraconstitucional já haviam consagrado: todos os que exerçam função pública são suscetíveis de encarnar a figura da autoridade coatora."

[78] SÉRGIO FERRAZ, O desvio de poder. In: DALLARI, Adilson Abreu; NASCIMENTO, Carlos Valder do; MARTINS, Ives Gandra da Silva (Coords.). *Tratado de direito administrativo*. São Paulo: Saraiva, 2013, vol. 1, pp. 517-518. V. também: CAIO TÁCITO, "Ato administrativo – poder discricionário" Revista de Direito Administrativo, Rio de Janeiro, n. 38, p. 351, 1954, e CELSO ANTÔNIO BANDEIRA DE MELLO, *Curso de direito administrativo*. 28. ed. São Paulo: Malheiros, 2011, p. 999.

[79] De tal modo que, para MARIA SYLVIA ZANELLA DI PIETRO. *Direito administrativo*. 31. ed. Rio de Janeiro: Forense, 2018, p.971), "Bastaria a menção à ilegalidade, que o abuso de poder já estaria compreendido no vocábulo."

ordenamento jurídico, a serem declaradas, como tais, pelo Judiciário. Daí se submeterem, igualmente, ao mandado de segurança, no que são claras a Constituição e a lei de regência do instituto (art. 1º da Lei n. 12.016/2009). O que distingue um conceito do outro é mais a *forma* da invalidade do ato."[80]

Assim, havendo prova documental suficiente, sendo desnecessária dilação probatória, cabe mandado de segurança para corrigir toda sorte de ilegalidade que venha a acometer o ato administrativo, seja "quanto ao sujeito, ao objeto, ao motivo e à forma"[81], conforme destaca MARIA SYLVIA ZANELLA DI PIETRO.

Abuso de poder, para todos os fins, compreende tanto os casos de *excesso de poder* quanto de *desvio de poder*, ou seja, quando o ato impugnado revele vícios de *competência*, ligado à autoridade que o praticou, ou de *finalidade* do ato.

Algumas vezes, o ato é complexo, formado a partir da atividade de duas ou mais pessoas e, neste caso, sempre defendemos que contra todos aqueles que participam da formação do ato ilegal deve ser impetrado o mandado de segurança, entendimento que se consagrou na jurisprudência do Supremo Tribunal Federal, conforme demonstra excerto de acórdão de relatoria do Ministro ROBERTO BARROSO, em que afirma:

> "... na prática de atos administrativos complexos, a jurisprudência do STF é no sentido de que as autoridades responsáveis devem integrar o polo passivo do feito como litisconsortes passivos necessários (MS 23.972, Rel. Min. Carlos Velloso; MS 24.575, Rel. Min. Eros Grau)."[82]

O ato complexo, por definição, apenas é formado após a última manifestação; as manifestações antecedentes conferem validade às consequentes, mas o ato apenas é capaz de produzir efeitos após a última delas. Por isso, o prazo decadencial para a impetração se inicia apenas após a coleta da última manifestação necessária à formação do ato ou, ainda, posteriormente, quando da ciência inequívoca do ato.[83-84]

---

[80] CASSIO SCARPINELLA BUENO, *Curso sistematizado de direito processual civil*. 4. ed. São Paulo: Saraiva, 2014, , vol. 2, tomo III: direito processual público e direito processual coletivo, p. 45.

[81] MARIA SYLVIA ZANELLA DI PIETRO, *Direito administrativo*. 31. ed. Rio de Janeiro: Forense, 2018, p. 971.

[82] STF-1ª T., AgRg no ROMS 34.247/DF, Rel. Min. ROBERTO BARROSO, j. 02 a 08.12.2016.

[83] Súmula 627 do STF: "No mandado de segurança contra a nomeação de magistrado da competência do Presidente da República, este é considerado autoridade coatora, ainda que o fundamento da impetração seja nulidade ocorrida em fase anterior do procedimento."

[84] Afirmando estar correto o entendimento segundo o qual "o termo inicial para contagem do prazo decadencial do mandado de segurança ocorre quando o ato a ser impugnado se torna capaz de produzir lesão ao direito do impetrante, ou quando este vem a ter ciência inequívoca do ato tido por ilegal": STJ-2ª T., REsp 1.757.445/PA, Rel. Min. HERMAN BENJAMIN, j. 11.09.2018.

Capítulo VII · ATOS DE AUTORIDADE | 141

O mesmo regime se aplica aos chamados atos negociais, abrangendo os atos bifaces, que são compostos de manifestação de vontade da entidade privada e de decisão administrativa, como acontece, por exemplo, com a incorporação de banco.[85]

52. AUTARQUIAS E ADMINISTRAÇÃO PÚBLICA INDIRETA. PARTIDOS POLÍTICOS. AUTORIDADE DELEGADA E CONCESSÃO DE SERVIÇOS PÚBLICOS. SINDICATOS

Desde a Lei nº 191, e de acordo com os textos legais, sucessivamente vigentes, conhece-se do mandado de segurança contra os atos da Administração Pública indireta. Já dizia a nossa primeira lei ordinária que regulamentou o mandado de segurança:

"Consideram-se atos de autoridade os das entidades autárquicas e de pessoas naturais ou jurídicas, no desempenho de serviços públicos, em virtude de delegação ou de contrato exclusivo" (parágrafo único do art. 1º da Lei nº 191, de 1936).

Tanto o Código de Processo Civil de 1939[86] quanto a Lei nº 1.533[87], de 1951, reafirmaram essa orientação.

A Lei nº 12.016, por sua vez, é mais abrangente que sua antecessora ao prever o cabimento do mandado de segurança também contra atos praticados por representantes de partidos políticos, conforme se lê do art. 1º, § 1º:

"Equiparam-se às autoridades, para os efeitos desta Lei, os representantes ou órgãos de partidos políticos e os administradores de entidades autárquicas, bem como os dirigentes de pessoas jurídicas ou as pessoas naturais *no exercício de atribuições do poder público, somente no que disser respeito a essas atribuições.*"

A admissão do mandado de segurança contra atos da administração indireta foi longamente discutida nas Assembleias Constituintes. O Professor FERREIRA DE SOUZA, como deputado, em 1934, e senador, em 1946, admitiu a utilização do mandado contra os atos das autarquias, mas se rebelou contra sua admissão contra pessoas físicas ou empresas privadas concessionárias. No plenário, o seu ponto de vista foi vencido tornando-se vitoriosa a tese de maior ampliação, justi-

---

[85] ARNOLDO WALD, "Aspectos peculiares do direito bancário: o regime jurídico dos atos bifaces", *Revista de Direito Bancário e do Mercado de Capitais*, São Paulo, N. 26, p. 327, out./dez. 2004, DTR\2011\2589. Também: HELY LOPES MEIRELLES, *Estudos e pareceres de direito público*. São Paulo: Revista dos Tribunais, 1984, v. 8, p. 306.

[86] Art. 319, § 2º: "Também se consideram atos de autoridade os de estabelecimentos públicos e de pessoas naturais ou jurídicas no desempenho de serviços públicos em virtude de delegação ou contrato exclusivo, ainda quando transgridam o contrato ou exorbitem da delegação."

[87] Art. 1º, § 1º: "Consideram-se autoridades para os efeitos desta lei os administradores ou representantes das entidades autárquicas e das pessoas naturais ou jurídicas com funções delegadas do poder público, somente no que se entende com essas funções".

142 | MANDADO DE SEGURANÇA NA PRÁTICA JUDICIÁRIA – *Arnoldo Wald*

ficada por LEVI CARNEIRO, que considerava o legislador ordinário habilitado a estender o alcance do mandado por ter a Constituição fixado um mínimo, "não se devendo deixar ao desamparo direitos que se enquadram na fórmula constitucional, simplesmente por uma interpretação doutrinária restritiva do dispositivo da própria Constituição"[88].

Conheceu-se de pedidos de mandados de segurança contra autarquias e contra o Conselho Federal da Ordem dos Advogados do Brasil[89]. Atualmente, a jurisprudência não mais discute o tema, tendo-se afirmada a legitimidade dos dirigentes das autarquias para figurarem como autoridades coatoras em mandados de segurança:

> "As autarquias possuem personalidade jurídica própria, distinta da entidade política à qual estão vinculadas, assim como autonomia administrativa e financeira, razão pela qual seus dirigentes têm legitimidade passiva para figurar como autoridades coatoras em Mandados de Segurança. Precedentes de ambas as Turmas de Direito Público do STJ."[90]

Além disso, tem-se por certa a competência do foro do domicílio do impetrante para processar e julgar o mandado de segurança na hipótese:

> "Nada obstante, consoante o entendimento do STJ, 'tratando-se de mandado de segurança impetrado contra autoridade pública federal, o que abrange a União e respectivas autarquias, o Superior Tribunal de Justiça realinhou a sua jurisprudência para adequar-se ao entendimento do Supremo Tribunal Federal sobre a matéria, admitindo que seja aplicada a regra contida no art. 109, § 2º, da CF, a fim de permitir o ajuizamento da demanda no domicílio do autor, tendo em vista o objetivo de facilitar o acesso à Justiça' (AgInt no CC 154.470/DF, Rel. Ministro Og Fernandes, Primeira Seção, DJe 18/4/2018). No mesmo sentido, o seguinte julgado em situação semelhante: AgInt no CC 150.269/AL, Rel. Min. Francisco Falcão, Primeira Seção, DJe 22/6/2017; CC 164.354/DF, Ministro Og Fernandes, 29/4/2019)."[91]

O mandado de segurança cabe contra os concessionários de serviço público, como especifica o art. 1º, § 1º, da Lei nº 12.016[92] e tem reiterado diversos acórdãos:

---

[88] *Diário do Poder Legislativo*, de 21 de novembro de 1935, CASTRO NUNES, ob. cit., pp. 149 e segs., transcreve toda a polêmica travada na ocasião.

[89] STF-Pleno, RMS 672/DF, Rel. Min. CUNHA MELLO, j. 30.07.1941.

[90] STJ-2ª T., REsp 1.132.423/SP, Rel. Min. HERMAN BENJAMIN, j. 11.05.2010; STJ-5ª T., RMS 25.355/RJ, Rel. Min. JORGE MUSSI, j. 04.12.2008.

[91] STJ-1ª S., CC 166.116/RJ, Rel. Min. HERMAN BENJAMIN, j. 14.08.2019.

[92] "Equiparam-se às autoridades, para os efeitos desta Lei, os representantes ou órgãos de partidos políticos e os administradores de entidades autárquicas, bem como os dirigentes de pessoas

Capítulo VII · ATOS DE AUTORIDADE | **143**

"Entre as instituições privadas, cujos atos estão sujeitos à impugnação por meio de mandado de segurança perante a Justiça Federal, estão os dos dirigentes de estabelecimento particular de ensino superior, o do liquidante de instituição financeira privada ou estadual em regime de liquidação extrajudicial, o do dirigente de concessionária de energia elétrica, o do presidente de sindicato, etc."[93]

"... a empresa concessionária exerce atividade tipicamente estatal, pelo que se entende legítima a impugnação de ato praticado por seus representantes por meio de mandado de segurança."[94]

Tanto assim, vale observar, que acórdão recente da Corte Especial do Superior Tribunal de Justiça, ao tratar de pedido de suspensão de segurança, afirmou textualmente:

"Segundo o entendimento jurisprudencial pacificado do Superior Tribunal de Justiça e do Supremo Tribunal Federal, deve ser reconhecida a legitimidade ativa ad causam das pessoas jurídicas de direito privado, desde que no exercício de função delegada pelo Poder Público e evidente o interesse público envolvido decorrente da prestação do serviço delegado, como as concessionárias e permissionárias de serviço público."[95]

Quanto ao cabimento do mandado contra diretores de estabelecimentos de ensino particulares de caráter secundário ou superior, de início, a jurisprudência foi vacilante. Firmou-se, entretanto, o entendimento no sentido do cabimento do mandado de segurança contra os atos praticados por diretor de estabelecimento particular de ensino, a depender da natureza do ato impugnado por ele praticado, conforme destaca CARLOS ALBERTO MENEZES DIREITO:

"Não se pode dizer antes do conhecimento do conteúdo que o *mandamus* é cabível. O cabimento depende, pois, da natureza do ato. Se o dirigente nega ilegalmente, ou com abuso de poder, uma matrícula, ou expulsa um aluno, o controle há de exercer-se pela via do mandado de segurança. É cabível, também, a segurança quando o ato do dirigente escolar descumpre-se o currículo mínimo, ou ainda, se dá interpretação equivocada à legislação do ensino em qualquer dos seus aspectos."[96]

---

jurídicas ou as pessoas naturais no exercício de atribuições do poder público, somente no que disser respeito a essas atribuições."

[93] STJ-1ª S., CC 40.060/SP, Rel. Min. CASTRO MEIRA, j. 24.03.2004.

[94] STJ-2ª T., EDcl no AREsp 1.573.303/PR, Rel. Min. HUMBERTO MARTINS, j. 02.05.2013.

[95] STJ-CE, AgRg na PET nos EDcl no AgRg na SS 2.727/DF, Rel. MIN. LAURITA VAZ, j. 21.08.2019.

[96] CARLOS ALBERTO MENEZES DIREITO, *Manual do mandado de segurança*. 4. ed. Rio de Janeiro: Renovar, 2003, p. 31.

144 | MANDADO DE SEGURANÇA NA PRÁTICA JUDICIÁRIA – *Arnoldo Wald*

Elucidativo, quanto às razões do cabimento do mandado de segurança contra ato de instituições particulares de ensino, acórdão do Superior Tribunal de Justiça, de relatoria do Min. TEORI ZAVASCKI, em que se evidencia o caráter público da atividade e a sua sujeição às diretrizes públicas, de modo que os atos praticados no cumprimento das normas da educação se configuram *atos de autoridade*:

> "No que se refere à atividade de ensino, a Constituição a erigiu como espécie de serviço público obrigatório, embora sem exclusividade, já que também livre à iniciativa privada. O princípio da livre iniciativa, nesse domínio, está subordinado, entre outros, a dois limites expressamente estabelecidos: 'I – cumprimento das normas gerais da educação nacional; II – autorização e avaliação de qualidade pelo Poder Público' (CF, art. 209)."[97]-[98]

Daí ter-se firmado a jurisprudência no sentido de que:

> "No exercício das suas atividades negociais e de gestão, os estabelecimentos de ensino particular demandam e são demandados na Justiça Estadual. No exercício de atividades relativas a ensino superior, age o agente do corpo docente como delegado do Poder Público, sendo competente para o exame judicial de tais atos a Justiça Federal."[99]-[100]

Em rigor, portanto, concordamos com CASSIO SCARPINELLA BUENO ao afirmar que a expressão "função delegada" constante do enunciado da Súmula 510 do Supremo Tribunal Federal ("Praticado o ato por autoridade, no exercício de competência delegada, contra ela cabe o mandado de segurança ou a medida judicial") deve ser interpretada no sentido de "função pública", de modo que:

> "Onde quer que haja função pública cabe mandado de segurança, desde que estejam presentes seus demais pressupostos constitucionais e legais."[101]

Em edição anterior, em razão da legislação vigente à época, ressaltamos que a jurisprudência admitia o mandado de segurança contra os atos dos sindicatos

---

[97] STJ-1ª T., RMS 17.166/BA, Rel. p/ o acórdão Min. TEORI ZAVASCKI, j. 22.08.2006.

[98] STJ-1ª S., CC 24.964/MG, Rel. p/ o acórdão Min. MILTON LUIZ PEREIRA, j. 24.08.2000: "À palma de mensalidades atrasadas, a resistência na entrega do diploma é procedimento administrativo que transcende questão meramente contratual em assunto 'interna corporis'. É ato administrativo do exercício de função pública pelo Estado (expedição e registro de diploma), consubstanciando a fuga da prestação de atribuições delegadas pelo Poder Público (art. 205, C.F.)."

[99] STJ-1ª S., CC 22.473/MG, Rel. Min. ELIANA CALMON, j. 22.09.1999.

[100] V. também: STJ-1ª S., CC 72.981/MG, Rel. Min. HUMBERTO MARTINS, j. 28.03.2007; 2ª T., REsp 661.404/DF, Rel. Min. CARLOS FERNANDO MATHIAS, j. 21.02.2008.

[101] CASSIO SCARPINELLA BUENO, *Mandado de segurança:* comentários às Leis n. 1.533/51, 4.348/64 e 5.021/66. 5. ed. São Paulo: Saraiva, 2009, p. 22.

Capítulo VII · ATOS DE AUTORIDADE | 145

e dos dirigentes sindicais, pela circunstância de se revestirem os sindicatos das características de pessoas jurídicas de direito público[102].

O ordenamento constitucional instaurado pela Constituição de 1988, entretanto, afastou a intervenção do Poder Público na criação e na organização dos sindicatos, sendo-lhe defesa qualquer intervenção, sob pena de ferir o princípio da liberdade sindical (art. 8º, I)[103]. Portanto, a atuação dos dirigentes dos sindicatos não configura *ato de autoridade* para fins de mandado de segurança, como expõem ementas de acórdãos dos Tribunais de Justiça dos Estados do Paraná e do Rio Grande do Sul, respectivamente:

> "APELACAO CIVEL. MANDADO DE SEGURANCA. PRESIDENTE DE SINDICATO COMO 'AUTORIDADE COATORA'. ILEGITIMIDADE PASSIVA DECLARADA. APELACAO MANIFESTADA E IMPROVIDA. (1) Presidente de Sindicato. Parte ilegítima para figurar como autoridade coatora no 'writ of mandamus'. Atos de presidente de sindicato não podem ser atacados pela ação mandamental, vez que não se revestem eles de publica autoridade e nem são praticados por 'agente de pessoa jurídica' no exercício de atribuições do Poder Público', no sentido exigido pelo art. 5º., inciso LXIX da Constituição Federal de 1988. (2) Sindicatos. Pessoas jurídicas de direito privado. No direito brasileiro, os sindicatos são entes de direito privado, jamais podendo ser classificados como pessoas jurídicas de direito público interno, posto que constituídos como simples associações civis, tem apenas a sua personalidade jurídica a depender do Poder Público. Em consequência disto, contra os atos praticados pelos presidentes de sindicatos e incabível a impetração de segurança, por faltar-lhes o caráter de atos ilegais de autoridade. Apelação improvida."[104]

> "AGRAVO DE INSTRUMENTO. MANDADO DE SEGURANÇA. DIREITO PUBLICO NÃO ESPECIFICADO. AUTORIDADE COATORA. ILEGITI-

---

[102] Exemplos são os julgados: "É admissível mandado de segurança contra atos de sindicatos que lesem direitos de seus associados." STF-1ª T., RMS 2.286/DF, Rel. Min. MÁRIO GUIMARÃES, j. 16.12.1953; "Cabimento de mandado de segurança contra ato de sindicato, empresário de trabalho portuário. Restrição do direito à igualdade na distribuição do trabalho que não deve prevalecer" – Agravo de Petição em Mandado de Segurança nº 27.193 – 2ª Turma do Tribunal Federal de Recursos – Min. Relator Oscar Saraiva – Diário da Justiça de 6 de março de 1964, p. 248 – Apenso ao nº 42; "Sindicato. Mandado de Segurança contra a sua decisão. Quando o ato impugnado reflete o poder delegado que desfruta o Sindicato pode figurar como autoridade coatora." Agravo de Petição em Mandado de Segurança nº 22.293, Acórdão da 3ª Turma do Tribunal Federal de Recursos, julgado em 19 de janeiro de 1962 – publicado no *Diário da Justiça* de 17 de abril de 1964, p. 17 do Apenso ao nº 70.

[103] "Art. 8º É livre a associação profissional ou sindical, observado o seguinte: I – a lei não poderá exigir autorização do Estado para a fundação de sindicato, ressalvado o registro no órgão competente, vedadas ao Poder Público a interferência e a intervenção na organização sindical".

[104] TJPR, Ap. Cível 029510-3, Rel. Des. OTO LUIZ SPONHOLZ, j. 15.03.1994.

MIDADE PASSIVA. Na hipótese dos autos, o mandado de segurança foi impetrado contra ato do PRESIDENTE DO PRESIDENTE DO SINDICATO DOS TÉCNICOS CIENTÍFICOS DO ESTADO DO RIO GRANDE DO SUL, consistente no indeferimento de inscrição do impetrante para concorrer à eleição de dirigentes da entidade, em uma das chapas concorrentes. Portanto, a autoridade coatora apontada pelo impetrante no caso dos autos, não é autoridade pública, pois pertencente à pessoa jurídica de direito privado que não se enquadra como órgão ou agente do Poder Público, sequer exercendo funções delegadas. Logo, impõe-se a extinção do presente mandamus, já que impetrado contra autoridade coatora ilegítima para figurar no polo passivo da demanda. PRELIMINAR DE ILEGITIMIDADE PASSIVA ACOLHIDA. PROCESSO JULGADO EXTINTO. AGRAVO DE INSTRUMENTO PREJUDICADO."[105]

Assim, modificou-se a legitimação dos sindicatos para figurar no polo passivo do mandado de segurança; na verdade, reconhece-se sua legitimidade para *impetrar* mandado de segurança coletivo no interesse de seus associados[106], para a defesa de "interesses que digam respeito a assuntos referentes a categoria classista ou associativa, genericamente considerada", como sustenta Michel Temer[107].

53. DECISÕES DE TRIBUNAIS ADMINISTRATIVOS

Cabe, enfim, o mandado de segurança contra as decisões dos tribunais administrativos, como, por exemplo, Tribunais de Contas, Conselho Administrativo de Recursos Fiscais (CARF), Tribunais de Impostos e Taxas (TIT)[108] etc.

O art. 102, I, *d*, da Constituição Federal atribui ao Supremo Tribunal Federal competência originária para processar e julgar mandado de segurança contra ato do TCU, reafirmando o que já constava da jurisprudência consolidada na Súmula 248 do STF ("É competente, originariamente, o Supremo Tribunal Federal, para mandado de segurança contra ato do Tribunal de Contas da União").

Especificamente quanto aos atos do TCU, o Supremo Tribunal Federal tem restringido o cabimento do remédio constitucional às hipóteses em que o ato impugnado tem caráter impositivo, capaz de causar efetiva lesão ao direito, sendo

---

[105] TJRS, AI 70071089254, Rel. Des. LEONEL PIRES OHLWEILER, j. 07.11.2016.

[106] STJ-2ª T., REsp 72.028/RJ, Rel. Min. PEÇANHA MARTINS, j. 05.11.1998; STJ-5ª T., RMS 11.055/GO, Rel. Min. JOSÉ ARNALDO, j. 15.02.2001; STJ-5ª T., REsp 547.690/RS, Rel. Min. JORGE SCARTEZZINI, j. 04.05.2004.

[107] *Elementos de Direito Constitucional*. 17. ed. São Paulo: Malheiros, 2001, p. 207.

[108] TJSP: Rem. Nec. 0336255-35.2010.8.26.0000, Rel. Des. MAGALHÃES COELHO, j. 29.11.2010; AI 0060018-70.2012.8.26.0000, Rel. Des. Amorim Cantuária, j. 25.02.2014.

Capítulo VII · ATOS DE AUTORIDADE | 147

possível figurar, como autoridade coatora, tanto o Presidente da Corte quanto os das Câmaras que a integram.[109]

Na hipótese de mandado de segurança contra ato praticado pelo CARF, por se tratar de autoridade federal, incide a regra do art. 109, § 2º, da Constituição Federal e repetida pelo art. 51 do Código de Processo Civil, segundo a qual "as causas intentadas contra a União poderão ser aforadas na seção judiciária em que for domiciliado o autor, naquela onde houver ocorrido o ato ou fato que deu origem à demanda ou onde esteja situada a coisa, ou, ainda, no Distrito Federal." (...) (RE n. 509.442-AgR, Relatora a Ministra Ellen Gracie, Segunda Turma, DJe de 20.8.2010)".[110]

Paulatinamente, vem sendo superado o dogma equivocado segundo o qual seria vedado ao Poder Judiciário se imiscuir no mérito das decisões dos tribunais administrativos. A vedação se restringe ao refazimento de *escolhas discricionárias*, pois não é dado ao julgador sobrepor sua vontade à do administrador. Decisões de tribunais administrativos nada tem de *discricionário* e, portanto, o acerto das premissas de fato e de direito podem e devem ser sindicadas pelo Poder Judiciário.

Em rigor, a Constituição Federal impõe ao Judiciário o dever de zelar pelo ordenamento jurídico, de modo que não pode se restringir ao exame da formalidade do rito (contraditório, ampla defesa e devido processo legal), mas tem o dever de assegurar a constitucionalidade e a legalidade do mérito dos atos administrativos, indistintamente, inclusive das decisões e acórdãos destes tribunais administrativos[111], sendo imperioso destacar os seguintes acórdãos:

"1. Afastada a preliminar de impossibilidade jurídica da anulação de atos e decisões do TCU.

2. O *judicial review* é expressamente admitido em nossa Ordem Constitucional, na medida em que, segundo o inciso XXXV, do art. 5º, da Constituição da República, nenhuma lesão ou ameaça a direito deixará de ser apreciada pelo Poder Judiciário."[112]

"Possível a análise das decisões do Tribunal de Contas do Estado pelo Poder Judiciário, tanto por vício de procedimento, quanto em seu mérito quando

---

109 TCU-Pleno, MS 26.381-AgR/DF, Rel. Min. EROS GRAU, j. 14.06.2017.

110 STF, RE 1.240.694/RS, Rel. Min. Cármen Lúcia, j. 03.12.2019.

111 Por exemplo, o STF tem anulado acórdãos do TCU por afronta ao princípio da legalidade e por inconstitucionalidade do mérito da decisão proferida (Pleno, MS 25.763/DF, Rel. p/ o acórdão Min. GILMAR MENDES, j. 19.03.2015); noutros casos, a nulidade do acórdão do TCU decorreu da inobservância do art. 5º, XXXVI, da CF, que protege a coisa julgada, o direito adquirido e o ato jurídico perfeito (MS 33.224/DF, Rel. Min. ROBERTO BARROSO, j. 24.09.2014); destacamos, também, a utilização dos princípios da legalidade e da segurança jurídica para a anulação de acórdão do TCU (MS 32.035/DF, Rel. Min. EDSON FACHIN, j. 14.05.2018).

112 TRF3-3ª T. Ap. Cível 0004198-40.1999.4.03.6000, Juiz Convocado RUBENS CALIXTO, j. 06.12.2006.

houver patente equívoco, o que não se confunde com o mérito administrativo, que não pode ser objeto de revisão judicial."[113]

"A qualidade de título executivo extrajudicial do Acórdão do TCU não afasta a possibilidade de discussão quanto ao seu teor, assim como ocorre com os demais títulos, em embargos à execução ou ações anulatórias."[114]

"A Constituição Federal de 1988 conferiu ao Tribunal de Contas da União competência privativa para o julgamento das contas de administradores e demais responsáveis por dinheiro, bens e valores públicos (art. 71, inciso XI, da CF/88).

O Poder Judiciário, por sua vez, ostenta competência para exercer o controle de legalidade dos atos da Administração Pública, podendo julgar a existência ou não de ilegalidade de acórdão do Tribunal de Contas da União (TCU) que decide Tomada de Contas Especial ou a prestação de contas de convênio com transferência de recursos federais.

O Supremo Tribunal Federal, aliás, reconhece a possibilidade de declaração de nulidade por irregularidade formal grave ou manifesta ilegalidade. Entendimento contrário consagraria o entendimento de que os Tribunais de Contas detêm competência jurisdicional ao lado do Poder Judiciário, o que se afiguraria um rematado desconchavo jurídico, em franco arrepio ao postulado da universalidade de acesso ao Poder Judiciário.

Logo, os julgados do Tribunal de Contas da União têm natureza jurídica de decisão técnico-administrativa e sua revisão pelo Poder Judiciário cinge-se ao exame da legalidade e dos aspectos formais, não cabendo rever o julgamento realizado pelo TCU, quanto ao mérito.

Partindo de tais premissas, deve ser afastada a impossibilidade jurídica do pedido na hipótese sub examine."[115]

"Esta Corte possui entendimento no sentido de não ser possível ao Poder Judiciário analisar o mérito de decisões proferidas pelo Colendo Tribunal de Contas da União, considerando sua natureza técnico-administrativa. Ao Judiciário apenas permite-se a desconstituição de acórdãos proferidos pela Corte de Contas se presente prova robusta tendente a demonstrar a contrariedade de suas conclusões com o ordenamento jurídico, a inobservância do devido processo legal ou a adoção de motivos fáticos e jurídicos inidôneos."[116]

"2. As decisões do Tribunal de Contas da União só podem ser afastadas pela Justiça por motivos sérios e relevantes, tendo em vista tratar-se de uma Corte julgadora, cuja imparcialidade se presume (seus membros têm as

---

[113] TJRS, Emb. Inf. 70044830925, Rel. p/ o acórdão Des. ALMIR PORTO DA ROCHA FILHO, j. 09.03.2012.

[114] TRF2-6ª T., Ap. Cível 0033260-45.2013.4.02.5101, Des. WILNEY MAGNO DE AZEVEDO SILVA, j. 06.05.2016.

[115] TRF1-4ª T. Sup., Ap. Cível 2003.43.00.001575-5/TO. Rel. MÁRCIO MAIA, j. em 09.07.2012.

[116] TRF1-6ª T. Ap. Cível 0005810-58.2010.4.01.4100, Rel. Des. KASSIO NUNES MARQUES, j. 03.02.2017.

mesmas garantias, prerrogativas, impedimentos, vencimentos e vantagens dos Ministros do Superior Tribunal de Justiça), e tecnicamente especializada. Mas isto não significa impossibilidade jurídica de revisão de suas decisões pelo Poder Judiciário.

3. A dicotomia mérito e legalidade deve, atualmente, ser relativizada. Na perspectiva sistêmica, esmaece a fronteira, rumo à unidade, entre o formal e o material (Juarez Freitas). O art. 5º, XXXV, da Constituição não faz distinção entre lesão de natureza formal e de natureza material."[117]

54. POSSIBILIDADE DE CORREÇÃO DO POLO PASSIVO

A estatura constitucional do mandado de segurança o envolve em toda uma carga principiológica e valorativa que não pode ser ignorada, seja pelo legislador, seja pelo intérprete da norma constitucional.

Em razão disso, tem-se que ao mandado de segurança devem ser asseguradas máximas amplitude e eficácia. A norma constitucional é o vetor interpretativo por excelência e, como tal, não se legitima qualquer tentativa de mitigar a norma constitucional, por quem quer que seja, nem mesmo pelo legislador ou pelo magistrado.

A doutrina já defendia ser ilegítima qualquer decisão que extinguisse o mandado de segurança, impedindo a correção do polo passivo[118], o que foi assegurado pelo Código de Processo Civil de 2015.

Isso porque, subsidiariamente aplicado, a lei processual traz, em seus arts. 337, XI, 338, justamente a possibilidade de o autor promover a alteração do polo passivo por indicação do réu, após a apresentação da resposta:

> "Art. 338. Alegando o réu, na contestação, ser parte ilegítima ou não ser o responsável pelo prejuízo invocado, o juiz facultará ao autor, em 15 (quinze) dias, a alteração da petição inicial para substituição do réu.
>
> Parágrafo único. Realizada a substituição, o autor reembolsará as despesas e pagará os honorários ao procurador do réu excluído, que serão fixados entre três e cinco por cento do valor da causa ou, sendo este irrisório, nos termos do art. 85, § 8º".

Mais do que isso, frise-se, o Código de Processo Civil *impõe* ao réu o ônus de indicar o verdadeiro legitimado, conferindo ao autor o direito de corrigir a petição inicial:

---

[117] TRF1-5ª T. Ap. 0003214-56.2008.4.01.3200, Rel. JOÃO BATISTA MOREIRA, j. 28.08.2015.

[118] Por exemplo: SÉRGIO CRUZ ARENHART, Comentário ao artigo 5º, LXIX, *In:* CANOTILHO, J. J. Gomes; MENDES, Gilmar F.; SARLET, INGO W.; STRECK, Lênio L. (Coords.). *Comentários à Constituição do Brasil.* São Paulo: Saraiva/Almedina, 2013, p. 477.

150 | MANDADO DE SEGURANÇA NA PRÁTICA JUDICIÁRIA – *Arnoldo Wald*

> "Art. 339. Quando alegar sua ilegitimidade, incumbe ao réu indicar o sujeito passivo da relação jurídica discutida sempre que tiver conhecimento, sob pena de arcar com as despesas processuais e de indenizar o autor pelos prejuízos decorrentes da falta de indicação.
>
> § 1º O autor, ao aceitar a indicação, procederá, no prazo de 15 (quinze) dias, à alteração da petição inicial para a substituição do réu, observando-se, ainda, o parágrafo único do art. 338.
>
> § 2º No prazo de 15 (quinze) dias, o autor pode optar por alterar a petição inicial para incluir, como litisconsorte passivo, o sujeito indicado pelo réu."

Inobstante isso tudo, o Código de Processo Civil preceitua, também, ser devido ao magistrado indicar ao autor a necessidade de emenda da petição inicial, restringindo o indeferimento da inicial apenas à hipótese em que tenha sido descumprida a diligência previamente determinada:

> "Art. 321. O juiz, ao verificar que a petição inicial não preenche os requisitos dos arts. 319 e 320 ou que apresenta defeitos e irregularidades capazes de dificultar o julgamento de mérito, determinará que o autor, no prazo de 15 (quinze) dias, a emende ou a complete, indicando com precisão o que deve ser corrigido ou completado.
>
> Parágrafo único. Se o autor não cumprir a diligência, o juiz indeferirá a petição inicial."

Descabe, atualmente, qualquer discussão a respeito da possibilidade de correção da petição inicial do mandado de segurança. O vício, tenha sido detectado pela autoridade coatora, pela pessoa jurídica de direito público à qual esta se acha vinculada, ou mesmo pelo magistrado, deve ser indicado ao autor antes de eventual extinção do processo sem julgamento de mérito.[119]

---

[119] Nesse sentido: PONTES DE MIRANDA, *Tratado das ações,* ed. atual. por Nelson Nery Junior, Georges Abboud. São Paulo: Revista dos Tribunais, 2016, tomo VI: ações mandamentais, p. 127, 129 e 132.

Capítulo VIII
LEGITIMIDADE ATIVA

Sumário: 55. Princípios gerais – **56.** Impetração por estrangeiros – **57.** Mandado de segurança coletivo – **58.** Impetração por pessoa jurídica de direito público – **59.** Substituição processual – **60.** Da representação do impetrante por advogado.

55. PRINCÍPIOS GERAIS

O art. 5º da Constituição Federal de 1988 assegura aos brasileiros e estrangeiros residentes no país a proteção de direito líquido e certo, violado por ato ilegal ou abusivo de autoridade, mediante a concessão do mandado de segurança, desde que o direito não seja tutelável por meio de *habeas corpus* ou de *habeas data*.[1]

O art. 1º da Lei nº 12.016, de 2009, por sua vez, determina a concessão do mandado "sempre que, ilegalmente ou com abuso de poder, qualquer pessoa física ou jurídica sofrer violação ou houver justo receio de sofrê-la por parte de autoridade, seja de que categoria for e sejam quais forem as funções que exerça".

Em vez de se referir a "alguém", como fazia a Lei nº 1.533, a lei vigente reconhece a legitimidade ativa de pessoas físicas e jurídicas para a impetração do mandado de segurança.[2] A despeito de não constar do texto da lei, prevalece o entendimento segundo o qual também são legitimados os órgãos públicos despersonalizados, mas dotados de capacidade processual, de que são exemplos

---

[1] "Art. 5º Todos são iguais perante a lei, sem distinção de qualquer natureza, garantindo-se aos brasileiros *e aos estrangeiros residentes no País* a inviolabilidade do direito a vida, à liberdade, à igualdade, à segurança e à propriedade, nos termos seguintes: (...) LXIX – conceder-se-á mandado de segurança para proteger direito líquido e certo, não amparado por *habeas corpus* ou *habeas data*, quando o responsável pela ilegalidade ou abuso de poder for autoridade pública ou agente de pessoa jurídica no exercício de atribuições do Poder Público".

[2] De tal forma, consagrou-se na legislação atual o que doutrina e jurisprudência já haviam pacificado sob a égide da legislação revogada. A propósito: CASSIO SCARPINELLA BUENO, *Mandado de segurança*: comentários às Leis n. 1.533/51, 4.348/64 e 5.021/66. 5. ed. São Paulo: Saraiva, 2009, p. 36; SÉRGIO FERRAZ, *Mandado de segurança individual e coletivo*: aspectos polêmicos. 3. ed. São Paulo: Malheiros, 1996, p. 34-36.

a Chefia do Poder Executivo, as Presidência da Mesa do Legislativo, os Fundos Financeiros, Superintendências de Serviços e demais órgãos da administração que tenha prerrogativas ou direitos próprios ou coletivos a defender.[3]

Vale salientar trecho da obra de HELY LOPES MEIRELLES, em cuja atualização tivemos o prazer de contribuir ao lado de GILMAR MENDES e na qual concluímos:

> "Na ordem privada podem impetrar segurança, além das *pessoas e entes* personificados, as *universidades reconhecidas por* lei, como o espólio, a massa falida, o condomínio de apartamentos. Isto porque a *personalidade jurídica* é independente da *personalidade judiciária*, ou seja, da capacidade para ser parte em juízo; está é um *minus* em relação àquela. Toda pessoa física ou jurídica tem, necessariamente, capacidade processual, mas para postular em juízo nem sempre é exigida personalidade jurídica; basta a personalidade judiciária, isto é, a possibilidade de ser parte para defesa de direitos próprios ou coletivos.
>
> O essencial para a impetração é que o impetrante – pessoa física ou jurídica, órgão público ou universalidade legal – tenha prerrogativa ou direito, próprio ou coletivo, a defender e que esse direito se apresente líquido e certo ante o ato impugnado."[4]-[5]

Na hipótese acima tratada, haverá de ser observado o art. 75, IX, do Código de Processo Civil, que as pessoas jurídicas irregularmente constituídas e os entes sem personalidade jurídica serão representados em juízo, ativa e passivamente, "pela pessoa a quem couber a administração de seus bens".

Portanto, além de aceitar em juízo "as 'pessoas formais', as sociedades de fato, as sociedades ainda sem personalidade jurídica, ou já sem personalidade jurídica" [6], como já se tinha anteriormente, o atual Código de Processo Civil inova ao conter cláusula aberta, não rol taxativo, de modo a abarcar outros entes sem personalidade jurídica.[7]-[8]

---

[3]   HELY LOPES MEIRELLES; ARNOLDO WALD; GILMAR FERREIRA MENDES. *Mandado de segurança e ações constitucionais*. 38. ed. São Paulo: Malheiros, 2019, p. 29-30.

[4]   Idem, p. 30.

[5]   V. também: ARRUDA ALVIM, *Manual de direito processual civil*: teoria geral do processo, processo de conhecimento, recursos, precedentes. 18. ed. São Paulo: Thomson Reuters Brasil, 2019, p. 469-470.

[6]   STJ-4ª T., REsp 1.551/MG, Rel. Min. ATHOS CARNEIRO, j. 20.03.1990.

[7]   FERNANDO DA FONSECA GAJARDONI; LUIZ DELLORE; ANDRE VASCONCELOS ROQUE; ZULMAR DUARTE OLIVEIRA JR., *Teoria geral do processo*: comentários ao CPC de 2015: parte geral. 2. ed. Rio de Janeiro: Forense, 2018, vol. 1, p. 275.

[8]   ALVIM, Arruda, *ob. cit.*, p. 469: "... ao nos referirmos à sociedade irregular, estamos englobando também a sociedade de fato."

No âmbito do direito público, é remansosa a jurisprudência que reconhece a legitimidade (ativa e também passiva) dos órgãos públicos não personalizados para a defesa, em juízo de *prerrogativas próprias* e de suas *atribuições institucionais*, como sói ocorrer com Mesas de Casas Legislativas, Presidências de Tribunais, Chefias de Executivo e do Ministério Público, Presidências de Comissões Autônomas etc.[9] A esse respeito, acórdão do Supremo Tribunal Federal, de relatoria do Min. SEPÚLVEDA PERTENCE, afirmou:

> "A jurisprudência – com amplo respaldo doutrinário (v. g., Victor Nunes, Meirelles, Buzaid) – tem reconhecido a capacidade ou 'personalidade judiciária' de órgãos coletivos não personalizados e a propriedade do mandado de segurança para a defesa do exercício de suas competências e do gozo de suas prerrogativas."[10]

O raciocínio tem se provado ao longo do tempo, tendo-o reafirmado o Superior Tribunal de Justiça ao julgar:

> "Tanto a doutrina quanto a jurisprudência pacificamente reconhecem a legitimidade até mesmo para determinados órgãos públicos, entes despersonalizados e agentes políticos dotados de prerrogativas próprias, para impetração de *writ* em defesa de sua atuação funcional e atribuições institucionais, razão pela qual não há razão para excluir a legitimação para o Ministério Público de Contas em tais casos."[11]

Em princípio, tem legitimidade para impetrar o mandado de segurança o *titular do direito ameaçado ou violado*, não justificando a impetração um simples *interesse* eventual. Todavia, o art. 3º da Lei nº 12.016 prevê hipótese de legitimação extraordinária, verdadeira *substituição processual*, ao dispor:

> "Art. 3º O titular de direito líquido e certo decorrente de direito, em condições idênticas, de terceiro poderá impetrar mandado de segurança a favor do direito originário, se o seu titular não o fizer, no prazo de 30 (trinta) dias, quando notificado judicialmente.
>
> Parágrafo único. O exercício do direito previsto no *caput* deste artigo submete-se ao prazo fixado no art. 23 desta Lei, contado da notificação."[12]

---

[9]   MEIRELLES, Hely Lopes; WALD, Arnoldo; MENDES, Gilmar Ferreira, *ob. cit.*, p. 30.

[10] STF-Pleno, MS 21.239/DF, Rel. Min. SEPÚLVEDA PERTENCE, j. 05.07.1991. No mesmo sentido: STJ-2ª T., REsp 178.904/AC, Rel. Min. NANCY ANDRIGHI, j. 14.03.2000.

[11] STJ-2ª T., RMS 52.741/GO, Rel. Min. HERMAN BENJAMIN, j. 08.08.2017.

[12] A disposição legal visa a tutelar o direito do substituto processual, que deve ser decorrente do direito do substituído, como se dá nos exemplos suscitados por HUMBERTO THEODORO JÚNIOR – em que "o terceiro alugou um prédio comercial recém-construído, cuja utilização depende

154 | MANDADO DE SEGURANÇA NA PRÁTICA JUDICIÁRIA – *Arnoldo Wald*

A legitimação do substituto, entretanto, dependerá da comprovação, com a petição inicial, dos direitos do impetrante (substituto) e do legitimado ordinário (substituído), da ameaça ou violação, da notificação *judicial* do substituído e do transcurso do prazo legal ou, então, de eventual declaração do substituído assegurando que não impetrará o mandado de segurança.

Ademais, na hipótese deve incidir a norma do art. 18, parágrafo único, do Código de Processo Civil, que autoriza o substituído a figurar como assistente litisconsorcial, sendo atribuição do magistrado, de ofício ou a requerimento, promover a intimação daquele para eventual intervenção no feito.[13]

A representação para impetração do mandado de segurança obedece ao Código Civil e ao Código de Processo Civil, admitindo-se a representação dos incapazes na forma da lei e devendo a impetração ser feita por advogado. Essa é a conclusão a que se chega a partir do art. 6º da Lei nº 12.016, que, dentre outros, exige que a petição inicial do mandado de segurança atenda aos requisitos da lei processual, o que remete ao art. 103 do Código de Processo Civil.

56. IMPETRAÇÃO POR ESTRANGEIROS

Já foi discutida a questão da legitimidade ativa dos estrangeiros para a impetração do mandado de segurança, sejam eles residentes no Brasil ou no exterior.

A possibilidade de tal impetração decorre de interpretação correta do texto constitucional, que não a proíbe; ao contrário, agasalha-a, na medida em que numa análise sistemática verifica-se que, ao lado dos direitos e garantias elencados, estão incluídos outros decorrentes do regime e dos princípios adotados pela Constituição.

Nessa linha de argumentação, também a lei ordinária não estabeleceu qualquer restrição ao estrangeiro residente no exterior, não cabendo ao intérprete distinguir onde a lei não distinguiu, de acordo com os melhores princípios da hermenêutica.

---

do 'habite-se', que o dono já requereu, mas a Prefeitura, absurdamente, não o expede" (*Lei do mandado de segurança comentada*. Rio de Janeiro: Forense, 2014, p. 147) – e por J. E. CARREIRA ALVIM, seja (i) "quando o locatário se obriga pelo pagamento do IPTU, vindo o Município a fixa-lo (e cobrá-lo) em patamares ilegais ou inconstitucionais", seja (ii) no caso de inobservância da ordem da antiguidade para promoção de juízes, quedando-se inerte o primeiro da lista por temor de represália do tribunal, hipótese em que o juiz segundo mais antigo se legitimará a pedir, como substituto processual, a anulação do ato que configurou violação do direito de promoção por antiguidade (*Comentários à lei do mandado de segurança (lei 12.016/2009)*. 3. ed. Curitiba: Juruá, 2009, p. 68-69).

[13] CASSIO SCARPINELLA BUENO, "Mandado de segurança e CPC de 2015: homenagem a Hely Lopes Meirelles", *In:* WALD, Arnoldo; JUSTEN FILHO, Marçal; PEREIRA, Cesar Augusto Guimarães (Orgs.). *O direito administrativo na atualidade:* estudos em homenagem ao centenário de Hely Lopes Meirelles (1917-2017). São Paulo: Malheiros, 2017, p. 264.

Devemos acrescentar que foram felizes as leis ordinárias referentes ao mandado de segurança em não estabelecer qualquer discriminação contra os estrangeiros residentes no exterior, pois a nossa sistemática jurídica tem sempre admitido a igualdade de direitos entre nacionais e estrangeiros no que toca ao exercício e gozo dos direitos civis e das garantias processuais.

A jurisprudência dominante se firmou no sentido da admissibilidade da impetração do mandado de segurança por pessoa física ou jurídica residente ou sediada também no exterior, tendo tal entendimento prevalecido no Supremo Tribunal Federal, tal como evidencia ementa de acórdão de relatoria da Ministra ELLEN GRACIE:

> "Ao estrangeiro, residente no exterior, também é assegurado o direito de impetrar mandado de segurança, como decorre da interpretação sistemática dos artigos 153, *caput*, da Emenda Constitucional de 1969 e do art. 5º, LXIX, da Constituição atual. Recurso extraordinário não conhecido."[14]

No mesmo sentido, manifestou-se a doutrina[15]. GILMAR F. MENDES e PAULO GUSTAVO GONET BRANCO lembram que, ao analisar o dispositivo da Constituição de 1967 (análogo ao art. 5º da Constituição de 1988), PONTES DE MIRANDA concluiu que se haveria de excluir dos estrangeiros não residentes no País apenas os direitos que, por natureza, não fossem de todos os homens[16].

Em acórdão histórico, o Supremo Tribunal Federal julgou recurso extraordinário decorrente de mandado de segurança impetrado por pessoa jurídica sediada em Portugal contra ato praticado pelo Inspetor da Alfândega de Santos, que ameaçava determinar a venda de 790 caixas de conhaque de propriedade da impetrante e concluiu:

> "Quando se trata de ato de autoridade brasileira e se destine o remédio processual a produzir resultado dentro do País, pouco importa que o im-

---

14 STF-1ª T., RE 215.267/SP, Rel. Min. ELLEN GRACIE, j. 24.04.2001.

15 TEMÍSTOCLES BRANDÃO CAVALCÂNTI, *Do mandado de segurança*. 4. ed., Rio de Janeiro: Freitas Bastos, 1957, p. 208), CÂNDIDO DE OLIVEIRA NETO verbete *In: Repertório Enciclopédico do Direito Brasileiro*, vol. 32, p. 289, nº 91), HELY LOPES MEIRELLES, *Revista de Direito Administrativo*, vol. 73, p. 45, jul./set. 1963), OTHON SIDOU "A tutela judicial dos direitos fundamentais", *In: Estudos sobre o mandado de segurança*. Rio de Janeiro: Instituto de Direito Processual Civil, 1963, p. 128), SÉRGIO FERRAZ (*ob. cit.*, p. 37/39), JOSÉ CELSO DE MELLO FILHO (*Constituição federal anotada*. São Paulo: Saraiva, 1984, p. 320), Alexandre de Moraes (*Constituição do Brasil interpretada e legislação constitucional*. 9. ed. São Paulo: Atlas, 2013, p. 102) reconhecem expressamente a legitimidade ativa do estrangeiro domiciliado no exterior

16 GILMAR F. MENDES, PAULO G. GONET BRANCO, *Curso de direito constitucional*. 10. ed. São Paulo: Saraiva, 2015, p. 173.

156 | MANDADO DE SEGURANÇA NA PRÁTICA JUDICIÁRIA – *Arnoldo Wald*

petrante resida aqui ou não. Se assim não fosse, haveria violação do direito de propriedade, garantido pela própria Constituição".[17]

Mais recentemente, sob a relatoria do Ministro CELSO DE MELLO, o Supremo Tribunal Federal reiterou a legitimidade do estrangeiro não domiciliado no País para a utilização de garantias constitucionais, *verbis*:

> "Isso significa, portanto, na linha do magistério jurisprudencial desta Suprema Corte (RDA 55/192 – RF 192/122) e dos Tribunais em geral (RDA 59/326 – RT 312/363), que o súdito estrangeiro, mesmo o não domiciliado no Brasil, tem plena legitimidade para impetrar os remédios constitucionais, como o mandado de segurança ou, notadamente, o 'habeas corpus'".[18]

57. MANDADO DE SEGURANÇA COLETIVO

Inovando em relação às antecessoras, a Constituição Federal de 1988 prevê, no art. 5º, inciso LXX, o mandado de segurança coletivo.

O dispositivo constitucional, entretanto, não define diretamente objeto, a espécie de direito a ser tutelado coletivamente. A escolha, isto sim, foi pela indicação dos possíveis legitimados para a impetração coletiva, *verbis*:

> "LXX – o mandado de segurança coletivo pode ser impetrado por: a) partido político com representação no Congresso Nacional; b) organização sindical, entidade de classe ou associação legalmente constituída e em funcionamento há pelo menos um ano, em defesa dos interesses de seus membros ou associados".

Até 2009, a previsão constitucional do mandado de segurança coletivo teve de conviver com a Lei nº 1.533, de caráter individualista e, portanto, incipiente para ordenar o processamento do mandado de segurança coletivo.

Com a Lei nº 12.016, buscou-se normatizar todo o processamento do mandado de segurança coletivo e, desde logo, foram dirimidas as disposições constitucionais quanto à legitimidade ativa e quanto ao direito passível de ser tutelado por meio do mandado de segurança coletivo:

> "Art. 21. O mandado de segurança coletivo pode ser impetrado por partido político com representação no Congresso Nacional, na defesa de seus interesses legítimos relativos a seus integrantes ou à finalidade partidária, ou por organização sindical, entidade de classe ou associação legalmente

---

[17] STF-1ª T., RE 33.919/DF, Rel. Min. CÂNDIDO MOTA FILHO, j. 12.09.1957.
[18] STF-2ª T., HC 94.016/SP, Rel. Min. CELSO DE MELLO, j. 16.09.2008. No mesmo sentido: STF-1ª T., HC 103.311/PR, Rel. Min. LUIZ FUX, j. 07.06.2011.

constituída e em funcionamento há, pelo menos, 1 (um) ano, em defesa de direitos líquidos e certos da totalidade, ou de parte, dos seus membros ou associados, na forma dos seus estatutos e desde que pertinentes às suas finalidades, dispensada, para tanto, autorização especial.

Parágrafo único. Os direitos protegidos pelo mandado de segurança coletivo podem ser:

I – coletivos, assim entendidos, para efeito desta Lei, os transindividuais, de natureza indivisível, de que seja titular grupo ou categoria de pessoas ligadas entre si ou com a parte contrária por uma relação jurídica básica;

II – individuais homogêneos, assim entendidos, para efeito desta Lei, os decorrentes de origem comum e da atividade ou situação específica da totalidade ou de parte dos associados ou membros do impetrante."

Em rigor, é a natureza metaindividual do direito confere às entidades citadas no art. 5º, LXX, da CF a legitimidade ativa para o mandado de segurança coletivo. Disso decorre o seu descabimento para a análise de situações individualizadas, conforme já afirmou o Superior Tribunal de Justiça:

"O mandado de segurança coletivo reclama a presença de prova pré-constituída globalizada, e não é servil para a análise de situações individualizadas dos substituídos."[19]

A propósito, a jurisprudência reconheceu a desnecessidade de autorização dos associados para a impetração coletiva pela entidade de classe, dando ensejo à Súmula 629 do Supremo Tribunal Federal.[20]

Além disso, restou pacificado na jurisprudência daquele tribunal que a impetração coletiva também pode dizer respeito a interesses apenas de parte da categoria (Súmula 630)[21].

Quando ao objeto do mandado de segurança coletivo, o legislador optou pela exclusão dos direitos difusos, em linha com a jurisprudência que prevalecia à época do Projeto de Lei (v. Súmula 101 do STF) e atento à aparente incompatibilidade entre os requisitos *liquidez* e *certeza* e a indeterminação dos titulares do direito violado[22]. E assim chegou a decidir o Superior Tribunal de Justiça:

---

[19] STJ-1ª S., MS 13.747/DF, Rel. p/ o acórdão Min. LUIZ FUX, j. 09.09.2009.

[20] "A impetração de mandado de segurança coletivo por entidade de classe em favor dos associados independe da autorização destes."

[21] "A entidade de classe tem legitimação para o mandado de segurança ainda quando a pretensão veiculada interesse apenas a uma parte da respectiva categoria."

[22] A interpretação restritiva, pela impossibilidade de tutela dos direitos difusos pela via do mandado de segurança coletivo, foi defendida até a mais recente edição (38ª) de nossa obra *Mandado de segurança e ações constitucionais*, em coautoria com HELY LOPES MEIRELLES e GILMAR FERREIRA MENDES (p. 145-146). No mesmo sentido: ATHOS GUSMÃO CARNEIRO, "Anotações sobre o man-

158 | MANDADO DE SEGURANÇA NA PRÁTICA JUDICIÁRIA – *Arnoldo Wald*

"1. Evidenciado o caráter difuso da impetração, fulcrada, essencialmente, na defesa dos interesses dos usuários das rodovias federais universo de pessoas passíveis de ser atingidas pelos supostos efeitos nefastos do ato coator, impõe-se o reconhecimento da incapacidade postulatória do sindicato autor. 2. É vedada a utilização do mandado de segurança como substitutivo da ação popular (Súmula n. 101/STF)."[23]

Em sede de doutrina[24] e de jurisprudência, vale dizer, vem prevalecendo o entendimento ampliativo, conforme se vê dos seguintes julgados:

"... o mandado de segurança é o meio adequado para a defesa dos direitos coletivos em sentido amplo, abrangendo os direitos e interesses difusos, coletivos e individuais homogêneos."[25]

"Mandado de segurança coletivo. Extinção sem exame do mérito. Preservação de interesses difusos. Possibilidade. Apelação provida para que se processe a impetração.

1 – uma vez inexistente qualquer proibição no texto constitucional, é cabível a impetração de mandado de segurança coletivo por sindicato para proteção de interesses difusos de sua categoria.

2 – apelação provida para determinar o processamento do feito."[26]

"A previsão do art. 5º, LXX, da Constituição objetiva aumentar os mecanismos de atuação dos partidos políticos no exercício de seu mister, tão bem delineado na transcrição supra, não podendo, portanto, ter esse campo restrito à defesa de direitos políticos, e sim de todos aqueles interesses difusos e coletivos que afetam a sociedade.

A defesa da ordem constitucional pelos Partidos Políticos não pode ficar adstrita somente ao uso do controle abstrato das normas. A Carta de 1988 consagra uma série de direitos que exigem a atuação destas instituições, mesmo em sede de controle concreto. À agremiação partidária, não pode ser vedado o uso do mandado de segurança coletivo em hipóteses concretas

---

dado de segurança coletivo, nos termos da Lei 12.016/2009", *Revista de Processo*, São Paulo, vol. 178, p. 9-46, dez. 2009.

[23] STJ-1ª S., MS 11.399/DF, Rel. Min. JOÃO OTÁVIO DE NORONHA, j. 13.12.2006. Também: STJ-1ª T., RMS 9.729/PR, Rel. Min. MILTON LUIZ PEREIRA, j. 19.09.2000.

[24] Ver: ADA PELLEGRINI GRINOVER, "Mandado de segurança coletivo: legitimação e objeto", *Revista de Processo*, São Paulo, vol. 57, p. 96-101, jan./mar. 1990; CASSIO SCARPINELLA BUENO, *Curso sistematizado de direito processual civil*. 4. ed., São Paulo: Saraiva, 2014, p. 236-238; LUIZ FUX, *Mandado de segurança*. 2. ed. Rio de Janeiro: Forense, 2019, p. 209.

[25] TRF-2. Ap. 0145854-02.2013.4.02.5101, Rel. Des. Fed. CLÁUDIA NEIVA, j. 02.05.2017.

[26] TRF-3, Ap. 0097660-23.1991.4.03.6100, Rel. Des. Fed. LÚCIA VALLE FIGUEIREDO, j. 28.02.1996.

em que estejam em risco, por exemplo, o patrimônio histórico, cultural ou ambiental de determinada comunidade.

Assim, se o partido político entender que determinado direito difuso se encontra ameaçado ou lesado por qualquer ato da administração, poderá fazer uso do mandado de segurança coletivo, que não se restringirá apenas aos assuntos relativos a direitos políticos e nem a seus integrantes.

Não se está a excluir a necessidade do atendimento dos requisitos formais previstos nos estatutos dos partidos, tampouco afastando a necessidade de respeito aos pressupostos de cabimento de mandado de segurança, que, no presente feito, não foram objeto de impugnação no recurso extraordinário."[27]

Ainda, em decisão monocrática, afirmou o Ministro GILMAR MENDES:

> "Tratando-se de garantia constitucional, não poderia o legislador restringir seus contornos para além de seu significado. (...)
>
> Uma solução que exclua a tutela de interesses difusos ou relacione necessariamente a vinculação da ação a interesse de seus integrantes é excessivamente restritiva. Como bem anotado por Teori Zavascki, 'tal limitação implicaria não apenas o desvirtuamento da natureza da agremiação partidária – que não foi criada para satisfazer interesses dos filiados –, como também a eliminação, na prática, da faculdade de impetrar mandado de segurança coletivo' – *op. cit.*, p. 196.
>
> Por outro lado, é preciso ter cuidado para evitar que a ação confira uma legitimidade universal aos partidos políticos. O critério da finalidade partidária é uma limitação segura e correta."[28]

Ademais, pontuamos a distinção entre duas hipóteses previstas no art. 5º da Constituição Federal, as dos incisos XXI e LXX. Naquele, tem-se a *representação* e a atuação da entidade, em nome do associado, depende da prévia autorização; nesta, tem-se a *substituição processual* e a jurisprudência do Supremo Tribunal Federal restou sedimentada no sentido da desnecessidade de prévia autorização dos substituídos (Súmula 629/STF). Quanto ao ponto, o Superior Tribunal de Justiça tem decidido no mesmo sentido, como demonstra o seguinte excerto:

> "1. Nos termos da jurisprudência do STJ, no julgamento do RE 573.232/SC, realizado sob a sistemática da repercussão geral, o STF reconheceu que, de acordo com o art. 5º, LXX, 'b', da CF, para impetrar Mandado Segurança coletivo em defesa dos interesses de seus membros ou associados, as associações prescindem de autorização expressa, que somente é necessária para

---

[27] STF-1ª T., RE 196.184/AM, Rel. Min. ELLEN GRACIE, j. 27.10.2004.

[28] STF, MS 34.070-MC/DF, rel. Min. GILMAR MENDES, decisão de 18.03.2016.

ajuizamento de ação ordinária, nos termos do art. 5º, XXI, da CF, estando decidido que, naquela hipótese, as associações atuam como substituto processual, e nesta última, como representante dos associados.

2. Aplica-se a Súmula 629/STF, segundo a qual a impetração de Mandado de Segurança Coletivo por entidade de classe em favor dos associados independe da autorização destes."[29]

Para organizações sindicais, entidades de classe e associações, a regra é a mesma: o substituto processual deverá se restringir a pleitear tutela jurisdicional de direitos de seus próprios associados, ainda que o direito em questão não seja peculiar, próprio, exclusivo daquele grupo.[30] Para partidos políticos, tem de ser observada a finalidade partidária, que não é atender apenas aos interesses dos filiados, mas servir ao Estado Democrático de Direito.[31]

58. IMPETRAÇÃO POR PESSOA JURÍDICA DE DIREITO PÚBLICO

Embora concebido como meio de defesa do indivíduo contra a Administração Pública, o mandado de segurança evoluiu no sentido de se tornar um instrumento eficaz de manutenção do sistema de freios e contrapesos, servindo para tutelar prerrogativas e atribuições institucionais e funcionais, dirimindo conflitos entre os diversos poderes dentro de uma mesma unidade política ou entre a União, o Estado e o Município.

Na falta de outro elemento rápido e eficaz para solucionar tais contendas, a própria administração tem recorrido ao mandado de segurança, que passou a ser impetrado por pessoas jurídicas de direito público.

É preciso lembrar que, já em 1936, o Estado de Minas Gerais impetrou um mandado de segurança contra ato do poder judiciário que determinara a penhora das suas rendas, tendo sido concedida a segurança pelo Supremo Tribunal Federal diante da excepcionalidade da hipótese.[32]

Estava aberta a brecha para a utilização do mandado de segurança pelas pessoas jurídicas de direito público, sem que se encontrasse na Constituição ou nas leis ordinárias reguladoras da matéria qualquer razão para excluir a legitimidade ativa da União, do Estado ou do Município para impetrarem um mandado de segurança.

---

[29]   STJ-2ª T., AgInt no REsp 1.775.204/RJ, Rel. Min. HERMAN BENJAMIN, j. 23.05.2019.

[30]   STF-Pleno: RE 193.382/SP, Rel. Min. CARLOS VELLOSO, j. 28.06.1996 e MS 22.132/RJ, mesmo relator, j. 21.08.1996.

[31]   STF, MS 37.097/DF, rel. Min. Alexandre de Moraes, decisão de 29.04.2020.

[32]   Mandado de Segurança nº 319, *Revista Forense*, Rio de Janeiro, vol. 70, p. 481, abr./jun. 1937; HERMES ZANETI JÚNIOR, *Mandado de segurança coletivo*: aspectos processuais controvertidos; Porto Alegre: Sergio Antonio Fabris, 2001, p. 76-79.

Capítulo VIII · LEGITIMIDADE ATIVA | **161**

A jurisprudência, tímida de início, firmou-se no sentido de admitir amplamente a impetração do mandado de segurança por pessoas jurídicas de direito público, desde que preenchidos os requisitos constitucionais, multiplicando-se nos últimos anos tais impetrações especialmente nas hipóteses de conflitos latentes entre dois dos poderes da mesma unidade política – estando, por exemplo, o governador em minoria na Assembleia Legislativa – ou entre a União e determinado Estado cuja política esteja em choque com a orientação do Governo Federal.

Coube ao Supremo Tribunal Federal enfrentar as chamadas questões políticas, dando-lhe as devidas soluções sempre que o ato, por mais político que possa ser, implicava numa lesão de direito, ensejando assim o controle judicial, de acordo com a lição de RUI BARBOSA, adotada e desenvolvida no Supremo Tribunal Federal pelo Ministro LUÍS GALLOTTI, cujas teses se tornaram vitoriosas no Excelso Pretório[33].

A doutrina e a jurisprudência têm admitido amplamente a impetração por pessoas jurídicas de direito público, ante a ausência de qualquer do art. 5º, LXIX, da Constituição Federal, que institui o mandado de segurança como um instrumento processual célere para a tutela eficaz de direitos lesados ou ameaçados por atos de autoridades. No âmbito dos Tribunais, dentre tantos outros casos, é comum encontrar acórdãos que julgam mandados de segurança relacionados ao descumprimento, pelo Poder Executivo, do dever constitucional (art. 168) de repassar duodécimos ao Legislativo.[34]

A jurisprudência do Supremo Tribunal Federal, por outro lado, tem recusado a legitimidade ativa a estado-membro que impetra mandado de segurança coletivo, notadamente por não constar do rol constitucional.[35]

59. SUBSTITUIÇÃO PROCESSUAL

O art. 3º da Lei nº 12.016 prevê expressamente que:

---

[33] Afirmava RUI BARBOSA, na sua obra sobre o *Direito do Amazonas*, vol. I, p. 178, que: "Uma questão política pode ser distintamente política, altamente política, segundo alguns, até puramente política, fora dos domínios da justiça e, contudo, em revestindo a forma de um pleito estar na competência dos tribunais, desde que o ato executivo ou legislativo, contra o qual se demande, fira a Constituição, lesando ou negando um direito nela consagrado."
V. a respeito o estudo do Ministro LUÍS GALLOTTI, "Limites da jurisdição dos tribunais em face das questões políticas", A Época, Rio de Janeiro, vol. 193, p. 51, maio de 1952.

[34] *V.g.:* STF, SS 5.151/RR-MC, Rel. Min. Pres. CÁRMEN LÚCIA, j. 19.09.2016. Também: STF-Plenário, ADF 339/PI, Rel. Min. LUIZ FUX, j. 18.05.2016. Nesse caso, a utilização da ADPF se deu por uma questão de ilegitimidade ativa da parte (Associação Nacional dos Defensores Públicos – ANADEP) para a impetração do mandado de segurança, que se restringia à própria Defensoria Pública Estadual, não aos seus membros.

[35] STF-Pleno, MS 21.059/RJ, Rel. Min. SEPÚLVEDA PERTENCE, j. 05.09.1990.

"O titular de direito líquido e certo decorrente de direito, em condições idênticas, de terceiro poderá impetrar mandado de segurança a favor do direito originário, se o seu titular não o fizer, no prazo de 30 (trinta) dias, quando notificado judicialmente.

Parágrafo único. O exercício do direito previsto no caput deste artigo submete-se ao prazo fixado no art. 23 desta Lei, contado da notificação."

Trata-se de um caso de *substituição processual*, em que um dos interessados mais remotos se substitui ao interessado direto, próximo ou imediato, pois, defendendo o direito deste, na realidade garante a integridade de sua própria situação jurídica.

Como todo remédio processual, o mandado de segurança pressupõe a existência de legítimo interesse.

No tocante ao mandado de segurança, tal interesse pode existir por parte não apenas de uma pessoa, mas sim de uma categoria de pessoas indeterminadas, cabendo a qualquer uma delas a impetração. Em outros casos, o ato ilegal provoca uma reação em cadeia, prejudicando direta e imediatamente uma determinada pessoa e indireta ou remotamente outros interessados. É o caso de um erro na classificação de concursados ou na lista de antiguidade ou de merecimento de servidores em que direito lesado é apenas de uma pessoa, mas com reflexos sobre todos os demais que são atingidos indiretamente pela irregularidade do ato administrativo praticado.

Admite-se, no caso, uma substituição processual, definida no âmbito do direito processual civil como a possibilidade para uma pessoa de postular em juízo, em nome próprio, direito alheio. Assim, o legitimado extraordinário (substituto) atua como parte do processo, embora não seja titular direto da relação material controvertida.

Os requisitos legais contidos no art. 3º da Lei nº 12.016 são os seguintes:

a) que o direito do substituto seja decorrente do direito do substituído lesado pelo ato impugnado;

b) que ambos os direitos (do substituto e do substituído) se fundamentem em condições idênticas e que o reconhecimento prescinda de dilação probatória (*direito líquido e certo*);

c) que o substituto tenha notificado judicialmente o substituído e que este não tenha promovido, no prazo de 30 (trinta) dias, a defesa do direito lesado ou ameaçado por ato de autoridade.

Em que pese a expressa previsão legal de que o interessado terá de promover notificação *judicial*, a doutrina tem se inclinado no sentido de que a formalidade poderá ser dispensada quando se puder comprovar a ciência inequívoca do substituído, primando-se pela instrumentalidade das formas.[36-37]

O prazo de 120 (cento e vinte) dias para impetração do mandado de segurança, vale lembrar, não se aplica aos casos de *atos omissivos*. Sendo *comissivo* o ato impugnado, o prazo decadencial do art. 23 deverá ser contado a partir da ciência por parte "do interessado", nos termos do art. 3º, ou seja: *a partir da notificação do titular do direito lesado ou ameaçado pelo ato de autoridade.*

Por fim, conforme já antecipado, devem ser observados os arts. 6º e 18 do Código de Processo Civil, que autorizam o substituído a figurar como assistente litisconsorcial, sendo atribuição do magistrado, de ofício ou a requerimento, promover a intimação daquele para eventual intervenção no feito.[38]

60. DA REPRESENTAÇÃO DO IMPETRANTE POR ADVOGADO

Somente pode impetrar mandado de segurança advogado devidamente inscrito na Ordem dos Advogados do Brasil, não se estendendo ao mandado a norma excepcional, constante do Código de Processo Penal, que admite a impetração do *habeas corpus* por qualquer pessoa, sem a intervenção de causídico:

"Art. 654. O *habeas corpus* poderá ser impetrado por qualquer pessoa, em seu favor ou de outrem, bem como pelo Ministério Público".

Quanto ao mandado de segurança, o art. 6º da Lei nº 12.016 exige que a petição inicial atenda aos requisitos da lei processual.

O Código de Processo Civil exige que a parte seja representada em juízo por advogado regularmente inscrito na Ordem dos Advogados do Brasil (CPC, art. 103). É lícita a postulação sem procuração, quando necessária para evitar atos urgentes, inclusive evitar preclusão, decadência ou prescrição (CPC, art. 104). Nesse caso, o advogado deverá apresentar o instrumento de procuração no prazo de quinze

---

[36] CASSIO SCARPINELLA BUENO, *A nova lei do mandado de segurança:* comentários sistemáticos à lei n. 12.016, de 7-8-2009. São Paulo: Saraiva, 2009, p. 15-16. Também: DANIEL AMORIM ASSUMP-ÇÃO NEVES, *Ações constitucionais.* 4. ed. Salvador: JusPodivm, 2018, p. 186; ALEXANDRE FREITAS CÂMARA, *Manual do mandado de segurança.* 2. ed. São Paulo: Atlas, 2014, p. 46; BRUNO G. REDON-DO; GUILHERME P. DE OLIVEIRA,; RONALDO CRAMER, *Mandado de segurança:* comentários à lei 12.016/2009. Rio de Janeiro: Forense, 2009, p. 72-73; AYLTON BONOMO JÚNIOR; HERMES ZANETI JÚNIOR, *Mandado de segurança individual e coletivo.* Salvador: JusPodivm, 2019, p. 124.

[37] Em sentido contrário: HUMBERTO THEODORO JÚNIOR, *Lei do mandado de segurança comentada.* Rio de Janeiro: Forense, 2014, p. 147.

[38] CASSIO SCARPINELLA BUENO, "Mandado de segurança e CPC de 2015: homenagem a Hely Lopes Meirelles", *In:* WALD, Arnoldo; JUSTEN FILHO, Marçal; PEREIRA, Cesar Augusto Guimarães (Orgs.). *O direito administrativo na atualidade:* estudos em homenagem ao centenário de Hely Lopes Meirelles (1917-2017). São Paulo: Malheiros, 2017, p. 264.

164 | MANDADO DE SEGURANÇA NA PRÁTICA JUDICIÁRIA – *Arnoldo Wald*

dias, prorrogável por igual período pelo magistrado, sob pena de extinção do feito, conforme demonstram estes acórdãos:

> "MANDADO DE SEGURANÇA – Execução criminal – Ajuizamento da ação mandamental pelo próprio preso, pessoalmente, sem representação por advogado – Ausência de capacidade postulatória (pressuposto processual subjetivo de constituição e de desenvolvimento válido e regular do processo) – Incidência do art. 485, IV, do novo CPC, c.c. o art. 6º, §§ 5º e 6º, da Lei nº 12.016/09 – Processo julgado extinto sem resolução do mérito, nos termos do art. 485, IV, do CPC."[39]

> "MANDADO DE SEGURANÇA. Pedido de anulação da sentença sob alegação de cerceamento de defesa. Impetração de próprio punho. Ausência de capacidade postulatória. O ajuizamento do Mandado de Segurança exige capacidade postulatória, devendo ser impetrado por advogado devidamente inscrito nos quadros da Ordem dos Advogados do Brasil, de acordo com a regra do artigo 10 da Lei 12.106/2009. Mandado de Segurança não conhecido, com determinação."[40]

> "AGRAVO INTERNO NO AGRAVO INTERNO NO MANDADO DE SEGURANÇA. PETIÇÃO SUBSCRITA PELO IMPETRANTE. FALTA DE CAPACIDADE POSTULATÓRIA. RECURSO NÃO CONHECIDO.
> 1. No caso, a inicial do mandado de segurança e todas as demais peças carecem de pressuposto de constituição e desenvolvimento válido e regular do processo, qual seja, a capacidade postulatória.
> 2. Agravo interno não conhecido."[41]

> "MANDADO DE SEGURANÇA – CAPACIDADE POSTULATÓRIA – AUSÊNCIA DE COMPROVAÇÃO. A regular juntada de procuração é ônus exclusivo do impetrante, que deve zelar pela fiscalização e pelo correto processamento do mandado de segurança."[42]

> "MANDADO DE SEGURANÇA IMPETRADO CONTRA O TRIBUNAL SUPERIOR ELEITORAL (...) – IMPETRAÇÃO DO 'WRIT' CONSTITUCIONAL, EM CAUSA PRÓPRIA, POR ADVOGADO CUJA INSCRIÇÃO, NA OAB, ESTAVA SUSPENSA – AUSÊNCIA DE CAPACIDADE POSTULATÓRIA DO IMPETRANTE – IMPOSSIBILIDADE DE VÁLIDA CONSTITUIÇÃO DA RELAÇÃO PROCESSUAL – INDERROGÁVEL PRESSUPOSTO PROCESSUAL, DE ÍNDOLE SUBJETIVA, REFERENTE ÀS PARTES – MANDADO DE SEGURANÇA NÃO CONHECIDO – RE-

---

[39] TJSP, MS 0020550-55.2019.8.26.0000, Rel. Des. DE PAULA SANTOS, j. 23.05.2019.

[40] TJSP, MS 0023427-65.2019.8.26.0000, Rel. Des. ANDRADE SAMPAIO, j. 27.06.2019.

[41] STJ-CE, AgRg no AgInt no MS 22.874/DF, Rel. Min. MARIA THEREZA DE ASSIS MOURA, j. 18.12.2018.

[42] STF-1ª T., AgRg nos EDcl no MS 28.787/DF, Rel. Min. MARCO AURÉLIO, j. 24.11.2015.

CURSO DE AGRAVO IMPROVIDO. – (...) – Ninguém, ordinariamente, pode postular em juízo sem a assistência de Advogado, a quem compete, nos termos da lei, o exercício do 'jus postulandi'. A posse da capacidade postulatória constitui pressuposto processual subjetivo referente à parte. Sem que esta titularize o 'jus postulandi', torna-se inviável a válida constituição da própria relação processual, o que faz incidir a norma inscrita no art. 267, IV, do CPC, gerando, em conseqüência, como necessário efeito de ordem jurídica, a extinção do processo, sem resolução de mérito. – São nulos de pleno direito os atos processuais, que, privativos de Advogado, venham a ser praticados por quem não dispõe de capacidade postulatória, assim considerado aquele cuja inscrição na OAB se ache suspensa (Lei nº 8.906/94, art. 4º, parágrafo único). Precedentes."[43]

Interessante notar, em breves parênteses, que o art. 14 da Lei nº 12.016 conferiu *legitimidade recursal* à autoridade coatora, o que não se confunde com capacidade postulatória. Por isso, embora a peça de informações deva ser firmada pessoalmente pelo agente que praticou o ato impugnado, eventual recurso deverá ser manejado por advogado.[44]

---

[43] STF-Pleno, AgRg no MS 28.857/GO, Rel. Min. CELSO DE MELLO, j. 15.12.2010.

[44] STF-Pleno, ADI 4.403/DF, Rel. Min. EDSON FACHIN, j. 23.08.2019: "Ação Direta de Inconstitucionalidade. Artigo 14, § 2º, da Lei nº 12.016/2009. Mandado de Segurança. Legitimidade recursal da autoridade coatora. Ausência de dispensa de capacidade postulatória. Ação julgada improcedente. 1. O art. 14, § 2º, da Lei n. 12.016/2009, conferiu legitimidade recursal, não capacidade postulatória, à autoridade coatora, não havendo, pois, ofensa ao art. 133 da CRFB."

Capítulo IX
O MANDADO DE SEGURANÇA COLETIVO

Sumário: 61. Requisitos para a impetração – **62.** Legitimidade ativa – **63.** Concessão de liminar – **64.** Litispendência e coisa julgada.

61. REQUISITOS PARA A IMPETRAÇÃO

Tal como ocorre no mandado de segurança individual, o cabimento do mandado de segurança coletivo depende da demonstração, já com a petição inicial, do direito violado ou ameaçado por ato ilegal de autoridade pública ou agente de pessoa jurídica no exercício de funções públicas, desde que não seja possível invocar a proteção do direito por meio do *habeas corpus* ou do *habeas data*.

62. LEGITIMIDADE ATIVA

Inovação da Constituição de 1988, o mandado de segurança coletivo vem disciplinado no inciso LXX do art. 5º, que legitima para sua impetração: o partido político com representação no Congresso Nacional e a organização sindical, a entidade de classe ou a associação legalmente constituída, em funcionamento há pelo menos um ano, em defesa do interesse de seus membros.

Postula-se o direito de uma categoria ou classe, não de um ou de outro membro da entidade, nem de pessoas ou grupo; a entidade legitimada pode promover a impetração em nome próprio para defesa de todos os seus membros ou de apenas parte deles, conforme consagrou a Súmula 630 do Supremo Tribunal Federal:

> "A entidade de classe tem legitimação para o mandado de segurança ainda quando a pretensão veiculada interesse apenas a uma parte da respectiva categoria."

Nas edições anteriores, defendemos o descabimento da proteção de direitos e interesses não pertencentes à classe ou categoria, tal como ocorreu, por exemplo, com a discussão do IPMF, imposto provisório incidente sobre a movimentação financeira, em que se reconheceu a ilegitimidade *ad causam* do sindicato impetrante, para questionar a cobrança, uma vez que não se tratava de interesse restrito à classe sindical.

Veio a prevalecer, entretanto, o posicionamento defendido pelo então Ministro CARLOS VELLOSO, mais amplo em relação à legitimação, como se infere do acórdão do RE 181.438-1[1], do Tribunal Pleno do Supremo Tribunal Federal:

> "O objeto do mandado de segurança coletivo será um direito dos associados, independentemente de guardar vínculo com os fins próprios da entidade impetrante do *writ*, exigindo-se, entretanto, que o direito esteja compreendido na titularidade dos associados e que exista ele em razão das atividades exercidas pelos associados, mas não se exigindo que o direito seja peculiar, próprio da classe."[2]

A jurisprudência do Supremo Tribunal Federal também consagrou o entendimento de que não há necessidade de expressa autorização para a entidade agir em nome de seus membros (Súmula 629/STF):

> "A impetração de mandado de segurança coletivo por entidade de classe em favor dos associados independe da autorização destes."

Tal conclusão decorre do fato de que a legitimação pelo art. 5º, LXX, da CF é *direta*: a figura é da *substituição processual* e, como tal, a impetração coletiva prescinde de autorização dos representados, como se extrai do já citado acórdão do Superior Tribunal de Justiça, de relatoria do Min. HERMAN BENJAMIN:

> "1. Nos termos da jurisprudência do STJ, no julgamento do RE 573.232/SC, realizado sob a sistemática da repercussão geral, o STF reconheceu que, de acordo com o art. 5º, LXX, "b", da CF, para impetrar Mandado Segurança coletivo em defesa dos interesses de seus membros ou associados, as associações prescindem de autorização expressa, que somente é necessária para ajuizamento de ação ordinária, nos termos do art. 5º, XXI, da CF, estando decidido que, naquela hipótese, as associações atuam como substituto processual, e nesta última, como representante dos associados.
> 2. Aplica-se a Súmula 629/STF, segundo a qual a impetração de Mandado de Segurança Coletivo por entidade de classe em favor dos associados independe da autorização destes."[3]

---

[1]   STF-Pleno, RE 181.438, Rel. Min. Carlos Velloso, j. 28.06.1996.

[2]   No mesmo sentido: STF-Pleno: RE 193.382/SP, Rel. Min. Carlos Velloso, j. 28.06.1996 e MS 22.132/RJ, mesmo relator, j. 21.08.1996.

[3]   STJ-2ª T., AgInt no REsp 1.775.204/RJ, Rel. Min. HERMAN BENJAMIN, j. 23.05.2019.

Capítulo IX · O MANDADO DE SEGURANÇA COLETIVO | 169

No tocante aos partidos políticos, prevaleceu na jurisprudência do Superior Tribunal de Justiça o entendimento tem restringe a legitimação para defesa dos interesses de seus filiados, de sua coletividade[4]. No âmbito do Supremo Tribunal Federal, em julgamento sob a relatoria da Ministra ELLEN GRACIE, os demais Ministros integrantes do Tribunal Pleno rejeitaram a tese que conferiria "legitimação universal" aos partidos, o que corrobora a limitação à defesa de seus filiados, condicionada às suas finalidades institucionais e aos seus objetivos programáticos[5]. No mesmo sentido, foi o que decidiu o Tribunal de Justiça do Estado de São Paulo em acórdão de cuja ementa se extrai:

> "MANDADO DE SEGURANÇA – LEGITIMIDADE ATIVA – O partido político, ou seu diretório, não têm autorização para impetrar mandado de segurança coletivo na defesa de interesses individuais dos cidadãos, estando legitimado apenas para a defesa dos interesses de seus filiados quanto a seus 'interesses legítimos relativos a seus integrantes ou à finalidade partidária', excluído, portanto, o cabimento do mandado de segurança coletivo para a proteção de direitos difusos Conforme o entendimento dos tribunais superiores (MS 34.196/DF, Rel. Min. ROBERTO BARROSO, mencionado na decisão do Min. CELSO DE MELLO no MS 34.609 MC/DF), não há impedimento constitucional de que a lei condicione o direito de ação mandamental (art. 21 da Lei nº 12.016/2009 c.c. art. 5º, LXX, da Constituição Federal) Preliminar de ilegitimidade ativa acolhida Segurança denegada, extinto o processo sem julgamento do mérito."[6]

Ante a ausência de restrições no art. 5º, LXX, *a*, da CF, é farta a doutrina[7] que reconhece legitimação ampla para os partidos políticos impetrar mandado de segurança coletivo, conforme já vinha sendo retratado na obra *Mandado de Segurança e Ações Constitucionais*:

> "Anteriormente à edição da Lei 12.016/2009 os Tribunais Superiores interpretavam de forma restritiva o art. 5º, LXX, 'a', da CF, entendendo que o partido político não tinha legitimidade para ir a juízo, por exemplo, 'defender 50 milhões de aposentados, que não são, em sua totalidade, filiados ao partido e que não autorizaram o mesmo a impetrar mandado de segurança

---

[4]   STJ-1ª S., EDcl no MS 194/DF, Rel. Min. GARCIA VIEIRA, j. 11.09.1990; STJ-2ª T., RMS 1.348/MA, Rel. Min. AMÉRICO LUZ, j. 02.06.1993.

[5]   STF-Pleno, RE 196.184, Rel. Min. ELLEN GRACIE, j. 27.10.2004.

[6]   TJSP, MS 2093631-03.2019.8.26.0000, Rel. Des. JOÃO CARLOS SALETTI, j. 19.02.2020.

[7]   CASSIO SCARPINELLA BUENO, *A nova lei do mandado de segurança:* comentários sistemáticos à Lei n. 12.016, de 7-8-2009. São Paulo: Saraiva, 2009, p. 122-124; TEORI ALBINO ZAVASCKI, *Processo Coletivo:* tutela de direitos coletivos e tutela coletiva de direitos. 7. ed. São Paulo: Revista dos Tribunais, 2017, p. 201-203.

em nome deles' (STJ, MS 197-DF, rel. Min. Garcia Vieira, *RSTJ* 12/215); nem para pleitear direitos dos contribuintes em matéria tributária (STF, RE 196.184-AM, rela. Min. Ellen Gracie, *DJU* 18.2.2005).

Não obstante, com a expressa previsão legislativa de que o partido político pode também impetrar mandado de segurança para a defesa de interesses ligados à 'finalidade partidária', e não exclusivamente de seus filiados em questões políticas, a legitimidade dos partidos políticos tem sido compreendida em sentido mais amplo pela doutrina."[8]

A despeito de ter ganhado adeptos essa corrente doutrinária – que amplia a legitimação dos partidos políticos para o mandado de segurança –, fato é que o Supremo Tribunal Federal tem reafirmado o entendimento restritivo e, em decisões monocráticas como a proferida pelo Ministro ROBERTO BARROSO, afirmou possibilidade de regulamentação, por lei, de direitos fundamentais de natureza processual:

> "7. É certo que o art. 5º, LXX, da Constituição não limita a legitimidade dos partidos políticos, para fins de impetração de mandado de segurança coletivo, à tutela de interesses ou direitos de seus filiados. Não há, todavia, impedimento constitucional a que a lei condicione o exercício desse direito de ação, impondo-lhe restrições. A disciplina legal do exercício de direitos fundamentais é, aliás, a regra quando se trata de direitos de natureza processual.
> 8. A Lei nº 12.016/2009 parece ter adotado limites razoáveis, compatíveis com a Constituição, para o cabimento de mandado de segurança coletivo. A restrição dessa modalidade de ação para a tutela de direitos coletivos em sentido estrito e individuais homogêneos evita que o mandado de segurança seja instrumentalizado pelos partidos políticos, transformando-se em indesejável veículo de judicialização excessiva de questões governamentais e parlamentares, as quais poderiam ser facilmente enquadradas como direitos difusos da sociedade brasileira e atreladas às finalidades de qualquer agremiação política."[9]

---

[8]   HELY LOPES MEIRELLES; ARNOLDO WALD; GILMAR FERREIRA MENDES. *Mandado de segurança e ações constitucionais*. 38. ed. São Paulo: Malheiros, 2019, p. 151, nota de rodapé 343.

[9]   STF, MS 34.196/DF, Rel. Min. ROBERTO BARROSO, j. 11.05.2016. Noutra oportunidade, ao decidir a Medida Cautelar no MS 34.609/DF, rel. Min. CELSO DE MELLO, j. 14.02.2017, afirmou-se: "Esse entendimento jurisprudencial, que confere aplicabilidade à restrição imposta pelo estatuto de regência disciplinador do 'writ' mandamental (Lei nº 12.016/2009, art. 21), tem sido perfilhado – é importante destacar – por eminentes Ministros desta Corte Suprema (MS 33.738/DF, Rel. Min. CÁRMEN LÚCIA – MS 34.196/DF, Rel. Min. ROBERTO BARROSO – RE 566.928/RJ, Rel. Min. AYRES BRITTO), sendo certo, ainda, por extremamente relevante, que o próprio Plenário do Supremo Tribunal Federal, em julgamentos colegiados, já se pronunciou no sentido de negar legitimação universal ao partido político para impetrar mandado de segurança coletivo destinado à proteção jurisdicional de direitos ou de interesses difusos da sociedade civil, notadamente quando a

Capítulo IX · O MANDADO DE SEGURANÇA COLETIVO | **171**

A feição coletiva do mandado de segurança se insere no microssistema de tutela coletiva de direitos, tanto com vistas a maximizar a eficácia do direito material em si quanto para conferir *eficiência* à prestação jurisdicional, na medida em que permite sejam enfrentadas e solucionadas um sem número de lides em número reduzido de processos.

63. CONCESSÃO DE LIMINAR

Diversamente do que ocorre na modalidade individual, para o mandado de segurança coletivo, o § 2º do art. 22 da Lei nº 12.016 determina a oitiva do representante judicial da pessoa jurídica de direito público, no prazo de 72 horas, como condição para eventual tutela provisória[10]. A regra decorre do que se tinha no art. 2º da Lei nº 8.437, de 30 de junho de 1992[11], que já condicionava as tutelas provisórias contra a Fazenda Pública, em ações civis públicas e em mandados de segurança coletivos, ao prévio contraditório, sob pena de nulidade da decisão.

Portanto, havendo pedido de tutela provisória, ao despachar a inicial o magistrado deverá determinar, simultaneamente, a *notificação* da autoridade coatora para prestar informações e a *intimação* da pessoa jurídica de direito público para que seu representante judicial se manifeste naquele prazo.

Por se tratar de uma restrição à concessão de tutela provisória, o art. 22, § 2º, da Lei nº 12.016 deve ser interpretado restritivamente. Assim, o prévio contraditório é direito exclusivo da pessoa jurídica de direito público e não se estende à pessoa natural ou à pessoa jurídica de direito privado, ainda que exercente de função pública delegada.

Importante ressalvar, entretanto, que a regra comporta exceções. A formalidade do prévio contraditório não pode ser absoluta a ponto de esvaziar a efetividade da tutela jurisdicional, assegurada pelo art. 5º, XXXV, da Constituição. Por isso, demonstrado que a formalidade do art. 22, § 2º, da Lei nº 12.016 representa risco de perecimento do direito, o magistrado deverá conceder a tutela de urgência *mesmo antes da oitiva do representante judicial da pessoa jurídica de direito público*. É o que já reconheceram os mais diversos Tribunais Pátrios:

---

pretendida tutela objetivar a defesa da ordem constitucional (MS 22.764-QO/DF, Rel. Min. NÉRI DA SILVEIRA – RE 196.184/AM, Rel. Min. ELLEN GRACIE)."

[10] "Art. 22. (...) § 2º No mandado de segurança coletivo, a liminar só poderá ser concedida após a audiência do representante judicial da pessoa jurídica de direito público, que deverá se pronunciar no prazo de 72 (setenta e duas) horas."

[11] "Art. 2º No mandado de segurança coletivo e na ação civil pública, a liminar será concedida, quando cabível, após a audiência do representante judicial da pessoa jurídica de direito público, que deverá se pronunciar no prazo de setenta e duas horas."

"Dispõe o art. 2º da Lei 8.437, de 1992 que, 'no mandado de segurança coletivo e na ação civil pública, a liminar será concedida, quando cabível, após a audiência do representante judicial da pessoa jurídica de direito público, que deverá se pronunciar no prazo de setenta e duas horas'. Concedo que, na iminência de perecimento de direito, ou na possibilidade de ocorrer prejuízo de difícil ou quase impossível reparação, poderia o juiz, em decisão fundamentada (C.F., art. 93, IX), conceder a cautelar sem a oitiva do representante judicial da pessoa jurídica de direito público."[12]

"Por outro lado, não há como reputar viciada, a espécie, porquanto deferida a medida urgente sem que ouvido, quanto a ela, o Estado. É notório que a antecipação de tutela, assim como as medidas liminares (vinculadas aos pressupostos da plausibilidade jurídica e do perigo na demora), tem exame célere, dada a urgência natural da demanda, prescindindo, pois, de prévia oitiva da parte contrária. Nesse sentido, Nelson Nery Junior e Rosa Maria de Andrade Nery, *in* Código de Processo Civil Comentado e Legislação Processual Civil Extravagante em Vigor (Ed. Revista dos Tribunais, 6ª ed., p. 614): *'quando a citação do réu puder tornar ineficaz a medida, ou, também, quando a urgência indicar a necessidade de concessão imediata da tutela, o juiz poderá fazê-lo inaudita altera pars, que não constitui ofensa, mas sim limitação imanente do contraditório, que fica diferido para momento posterior do procedimento'."[13]

"Oitiva deveras discutível, diga-se de passagem, pois a despeito do disposto no art. 1.059 CPC a medida somente se mostra cabível no mandado de segurança coletivo e na ação civil pública (art. 2º da Lei nº 8.437/92), o que não é o caso dos autos. E mais, mesmo nessas hipóteses, como já decidido pelo Colendo STJ, excepcionalmente o rigor da norma 'deve ser mitigado em face da possibilidade de graves danos decorrentes da demora no cumprimento da liminar, especialmente quando se tratar da saúde de pessoa idosa que necessita de tratamento médico urgente' (STJ, 1ª Turma, REsp nº 860.840, Rel. Min. Denise Arruda, j. 20/03/07, DJU 23/04/07)."[14]

"AGRAVO DE INSTRUMENTO – MEIO AMBIENTE – AÇÃO CIVIL PÚBLICA – AUSÊNCIA DE OITIVA PRÉVIA DO REPRESENTANTE DA MUNICIPALIDADE AGRAVANTE – NULIDADE – INOCORRÊNCIA – Em se tratando de concessão de medida liminar em face da Fazenda Pública, em ação civil pública ou mandado de segurança coletivo, o art. 2º da Lei nº 8.437/92 prevê a necessidade de contraditório prévio de seu representante A jurisprudência do C. STJ, todavia, admite, excepcionalmente, a fim de se

---

[12] STF-Pleno, AgRg na Pet. 2.066/SP, Rel. Min. Pres. CARLOS VELLOSO, j. 19.10.2000.
[13] STJ, SLS 18, Rel. Min. EDSON VIDIGAL, j. 21.09.2004.
[14] TJSP, AI 138876-37.2019.8.26.0000, Rel. Des. DÉCIO NOTARANGELI, j. 22.07.2019.

Capítulo IX · O MANDADO DE SEGURANÇA COLETIVO | 173

resguardar bem maior, a mitigação dessa regra, dispensando a oitiva prévia para a concessão da liminar."[15]

Assim como a formalidade acima referida deve ceder espaço à efetividade do direito quando não se puder aguardar as 72 horas para manifestação do representante judicial da pessoa jurídica de direito público, eventual extemporaneidade de sua manifestação não deverá produzir, absoluta e indistintamente, efeitos da revelia. O esgotamento do prazo não implica necessário julgamento em favor do impetrante.

64. LITISPENDÊNCIA E COISA JULGADA

De acordo com o *caput* do art. 22 da Lei 12.016, a sentença do mandado de segurança coletivo fará coisa julgada em relação aos membros do grupo ou categoria substituídos pelo impetrante. Essa é a regra para o limite subjetivo da coisa julgada.

Diz o § 1º que, o mandado de segurança coletivo não induz litispendência em relação às ações individuais e, para se beneficiar da coisa julgada formada a partir da sentença coletiva, o impetrante individual deverá desistir do pedido individualmente formulado, no prazo de 30 (trinta) dias contados da ciência da impetração coletiva.

O *caput* prevê a substituição processual, pelo impetrante, de *todos os membros do grupo ou categoria*, extrapolando o rol de filiados ou associados, conforme já decidiu o Superior Tribunal de Justiça:

> "... os sindicatos e as associações, na qualidade de substitutos processuais, têm legitimidade para atuar judicialmente na defesa dos interesses coletivos de toda a categoria que representam, por isso, caso a sentença do writ coletivo não tenha uma delimitação expressa dos seus limites subjetivos, a coisa julgada advinda da ação coletiva deve alcançar todas as pessoas da categoria, e não apenas os filiados (AgInt no AREsp 1.254.080/RJ, 1ª T., Rel. Min. Gurgel de Faria, DJe 07.02.2019)."[16]

A jurisprudência mais recente dos Tribunais Superiores, diga-se de passagem, é no sentido de *dispensar* a indicação do rol de substituídos ou de ata de assembleia autorizadora da impetração do mandado de segurança coletivo[17]. De acordo com

---

[15]   TJSP, AI 014177-71.2019.8.26.0000, Rel. Des. LUIS FERNANDO NISHI, j. 16.05.2019.

[16]   STJ-1ª T., AgInt no REsp 1.833.976/RJ, Rel. Min. REGINA HELENA COSTA, j. 14.10.2019.

[17]   Súmula 629/STF e STJ-1ª T., AgInt no AREsp 1.531.270/DF, Rel. Min. SÉRGIO KUKINA, j. 11.11.2019: "'A jurisprudência do STJ consolidou-se no sentido de não ser exigível a apresentação de autorização dos associados nem de lista nominal dos representados para impetração de Mandado de Segurança Coletivo pela associação. Configurada hipótese de substituição processual, os efeitos da decisão proferida beneficiam todos os associados, sendo irrelevante a data de associação ou

doutrina[18] e jurisprudência dominantes, não se aplica, ao mandado de segurança coletivo, a limitação territorial dos efeitos da coisa julgada, tal como ocorre no âmbito das ações coletivas em geral. Nesse sentido:

> "1. É assente na jurisprudência do STJ o entendimento de que, quando em discussão a eficácia objetiva e subjetiva da sentença proferida em Ação Coletiva proposta em substituição processual, a aplicação do art. 2º-A da Lei 9.494/1997 deve-se harmonizar com os demais preceitos legais aplicáveis ao tema, de forma que o efeito da sentença coletiva nessas hipóteses não está adstrito aos filiados à entidade sindical à época do oferecimento da ação coletiva, ou limitada a sua abrangência apenas ao âmbito territorial da jurisdição do órgão prolator da decisão.
>
> 2. *In casu* nota-se, também, que não se aplica o disposto no RE 612.043/PR (Tema 499), julgado pelo Supremo Tribunal Federal. A Suprema Corte, apreciando o Tema 499 da repercussão geral, desproveu o Recurso Extraordinário, declarando a constitucionalidade do art. 2º-A da Lei 9.494/1997, fixando a seguinte tese: 'A eficácia subjetiva da coisa julgada formada a partir de ação coletiva, de rito ordinário, ajuizada por associação civil na defesa de interesses dos associados, somente alcança os filiados, residentes no âmbito da jurisdição do órgão julgador, que o fossem em momento anterior ou até a data da propositura da demanda, constantes da relação jurídica juntada à inicial do processo de conhecimento.
>
> 3. Está bem delimitado e evidenciado no referido acórdão do STF que a tese relativa à limitação territorial dos efeitos da decisão coletiva diz respeito apenas às Ações Coletivas de rito ordinário, ajuizadas por associação civil, que age em representação processual, não se estendendo tal entendimento aos sindicatos, que agem na condição de substitutos processuais, nem a outras espécies de Ações Coletivas, como, por exemplo, o Mandado de Segurança Coletivo.
>
> 4. 'Os efeitos da decisão proferida em mandado de segurança coletivo beneficia todos os associados, ou parte deles cuja situação jurídica seja idêntica àquela tratada no decisum, sendo irrelevante se a filiação ocorreu após a impetração do writ' (AgInt no AgInt no AREsp 1.187.832/SP, Rel. Ministro Mauro Campbell Marques, Segunda Turma, DJe 20/6/2018)."[19]

---

a lista nominal' (REsp 1832916/RJ, Rel. Ministro HERMAN BENJAMIN, SEGUNDA TURMA, julgado em 01.10/2019, DJe 11/10/2019)."

[18] LUIZ FUX, *Mandado de segurança*. 2. ed. Rio de Janeiro: Forense, 2019, p. 228-229; ZAVASCKI, *Processo Coletivo*: tutela de direitos coletivos e tutela coletiva de direitos. 7. ed. São Paulo: Revista dos Tribunais, 2017, p. 213.

[19] STJ-2ª T., AgInt no REsp 1.784.080/SP, Rel. Min. HERMAN BENJAMIN, j. 19.03.2019.

Capítulo IX · O MANDADO DE SEGURANÇA COLETIVO | **175**

Ainda, observa-se que a Lei 12.016 fixa regras distintas para a coisa julgada formada a partir do mandado de segurança *coletivo*, autorizando que apenas a sentença *concessiva* da ordem, que seja benéfica aos substituídos, forme coisa julgada em relação a eles.

Diferente é o cenário que se tem no âmbito dos mandados de segurança *individuais*, em que tanto a sentença concessiva quanto a denegatória poderá levar à formação de coisa julgada, desde que tenha enfrentado o mérito. Essa é a correta interpretação do enunciado da Súmula 304 do Supremo Tribunal Federal:

> "Decisão denegatória de mandado de segurança, não fazendo coisa julgada contra o impetrante, não impede o uso da ação própria."[20]

Ao afastar a litispendência entre o mandado de segurança coletivo e o individual, o art. 22 não reconhece que ambos teriam as mesmas partes, as mesmas causas de pedir e os mesmos pedidos (CPC, art. 337, §§ 2º e 3º). Em razão dessa peculiaridade – a falta de identidade entre a ação coletiva e a individual –, não se pode afirmar que a coisa julgada formada naquele selará o destino desta (CPC, art. 337, § 4º). Pelo contrário: há *presunção legal* de que são ações distintas e, portanto, uma não poderia prejudicar a outra.[21]

Apesar disso, decorre da própria lei que os efeitos da coisa julgada formada a partir da sentença coletiva que concede a segurança poderá beneficiar o impetrante que tenha desistido, tempestivamente, da pretensão individual. A mesmo tempo que a Lei 12.016 *rejeita* a identidade entre as ações quando em prejuízo do impetrante individual, *permite* que tal seja demonstrada e aproveitada em seu benefício. Em rigor, a interpretação do dispositivo há de ser mais ampla, para admitir não apenas a desistência, drasticamente irreversível, mas também a *suspensão*, como se tem previsto no art. 104 do Código de Defesa do Consumidor[22], norma que integra o microssistema das ações coletivas, conforme admitido pelo Superior Tribunal de Justiça, invocando o Magistério de CASSIO SCARPINELLA BUENO.[23]

---

20 TEORI ALBINO ZAVASCKI, *ob. cit.*, p. 210-214.

21 STJ-2ª T., RMS 52.018/RS, Rel. p/ o acórdão Min. HERMAN BENJAMIN, j. 13.12.2018: "Nos termos do art. 104 do CDC e do art. 22, § 1º, da Lei 12.016/2009, não há litispendência entre Ação Coletiva e Ações Individuais. Inexiste, pois, litispendência entre o presente Mandado de Segurança individual e o Mandado de Segurança coletivo."

22 "Art. 104. As ações coletivas, previstas nos incisos I e II e do parágrafo único do art. 81, não induzem litispendência para as ações individuais, mas os efeitos da coisa julgada *erga omnes* ou ultra partes a que aludem os incisos II e III do artigo anterior não beneficiarão os autores das ações individuais, se não for requerida sua suspensão no prazo de trinta dias, a contar da ciência nos autos do ajuizamento da ação coletiva."

23 STJ-2ª T., RMS 52.018/RS, Rel. p/ o acórdão Min. HERMAN BENJAMIN, j. 13.12.2018.

Em síntese, quatro os pontos a serem ressaltados: (i) o impetrante, no mandado de segurança coletivo, substitui todo o grupo ou categoria por ele representado, e não apenas seus associados ou filiados; (ii) a Lei 12.016 não obsta a impetração de mandados de segurança individuais simultâneos ou posteriores a mandados de segurança coletivos; (iii) permite-se que os efeitos da sentença concessiva prolatada na ação coletiva sejam aproveitados pelos membros do grupo ou da categoria substituídos pelo impetrante, desde que, tempestivamente, desista ou requeira a *suspensão* da ação individual; e (iv) inexiste qualquer indicação de que a sentença denegatória do mandado de segurança coletivo impeça ou prejudique a impetração individual, notadamente porque a lei, textualmente, afirma a distinção entre ambas as ações.

Capítulo X
O MANDADO DE SEGURANÇA EM MATÉRIA TRIBUTÁRIA

Sumário: 65. A importância do mandado de segurança para possibilitar a compensação e a dispensa do pagamento do tributo – **66.** A exigência de caução como contracautela – **67.** A efetividade do mandado de segurança e a legitimidade das partes.

65. A IMPORTÂNCIA DO MANDADO DE SEGURANÇA PARA POSSIBILITAR A COMPENSAÇÃO E A DISPENSA DO PAGAMENTO DO TRIBUTO

O mandado de segurança assume especial importância, em matéria tributária, na medida em que a liminar nele concedida, nos termos do art. 151, IV, do Código Tributário Nacional, configura meio de suspensão da exigibilidade do crédito tributário, independente da prestação de caução.

Acresça-se a isso o fato de que o rito processual abreviado tende a trazer, de maneira bastante mais célere, a solução jurisdicional para o questionamento do contribuinte a respeito da ilegalidade perpetrada pelo Fisco, que, devendo exercer atividade regrada, está subsumido a amplo controle por parte do Poder Judiciário.

O art. 7º, § 2º da Lei nº 12.016, ao afirmar que "Não será concedida medida liminar que tenha por objeto a compensação de créditos tributários...", incorporou na legislação vigente o que já se encontrava no enunciado nº 212 da jurisprudência do Superior Tribunal de Justiça: "A compensação de créditos tributários não pode ser deferida em ação cautelar ou por medida liminar cautelar ou antecipatória."

A correta interpretação do texto legal é de que se exclui apenas a possibilidade de compensação em decisão liminar, permanecendo admissível em sentença. Daí ser correto dizer que permanece válido o enunciado sumular nº 213 do Superior Tribunal de Justiça, segundo o qual:

> "O mandado de segurança constitui ação adequada para a declaração do direito à compensação tributária."

Questionou-se, por algum tempo, a aparente contradição entre as Súmulas 212 e 213 do STJ; todavia, firmou-se o entendimento de que os dois conteúdos se completam, na medida em que uma veda simplesmente a extinção de tributos, *initio litis*, por meio da liminar concedida em *writ* impetrado para possibilitar a compensação tributária.

Na verdade, o mandado de segurança é muito utilizado como via para a obtenção de dispensa do pagamento de tributo, o que só se revela possível quando há comprovação de plano do direito invocado, seja pela ilegalidade da exigência, seja pela inconstitucionalidade do tributo. Citamos, a propósito, acórdão clássico, cuja ementa é a seguinte:

> "PROCESSUAL – MANDADO DE SEGURANÇA – DISCUSSÃO EM TORNO DA INCIDÊNCIA E DA CONSTITUCIONALIDADE DE LEIS – QUESTÕES DE DIREITO – DESNECESSIDADE DE PROVAS – CABIMENTO DO MANDADO DE SEGURANÇA. Se o impetrante pede Mandado de Segurança limitando-se em discutir a incidência e a qualidade jurídica de determinadas leis, não há como negar a Ordem, sob o argumento de que não foram produzidas provas. Se a questão é somente de direito, o exame do pedido de Segurança independe da coleta de provas."[1]

Todavia, se há necessidade de produção de prova do alegado, configura-se a ausência de uma das condições da ação, vale dizer, do direito líquido e certo.

Em razão da morosidade do Poder Judiciário, decorrente da grande quantidade de feitos, os contribuintes têm recorrido à compensação tributária em vez de pleitear a repetição do indébito, como meio de acelerar o reconhecimento de seus direitos e o cumprimento do julgado.

Quanto a isso, importante observar que, em julgamento realizado sob o rito dos recursos repetitivos, o Superior Tribunal de Justiça firmou a seguinte tese, alinhada ao mais básico pressuposto do mandado de segurança, o direito líquido e certo, entendido como "a documental, pré-constituída, das alegações contidas na petição inicial":

> "É necessária a efetiva comprovação do recolhimento feito a maior ou indevidamente para fins de declaração do direito à compensação tributária em sede de mandado de segurança."[2]

Conforme palavras do E. Ministro ARI PARGENDLER, todavia, "a Egrégia Turma distingue compensação de crédito de declaração de que o crédito é compen-

---

[1] STJ-1ª T. REsp 225.522/RJ, Rel. Min. HUMBERTO GOMES DE BARROS, j. 17.08.2000.

[2] STJ-1ª S., REsp 1.111.164/BA, Rel. Min. TEORI ZAVASCKI, j. 13.05.2009.

Capítulo X · O MANDADO DE SEGURANÇA EM MATÉRIA TRIBUTÁRIA | 179

sável, esta última não dependente de prova pré-constituída a respeito dos valores a serem compensados"[3].

Ao ir além do simples pedido de declaração de que o crédito é compensável e demandar outro juízo sobre elementos concretos da operação ou mesmo pedido de medida executiva, a prova pré-constituída sobre o crédito será imprescindível, conforme se extrai da ementa de acórdão de lavra do E. Ministro TEORI ZAVASCKI:

> "TRIBUTÁRIO E PROCESSUAL CIVIL. MANDADO DE SEGURANÇA. COMPENSAÇÃO TRIBUTÁRIA. IMPETRAÇÃO VISANDO EFEITOS JURÍDICOS PRÓPRIOS DA EFETIVA REALIZAÇÃO DA COMPENSA-ÇÃO. PROVA PRÉ-CONSTITUÍDA. NECESSIDADE.
> 1. No que se refere a mandado de segurança sobre compensação tributária, a extensão do âmbito probatório está intimamente relacionada com os limites da pretensão nele deduzida. Tratando-se de impetração que se limita, com base na súmula 213/STJ, a ver reconhecido o direito de compensar (que tem como pressuposto um ato da autoridade de negar a compensabilidade), mas sem fazer juízo específico sobre os elementos concretos da própria compensação, a prova exigida é a da 'condição de credora tributária' (ERESP 116.183/SP, 1ª Seção, Min. Adhemar Maciel, DJ de 27.04.1998).
> 2. Todavia, será indispensável prova pré-constituída específica quando, à declaração de compensabilidade, a impetração agrega (a) pedido de juízo sobre os elementos da própria compensação (v.g.: reconhecimento do indébito tributário que serve de base para a operação de compensação, acréscimos de juros e correção monetária sobre ele incidente, inexistência de prescrição do direito de compensar), ou (b) pedido de outra medida executiva que tem como pressuposto a efetiva realização da compensação (v.g.: expedição de certidão negativa, suspensão da exigibilidade dos créditos tributários contra os quais se opera a compensação). Nesse caso, o reconhecimento da liquidez e certeza do direito afirmado depende necessariamente da comprovação dos elementos concretos da operação realizada ou que o impetrante pretende realizar. Precedentes da 1ª Seção (EREsp 903.367/SP, Min. Denise Arruda, DJe de 22.09.2008) e das Turmas que a compõem."[4]

Cumpre destacar, ainda, que a jurisprudência do Superior Tribunal de Justiça não admite mandado de segurança para convalidar a compensação tributária realizada pelo contribuinte. É o que, *ipsis litteris*, consta do enunciado da Súmula 460 do Superior Tribunal de Justiça.[5]

---

[3] STJ-2ª T., EDcl no REsp 81.218/DF, J. 23.05.1996.

[4] STJ-1ª S., REsp 1.111.164/BA, Rel. Min. TEORI ZAVASCKI, j. 13.05.2009.

[5] "É incabível o mandado de segurança para convalidar a compensação tributária realizada pelo contribuinte."

66. A EXIGÊNCIA DE CAUÇÃO COMO CONTRACAUTELA

Encerrando controvérsia sobre a exigência de caução para a concessão da liminar, o art. 7º, III, da Lei 12.016 tornou claro que a suspensão dos efeitos do ato impugnado depende da demonstração dos requisitos *fumus boni iuris* e *periculum in mora* e eventual caução será exigida apenas quando efetivamente necessário assegurar o ressarcimento à pessoa jurídica de direito público:

> "Art. 7º Ao despachar a inicial, o juiz ordenará: (...)
>
> III – que se suspenda o ato que deu motivo ao pedido, quando houver fundamento relevante e do ato impugnado puder resultar a ineficácia da medida, caso seja finalmente deferida, sendo facultado exigir do impetrante caução, fiança ou depósito, com o objetivo de assegurar o ressarcimento à pessoa jurídica."

Prevalece, portanto, o entendimento de que a concessão da liminar não deve estar condicionada à prestação de contracautela. Presentes os requisitos legais, é direito da parte obter o provimento liminar, cautelar ou antecipatório, necessário à efetividade do direito ameaçado ou violado pelo ato da autoridade; se, em casos especiais, admite-se a prestação de garantia de que cogita o texto legal, é como instrumento conferido ao juiz para evitar dano à parte contrária[6], conforme posteriormente veio constar do § 1º do art. 300 do Código de Processo Civil de 2015:

> "Art. 300. A tutela de urgência será concedida quando houver elementos que evidenciem a probabilidade do direito e o perigo de dano ou o risco ao resultado útil do processo.
>
> § 1º Para a concessão da tutela de urgência, o juiz pode, conforme o caso, exigir caução real ou fidejussória idônea para ressarcir os danos que a outra parte possa vir a sofrer, podendo a caução ser dispensada se a parte economicamente hipossuficiente não puder oferecê-la."

Assim sendo, a decisão que exige caução deve ser devidamente motivada, sob pena de ilegalidade, uma vez que indiscutivelmente obsta o acesso à justiça e provoca diminuição do patrimônio do impetrante. Em matéria tributária, no

---

[6] Confira-se LÚCIA VALLE FIGUEIREDO: "Deve-se atentar, todavia, a que a lei não prescreveu a caução, deixou-a a critério do juiz, ao afirmar, a norma 'poderá o juiz'. Claro, entretanto, que o juiz apenas a determinará se perceber, a lume do caso concreto, a possibilidade de a outra parte sofrer dano" (Mandado de Segurança, p. 134). Nesse sentido, o ROMS 3.484/CE, em que o relator o Ministro ADHEMAR MACIEL asseverou: "Se existentes os pressupostos legais (LMS, art. 7º, II, c/c o art. 151, IV, do CTN), não se pode, sob pena de arbítrio e desvio de finalidade legal, exigir um *plus*, qual seja, caução."

Capítulo X • O MANDADO DE SEGURANÇA EM MATÉRIA TRIBUTÁRIA | **181**

entanto, há, em contrapartida, com o depósito da quantia questionada o abrigo da correção monetária e dos juros de mora, que serão exigidos, se denegada a ordem. Assim, se requerido pelo impetrante o depósito, deve o juiz autorizá-lo, ainda que o considere desnecessário pela ocorrência dos requisitos previstos em lei para a concessão da liminar.

67. A EFETIVIDADE DO MANDADO DE SEGURANÇA E A LEGITIMIDADE DAS PARTES

O Supremo Tribunal Federal reconheceu o mandado de segurança como meio hábil para impugnar o ato de inscrição de débito fiscal em dívida ativa, tido como ilegal pelo contribuinte.[7]

A respeito, é muito utilizado o mandado de segurança preventivo, para impedir a inscrição do débito. Interessante observar que, para tal hipótese, inaplicável o prazo decadencial de 120 dias do art. 23 da Lei nº 12.016/09, pois o termo *a quo* só pode ser contado da ciência do ato da autoridade, que nem sequer existe nas impetrações preventivas, as quais são formuladas com base no justo receio ou ameaça, conforme jurisprudência do Superior Tribunal de Justiça:

> "O mandado de segurança preventivo, em regra, não se subsume ao prazo decadencial de 120 (cento e vinte) dias, na forma da jurisprudência desta Corte, porquanto o 'justo receio' renova-se enquanto o ato inquinado de ilegal pode vir a ser perpetrado (Precedentes: REsp n.º 539.826/RS, Rel. Min. Teori Albino Zavascki, DJU de 11/10/2004; REsp n.º 485.581/RS, deste Relator, DJU de 23/06/2003; REsp n.º 228.736/SP, Rel. Min. Milton Luiz Pereira, DJU de 15/04/2002; e RMS n.º 11.351/RN, Primeira Turma, Rel. Min. Garcia Vieira, DJ 20/08/2001)."[8]
>
> "É pacífico o entendimento desta Corte segundo o qual a impetração de Mandado de Segurança preventivo não se sujeita a prazo decadencial."[9]

Em edição anterior, aludíamos ao entendimento firmado no âmbito do Superior Tribunal de Justiça sobre a obrigatoriedade da citação da Fazenda Estadual como litisconsorte passivo necessário quando se discute relação jurídica entre esta e o contribuinte, como por exemplo nas impetrações em que se discute o afastamento da exigência do ICMS no momento do desembaraço aduaneiro (STJ-2ª T., REsp 61.594/RS, Rel. Min. Peçanha Martins, j. 04.02.99).

---

[7] STF-1ª T., RE 71.319/MG, Rel. Min. AMARAL SANTOS, j. 28.05.1971; STF-2ª T., RE 90.433/SP, Rel. Min. DÉCIO MIRANDA, j. 03.04.1979.

[8] STJ-1ª T., REsp 768.523/RJ, Rel. Min. LUIZ FUX, j. 02.10.2007.

[9] STJ-2ª T., AREsp 1547973/RJ, Rel. Min. HERMAN BENJAMIN, j. 19.09.2019.

182 | MANDADO DE SEGURANÇA NA PRÁTICA JUDICIÁRIA – *Arnoldo Wald*

Com efeito, a autoridade coatora, "para fins de impetração de Mandado de Segurança, é aquela que pratica ou ordena, de forma concreta e específica, o ato ilegal, ou, ainda, aquela que detém competência para corrigir a suposta ilegalidade"[10].

Ciente de que *autoridade coatora* não se confunde com o conceito de *parte* e considerando que todos os que têm interesse na causa devem integrá-la – a todos os que puderem ser beneficiados ou prejudicados pela decisão devem ser facultados o contraditório e a ampla defesa –, tal como é a hipótese da pessoa jurídica de direito público que suporta os efeitos da sentença proferida no mandado de segurança, a Lei nº 12.016 passou a prever não apenas a notificação da autoridade coatora, mas também a *citação* da pessoa jurídica interessada:

> "Art. 7º Ao despachar a inicial, o juiz ordenará:
>
> I – que se notifique o coator do conteúdo da petição inicial, enviando-lhe a segunda via apresentada com as cópias dos documentos, a fim de que, no prazo de 10 (dez) dias, preste as informações;
>
> II – que se dê ciência do feito ao órgão de representação judicial da pessoa jurídica interessada, enviando-lhe cópia da inicial sem documentos, para que, querendo, ingresse no feito".

O mandado de segurança é o meio processual mais utilizado para a liberação de mercadorias apreendidas, tendo a jurisprudência se pacificado no sentido de entender inadmissível tal apreensão como meio coercitivo para o pagamento de tributos, nos termos da Súmula 323 do Supremo Tribunal Federal[11], rotineiramente aplicada até os dias atuais[12].

Nesses casos, a autoridade coatora, de ordinário, é aquela que procede ao desembaraço aduaneiro; entretanto, o *writ* também pode ser impetrado contra a demora na decisão da autoridade sobre pedido formulado na esfera administrativa. Se o superior hierárquico[13] comparece aos autos arguindo sua ilegitimidade, mas defendendo o ato coator, legitima-se passivamente por tê-lo encampado.

A propósito, conforme entendimento firmado pela Primeira Seção do Superior Tribunal de Justiça, a aplicação da Teoria da Encampação – que mitiga a indicação

---

[10] STJ-1ª T., AgInt no RMS 57465/GO, Rel. Min. NAPOLEÃO NUNES MAIA FILHO, j. 27.05.2019.

[11] Súmula 323: "É inadmissível a apreensão de mercadorias como meio coercitível para pagamento de tributos."

[12] STJ-1ª T., AgInt no REsp 1.550.579/MT, Rel. Min. GURGEL DE FARIA, j. 16.12.2019.

[13] STJ-1ª T., RMS 27.745/AM, Rel. Min. TEORI ZAVASCKI, j. 19.05.2009: "A chamada 'teoria da encampação' não pode ser invocada quando a autoridade apontada como coatora (e que 'encampa' o ato atacado), é hierarquicamente subordinada da que deveria, legitimamente, figurar no processo. Não se pode ter por eficaz, juridicamente, qualquer 'encampação' (que melhor poderia ser qualificada como usurpação) de competência superior por autoridade hierarquicamente inferior."

Capítulo X · O MANDADO DE SEGURANÇA EM MATÉRIA TRIBUTÁRIA | **183**

errônea da autoridade coatora em mandado de segurança – exige o preenchimento cumulativo dos seguintes requisitos: (a) existência de subordinação hierárquica entre a autoridade que efetivamente praticou o ato e aquela apontada como coatora, na petição inicial; (b) manifestação a respeito do mérito, nas informações prestadas; (c) ausência de modificação de competência, estabelecida na Constituição, para o julgamento do *writ*.[14]

Há, no âmbito do Superior Tribunal de Justiça, farto acervo jurisprudencial a respeito de erro na indicação da autoridade coatora. Há julgados admitindo a alteração quando a autoridade correta pertencer à mesma pessoa jurídica de direito público daquela que foi apontada[15]; outros autorizando que o juiz perpasse a literalidade da indicação feita pela parte e compreenda, pelo todo da petição inicial, quem efetivamente é a autoridade coatora[16] etc. O entendimento está alinhado ao fato de que, em rigor, a parte é a pessoa jurídica de direito público e a alteração da autoridade coatora, quando pertencente à mesma pessoa jurídica, não altera o elemento subjetivo da demanda.

Fato é que, com a superveniência do Código de Processo Civil de 2015, há de se observar seus arts. 337, XI, e 338 e a possibilidade de o autor promover a alteração do polo passivo por indicação do réu, após a apresentação da resposta:

> "Art. 338. Alegando o réu, na contestação, ser parte ilegítima ou não ser o responsável pelo prejuízo invocado, o juiz facultará ao autor, em 15 (quinze) dias, a alteração da petição inicial para substituição do réu.
>
> Parágrafo único. Realizada a substituição, o autor reembolsará as despesas e pagará os honorários ao procurador do réu excluído, que serão fixados entre três e cinco por cento do valor da causa ou, sendo este irrisório, nos termos do art. 85, § 8º".

Ainda, cumpre observar o ônus que o art. 339 da lei processual impõe ao réu, notadamente para que *indique* o verdadeiro legitimado para o polo passivo.

A incidência da nova regra tem por escopo a *celeridade processual*, no sentido de se chegar à efetiva tutela jurisdicional do direito material ameaçado ou violado, com o menor número de atos possível. Assim, a autoridade coatora ou a pessoa jurídica de direito público erroneamente indicada, em sua resposta, poderá sugerir a indicação correta e o impetrante, concordando, procederá à correção da petição inicial, aproveitando-se o restante dos atos já praticados.[17]

---

[14] STJ-1ª S., MS 10.484/DF, Rel. Min. JOSÉ DELGADO, j. 24.08.2005; STJ-2ª T., AgInt nos EDcl no RMS 60929 / PI, Rel. Min. ASSUSETE MAGALHÃES, j. 17.12.2019.

[15] STJ-1ª T., AgRg no AREsp 188.414/BA, Rel. Min. NAPOLEÃO NUNES MAIA FILHO, j. 17.03.2015; STJ-2ª T., AgRg nos EDcl no REsp 1.407.820/ES, Rel. Min. HUMBERTO MARTINS, j. 18.06.2014.

[16] STJ-4ª T., RMS 45.495/SP, Rel. Min. RAUL ARAÚJO, j. 26.08.2014.

[17] A afirmação coaduna com o entendimento doutrinário segundo o qual, o *status* de garantia constitucional do mandado de segurança deslegitima as decisões que "extinguem o mandado de segurança impetrado perante o juízo incompetente (sem a remessa do feito ao órgão competente)"

184 | MANDADO DE SEGURANÇA NA PRÁTICA JUDICIÁRIA – *Arnoldo Wald*

A fixação do juízo competente considera a sede da autoridade e sua categoria funcional, prevalecendo, em caso de ilícito tributário, onde ele está sendo apurado. Especialmente em matéria tributária, questionou-se a distinção entre o mandado de segurança preventivo e contra lei em tese. A postulação contra o pagamento do FINSOCIAL consubstanciou hipótese clara de impetração preventiva, que não se confundia com aquela deduzida contra lei em tese, ante o justo receio da potencialidade dos efeitos da norma legal; as majorações, tidas como inconstitucionais, mesmo ainda não aplicadas, autorizavam a impetração preventiva. Ponderou a respeito o Ministro MILTON LUIZ PEREIRA:

> "Em matéria tributária, o justo receio do contribuinte reside na atividade do lançamento, imposição de penalidades e cobrança, vinculados e obrigatórios à consequente legislação de regência, diante de um fato tributário. Daí a viabilidade do mandado de segurança preventivo, na alcatifa de direito subjetivo de ação pelo surgimento de situação ensejadora do ato considerado ilegal".[18]

Na verdade, aí reside a especial relevância do mandado de segurança, pois sendo o lançamento atividade administrativa vinculada, sob pena de responsabilidade funcional, ocorrido o fato gerador do tributo, nasce o justo receio que ampara a impetração preventiva, conforme doutrina[19] e jurisprudência do Superior Tribunal de Justiça:

> "5. A Lei 12.106/2009 não deixa dúvidas de que o Mandado de Segurança é instrumento destinado a proteger direito líquido e certo sempre que houver a prática de ato lesivo ou abuso de poder pela autoridade pública, estando consolidado o entendimento, tanto na doutrina como na jurisprudência, de que a via mandamental pode ser utilizada preventivamente, a fim de prevenir ou evitar lesão ou dano diante de ameaça concreta ou justo receio em desfavor do impetrante.
>
> 6. Na esfera tributária, esta Corte Superior prestigia o entendimento de que é cabível a utilização do Mandado de Segurança, ainda que sob enfoque preventivo, a fim de inibir que a autoridade coatora venha a fazer lançamento fiscal, tendo em vista o comportamento que pretende adotar frente à norma tributária capaz de produzir efeitos concretos na esfera patrimo-

---

ou mesmo eventual decisão que "conclui pela impossibilidade da correção do polo passivo do mandado de segurança" (SÉRGIO CRUZ ARENHART,. Comentário ao artigo 5º, LXIX. In: CANOTILHO, J. J. Gomes; MENDES, Gilmar F.; SARLET, Ingo W.; STRECK, Lenio L (Coords). *Comentários à Constituição do Brasil*. São Paulo: Saraiva/Almedina, 2013, p. 477).

[18] STJ-1ª T., REsp 132.641/AL, Rel. Min. Milton Luiz Pereira, j. 04.09.1997.

[19] Confira-se a excelente obra: ALVIM, Eduardo Arruda. *Mandado de segurança*. 3. ed. Rio de Janeiro: GZ Editora, 2014.

nial do Contribuinte. Precedentes: AgInt no REsp. 1.270.600/RS, Rel. Min. OG FERNANDES, DJe 13.6.2018; AgRg no AREsp. 543.226/PE, Rel. Min. SÉRGIO KUKINA, DJe 10.12.2015; AgRg no Ag 1.302.289/RJ, Rel. Min. TEORI ALBINO ZAVASCKI, DJe 8.11.2010; REsp. 860.538/RS, Rel. Min. LUIZ FUX, DJe 16.10.2008."[20]

Impende destacar as consequências da cassação da liminar pela superveniência de sentença denegatória de segurança, que, sendo declaratória negativa, tem efeito *ex tunc*, fazendo cessar a suspensividade da exigência do crédito tributário, conferida pela liminar. Como as partes retornam à situação anterior, como se a decisão revogada jamais tivesse existido, há incidência de juros e de correção monetária no período em que transcorreu o processo. Esse é o entendimento do Superior Tribunal de Justiça, como se depreende do julgado em que foi relator o Ministro FRANCIULLI NETTO:

> "– É devida a cobrança dos juros de mora, uma vez que 'eles remuneram o capital que, pertencendo ao fisco, estava em mãos do contribuinte' (cf. Hugo de Brito Machado, in Mandado de Segurança em Matéria Tributária, Ed. Dialética, 3ª ed., p. 135).
>
> – A sentença que nega a segurança é de caráter declaratório negativo, cujo efeito, como é cediço, retroage à data da impetração. Assim, se da liminar que suspendeu a exigibilidade do crédito tributário decorreu algum efeito, com o advento da sentença denegatória não mais subsiste, isto é, 'cassada a liminar ou cessada sua eficácia, voltam as coisas ao *status quo ante*. Assim sendo, o direito do Poder Público fica restabelecido *in totum* para a execução do ato e de seus consectários, desde a data da liminar' (cf. Hely Lopes Meirelles, Mandado de Segurança, Ação Popular, Ação Civil Pública, Mandado de Injunção, 'Habeas Data', 16ª edição atualizada por Arnoldo Wald, Malheiros Editores, p. 62)."[21]

Ressalte-se que a liminar pode paralisar a cobrança, mas não o lançamento do tributo, que deve ser efetivado no prazo de cinco anos, contados da ocorrência do fato gerador.[22]

---

[20]   STJ-1ª T., EDcl no AgInt no AREsp 1.69.402/SP, Rel. Min. Napoleão Nunes Maia Filho, j. 24.09.2019.

[21]   STJ-2ª T., REsp 132.616/RS, Rel. Min. Franciulli Netto, j. 07.12.2000. No mesmo sentido: STJ-2ª T., REsp 205.301/SP, Rel. Min. Eliana Calmon, j. 12.09.2000.

[22]   STJ-2ª T., REsp 119.986/SP, Rel. Min ELIANA CALMON, j. 15.02.2001: "1. O fato gerador faz nascer a obrigação tributária, que se aperfeiçoa com o lançamento, ato pelo qual se constitui o crédito correspondente à obrigação (art. 113 e 142, ambos do CTN). 2. Dispõe a FAZENDA do prazo de cinco anos para exercer o direito de lançar, ou seja, constituir o seu crédito. 3. O prazo para lançar não se sujeita a suspensão ou interrupção, sequer por ordem judicial."

Capítulo XI
QUESTÕES POLÊMICAS

Sumário: 68. O ato político e a discricionariedade – **69.** A suspensão de liminar e de segurança – **70.** O mandado de segurança contra ato judicial e o agravo de instrumento no CPC de 2015 – **71.** O mandado de segurança e a arbitragem – **72.** Arguição de descumprimento de preceito fundamental e mandado de segurança – **73.** Breves considerações sobre a Lei nº 12.016/2009.

Algumas questões merecem, ainda que breve, registro e reflexão. A importância do mandado de segurança demanda estudo contínuo e que, ao longo dos anos, poderá frutificar em expressiva ampliação dessa efetiva proteção de direitos individuais e também coletivos.

Procuramos trazer alguns poucos pontos controvertidos, já que é vasta a doutrina a respeito do mandado de segurança, propiciando aos estudiosos farto material de trabalho; nossa intenção foi, à luz da jurisprudência, enfocar temas que, em nosso entender, carecem ainda de evolução e melhor tratamento.

68. O ATO POLÍTICO E A DISCRICIONARIEDADE

Publicistas europeus tentaram excluir os *atos políticos* – dentre eles os de alta polícia e os de salvação do Estado – do conceito de ato administrativo para então fazê-los escapar do controle jurisdicional. Todavia, sequer chegou-se a critério aceitável para delimitá-los.

OSWALDO ARANHA BANDEIRA DE MELLO argumenta ser insustentável a oposição do ato político ao ato administrativo, pois a formação originária da vontade do Estado, inquestionavelmente, está inserida na atividade estatal de produção de atos jurídicos, o que implica controle de sua legalidade pelo Poder Judiciário[1].

---

[1] O autor elucida que a criação dessa categoria de atos teve por finalidade a sua exclusão do controle jurisdicional. "Se dizem respeito à manifestação da vontade individual, concreta, pessoal do Estado, enquanto poder público, na consecução do seu fim, de criação da utilidade pública, de modo direto e imediato, para produzir efeitos de direito, constituem atos administrativos" (*Princípios Gerais de Direito Administrativo*, Rio de Janeiro: Forense, 1969, v. 1, p. 417).

188 | MANDADO DE SEGURANÇA NA PRÁTICA JUDICIÁRIA – *Arnoldo Wald*

Entre nós, as Constituições de 1934 (art. 68) e 1937 (art. 94) previram atos de tal natureza e que, ainda que causassem danos a alguém, escapavam do controle por parte do Poder Judiciário.

Tais atos políticos, incontroláveis pelo Poder Judiciário, não mais existem no Direito brasileiro[2].

Corretamente, OSWALDO ARANHA BANDEIRA DE MELLO já refutava a cogitada oposição dos atos políticos aos atos administrativos, pois mesmo aqueles, ao manifestarem a vontade do Estado, constituem atos administrativos e, portanto, se violarem leis ou direitos, sujeitam-se à apreciação do Poder Judiciário[3]. À luz da Constituição Federal de 1988, a conclusão é irrefutável, por força da inafastabilidade do controle jurisdicional (art. 5º, XXXV) que sujeita ao Poder Judiciário todo e qualquer ato que ameace ou viole direito.[4]

Atualmente, a doutrina acompanha tal entendimento, a exemplo de MARIA SYLVIA ZANELLA DI PIETRO[5].

Não se pode confundir esse ponto com a jurisprudência que salienta a impropriedade do mandado de segurança para impugnar atos políticos *interna corporis*, sob a alegação de que escapam do controle do Judiciário. Há de se compreender que nesses atos *interna corporis* há ao menos dois grupos.

O primeiro grupo é o dos atos de cunho *normativo* e que, por lhes faltar o potencial lesivo concreto, descabe mandado de segurança, como decidiu o Superior Tribunal de Justiça:

> "1. A interpretação de normas regimentais é insindicável pelo Poder Judiciário, por se tratar de assunto *interna corporis*. Precedentes.
> 2. Os atos *interna corporis* imunes à apreciação judicial abarcam, além daqueles emanados das casas legislativas, os oriundos dos tribunais de contas ou mesmo dos órgãos jurisdicionais no exercício da atípica função legiferante."[6]

O segundo grupo é o dos atos que, embora providos de potencial lesivo, revelam exercício de poder decisório atribuído a outra esfera de Poder, seja o Executivo

---

[2]   DIOGENES GASPARINI, *Direito administrativo*. 17. ed. São Paulo: Saraiva, 2012, p. 110-111; MARIA SYLVIA ZANELLA DI PIETRO, *Direito administrativo*. 31. ed. Rio de Janeiro: Forense, 2018, p. 933.

[3]   OSWALDO ARANHA BANDEIRA DE MELLO, *Princípios gerais de direito administrativo*. 3. ed. São Paulo: Malheiros, 2010, v. 1, p. 480-481.

[4]   TRF3-3ª T. Ap. Cível 0004198-40.1999.4.03.6000, Juiz Convocado RUBENS CALIXTO, j. 06.12.2006: "O *judicial review* é expressamente admitido em nossa Ordem Constitucional, na medida em que, segundo o inciso XXXV, do art. 5º, da Constituição da República, nenhuma lesão ou ameaça a direito deixará de ser apreciada pelo Poder Judiciário."

[5]   MARIA SYLVIA ZANELLA DI PIETRO, *Direito administrativo*. 31. ed. Rio de Janeiro: Forense, 2018, p. 933.

[6]   STJ-1ª T., AgInt no RMS 52.187/BA, Rel. Min. GURGEL DE FARIA, j. 16.02.2017.

ou o Legislativo, hipótese em que não é dado ao Judiciário impor sua preferência sobre a validamente manifestada. Rever o mérito da decisão válida, como se fosse dado ao Poder Judiciário atuar como instância revisora de todo e qualquer ato, é juridicamente inadmissível, como demonstra decisão proferida pelo Superior Tribunal de Justiça, sob a relatoria do Ministro ROGERIO SCHIETTI CRUZ:

> "Não se mostra possível ao Poder Judiciário adentrar o mérito administrativo no intuito de reformar a decisão que, dentro de juízo de discricionariedade, optou por aplicar pena mais grave ao impetrante, de maneira absolutamente fundamentada."[7]

Todavia, é importante frisar: até mesmo a produção dos atos políticos *interna corporis* precisa respeitar balizas de Direito e eventuais ilegalidades perpetradas durante o processo os sujeitam à pena de nulidade.

A *discricionariedade* diz respeito a um plexo de possibilidades que a norma jurídica permite ao administrador para que, diante das circunstâncias concretas, realize a escolha de uma ou mais dentre as alternativas razoáveis. Trata-se de solução *necessária*, pois é impossível que as normas jurídicas prevejam todas as situações (hipóteses) e consequências, vinculando de antemão, com inteligência, a conduta do agente público. Tecnicamente, haverá discricionariedade quando, em concreto, forem encontradas duas ou mais alternativas igualmente razoáveis a serem escolhidas.

O contraponto é a *vinculação*, caracterizada quando a norma jurídica, geral e abstrata, indica apenas uma conduta possível. Portanto, ao se deparar com a hipótese da norma, o agente está *vinculado* àquela prática predeterminada. Inexiste, no caso, margem para escolha.

Ainda que se trate do exercício de competência discricionária e, portanto, seja conferida ao agente margem para apreciação e escolha de acordo com o juízo de conveniência e oportunidade, a norma jurídica tolera apenas as escolhas adequadas, assim entendidas aquelas que melhor atendam ao interesse público, o que deve ser formal e suficientemente justificado. Sob tais aspectos, formal e material, até mesmo o ato decorrente de competência discricionária está sujeito ao controle jurisdicional.

Entretanto, não é dado ao Poder Judiciário rever o mérito do ato decorrente do exercício de competência discricionária (assim como do ato político regularmente produzido), não podendo impor sua vontade ou sua preferência. Se o ato foi praticado mediante o devido processo legal e o resultado está dentro do quadrante legal, inserto na margem prevista pela legislação, haverá de ser preservado

---

[7]   STJ-3ª S., MS 12.463/DF, Rel. Min. ROGERIO SCHIETTI CRUZ, j. 08.04.2015.

190 | MANDADO DE SEGURANÇA NA PRÁTICA JUDICIÁRIA – *Arnoldo Wald*

tal como produzido[8]. Todavia, se "ultrapassado o limite da discricionariedade ou configurado abuso ou desvio de poder, ou ocorrendo abuso ou desvio de poder, é possível a invalidação de atos administrativos"[9].

Tais balizas se aplicam igualmente aos atos dotados de elevado cunho político, como se vê na nomeação de Ministros de Estado pelo Chefe do Executivo. Como dissemos, ainda que inseridos em matéria política, trata-se de ato administrativo cuja validade é controlável pelo Poder Judiciário.

A jurisprudência do Supremo Tribunal Federal registrou, nos últimos anos, importantes precedentes no sentido de possibilitar, pela via do mandado de segurança, o controle jurisdicional de atos políticos. Destacamos, aqui, duas situações emblemáticas: o primeiro caso tratou da nomeação do ex-Presidente Luís Inácio Lula da Silva, para o cargo de Ministro Chefe da Casa Civil, pela então Presidente Dilma Rousseff; o segundo, da nomeação, pelo Presidente Jair Messias Bolsonaro, de Alexandre Ramagem para ocupar o cargo de Diretor--Geral da Polícia Federal.

No primeiro (MS 34.070-MC/DF), teve-se mandado de segurança coletivo, impetrado por partido político, em que se buscou a retirada dos efeitos do ato de nomeação do ex-Presidente Luís Inácio Lula da Silva, sob a alegação de desvio de finalidade, pois, de acordo com a tese defendida, o que se buscava por meio daquele ato era apenas atender a interesse privado: a obtenção de foro privilegiado por quem se via investigado no âmbito da "Operação Lava-Jato".

Ao deferir medida cautelar para sustação dos efeitos do ato impugnado[10], o Ministro GILMAR MENDES afirmou a nulidade do ato que nomeia pessoa para atribuir-lhe foro privilegiado, situação juridicamente equiparável ao que se viu no paradigmático caso de Natan Donadon (AP 396, rel. Min. Cármen Lúcia, j. 28.10.2010), em que o Plenário do STF concluiu que a renúncia ao cargo (que conferia prerrogativa de foro) se deu para escapar de julgamento iminente e, configurando desvio de finalidade, o que revela a sua nulidade.

No segundo caso mencionado (MS 37.097/DF), outro mandado de segurança coletivo, foi deferida tutela de urgência pelo relator, Ministro ALEXANDRE DE MORAES, sob o argumento de que os elementos de prova contidos na petição inicial tornavam razoável a tese de que o ato impugnado serviria a interesses

---

[8] STJ-1ª S., HC 452.975/DF, Rel. Min. OG FERNANDES, j. 12.02.2020: "A expulsão é ato discricionário praticado pelo Poder Executivo, ao qual incumbe a análise da conveniência, necessidade, utilidade e oportunidade da permanência de estrangeiro que cometa crime em território nacional, caracterizando verdadeiro poder inerente à soberania do Estado. Contudo, a matéria poderá ser submetida à apreciação do Poder Judiciário, que ficará limitado ao exame do cumprimento formal dos requisitos e à inexistência de entraves à expulsão."

[9] TJSP, Ap. 0021856-75.2011.8.26.0053, Rel. Des. JOSÉ MARIA CÂMARA JUNIOR, j. 18.12.2013.

[10] Decisão de 18.03.2016, proferida nos autos do MS 34.070-MC/DF, rel. Min. GILMAR MENDES.

Capítulo XI · QUESTÕES POLÊMICAS | 191

particulares, configurando abuso de poder (na forma de desvio de finalidade), justificando a suspensão da eficácia do Decreto de nomeação.

Esses dois casos emblemáticos demonstram que, para fins de controle pelo Poder Judiciário, é indiferente o cunho técnico ou político do ato administrativo. Em qualquer das hipóteses, a validade do ato pode e deve ser aferida, sem jamais converter a tutela jurisdicional em sobreposição de um Poder ao outro. É inadmissível a interferência do Poder Judiciário em decisões técnicas ou políticas validamente exercidas.

Recordamos também de outros casos em que o Supremo interferiu em atos políticos, porém não em sede de mandado de segurança. São eles: (i) nomeação de Cristiane Brasil durante o governo Temer, questão apreciada pela Ministra CÁRMEN LÚCIA nos autos da Rcl 29.508, decorrente de ação popular; e (ii) ordem de retirada de diplomatas venezuelanos em meio à pandemia durante o governo Bolsonaro, questão apreciada pelo Ministro ROBERTO BARROSO no HC 184.828-MC/DF.

69. A SUSPENSÃO DE LIMINAR E DE SEGURANÇA

O tema vem sofrendo, ao longo dos anos, profundas modificações para adequá-lo na obtenção de efeitos profícuos e corretos da liminar.

Como tão somente o ato lícito pode obrigar o administrado a praticar determinada conduta, a presunção de legitimidade do ato administrativo não significa que exista qualquer óbice para o Poder Judiciário efetuar o controle de legalidade do ato e, quando cabível, sustar sua eficácia, seja na concessão liminar, seja na de sentença.

A dicção imperativa do art. 7º, *caput* e inc. III, da Lei nº 12.016, não confere ao magistrado *liberdade* para escolher entre o deferimento ou o indeferimento da liminar: presentes os pressupostos legais do art. 7º, III, da Lei nº 12.016, o caso é de *necessário deferimento*; ausente um dos pressupostos, o indeferimento é inescapável.[11]

A liminar, no mandado de segurança, pode se dar em qualquer das espécies de tutela provisória, seja de urgência ou de evidência, observado o disposto no Código de Processo Civil.

Feitas essas breves considerações, verifica-se que, quando o Poder Público é réu nas ações cautelares ou em outras ações, em que a concessão da tutela se apresenta cabível, bem como nas hipóteses de mandado de segurança, em que

---

[11]   No mesmo sentido: LÚCIA VALLE FIGUEIREDO, *Mandado de segurança*. 6. ed. São Paulo: Malheiros, 2009, p. 134; HUMBERTO THEODORO JÚNIOR, *O mandado de segurança segundo a Lei n. 12.016, de 07 de agosto de 2009*. Rio de Janeiro: Forense, 2009, p. 24-25.

192 | MANDADO DE SEGURANÇA NA PRÁTICA JUDICIÁRIA – *Arnoldo Wald*

necessariamente o é, a legislação procurou equiparar tais situações para discipliná--las de maneira uniforme.

O art. 15 da Lei nº 12.016/09 possibilita que, a pedido da pessoa jurídica de direito público interessada, seja suspensa a execução da liminar ou da sentença pelo Presidente do Tribunal a que couber o julgamento do recurso, sendo esse ato agravável para o mesmo tribunal.[12] O pedido não contém maior formalidade, conforme afirmou o Superior Tribunal de Justiça, em decisão de relatoria da Ministra LAURITA VAZ:

> "A legislação não prevê requisitos formais no pedido de contracautela. Para sua análise, exige-se tão somente requerimento da pessoa jurídica que exerce múnus público, formalizado em simples petição dirigida ao presidente do tribunal ao qual couber o conhecimento do respectivo recurso na causa principal."[13]

Trata-se de um juízo eminentemente *político*, não jurídico, que visa mais à preservação de valores essenciais e do bom atendimento da sociedade pela máquina pública do que da questão jurídica em si, a ser avaliada caso a caso, como bem ponderou o Ministro TEORI ZAVASCKI:

> "A competência outorgada ao Presidente do Tribunal para suspender a execução de medidas liminares e de sentenças não é exercível discricionariamente. Ao contrário, supõe a ocorrência de pressupostos específicos alinhados em lei (Lei 8.437/92, art. 4º; Lei 7.347/85, art. 12, § 1º; Lei 4.348/64, art. 4º) e nesse aspecto o juízo que então se faz tem natureza eminentemente jurisdicional. É inegável, todavia, que os referidos pressupostos são normativamente formulados por cláusulas abertas, de conteúdo conceitual com elevado grau de indeterminação ('grave lesão à ordem, à saúde, à segurança, à economia públicas' e 'manifesto interesse público', 'flagrante ilegitimidade'). Isso exige que a interpretação e a aplicação da norma se façam mediante preenchimento valorativo moldado às circunstâncias de cada caso. É nesse sentido que deve ser entendido o juízo político a que às vezes se alude no âmbito de pedidos de suspensão.

---

[12] STJ-CE, AgInt na SS 2.908/MG, Rel. Min. LAURITA VAZ, j. 20.06.2018: "1. O pedido de suspensão tem como pressuposto o risco de comprometimento do serviço ou de uma atividade do Poder Público causado diretamente por uma decisão judicial. O seu manejo – prerrogativa de pessoa jurídica que exerce um múnus público – decorre da supremacia do interesse estatal sobre o particular, cujo titular é coletividade, para salvaguardar os bens tutelados pelo art. 15 da Lei n.º 12.016/2009 (a ordem, a saúde, a segurança e a economia públicas). 2. O pleito constitui providência extraordinária, em que o Requerente tem o ônus de indicar na inicial, de forma patente, que a manutenção dos efeitos da medida judicial que se busca suspender viola severamente um daqueles valores jurídicos."

[13] STJ-CE, AgInt no AgInt na SLS 2.116/MG, Rel. Min. LAURITA VAZ, j. 07.11.2018.

Capítulo XI · QUESTÕES POLÊMICAS | **193**

2. Sendo assim, indispensável que é a averiguação das circunstâncias de fato do caso concreto, a decisão que defere o pedido de suspensão fica sujeita a revisão pelo órgão colegiado no tribunal de origem (art. 4º, parte final, da Lei 4.348/64), mas não se mostra amoldada à revisão por recurso especial, nomeadamente em face do enunciado da Súmula 07/STJ."[14]

Importante consignar, ainda que de passagem, que a despeito de o art. 15 da Lei nº 12.016/09 mencionar prazo de cinco dias para o recurso de agravo contra a decisão do Presidente do Tribunal – repetindo a regra do CPC de 1973, vigente à época da promulgação da Lei –, o art. 1.021 do CPC de 2015 ampliou o prazo para 15 (quinze) dias (úteis, cf. art. 212). É pacífica a jurisprudência rejeitando a concessão de prazo em dobro à Fazenda Pública:

"PROCESSUAL CIVIL E ADMINISTRATIVO AGRAVO INTERNO NO RECURSO ESPECIAL. SUSPENSÃO DE SEGURANÇA. PRAZO EM DOBRO. ART. 188 DO CPC/73. INAPLICABILIDADE. PRECEDENTES DO STF E DO STJ. A jurisprudência deste Tribunal, em consonância com o entendimento da Suprema Corte, afirma que não se aplica o disposto no art. 188 do CPC/1973, que determina a aplicação do prazo em dobro para recorrer quando a parte for a Fazenda Pública ou o Ministério Público, aos pedidos de suspensão de segurança. Precedentes: AgInt no AREsp 280.749/RN, Rel. Min. GURGEL DE FARIA, Primeira Turma, DJe 6/2/2017 e AgR--AgR, na SL 586, Relatora. Ministra Cármen Lúcia (Presidente), Tribunal Pleno, DJe de 25/8/2017."[15]

A respeito da legitimidade para requerer a suspensão, não apenas a pessoa jurídica de direito público interessada, mas também as de direito privado, desde que no exercício de função pública delegada, conforme jurisprudência firmada no âmbito do Superior Tribunal de Justiça:

"Nos termos da legislação de regência (Lei n.º 8.437/1992 e 12.016/2009), da jurisprudência do Superior Tribunal de Justiça e do colendo Pretório Excelso, será cabível o pedido de suspensão quando a decisão proferida em ação movida contra o poder público puder provocar grave lesão à ordem, à saúde, à segurança ou à economia públicas.

2. O requerimento pode ser feito por pessoa jurídica de direito público ou pelo Ministério Público, além das hipóteses que a jurisprudência alcança, como as concessionárias e permissionárias de serviço público, quando em defesa de interesse da coletividade.

---

[14]   STJ-1ª T., REsp 831.495/PR, Rel. Min. TEORI ZAVASCKI, j. 20.06.2006.

[15]   STJ-1ª T. AgInt no REsp 1.754.306/CE, Rel. Min. BENDITO GONÇALVES, j. 01.07.2019.

3. As pessoas jurídicas de direito privado, portanto, só se legitimam para apresentar o pedido de suspensão de segurança, quando comprovado o interesse público, o que não é o caso dos autos."[16]

Com efeito, o espectro de legitimados para o pedido de suspensão de liminar e de sentença é equivalente ao daqueles que podem figurar no polo passivo do mandado de segurança. A simetria é irrecusável.

Em edição anterior defendíamos que, a despeito do enunciado da Súmula 506 do Supremo Tribunal Federal[17], o agravo teria de ser admitido tanto em caso de concessão quanto em caso de denegação do pedido de suspensão. O entendimento se mostrou acertado e foi acolhido pelo Supremo Tribunal Federal, que declarou o desacerto daquele enunciado ao afirmar:

> "Ora, se no ordenamento é expressa e pacífica a possibilidade de interposição do recurso de agravo regimental pelo particular, acaso sofra prejuízo com a concessão da suspensão, não se vislumbra razão para se negar ao Poder Público a mesma possibilidade, quando denegatória a decisão do pedido de suspensão. Essa orientação afigura-se tanto mais consistente se se considerar que, nas amplíssimas hipóteses previstas na Lei nº 8.437/92 (liminar e sentença em cautelar, tutela antecipada, ação popular e ação civil pública), admite-se o agravo, tanto na hipótese de deferimento, quanto na do indeferimento da suspensão (art. 4º, § 3º)."[18]

Com a Lei nº 12.016, corrigiu-se falha legislativa e, sem qualquer restrição, previu-se que a decisão do pedido de suspensão autoriza agravo interno, independentemente de seu conteúdo, se positivo ou negativo.

O indeferimento do pedido de suspensão, pelo Presidente ou pelo colegiado (no julgamento do agravo), ensejará novo pedido de suspensão, conforme prevê o art. 15, § 1º, da Lei nº 12.016. A interpretação do § 2º leva ao entendimento de que o pedido de suspensão tem lugar mesmo se a liminar houver sido deferida pelo Tribunal, em sede de agravo de instrumento, ou se indeferida em sede recursal quando pleiteada pelo Poder Público. Não é necessário que tenha sido concedida ou denegada por magistrado de primeiro grau.

O § 3º, segundo o qual "[a] interposição de agravo de instrumento contra liminar concedida nas ações movidas contra o poder público e seus agentes não

---

[16] STJ-CE, AgInt na SS 2.869/SP, Rel. Min. LAURITA VAZ, j. 07.06.2017.

[17] "O agravo a que se refere o art. 4º da Lei 4.348, de 26-6-1964, cabe, somente, do despacho do Presidente do Supremo Tribunal Federal que defere a suspensão da liminar, em mandado de segurança; não do que a 'denega'."

[18] STF-Pleno, AgRg no AgRg no AgRg na SS 1.945-7/AL, Rel. p/ o acórdão Min. GILMAR MENDES, j. 19.12.2002.

Capítulo XI · QUESTÕES POLÊMICAS | 195

prejudica nem condiciona o julgamento do pedido de suspensão a que se refere este artigo", traz consigo uma questão de suma importância: o dispositivo preceitua apenas que a decisão política, pelo Presidente do Tribunal, não é prejudicada e não deve aguardar o processamento de eventual agravo de instrumento interposto contra a mesma decisão.

Entretanto, há um ponto interessante: *o que deverá ocorrer se o Presidente do Tribunal conceder a suspensão da liminar e, posteriormente, for julgado, em desfavor do Poder Público, o recurso tirado da decisão cujos efeitos foram suspensos?* A dúvida é: a decisão do Presidente prevalecerá até o trânsito em julgado da sentença (se não houver limitação na própria decisão) ou é prejudicada pela decisão de cunho jurídico, contrária ao Poder Público, proferida em sede própria de recurso?

Por certo, a suspensão dos efeitos de uma decisão tem por pressuposto a existência da própria decisão, o que é prejudicado pela decisão do recurso interposto. Isso por força do efeito substitutivo dos recursos, previsto no art. 1.008 do CPC, segundo o qual:

> "O julgamento proferido pelo tribunal substituirá a decisão impugnada no que tiver sido objeto de recurso."

Portanto, se a decisão recursal substitui a decisão recorrida, falece pressuposto necessário da suspensão de segurança, que deverá ser novamente requerida, ao Presidente do Tribunal competente para o julgamento do recurso agora cabível, com a demonstração de que se trata de uma das hipóteses do art. 15 da Lei nº 12.016.

A decisão concessiva da suspensão de segurança pode ter seus efeitos limitados, cabendo ao magistrado fazê-lo ou, do contrário, a suspensão perdurará até o trânsito em julgado da decisão de mérito[19].

70. O MANDADO DE SEGURANÇA CONTRA ATO JUDICIAL E O AGRAVO DE INSTRUMENTO NO CPC DE 2015

Uma das grandes alterações promovidas no direito processual civil, quando da promulgação do Código de Processo Civil de 2015, foi a alteração do regime da recorribilidade imediata das decisões interlocutórias.

Se após as reformas o CPC de 1973 contemplava amplamente a recorribilidade imediata das decisões por meio do recurso de agravo, o rol do art. 1.015 do CPC de 2015 indicou a intenção de reduzir essa possibilidade e, portanto, de alterar o momento da interposição recursal a respeito da questão decidida.

---

[19] STJ-CE, AgRg na Rcl 34.882/DF, Rel. Min. JOÃO OTÁVIO DE NORONHA, j. 26.03.2019: "A decisão proferida em suspensão de segurança, quando não delimita marco temporal, tem efeitos até o trânsito em julgado da decisão de mérito na ação principal."

MANDADO DE SEGURANÇA NA PRÁTICA JUDICIÁRIA – *Arnoldo Wald*

Há situações, entretanto, em que apesar da previsão *taxativa* da legislação de quais decisões poderiam ser imediatamente recorridas, a postergação pretendida em abstrato pelo legislador levaria, na situação concreta, à lesão do direito da parte. A tutela jurisdicional *imediata*, ainda que sem previsão no art. 1.015 do CPC, teria de ser viabilizada, sob pena de violação do art. 5º, XXXV, da Constituição Federal.

Em primeiro lugar, doutrina e jurisprudência apresentaram controvérsias acaloradas. Na academia, vozes como a de WILLIAM SANTOS FERREIRA[20]-[21] defenderam a ampliação excepcional do rol do art. 1.015 do CPC em nome da efetividade constitucional, contra o que houve forte insurgência em razão da literalidade e da segurança jurídica[22]. Na jurisprudência o problema foi enorme, pois as Turmas de um mesmo Tribunal divergiam a respeito da forma correta de se insurgir contra a decisão, o momento, a admissibilidade do mandado de segurança etc.

Certo é que, no âmbito dos Tribunais Estaduais e Tribunais Regionais Federais, números apontavam forte tendência para a interpretação restritiva do rol do art. 1.015 do CPC de 2015 e para a consequente admissibilidade do mandado de segurança para eventual correção imediata de ilegalidade perpetrada pelo magistrado, afastando-se as cogitadas interpretações extensiva e analógica, como expôs o Desembargador NUNCIO TEOPHILO NETO:

> "Trata-se de lamentável escolha legislativa, é verdade. Todavia, nem por isso é dado ao intérprete subverter o teor da norma sob o pretexto de lhe conferir aplicação mais justa."[23]

A discussão foi levada a julgamento com alguma celeridade pela Corte Especial do Superior Tribunal de Justiça, sob a relatoria da Ministra NANCY ANDRIGHI, quando restou fixada a seguinte tese: "O rol do art. 1.015 do CPC é de taxatividade mitigada, por isso admite a interposição de agravo de instrumento quando verificada a urgência decorrente da inutilidade do julgamento da questão no recurso de apelação."[24]

A partir disso, eventual decisão interlocutória proferida no curso do processo, quando houver risco de inutilidade do provimento se aguardar o recurso

---

[20] WILLIAM SANTOS FERREIRA, "Cabimento do agravo de instrumento e a ótica prospectiva da utilidade – o direito ao interesse na recorribilidade de decisões interlocutórias", *Revista de Processo*, São Paulo, vol. 236, p. 193-203, jan. 2017. DTR\2016\24931.

[21] Também: Flávio Luiz Yarshell, Luiz Guilherme Marinoni, Sérgio Cruz Arenhart, Daniel Mitidiero e Teresa Arruda Alvim, Maria Lúcia Lins Conceição, Leonardo Ferres da Silva Ribeiro e Rogério Licastro Torres de Mello.

[22] Nelson Nery Jr. e Rosa Maria de Andrade Nery, Humberto Theodoro Jr., Alexandre Freitas Câmara e Luis Guilherme Aidar Bondioli.

[23] TJSP, AgRg 2201447-49.2016.8.26.0000/50000, Rel. Des. Núncio Teophilo Neto, j. 17.10.2017.

[24] STJ-CE, REsp 1.696.396/MT, Rel. Min. Nancy Andrighi, j. 05.12.2018.

de apelação, deverá ser recorrida por meio de agravo de instrumento, mesmo que fora das hipóteses do art. 1.015 do CPC. Não haverá, portanto, *interesse* para a impetração de mandado de segurança.

71. O MANDADO DE SEGURANÇA E A ARBITRAGEM

É crescente a utilização da arbitragem como meio de resolução de conflitos. São contínuas as demonstrações de que o Estado brasileiro se convence a estimular a sociedade e a própria Administração Pública a se socorrerem de alternativas não estatais para solução de controvérsias patrimoniais, como se vê das Leis nºs 9.307/96, 13.129/15 e do próprio Código de Processo Civil de 2015.

A questão que intriga é saber se decisões proferidas por árbitros poderiam ser impugnadas judicialmente por meio de mandado de segurança, como não raras vezes ocorre em causas relevantes.

Ainda que a Lei nº 9.307/96 afirme, em seu art. 18, que o árbitro é juiz de fato e de direito, entendemos que a cláusula deva ser entendida como o reconhecimento de que nenhuma questão escapará do conhecimento do árbitro e não caberá à jurisdição estatal se sobrepor ao que for decidido na arbitragem, caso não configurados vícios descritos no art. 32 da Lei de Arbitragem. O art. 18 não tem o condão de equiparar o particular escolhido pelas partes, para fins do mandado de segurança, ao juiz concursado, verdadeiro agente público.

O mandado de segurança tem pressupostos constitucional e legalmente instituídos, dentre eles o ato de autoridade, proferido por *agente público* ou por particular *no exercício de função delegada pelo Poder Público*.

O árbitro pode ser qualquer pessoa que goze da confiança das partes e por elas é nomeada diretamente (art. 13 da Lei nº 9.307/96). Inexistem, *in casu*, as figuras do agente público ou do particular no exercício de função pública delegada que o cabimento do mandado de segurança pressupõe, embora o árbitro seja legalmente equiparado ao juiz.

Pode-se entender, com CÂNDIDO RANGEL DINAMARCO, que "[c] omo função estatal, a jurisdição exercida pelos juízes tem conotações próprias, de imperatividade e inevitabilidade, ausentes nos outros meios de solução dos conflitos"[25], e prossegue:

> "Falar em solução *imperativa* é pressupor o exercício do poder. O Estado persegue os objetivos do processo com fundamento em sua própria *capacidade de decidir imperativamente e impor decisões* (definição de poder estatal, segundo a ciência política), sem a necessidade de anuência dos

---

[25] DINAMARCO, Cândido Rangel, *Instituições de direito processual civil*, I. 8. Ed. São Paulo: Malheiros, 2016, p. 210.

MANDADO DE SEGURANÇA NA PRÁTICA JUDICIÁRIA – *Arnoldo Wald*

sujeitos. A situação destes perante o Estado que exerce a jurisdição é de *sujeição* – conceituada esta como impossibilidade de evitar os atos alheios ou furtar-se à sua eficácia (Carnelutti). Esse é o significado da afirmação da jurisdição estatal como *função pública*, regida por normas de direito público. Também a jurisdição arbitral é exercida com fundamento em um *poder* mas, diferentemente do que se dá com a jurisdição estatal, a fonte do poder do árbitro não é o *imperium* soberano, como a do Estado-juiz, mas a vontade bilateral das partes que houverem optado pela arbitragem, sem a qual esta não será admissível."[26]

Em tese, o fato de as partes outorgarem poder de decisão a um terceiro não confere necessariamente a este os traços característicos de *autoridade* para fins de mandado de segurança, que tem por premissa inafastável o exercício direto ou indireto de função estatal.

O que se tem, *in casu*, é distinto: não há qualquer forma de transferência, pelo Poder Público, de função pública ao árbitro. Há investidura pelos particulares, sob controle do Estado. Parte da doutrina concluiu, a partir disso, que o Estado, no Código de Processo Civil, declarou a ausência de *interesse* para o exercício da jurisdição estatal (art. 485, VII). Trata-se de uma "outra justiça", *sui generis*, mas institucionalizada.

Por isso, concluímos não ser correto admitir a impetração de mandado de segurança contra atos praticados por árbitros e tribunais arbitrais.

Por outro lado, é admissível considerar que os árbitros exercem jurisdição especializada, sob controle do Poder Judiciário, tanto que se admite a ação anulatória da sentença arbitral, nos casos legalmente previstos. Assim, caberia entender que, nos casos de violação frontal ou manifesta das normas jurídicas, ocorrendo lesão de direito líquido e certo, o interessado poderia impetrar o mandado de segurança contra o Tribunal Arbitral que proferiu a decisão, ou contra a própria Câmara Arbitral, se dela emanou a decisão ilegal. Seria, por exemplo, o caso de nomeação, pela parte, de árbitro que é seu próprio advogado e que funciona no feito ou de indicação, pela Câmara, nos casos regimentalmente previstos, de um presidente evidentemente impedido, como seria o caso de um magistrado em exercício ou, numa arbitragem contra a União Federal, de um Ministro de Estado em exercício. Estariam preenchidos os requisitos legais e o mandado caberia pelas mesmas razões que a lei admite a anulação da sentença arbitral pelo Poder Judiciário.

Acresce que seria absurdo aguardar a decisão de mérito pelos árbitros para, posteriormente, anulá-la por vício existente no início do processo. Conforme determinam a Constituição Federal e a lei, a justiça e o Estado devem ser eficientes e os instrumentos jurídicos não são criados para satisfazer caprichos doutrinários, mas

---

[26] Idem, p. 454.

Capítulo XI · QUESTÕES POLÊMICAS | 199

cabe-lhes, na processualística moderna, garantir o bom e rápido funcionamento da justiça, ou seja: a sua eficiência, quer seja ela arbitral ou judiciária.

Assim mesmo, na matéria como em outras, o mandado de segurança deve ser considerado como sendo um recurso excepcional, que não deve ser utilizado para impedir o bom funcionamento das instituições ou para procrastinar os processos, cabendo até sanção, no caso de abuso ou desvio no uso deste remédio constitucional.

Em conclusão, não obstante as posições doutrinárias – e até decisões em contrário, pois o assunto é polêmico –, entendemos que, em casos excepcionais e não havendo outro remédio eficaz, pode caber a impetração do mandado de segurança contra decisão dos árbitros ou das Câmaras arbitrais.

72. ARGUIÇÃO DE DESCUMPRIMENTO DE PRECEITO FUNDAMENTAL E MANDADO DE SEGURANÇA

O art. 102 da Constituição Federal fixa a competência do Supremo Tribunal Federal e, originariamente, prevê o julgamento das ações de controle concentrado de constitucionalidade, a ação direta de inconstitucionalidade e a ação declaratória de constitucionalidade (art. 102, I, a).

Separado desse elenco do inciso I, o § 1º do art. 102 da CF traz a previsão da arguição de descumprimento de preceito fundamental (ADPF), deixando para a legislação ordinária a regulamentação:

> "§ 1º A arguição de descumprimento de preceito fundamental, decorrente desta Constituição, será apreciada pelo Supremo Tribunal Federal, na forma da lei."

A separação da ADPF e a regulamentação por lei ordinária dão mostras seguras de que, embora tradicionalmente vista como um dos meios processuais de controle de constitucionalidade, a ADPF surge como instrumento para integrar os modelos que convivem no Direito brasileiro, o difuso e o concentrado, preenchendo as lacunas entre ambos. Nesse sentido, extrai-se de decisão monocrática proferida pelo Ministro TEORI ZAVASCKI:

> "A arguição de descumprimento de preceito fundamental foi concebida pela Lei 9.882/99 para servir como um instrumento de integração entre os modelos difuso e concentrado de controle de constitucionalidade, viabilizando que atos estatais antes insuscetíveis de apreciação direta pelo Supremo Tribunal Federal, tais como normas pré-constitucionais ou mesmo decisões judiciais atentatórias a cláusulas fundamentais da ordem constitucional, viessem a figurar como objeto de controle em processo objetivo. A despeito da maior extensão alcançada pela vertente objetiva da jurisdição constitucional com a criação da nova espécie de ação constitucional, a Lei 9.882/99 exigiu que os atos impugnáveis por meio dela encerrassem um tipo de lesão constitucional

MANDADO DE SEGURANÇA NA PRÁTICA JUDICIÁRIA – *Arnoldo Wald*

qualificada, simultaneamente, pela sua (a) relevância (porque em contravenção direta com paradigma constitucional de importância fundamental) e (b) difícil reversibilidade (porque ausente técnica processual subsidiária capaz de fazer cessar a alegada lesão com igual eficácia)"[27].

Em razão do propósito da ADPF, que visa a amalgamar os modelos concentrado e difuso, colmatando lacunas, o próprio conceito de *preceito fundamental*, a ser amparado por essa via processual, há de ser interpretado de forma ampla, compreendendo não apenas os expressamente enunciados no texto constitucional, mas também "disposições que confiram densidade normativa ou significado específico a esse princípio"[28].

Nos termos da Lei nº 9.882/99, a ADPF se destina tanto para *evitar* quanto para *reparar* lesão a preceito fundamental resultante de ato do poder público. Embora o principal seja o controle de *atos normativos*, a ADPF admite como objeto decisões judiciais e, também, atos administrativos, conforme entendimento do Supremo Tribunal Federal:

> "Acrescento que a utilização da ADPF para, simultaneamente, controlar atos normativos e concretos já foi admitida pelo STF no julgamento da arguição relativa ao rito do *impeachment*. O Tribunal, numa única ação, avaliou a recepção da lei de regência do processo de acusação ao Presidente da República – Lei 1.079/50 – e, simultaneamente, apreciou atos concretos adotados com base naquela lei – notadamente, a formação da comissão especial para processamento da acusação contra a Presidente Dilma Rousseff – ADPF 378, rel. min. Edson Fachin, red. do acórdão min. Roberto Barroso, julgada em 16.3.2016."[29]

O propósito *complementar* da ADPF em relação aos demais instrumentos que integram o sistema de controle de constitucionalidade justifica seu cabimento *subsidiário*, ditado pelo art. 4º, § 1º, da Lei nº 9.882/99, que rendeu diversos pronunciamentos por parte do Supremo Tribunal Federal, dentre eles:

> "Subsidiariedade. Ante a natureza excepcional da arguição de descumprimento de preceito fundamental, o cabimento pressupõe a inexistência de outro meio judicial para afastar lesão decorrente de ato do Poder Público."[30]
>
> "Há, portanto, óbice intransponível ao conhecimento da presente arguição, relativo ao requisito de admissibilidade exigido pelo disposto no art. 4º, §

---

27 STF, ADPF 127, Rel. Min. TEORI ZAVASCKI, j. 25.02.2014.
28 STF-Pleno, ADPF 33-MC, Rel. Min. GILMAR MENDES, j. 29.10.2003.
29 STF-Pleno, ADPF 388, Rel. Min. GILMAR MENDES, j. 09.03.2016.
30 STF-Pleno, ADPF 172-REF-MC, Rel. Min. MARCO AURÉLIO, j. 10.06.2009.

Capítulo XI · QUESTÕES POLÊMICAS | **201**

1º, da Lei 9.882/99, consubstanciado na existência de outro instrumento de controle concentrado de normas, já regularmente deflagrado nesta Corte, apto a sanar, em tese e de maneira eficaz, a alegada situação de lesividade. A simultaneidade de tramitações de ADI e ADPF, portadoras de mesmo objeto, é, por si só, essencialmente incompatível com a cláusula de subsidiariedade que norteia o instituto da argüição de descumprimento de preceito fundamental."[31]

"No caso em exame, contudo, não estão presentes as circunstâncias que permitem o abrandamento da regra de subsidiariedade. Inicialmente, não foi afastada a existência de outros instrumentos judiciais eficazes para reparar a situação tida por lesiva ao preceito fundamental. (...). Por se voltar contra uma única decisão proferida em processo de natureza subjetiva, enquanto ainda pendente o julgamento do agravo de instrumento (em agravo regimental) e de medida cautelar relativa ao recurso extraordinário (em agravo regimental), esta argüição de descumprimento de preceito fundamental opera, neste momento, como verdadeiro sucedâneo de tais recursos ou das medidas tendentes a conferir-lhes tutela recursal. Ante o exposto, com base no art. 4º, §1º da Lei 9.882/1999, indefiro a petição inicial desta argüição de descumprimento de preceito fundamental."[32]

"Princípio da subsidiariedade (art. 4º, § 1º, da Lei n. 9.882/99): inexistência de outro meio eficaz de sanar a lesão, compreendido no contexto da ordem constitucional global, como aquele apto a solver a controvérsia constitucional relevante de forma ampla, geral e imediata. A existência de processos ordinários e recursos extraordinários não deve excluir, *a priori*, a utilização da argüição de descumprimento de preceito fundamental, em virtude da feição marcadamente objetiva dessa ação."[33]

"Da mesma forma, o princípio da subsidiariedade para o cabimento da ADPF não oferece obstáculo à presente ação. É que este Supremo vem entendendo que a subsidiariedade exigida pelo art. 4º, § 1º da Lei n. 9.882/99 não pode ser interpretada com raciocínio linear e fechado. A subsidiariedade de que trata a legislação diz respeito a outro instrumento processual-constitucional que resolva a questão jurídica com a mesma efetividade, imediaticidade e amplitude que a própria ADPF. Em se tratando de decisões judiciais, não seria possível o manejo de qualquer ação de nosso sistema de controle concentrado. Da mesma forma, o recurso

---

[31]   STF, ADPF 191, Rel. Min. ELLEN GRACIE, j. 22.09.2009.

[32]   STF, ADPF 157-MC, rel. min. JOAQUIM BARBOSA, j. 15.12.2008.

[33]   STF-Pleno, ADPF 33, Rel. Min. GILMAR MENDES, j. 07.12.2005.
No mesmo sentido: STF-Pleno, ADPF 210-AgR, rel. min. TEORI ZAVASCKI, j. 06.06.2013; STF, ADPF 99, Rel. Min. RICARDO LEWANDOWSKI, j. 26.02.2010; STF-Pleno, ADPF 47-MC, Rel. Min. EROS GRAU, julgamento em 07.12.2005.

202 | MANDADO DE SEGURANÇA NA PRÁTICA JUDICIÁRIA – *Arnoldo Wald*

extraordinário não daria resolução de maneira definitiva como a ADPF. É que muito embora a tendência do Supremo em atribuir dimensão objetiva ao recurso extraordinário, a matéria ainda não é totalmente pacificada o que coloca o efeito vinculante da ADPF como instrumento processual--constitucional ideal para o combate imediato dessas decisões judiciais (art. 10, § 3º, da Lei n. 9.882/99)."[34]

Interessante observar que, embora a ADPF tenha caráter marcadamente *objetivo*[35] e o mandado de segurança *subjetivo*, há um campo em que a atuação de ambos é lindeira, se não *sobreposta*, mormente naquelas situações em que o remédio constitucional do art. 5º, LXIX, é utilizado para tutelar direitos que extrapolam o interesse do indivíduo, como se dá no caso da impetração feita por parlamentar para assegurar o exercício das funções que lhe foram confiadas. Isso porque, em rigor, não se cuida de um direito da pessoa, mas ligado à função por ela exercida, como afirmado em acórdão de relatoria do Ministro ALEXANDRE DE MORAES:

> "Desde a Constituição do Império até a presente Constituição de 5 de outubro de 1988, as imunidades não dizem respeito à figura do parlamentar, mas às funções por ele exercidas, no intuito de preservar o Poder Legislativo de eventuais excessos ou abusos por parte do Executivo ou Judiciário, consagrando-se como garantia de sua independência perante os outros poderes constitucionais e mantendo sua representação popular."[36]

Portanto, há direitos tuteláveis pela via do mandado de segurança que, em rigor, apesar da legitimidade restrita ao próprio agente, são de interesse público e, portanto, sua eventual omissão não poderia comprometer, irremediavelmente, os anseios e as finalidades maiores para as quais o Estado foi instituído.

Nesse quadrante, ADPF e mandado de segurança se apresentam como instrumentos processuais *complementares*, como se deu em diversos casos julgados pelo Supremo Tribunal Federal sobre o descumprimento, pelo Poder Executivo estadual, do dever constitucional de repassar cotas duodecimais aos Poderes Le-

---

[34]   STF, ADPF 79-MC, Rel. Min. CEZAR PELUSO, j. 29.07.2005.

[35]   STF-Pleno, ADPF 33-MC, Rel. Min. GILMAR MENDES, j. 29.10.2003: "É fácil ver, também, que a fórmula da relevância do interesse público para justificar a admissão da arguição de descumprimento (explícita no modelo alemão) está implícita no sistema criado pelo legislador brasileiro, tendo em vista, especialmente, o caráter marcadamente objetivo que se conferiu ao instituto.' No mesmo sentido: STF, ADPF 76, Rel. Min. GILMAR MENDES, j. 13.02.2006: 'Nesse sentido, caso se considere o caráter enfaticamente objetivo do instituto (o que resulta, inclusive, da legitimação ativa), meio eficaz de sanar a lesão parece ser aquele apto a solver a controvérsia constitucional relevante de forma ampla, geral e imediata."

[36]   STF-Pleno, ADI 5.526/DF, Rel. p/ o acórdão Min. ALEXANDRE DE MORAES, j. 11.10.2017.

Capítulo XI · QUESTÕES POLÊMICAS | 203

gislativo e Judiciário, bem como ao Ministério Público e à Defensoria Pública, nos termos do art. 168 da Constituição Federal.

Basta observar que, embora a impetração costume ser feita pelo órgão prejudicado[37], o Supremo Tribunal Federal admitiu a ADPF como a via adequada para viabilizar o conhecimento e o julgamento de mérito, quando a parte requerente foi a Associação Nacional dos Defensores Públicos – ANADEP, buscando a tutela jurisdicional que assegurasse o cumprimento do repasse, atuando em benefício da Defensoria Pública do Estado do Piauí. Naquela ocasião, afirmou o Ministro LUIZ FUX ao admitir a ADPF em hipótese tradicional de mandado de segurança:

> "Como já bem destacado, poder-se-ia admitir a hipótese de Mandado de Segurança em defesa de alegado direito líquido e certo institucional do órgão que se supõe prejudicado. Entretanto, tal writ, enquanto correlacionado à prerrogativa institucional, apenas poderia ser impetrado pela própria instituição da Defensoria Pública Estadual, e não pela Associação de seus membros, a qual, conforme a jurisprudência desta Corte, seria parte ilegítima em tal *mandamus*. A propósito, cito o que decidido no MS 21.291-AgR-QO, rel. Min. Celso de Mello, Tribunal Pleno, DJ de 20/10/1995...".[38]

O regime jurídico da ADPF, que permite seu uso para evitar ou reparar lesão a direito decorrente de atos do Poder Público – não apenas os de cunho normativo, geral e abstrato –, bem como a amplitude do rol de legitimados ativos e da flexibilidade do procedimento fazem dela um instrumento processual que dialoga não apenas com a ADI e com a ADC, mas também com o próprio mandado de segurança, conformando um rico sistema de mecanismos de tutela de direitos públicos.

73. BREVES CONSIDERAÇÕES SOBRE A LEI Nº 12.016/2009

Na iminência do aniversário de cinquenta anos de vigência da Lei nº 1.533/1951, o regramento do mandado de segurança se encontrava pulverizado por uma gama de leis, cada qual tratando de um aspecto pontual relativo àquele remédio constitucional, e por entendimentos jurisprudenciais firmados ao longo das décadas de prática judiciária.

Tanto pela superveniência da Constituição de 1988 quanto pela pulverização das normas referentes a tão importante garantia constitucional, entendeu-se pela necessidade de reunir e sistematizar, em documento legislativo único e consoli-

---

[37] Aludimos, exemplificativamente, à decisão proferida em 19.06.16 pela Ministra Presidente CÁRMEN LÚCIA na SS 5.151/RR-MC. A impetração, no caso, foi feita pela Assembleia Legislativa do Estado de Roraima.

[38] STF-Pleno, ADPF 339/PI, Rel. Min. LUIZ FUX, j. 18.05.2016.

dado, facilitando o conhecimento e a aplicação das normas jurídicas. Assim foi que, em 1996, Comissão de Juristas foi nomeada pelo Ministro da Justiça para a elaboração de um Projeto de Lei, posteriormente aprovado e que se tornou a Lei nº 12.016, de 07.08.2009.

Longe de buscar ruptura com a ordem até então vigente, o norte que se seguiu foi o da *sistematização* do direito em prol da segurança jurídica e busca de atualizações, de acordo com as possibilidades e com os limites que o cenário político e jurídico permitia[39]. Tanto que, em sua grande parte, a nova lei repete as normas da Lei nº 1.533, de 1951, e das demais leis esparsas[40], tratando de integrá-las, com singelas alterações de redação para fins de atualização.

Apesar disso, de imediato, foram variadas as críticas dirigidas à nova lei. Além de respeitável parte da doutrina que ansiava por maiores mudanças e regras mais condizentes com o que se extrai da Constituição de 1988, já em setembro de 2009 o Conselho Federal da OAB arguiu a inconstitucionalidade de seis dispositivos da recém promulgada Lei nº 12.016 (ADI 4.296/DF, rel. Min. Marco Aurélio).

A nova lei do mandado de segurança consagrou a jurisprudência segundo a qual pode ser autoridade coatora tanto o agente que praticou o ato impugnado quanto o que exarou a ordem para a prática. A previsão legal, claramente ampliada, teve por finalidade atender à prática judiciária e a efetiva tutela do direito material, reduzindo sobremaneira os obstáculos ao prosseguimento do feito decorrentes da dificuldade na compreensão da estrutura administrativa e, consequentemente, da correta identificação da autoridade coatora.

Já se consagrou o entendimento de que, nos termos do art. 7º, III, da Lei nº 12.016, a tutela provisória não está sempre e invariavelmente condicionada à prestação de caução pelo requerente. Em rigor, é uma *possibilidade* para determinadas hipóteses, para manter o equilíbrio entre os direitos e interesses das partes, tal como já previa o art. 804 do Código de Processo Civil de 1973 e agora consagra o art. 300, § 1º, do CPC de 2015.

Parece-nos já superada, por completo, a alegação de inconstitucionalidade da distinção entre atos de império e atos de gestão (art. 1º, § 2º, da Lei nº 12.016), conforme constou da referida ação direta de inconstitucionalidade. O que consta da lei vigente é a norma que já prevalecia na jurisprudência, amparada em farta doutrina.

---

[39] Conforme dissemos em outra oportunidade, não cabia rediscutir determinadas restrições decorrentes à legislação anterior em relação à concessão de liminar no mandado de segurança, no campo tributário e no direito administrativo, especialmente em relação aos tributos e à classificação dos funcionários públicos, devendo, tão somente, consolidar as normas existentes na matéria. O mesmo ocorreu em relação aos casos de suspensão de segurança.

[40] *V.g.*: Leis nºs 2.770/1956, 4.348/1965 e 5.021/1966.

Capítulo XI · QUESTÕES POLÊMICAS | 205

As críticas formuladas quando da repetição, na Lei nº 12.016, das restrições às liminares, merecem atenção. Entretanto, há de se considerar que o sistema é resistente a mudanças, algo que se revelou novamente na promulgação do CPC de 2015, quando, apesar de inspirações inovadoras em diversos aspectos, fez-se questão de reforçar as disposições que visam a limitar tutelas provisórias contra a Fazenda Pública (art. 1.059). No âmbito da jurisprudência, vale lembrar do julgamento da ADC nº 4, oportunidade em que o Supremo Tribunal Federal afirmou a legitimidade das restrições à tutela provisória impostas pela Lei nº 9.494/1997.

O nosso entendimento a respeito do tema, cumpre frisar, é o de que não condiz com a Constituição Federal a vedação apriorística de tutela provisória em função da pessoa a quem se dirige; a aparente imunidade do Poder Público ao cumprimento do Direito, por meio de tutela provisória, afronta o Estado de Direito e o acesso à Justiça.

Da mesma maneira, debate franco deve se abrir sobre a constitucionalidade da remessa necessária, prevista no art. 14, § 1º, da Lei nº 12.016 e que, mesmo alvejada por críticas, depois foi mantida no art. 496 do CPC de 2015.

Com olhos voltados à solução de problemas, mesmo que sujeita a contrariedades doutrinárias, a Lei nº 12.016 buscou pacificar algumas controvérsias que comprometiam a segurança jurídica. Assegurou-se, então, à autoridade coatora o direito de recorrer, superando controvérsia jurisprudencial. Dessa maneira, ao representante judicial da pessoa jurídica de direito público, que é *parte* no processo, cabe a apresentação de *defesa*; à autoridade coatora cabe *prestar informações* e, eventualmente, tem a possibilidade de recorrer apenas sobre pontos que lhe digam respeito diretamente, com vistas a prevenir, desde logo, futura responsabilização por seus atos.

O art. 22, § 2º, da Lei nº 12.016 prevê a regra de que, em mandados de segurança coletivos, a liminar será concedida após facultada a manifestação ao representante judicial da pessoa jurídica de direito público, que deverá se pronunciar no prazo de 72 (setenta e duas) horas. Impugnada no âmbito da ADI 4.296/DF, a regra é idêntica ao que consta do art. 2º da Lei nº 8.437/1992, acolhida pela jurisprudência[41]. Oportunamente, registre-se que, em casos extremos, é lícito o afastamento da regra e a consequente concessão da tutela de urgência, preservando o direito e conservando a utilidade do futuro provimento jurisdicional.

Por fim, a Lei nº 12.016 previu a impetração de mandado de segurança coletivo para a tutela de direitos propriamente *coletivos* e dos *individuais homogêneos*, silenciando a respeito dos interesses *difusos*, que deveriam ser tutelados por meio

---

[41] Por exemplo, todos do STJ: 2ª T., REsp 1.237.361/MA, Rel. Min. MAURO CAMPBELL MARQUES, j. 09.10.2012; 2ª T., REsp 693.110/MG, Rel. Min. ELIANA CALMON, j. 06.04.2006; Corte Especial, AgRg na SLS 1.499/SP, Rel. Min. ARI PARGENDLER, j. 18.04.2012.

de ação popular[42] ou, quando defendidos pelo Ministério Público, por meio de ação civil pública. Apesar disso, no campo doutrinário se instalou controvérsia: de um lado há os que afirmam que "os direitos difusos não podem ficar à margem da defesa por meio de mandado de segurança, porquanto o texto constitucional não lhes faz restrição"[43] e, de outro, os que, como nós, defendem a prevalência do sistema legal, mais restritivo[44]. Em que pese a Súmula 101 do STF, decisões recentes daquela Corte tem admitido a impetração de mandado de segurança coletivo por partido político, seguindo entendimento perfilhado por TEORI ZAVASCKI, segundo o qual:

> "... podem ser tutelados pelo partido político, por mandado de segurança, os direitos ameaçados ou violados por ato de autoridade, ainda que pertencentes a terceiros não filiados, quando a sua defesa se compreenda na finalidade institucional ou constitua objetivo programático da agremiação."[45]

É o que se vê, por exemplo, das decisões monocráticas proferidas nos seguintes autos: MS 34.069/DF, Rel. Min. Gilmar Mendes, datada de 21.03.2016; MS 34.070/DF, de 18.03.2016; e do MS 37.097/DF, Rel. Min. Alexandre de Moraes, de 29.04.2020.

---

[42] Observe-se o enunciado da Súmula 101 do STF: "O mandado de segurança não substitui a ação popular".

[43] A propósito: LUIZ FUX, *Mandado de segurança*. 2. ed. Rio de Janeiro: Forense, 2019, p. 209. BRUNO GARCIA REDONDO, (e outros), *Mandado de segurança:* comentários à Lei 12.016/2009. Rio de Janeiro: Forense, 2009, p. 152.

[44] Nesse sentido: HELY LOPES MEIRELLES; ARNOLDO WALD; GILMAR FERREIRA MENDES, *Mandado de segurança e ações constitucionais*. 38. ed. São Paulo: Malheiros, 2019, p. 146. HUMBERTO THEODORO JÚNIOR, *Lei do mandado de segurança comentada:* artigo por artigo. Rio de Janeiro: Forense, 2014, p. 352 e ss.

[45] TEORI ALBINO ZAVASCKI, *Processo Coletivo:* tutela de direitos coletivos e tutela coletiva de direitos. 7. ed. São Paulo: Revista dos Tribunais, 2017, p. 203.

Capítulo XII
ONZE ANOS DA LEI Nº 12.016/2009

Sumário: 74. Ações diretas de inconstitucionalidade – **75.** Alguns entendimentos sumulados à luz da Lei nº 12.016 – **76.** Pontos de contato entre o CPC de 2015 e o mandado de segurança – **77.** Temas de mandado de segurança coletivo.

Ao longo dos mais de cinquenta anos de vigência da Lei nº 1.533, de 31 de dezembro de 1951, as normas relativas ao mandado de segurança se viam dispersas em tantas outras leis, bem como em diversos pronunciamentos judiciais. A crescente pulverização daquelas disposições ameaçava a integridade e a coerência da normatização e aumentava a probabilidade de julgamentos contraditórios a respeito de situações fáticas semelhantes e até em relação a teses jurídicas.

Mostrava-se oportuna medida que promovesse a coerência das normas e a aplicação isonômica do direito quando, em abril de 2001, foi concluída a minuta do Projeto de Lei elaborada pela Comissão de Juristas constituída pela Portaria nº 634, de 23 de outubro de 1996, a qual foi presidida pelo Professor CAIO TÁCITO e integrada por ARNOLDO WALD (relator) e pelo Ministro CARLOS ALBERTO MENEZES DIREITO (revisor).

Além da consolidação das normas relativas ao mandado de segurança, havia necessidade da regulamentação infraconstitucional do mandado de segurança *coletivo*.

Ambos os objetivos foram alcançados por meio da Lei nº 12.016, de 07 de agosto de 2009, cuja aplicação já ultrapassa uma década, o que nos convida a uma observação dos fatos ocorridos nesse intervalo.

74. AÇÕES DIRETAS DE INCONSTITUCIONALIDADE

Logo após a promulgação da Lei nº 12.016/2009, o Conselho Federal da Ordem dos Advogados do Brasil propôs duas Ações Diretas de Inconstitucionalidade, questionando a constitucionalidade de alguns de seus dispositivos, a saber: os art. 1º, § 2º; art. 7º, III e § 2º; art. 14, § 2º; art. 22, § 2º; art. 23 e art. 25.

MANDADO DE SEGURANÇA NA PRÁTICA JUDICIÁRIA – *Arnoldo Wald*

A ADI 4.403/DF teve por objeto o art. 14, § 2º – que estende à autoridade coatora o direito de recorrer –, por suposta infração ao art. 133 da Constituição Federal[1]. O acórdão proferido aos 23 de agosto de 2019, rel. Min. EDSON FA-CHIN, foi pela *improcedência* do pedido, pois o dispositivo impugnado confere *legitimidade recursal, não capacidade postulatória*, inexistindo a ofensa de que se cogitou na petição inicial.

A outra ADI foi a de nº 4.926/DF, distribuída ao Ministro MARCO AU-RÉLIO, em que se alegou as seguintes inconstitucionalidades: (i) do art. 1º, § 2º, da Lei nº 12.016, pois não constaria da Constituição Federal amparo à restrição do cabimento do mandado de segurança contra atos de gestão comercial; (ii) o art. 7º, III, que supostamente exigiria prestação de caução para o deferimento de qualquer liminar, afrontando os arts. 2º e 5º, XXXV, da CF; (iii) o art. 7º, § 2º, que veda a concessão de liminar em determinadas hipóteses, afrontaria os arts. 2º e 5º, *caput* e incisos XXXV e LXIX, da CF; (iv) o art. 22, § 2º, ao exigir manifestação do representante judicial da pessoa jurídica de direito público antes da concessão de liminar, violaria o art. 5º, XXXV e LXIX, da CF; (v) o art. 23, que estipula prazo decadencial de 120 (cento e vinte) dias para o mandado de segurança, seria contrário ao art. 5º, XXXV e LXIX, da CF; (vi) o art. 25, que impossibilita a condenação em honorários advocatícios no mandado de segurança, e afrontaria o art. 133 da CF.

Até o fechamento desta 6ª edição, a ADI nº 4.926/DF não havia sido julgada, mantendo-se a aplicação *in totum* de seus artigos. Entretanto, os autos contém manifestações robustas em defesa de todos os artigos impugnados – valendo menção aquelas apresentadas pela Advocacia-Geral da União, pela Procuradoria-Geral da República e também pelo Senado Federal –, o que reforça nossa convicção a respeito da *constitucionalidade* dos artigos atacados e permitem afirmar a elevada probabilidade de que o julgamento será pela *improcedência* dos pedidos.

75. ALGUNS ENTENDIMENTOS SUMULADOS À LUZ DA LEI Nº 12.016

Durante os onze anos de aplicação da Lei nº 12.016, diversos entendimentos jurisprudenciais se consolidaram, levando à a aprovação de três novos enunciados de Súmula pelo Superior Tribunal de Justiça, cujas ementas são:

> "Súmula 460: É incabível o mandado de segurança para convalidar a compensação tributária realizada pelo contribuinte."
>
> "Súmula 604: O mandado de segurança não se presta para atribuir efeito suspensivo a recurso criminal interposto pelo Ministério Público."

---

[1] "Art. 133. O advogado é indispensável à administração da justiça, sendo inviolável por seus atos e manifestações no exercício da profissão, nos limites da lei".

"Súmula 628: A teoria da encampação é aplicada no mandado de segurança quando presentes, cumulativamente, os seguintes requisitos: a) existência de vínculo hierárquico entre a autoridade que prestou informações e a que ordenou a prática do ato impugnado; b) manifestação a respeito do mérito nas informações prestadas; e c) ausência de modificação de competência estabelecida na Constituição Federal."

Observou-se também o melhor enfrentamento, pelo STJ, quanto ao cabimento do mandado de segurança em questões ligadas a compensação tributária; além da aprovação da Súmula 460, diversos foram os acórdãos que transitaram entre o tema objeto dessa Súmula e a de nº 213/STJ ("*O mandado de segurança constitui ação adequada para a declaração do direito à compensação tributária*").

Nesse campo, a jurisprudência do STJ se consolidou nos moldes do acórdão emblemático e didático de 13.05.2009, no Recurso Especial nº 1.111.164/BA, rel. min. TEORI ZAVASCKI, que distingue a hipótese (i) do mandado de segurança em que se busca o reconhecimento do direito de compensar, sem fazer juízo sobre elementos concretos da própria compensação – para a qual o STJ não exige prova pré-constituída dos elementos concretos da operação de compensação –, daquela (ii) em que à declaração de compensabilidade se agrega (a) pedido de juízo específico sobre os elementos da compensação ou (b) pedido de outra medida executiva que tem como pressuposto a efetiva realização da compensação. Nessa segunda hipótese, diz o acórdão, "*o reconhecimento da liquidez e da certeza do direito afirmado depende necessariamente da comprovação dos elementos concretos da operação realizada ou que o impetrante pretende realizar*".

Firmou-se, dessa maneira, importante entendimento de que *é possível*, em mandado de segurança, ir além da mera "*declaração de compensabilidade*". Havendo *prova pré-constituída* dos elementos concretos da operação (pretendida ou já realizada), há de se reconhecer o direito líquido e certo e, portanto, o *cabimento* do mandado de segurança para os casos envolvidos na "*segunda situação*" abordada no acórdão acima citado.[2-3]

No âmbito do Supremo Tribunal Federal, não houve aprovação de nova súmula tratando de mandado de segurança, mas foram fixadas teses relativas aos seguintes temas com repercussão geral reconhecida[4]:

---

[2] STJ-1ª. S., REsp 1.715.256-SP, rel. Min. Napoleão Nunes Maia Filho, j. 13.02.2019.

[3] Nesse sentido: CASSIO SCARPINELLA BUENO, "Mandado de segurança e compensação tributária: reflexões sobre a prova pré-constituída do indébito à luz da sistemática dos recursos especiais repetitivos". In: CARVALHO, Paulo de Barros; SOUZA, Priscila (coord.). *XV Congresso Nacional de Estudos Tributários: 30 anos da Constituição Federal e o Sistema Tributário Brasileiro*. São Paulo: Noeses, 2018, p. 143-162.

[4] Embora fixada pouco antes do início da vigência da Lei nº 12.016 (em maio de 2009), mencionamos a Tese referente ao Tema 77: "*Não cabe mandado de segurança das decisões interlocutórias exaradas em processos submetidos ao rito da Lei nº 9.099/1995.*"

210 | MANDADO DE SEGURANÇA NA PRÁTICA JUDICIÁRIA – *Arnoldo Wald*

Tema 159: "Compete às Turmas Recursais o julgamento de mandado de segurança utilizado como substitutivo recursal contra decisão de juiz federal no exercício de jurisdição do Juizado Especial Federal" (16.11.2011).

Tema 530: "É lícito ao impetrante desistir da ação de mandado de segurança, independentemente de aquiescência da autoridade apontada como coatora ou da entidade estatal interessada ou, ainda, quando for o caso, dos litisconsortes passivos necessários, a qualquer momento antes do término do julgamento, mesmo após eventual sentença concessiva do 'writ' constitucional, não se aplicando, em tal hipótese, a norma inscrita no art. 267, § 4º, do CPC/1973" (02.05.2013).

Tema 722: "Compete à justiça federal comum processar e julgar mandado de segurança quando a autoridade apontada como coatora for autoridade federal, considerando-se como tal também os dirigentes de pessoa jurídica de direito privado investidos de delegação concedida pela União" (25.04.2014).

Tema 831: "O pagamento dos valores devidos pela Fazenda Pública entre a data da impetração do mandado de segurança e a efetiva implementação da ordem concessiva deve observar o regime de precatórios previsto no artigo 100 da Constituição Federal" (08.08.2015).

Tema 1.044: "O Ministério Público de Contas não tem legitimidade para impetrar mandado de segurança em face de acórdão do Tribunal de Contas perante o qual atua" (26.04.2019).

Com a promulgação do Código de Processo Civil de 2015, a fim de acelerar julgamentos e dar vazão ao infindável acervo de processos judiciais, o legislador instituiu uma gama de mecanismos que buscam promover a uniformização jurisprudencial (o art. 926 alude, em rigor, à *uniformização*, à *estabilidade*, à *integridade* e à *coerência* dos julgados). Entretanto, como o poder judicante não é ilimitado, o legislador fez lembrar que, ao editar enunciados sumulares, os tribunais devem se ater às circunstâncias de fato dos casos julgados que motivaram a sua criação (art. 926, § 2 º). Se assim não fosse, na hipótese de editar súmulas desconectadas das circunstâncias de fato dos acórdãos que a antecederam, o Poder Judiciário estaria *inovando* o Direito e, portanto, *violando a Constituição Federal*.

Como não é dado ao Judiciário editar súmulas que extrapolam o quadrante fático dos casos concretos, *a interpretação* e a *aplicação* dos enunciados tem de se dar, necessariamente, à luz dos acórdãos que a antecederam, sob pena de o texto sumulado *"criar vida própria"* e, desconectando-se das razões de sua criação, provocar o exato vício que o art. 926 do Código de Processo Civil busca evitar: a inovação (inconstitucional) do Direito pelo Poder Judiciário.

Ademais, esse movimento de aparente continuidade da consolidação jurisprudencial não pode ignorar o fato de que a Lei nº 12.016 veio substituir a legislação nº 1.533, que havia sido promulgada e aplicada, por décadas, sob

Capítulo XII · ONZE ANOS DA LEI Nº 12.016/2009 | **211**

a ótica de uma outra Constituição Federal. A lei vigente deve ser obedecida e sua interpretação há de ser, invariavelmente, *conforme* à Constituição Federal de 1988.

A perspectiva jurídica adequada exige que o intérprete reavalie os entendimentos alcançados sob a égide da Constituição e da lei revogadas, em um contexto histórico distinto. Frisamos: não é a aplicação da nova lei que tem de se moldar a entendimentos previamente concebidos, mas, isto sim, a interpretação da lei deve ocorrer de acordo com o *sistema* normativo vigente no momento de sua aplicação.[5]

76. PONTOS DE CONTATO ENTRE O CPC DE 2015 E O MANDADO DE SEGURANÇA

A superveniência do Código de Processo Civil de 2015, aplicável subsidiariamente[6], trouxe uma série de pontos de contato com o rito do mandado de segurança e, a despeito da lei especial, normas contidas na lei nova, de caráter geral, devem ser observadas.

A prioridade de que, por força do art. 20 da Lei nº 12.016, o mandado de segurança goza em relação aos demais atos judiciais, exceto o *habeas corpus*, deverá ser implementada de acordo com o art. 12 do CPC de 2015, ou seja, de acordo com o critério objetivo da ordem cronológica para as conclusões.

Também se estende ao mandado de segurança a regra da atipicidade das medidas coercitivas, prevista no art. 139, IV, do CPC de 2015, *verbis*:

> "Art. 139. O juiz dirigirá o processo conforme as disposições deste Código, incumbindo-lhe:
>
> (...)
>
> IV – todas as medidas indutivas, coercitivas, mandamentais ou sub-rogatórias necessárias para assegurar o cumprimento de ordem judicial, inclusive nas ações que tenham por objeto prestação pecuniária".

---

[5]   Ainda que anterior à Lei nº 12.016/2019, interessante discussão se encontra no acórdão do Pleno do STF, AgRg no AgRg no AgRg na SS 1.945-7/AL, redator p/ o acórdão Min. Gilmar Mendes, j. 19.12.2002, em quem, a despeito do silêncio da Lei nº 1.533/1951, então vigente, afirmou-se o cabimento de agravo contra a decisão que *defere ou indefere* a suspensão de segurança, em harmonia com o previsto na Lei nº 8.437/1992, o que acarretou o cancelamento da Súmula nº 506 do STF.

[6]   A propósito da *necessária* aplicação subsidiária do CPC aos mandados de segurança (embora mencionando a Lei nº 1.533), ler: BARBOSA MOREIRA, "Mandado de segurança – uma apresentação", *In: Temas de direito processual*, sexta série, São Paulo: Saraiva, 1997, p. 205.

212 | MANDADO DE SEGURANÇA NA PRÁTICA JUDICIÁRIA – *Arnoldo Wald*

Desta feita, para além das eventuais *punições* aplicáveis ao agente público que deixar de cumprir a decisão judicial proferida no mandado de segurança, incumbe ao magistrado assegurar a *efetiva satisfação* do direito.[7]-[8]

Razão alguma há para afastar do rito do mandado de segurança as disposições da lei processual que versam sobre tutela provisória. Tratam-se, todas elas, de disposições atualizadas a respeito da matéria, voltadas à tutela efetiva do direito material e que, portanto, podem e devem ser aplicadas, sejam a respeito dos requisitos e fundamentos, quanto ao momento da concessão ou mesmo quanto à estabilização da tutela provisória concedida em caráter antecedente[9].

Nessa esteira, previsões do CPC, como as do art. 9º e do art. 300, § 2º, devem incidir mesmo na hipótese de mandado de segurança coletivo, direcionando corretamente a interpretação do art. 22, § 2º, da Lei nº 12.016. Assim, *por regra*, o prévio contraditório deve ser prestigiado, mas, na hipótese de não ser possível aguardar o prazo de 72 (setenta e duas) horas para a audiência do representante judicial da pessoa jurídica de direito público, a tutela de urgência deverá ser concedida para preservar o direito material. Por força do art. 5º, XXXV, da CF, nem poderia ser diferente.

A expressa previsão do art. 321 do CPC confere ao impetrante o *direito* de emendar a petição inicial antes de eventual indeferimento, sendo *dever* do juiz – à luz dos arts. 6º e 139, II e IX, do CPC – a indicação dos vícios a serem corrigidos a fim de permitir o prosseguimento do feito e a solução definitiva da controvérsia. Até mesmo a indicação errônea da autoridade coatora é passível de ser corrigida. Apenas se não cumprida a diligência tal como determinada é que se justifica o indeferimento da inicial (art. 321, parágrafo único, do CPC).[10]-[11]

---

[7]   STJ-4ª T., RHC nº 97.876/SP, rel. Min. Luis Felipe Salomão, j. 05.06.2018: *"O CPC de 2015, em homenagem ao princípio do resultado na execução, inovou o ordenamento jurídico com a previsão, em seu artigo 139, IV, de medidas executivas atípicas, tendentes à satisfação da obrigação exequenda, inclusive as de pagar quantia certa."*

[8]   STJ-5ª T., RMS nº 55.109/PR, rel. Min. Reynaldo Soares da Fonseca, j. 07.11.2017: *"Ao determinar o bloqueio dos valores o juiz não age como o titular da execução fiscal, dando início a ela, mas apenas dá efetividade à medida coercitiva anteriormente imposta e não cumprida, tomando providência de natureza cautelar. E isso se justifica na medida em que a mera imposição da multa, seu valor e decurso do tempo parecem não ter afetado a disposição da empresa recorrente em cumprir a ordem judicial. De se lembrar que o artigo 139, IV, do CPC/2015, autoriza o juiz a 'determinar todas as medidas indutivas, coercitivas, mandamentais ou sub-rogatórias necessárias para assegurar o cumprimento de ordem judicial, inclusive nas ações que tenham por objeto prestação pecuniária'."*

[9]   *V.g.*: TJSP, Ap. 1000720-85.2016.8.26.0584, rel. Des. Paulo Ayrosa, j. 19.12.2017; AI 2129259-58.2016.8.26.0000, rel. Des. José Maria Câmara Junior, j. 28.09.2016; Ap. 1004470-59.2019.8.26.0077, rel. Des. Paola Lorena, j. 24.04.2020.

[10] V.: STJ-4ª T., RMS 45.495/SP, rel. Min. Raul Araújo, j. 26.08.2014.

[11] Nesse sentido: PONTES DE MIRANDA, *Tratado das ações*, tomo VI: ações mandamentais, atualizado por NELSON NERY JR. e GEORGES ABBOUD, 2016, p. 129.

Eventual recurso interposto contra a decisão que indefere a petição inicial do mandado de segurança deverá, nos termos do art. 331 do CPC, abrir ao magistrado a oportunidade para *retratação*, buscando ao máximo aproveitamento dos atos praticados e a efetividade do processo.

Oportuno mencionar, ainda, o art. 996 do CPC de 2015, que, ao tratar da legitimidade para interposição de recursos, dialoga intimamente com o art. 14, § 2º, da Lei nº 12.016 e aponta para a correta afirmação de que a autoridade coatora poderá recorrer apenas a respeito de questões que possam interferir em sua esfera *pessoal* de direitos, devendo demonstrar a possibilidade de ser atingido pela decisão recorrida.

Inovação importante trazida pelo CPC de 2015 está no art. 1.028, § 3º, que reserva ao Tribunal *ad quem* a competência para o juízo de admissibilidade de recurso ordinário. Por força dessa disposição, eventual decisão de inadmissibilidade do recurso ordinário proferida pelo tribunal *a quo* configurará *usurpação de competência*, vício que enseja *reclamação*, nos termos do art. 102, I, *l* e 105, I, *f*, da Constituição e do art. 988, I, do CPC.[12]

Com a mudança imposta pelo CPC de 2015 a respeito da recorribilidade das decisões interlocutórias, estabeleceu-se controvérsia a respeito da recorribilidade imediata de determinadas decisões, como as que versam sobre competência jurisdicional, e que não permitiriam aguardar a prolação de sentença para discussão em segundo grau. Houve uma corrente que, ante a estipulação de um rol taxativo no art. 1.015 do CPC, defendeu o cabimento de mandado de segurança para suprir a ausência de recurso apto a tutelar, efetivamente, o direito material[13]. A outra corrente, no entanto, acabou prevalecendo na Corte Especial do STJ, segundo o qual o rol do art. 1.015 do CPC é de taxatividade mitigada, sendo cabível o agravo de instrumento, mesmo fora das hipóteses nele previstas, quando comprovada a urgência que possa tornar inútil o julgamento da questão em recurso de apelação.[14]

---

[12] Nesse sentido: STJ-2ª S., Rcl 35.958/CE, rel. Min. Marco Aurélio Bellizze, j. 10.04.2019: *"Diante da determinação legal de imediata remessa dos autos do recurso ordinário ao Tribunal Superior, independentemente de juízo prévio de admissibilidade, a negativa de seguimento ao recurso pelo Tribunal a quo configura indevida invasão na esfera de competência do STJ, atacável, portanto, pela via da reclamação constitucional."*

[13] O Superior Tribunal de Justiça chegou a veicular, em seu Informativo de Jurisprudência n. 0636, acórdão da 4ª Turma, RMS 58.578-SP, rel. Min. Raul Araújo, j. 18.10.2018, em cuja ementa constou: *"Assim, diante da existência de dúvida razoável sobre o cabimento de agravo de instrumento, na vigência do Código de Processo Civil de 2015, contra decisão interlocutória que examina competência – considerando a existência de entendimentos divergentes no âmbito desta Corte de Justiça e da afetação de recurso especial representativo de controvérsia para discussão desse tema -, entende-se adequada a impetração do mandamus."*

[14] STJ-CE, REsp 1.704.520/MT, rel. Min. Nancy Andrighi, j. 05.12.2018 sob o rito dos repetitivos (Tema 988), tendo sido firmada a seguinte tese: *"O rol do art. 1.015 do CPC é de taxatividade mitigada,*

77. TEMAS DE MANDADO DE SEGURANÇA COLETIVO

Inobstante as questões derivadas da promulgação do atual Código de Processo Civil, a jurisprudência se mostrou profícua em matéria de mandado de segurança coletivo, que foi tratado pela primeira vez, no campo infraconstitucional, pela Lei nº 12.016. Observa-se, a partir de inúmeros acórdãos, que os Tribunais têm prestigiado a "eficácia potencializada"[15] desse instrumento processual, preservando sua abrangência e seu alcance.

Modificações significativas de entendimento foram observadas em matéria de MSC, como a respeito do art. 21 da Lei nº 12.016. Expressamente, a legislação prevê o cabimento do MSC para tutela de direitos coletivos ou individuais homogêneos, de modo que, como defendemos anteriormente[16], em tese, seria reservada à via da ação civil pública a tutela de direitos difusos a não ser em casos excepcionais. Algumas decisões do Supremo Tribunal Federal têm acolhido a corrente ampliativa, bem representada pela doutrina do Min. LUIZ FUX, para quem:

> "... os direitos difusos não podem ficar à margem da defesa por meio de mandado de segurança coletivo, porquanto o texto constitucional não lhes faz restrição. Assim, v.g., os partidos políticos também gozam desse reforço institucional no art. 1.º da Lei n.º 9.096/1995 (Lei Orgânica dos Partidos Políticos), que lhes impõe velar para 'assegurar, no interesse do regime democrático, a autenticidade do sistema representativo e a defender os direitos fundamentais definidos na Constituição Federal', função que tem como objeto mediato os direitos difusos."[17]

Foi especialmente – e talvez excepcionalmente – ao tratar de MSC impetrado por partidos políticos que o Supremo Tribunal Federal tem encontrado amparo jurídico para admitir a tutela de direitos difusos, como se observa das decisões monocráticas proferidas no MS 34.070/DF-MC, rel. Min. GILMAR MENDES, dec. 18/03/2016 – que tratou da nomeação do ex-Presidente Luiz Inácio Lula da Silva para o cargo de Ministro Chefe da Casa Civil –, e no MS 37.097/DF, rel. Min. ALEXANDRE DE MORAES, dec. 29.04.2020 – que tratou da nomeação de Alexandre Ramagem para o cargo de Diretor-Geral da Polícia Federal. Em ambas as

---

por isso admite a interposição de agravo de instrumento quando verificada a urgência decorrente da inutilidade do julgamento da questão no recurso de apelação."

[15] Ada Pellegrini Grinover, "Mandado de segurança coletivo: legitimação, objeto e coisa julgada", *Revista de Processo*, n. 58, p.76, abr./jun. 1990.

[16] Hely Lopes Meirelles, Arnoldo Wald e Gilmar F. Mendes, *Mandado de segurança e ações constitucionais*. 38.ed. São Paulo: Malheiros, 2019, p. 146.

[17] Luiz Fux, *Mandado de segurança*, 2. ed. Rio de Janeiro: Forense, 2019, p. 209.

decisões, entendeu-se *cabível* a impetração, por partido político, para a defesa da moralidade administrativa, alegadamente ameaçada por atos administrativos de nomeação praticados mediante desvio de finalidade, circunstâncias que, segundo as decisões proferidas, estariam cabalmente demonstradas pelos documentos que instruíram as petições iniciais, satisfazendo, ao menos em cognição perfunctória, o requisito da prova pré-constituída.

Já a respeito dos efeitos da decisão proferida em MSC, há de se mencionar relevante acórdão no qual, divergindo da tese abraçada pelo Tema 499 do STF[18], o STJ afirmou que são beneficiados todos os associados, ou a parte deles cuja situação jurídica se identifique com a tratada na decisão, *ainda que a filiação tenha ocorrido após a impetração.*[19] Trata-se, ao que parece, de matéria que continua polêmica em virtude das posições antagônicas do STF e do STJ, não estando pacificada na jurisprudência.

É de especial interesse observar, por fim, a dinâmica da jurisprudência a respeito da interpretação do art. 22, § 1º, da Lei nº 12.016, embora reconheça inexistir litispendência entre o MSC e ações individuais, para se valer os efeitos a coisa julgada do MSC, o impetrante individual teria de *desistir* de seu mandado de segurança, no prazo de 30 (trinta) dias contados da ciência da impetração coletiva.

É vasto o acervo de decisões que aplicam a literalidade do art. 22, § 1º, da Lei nº 12.016, exigindo a *desistência* da impetração individual. Contudo, alguns acórdãos, buscando interpretação sistemática daquele conforme o microssistema das ações coletivas, integrado também pelo Código de Defesa do Consumidor e pela lei da Ação Civil Pública, concluem que o melhor caminho seria facultar expressamente ao impetrante individual a escolha entre a *desistência* a que alude a Lei nº 12.016 ou a *suspensão* do feito, conforme prevê o art. 104 do CDC:

> "Art. 104. As ações coletivas, previstas nos incisos I e II e do parágrafo único do art. 81, não induzem litispendência para as ações individuais, mas os efeitos da coisa julgada erga omnes ou ultra partes a que aludem os incisos II e III do artigo anterior não beneficiarão os autores das ações individuais, se não for requerida sua suspensão no prazo de trinta dias, a contar da ciência nos autos do ajuizamento da ação coletiva."

---

[18]   Tese 499: *"A eficácia subjetiva da coisa julgada formada a partir de ação coletiva, de rito ordinário, ajuizada por associação civil na defesa de interesses dos associados, somente alcança os filiados, residentes no âmbito da jurisdição do órgão julgador, que o fossem em momento anterior ou até a data da propositura da demanda, constantes da relação jurídica juntada à inicial do processo de conhecimento."*

[19]   STJ-2ª T., AgInt no REsp 1.841.604/RJ, rel. Min. Mauro Campbell Marques, j. 22.04.2020. Ver também: STJ-4ª T., REsp 1.374.678/RJ, rel. Min. Luis Felipe Salomão, j. 23.06.2015.

MANDADO DE SEGURANÇA NA PRÁTICA JUDICIÁRIA – *Arnoldo Wald*

Ainda que historicamente fossem encontrados acórdãos esparsos nesse sentido, proferidos logo após a promulgação da Lei nº 12.016[20], o entendimento tem ganhado corpo e chegou a ser reconhecido pelo Superior Tribunal de Justiça, em acórdão redigido pelo Min. HERMAN BENJAMIN, acolhendo a sugestão contida no voto do Min. OG FERNANDES, lastreada em dois precedentes daquela Corte Superior[21], *verbis*:

> "Com base nessas considerações, proponho ao Colegiado que seja aplicada à espécie a solução inspirada no art. 104 do CDC por consistir na melhor interpretação para o caso.
>
> Ante o exposto, pedindo vênias ao Ministro Relator, dou provimento em parte ao recurso em mandado de segurança, para que seja assegurado à impetrante o direito de se manifestar sobre a suspensão, ou não, do mandado de segurança individual."[22]

Embora não haja razão para interpretar o art. 22, § 1º, da Lei nº 12.016 de maneira destoante do que se extrai do microssistema das ações coletivas, sendo, de fato, o melhor caminho fazê-lo à luz do que consta do art. 104 do Código de Defesa do Consumidor, a questão permanece controvertida no âmbito dos Tribunais[23], merecendo especial atenção para conferir eficácia e eficiência à tutela jurisdicional e ao sistema de tutelas coletivas.

---

[20] *V.g.*: todos do TJSP: Ap. 0070666-22.2006.8.26.0000, rel. Des. Oswaldo Luiz Palu, j. 23.06.2010; AI 0377029-44.2009.8.26.0000, rel. Des. Carlos Giarusso Santos, j. 06.05.2010; Ap. 1036329-44.2014.8.26.0053, rel. Des. Heloísa Martins Mimessi, j. 29.05.2018.

[21] STJ-2ª S., REsp 1.110.549/RS, rel. Min. Sidnei Beneti, j. 28.10.2009 e AgRg nos EDcl o AREsp 207.660/RS, rel. Min. Herman Benjamin, j. 12.11.2012.

[22] STJ-2ª T., RMS 52.018/RS, red. p/ o acórdão Min. Herman Benjamin, j. 13.12.2018.

[23] Exemplificativamente, citamos trecho da ementa do acórdão do TRF2, MS 0005519-02.2016.4.02.0000, rel. Des. Fed. Marcello Granado, j. 04.10.2016, em que se afirmou: *"Necessidade de desistência, e não suspensão, da ação individual, no prazo de trinta dias, a contar da ciência comprovada da impetração da segurança coletiva (§ 1º, do art. 22, da Lei n. 12.016/09)".*

Capítulo XIII
CONCLUSÃO

Tivemos, nas edições anteriores, a oportunidade de escrever veemente defesa do mandado de segurança como instrumento de defesa contra os abusos de poder e, em que pese o lapso de tempo transcorrido, elas continuam atuais.

No momento em que se discute o uso generalizado do mandado de segurança, sentimos, de novo, a imperativa necessidade de defendê-lo.

Já o fizeram eminentes advogados, como DARIO DE ALMEIDA MA-GALHÃES e outros, em artigos publicados na *Revista Forense*[1] e em outras revistas especializadas. Por sua vez, a magistratura, por intermédio dos juízes que vivem mais diretamente em contato com o problema, tem se manifestado, defendendo o instituto desde meados do século passado, na voz do Ministro CUNHA VASCONCELOS, em substanciosa e erudita conferência pronunciada no Instituto dos Advogados Brasileiros e no prefácio da 1ª edição do nosso livro, que via no mandado, o instrumento eficiente de combate à preguiça e ao "mandonismo" das autoridades públicas. E poderíamos acrescentar, hoje, o combate à corrupção e à ineficiência de alguns agentes do Poder Público num sistema de excessiva burocracia. Escreveu o então Presidente do Tribunal Federal de Recursos (TFR):

> "(...) A autoridade prepotente não se conforma com o controle judiciário. E é pela via do mandado que se exerce o imediatismo desse controle. As vias ordinárias assegurarão as reparações patrimoniais, é certo, mas passados anos. Durante todos esses anos, entretanto, terá subsistido a arbitrariedade. A vaidade do seu autor não terá sofrido o impacto do direito, que é o que para ele importa, pois que, ao vir da reparação, já não terá ela sentido 'atual' algum. Demais, o processo do mandado obedece a um desenvolvimento rápido. Fazem-se necessários vigilância e cuidados especiais. A percepção da situação jurídica exige lentes de boa marca, como os instantâneos fotográficos. E tudo isso só não é incômodo, aborrecido e estafante para o titular do

---

[1] "O mandado de segurança. Discurso", *Revista Forense*, Rio de Janeiro, v. 151, p. 531-549, jan./fev. 1954.

MANDADO DE SEGURANÇA NA PRÁTICA JUDICIÁRIA – *Arnoldo Wald*

direito postulado, a vítima, precisamente o que, pelo mandado de segurança, o Direito não quer que exista, ou melhor, que subsista."

Pouco nos resta dizer. Apenas queríamos ponderar que a condenação do mandado de segurança só pode ser feita numa crítica construtiva, não ao instituto, eficaz e moralizador, mas ao ambiente em que vivemos.

Já dele disse, há 70 anos, o Des. OLIVEIRA E SILVA que:

> "Medicina utilizada, em nossos dias, com uma abundância excessiva e, às vezes, sem propósito, pelos que desconhecem a natureza e evolução perante a doutrina e a jurisprudência, convém orientar os interessados na matéria.[2]"
>
> "Desvirtuando-se a sua finalidade de remédio heroico, de rito rápido, serve para tudo o mandado de segurança...
>
> Para se verificar como se tem vulgarizado o remédio heroico, multiplicam-se os de pedidos de correção de notas de exame, em nossos institutos oficiais, a pretexto da severidade da banca respectiva na sua distribuição... Procura-se, esdruxulamente, deslocar para o âmbito da Justiça, o critério com que os examinadores deverão aprovar ou reprovar o aluno medíocre."[3]

Já tivemos o ensejo de dizer que se comparou, e não sem razão, o mandado de segurança à penicilina. Grandes remédios para grandes males; remédios cuja excessiva generalização pode chegar a ser perigosa. Mas a culpa não é *do remédio*. Poderá ser dos médicos que o receitem sem fazer um diagnóstico completo e consciencioso e, sobretudo, dos doentes autodidatas que dele se servem imoderadamente...

A culpa não é do mandado de segurança. É primordialmente das nossas leis, feitas sem técnica, de modo confuso e contraditório, com uma imprecisão terminológica assustadora. É, ainda, de alguns de nossos administradores, que olvidaram as transformações sofridas pela nossa vida política, continuando com ideias pertinentes ao clima da ditadura, administradores que defendem mais seu amor próprio do que os interesses do Estado, revoltando-se contra as determinações do Judiciário e cultivando um caciquismo decadente. Esses administradores retardam as informações que deviam ser prestadas ao magistrado, esquecendo que prejudicam, assim, o serviço público, e tentando fugir, de qualquer maneira, às ordens judiciais, a fim de impor à Justiça o ponto de vista da Administração.

---

[2] SILVA, Francisco de Oliveira e, "Aspectos legais do mandado de segurança", *Revista do Serviço Público,* Rio de Janeiro, jul. 1950, p. 11.

[3] SILVA, Francisco de Oliveira e, "Uso e abuso no Mandado de Segurança", *Revista da Procuradoria Geral do Distrito Federal,* v. 3, p. 133, 1956.

O choque entre a Justiça e a Administração a que temos assistido, por diversas vezes, reflete um aspecto do panorama da crise brasileira, no qual "o direito assume, nesse conflito entre um critério ético e um critério puramente pragmático, o papel de força reacionária, de elemento resistente, que os órgãos de governo estimariam contornar para poderem promover por meios mais imediatos e diretos o que lhes parece ser o bem comum"[4].

O clima assim criado é de *desconfiança* entre os poderes em vez de coordenação e harmonia.

A solução está no estudo mais aprimorado da técnica legislativa e na formação de novos administradores, imbuídos dos princípios do direito administrativo e apegados à defesa dos direitos individuais, que, abandonando uma tradição de "mandonismo e preguiça", de prepotência e de vaidade, aceitem galhardamente o controle judicial, esclarecendo, nos prazos legais, os magistrados a respeito dos atos que praticaram. O juiz então deixará de se sentir o único defensor do homem contra os tentáculos onipotentes da Administração Pública. O mandado de segurança continuará a sua evolução sem sofrer deturpações e será aplicado com menor frequência por haver menos abusos e ilegalidades por parte da Administração Pública e leis mais claras, evitando-se assim os conflitos ostensivos ou latentes entre a Constituição e as leis ordinárias.

Mais fácil seria extinguir ou restringir o âmbito do mandado de segurança do que transformar nas suas bases o nosso clima psicológico e político. Mas o valor do mandado de segurança consiste justamente em apontar as falhas existentes no sistema administrativo, para que possam ser corrigidas. A jurisprudência do mandado de segurança, nos últimos oitenta anos, revela-nos todo o problema da administração brasileira nos diversos campos das suas relações com os funcionários, com os contribuintes, com os fornecedores do Governo e com os próprios governantes.

Não nos revoltemos contra o mandado como indicador das nossas dificuldades. Mantenhamos o instituto na sua pureza, como garantia inteiriça do nosso liberalismo e da nossa democracia, e procuremos aproveitar a grande lição de senso de responsabilidade e de civismo que ele nos dá diariamente, fazendo com que os administradores saibam que os seus atos podem ficar imediatamente sujeitos ao controle judicial, assegurando-se assim o primado do Direito, numa sociedade que deve ser dominada não pela prepotência dos governantes e dos *"Donos do Poder"*, mas pela *ordem jurídica*.

Com efeito, o mandado de segurança continua sua trajetória de mecanismo hábil para a defesa de direitos individuais ou coletivos, a ser utilizado contra atos

---

[4]   DANTAS, San Tiago. *A Educação Jurídica e a Crise Brasileira*. São Paulo: Revista dos Tribunais, 1955, p. 13.

eivados de ilegalidade ou abusivos, praticados pela Administração Pública ou por seus delegados.

Felizmente, manteve-se até os dias atuais a mesma configuração de instituto de proteção de direito líquido e certo violado por ato de autoridade pública; a ampliação desejada para abarcar atos de particulares não prosperou, em benefício da estrutura do mandado de segurança e da própria sociedade, que continuou a ser protegida com instrumento eficaz contra as arbitrariedades do poder. Para os desmandos dos particulares, a legislação confere instrumentos eficazes, sem necessidades de desvirtuar-se o uso do *writ*.

Não se desnaturou ao longo dos anos o arcabouço traçado pelos textos constitucionais, ampliando-se seu campo de atuação para a proteção dos direitos coletivos com a Constituição de 1988 e a Lei nº 12.016, de 07.08.2009.

As alterações na legislação processual mantiveram a estrutura do instituto, inserido no texto constitucional como *garantia do indivíduo*, seja isoladamente considerado, seja coletivamente agrupado em entidades sociais ou políticas.

Muito embora sedimentada a jurisprudência em vários aspectos, remanescia a controvérsia sobre o seu uso e abrangência contra o ato judicial, bem como em relação à legitimação de pessoas jurídicas de direito público para figurar no polo ativo da impetração, que foi resolvida pela Súmula 511 do STF, que consagra essa possibilidade[5].

A jurisprudência do STF e a Lei de 2009 solucionaram esses problemas de modo definitivo.

Com a nova legislação, houve a publicação de numerosas excelentes monografias sobre a matéria[6], que enriqueceram a nossa bibliografia e aumentaram a segurança jurídica da qual tanto necessitamos[7].

---

[5] Súmula 511 do STF *"Compete à Justiça Federal, em ambas as instâncias, processar e julgar as causas entre autarquias federais e entidades públicas locais, inclusive mandados de segurança, ressalvada a ação fiscal, nos termos da Constituição Federal de 1967, art. 119, § 3º"*.

[6] BARBI, Celso Agrícola. *Do mandado de segurança.* 12. ed. Rio de Janeiro: Forense, 2009; BONOMO JÚNIOR, Aylton; ZANETI JÚNIOR, Hermes. *Mandado de segurança individual e coletivo.* Salvador: JusPodivm, 2019; CÂMARA, Alexandre Freitas. *Manual do mandado de segurança.* 2. ed. São Paulo: Atlas, 2014; FIGUEIREDO, Lúcia Valle. *Mandado de segurança.* 6. ed. São Paulo: Malheiros, 2009; FUX, Luiz. *Mandado de segurança.* 2. ed. Rio de Janeiro: Forense, 2019; MEIRELLES, Hely Lopes; WALD, Arnoldo; MENDES, Gilmar Ferreira. *Mandado de segurança e ações constitucionais.* 38. ed. São Paulo: Malheiros, 2019; SCARPINELLA BUENO, Cassio. *A nova lei do mandado de segurança:* comentários sistemáticos à Lei n. 12.016, de 7-8-2009. São Paulo: Saraiva, 2009; THEODORO JÚNIOR, Humberto. *Lei do mandado de segurança comentada:* artigo por artigo. Rio de Janeiro: Forense, 2014, entre outros.

[7] COÊLHO, Marcus Vinicius Furtado. *Garantias constitucionais e segurança jurídica.* Belo Horizonte: Fórum, 2015. Com apresentação de Arnoldo Wald, p. 17.

Em que pese a existência de alguns aspectos controvertidos, inegavelmente, o mandado de segurança continua a exercer seu papel de instrumento eficiente a ser manejado contra os abusos da Administração Pública, que, por perfil constitucional, só pode agir dentro dos parâmetros traçados pela lei, observadas a eficiência e a moralidade, a razoabilidade e a proporcionalidade, a publicidade e a impessoalidade.

APÊNDICES

I – Projetos e Legislação
II – Súmulas do STF e do STJ

I – PROJETOS E LEGISLAÇÃO

Sumário: 1 – Lei nº 221, de 20 de novembro de 1894 – **2** – Constituição de 16 de julho de 1934 – **3** – Lei nº 191, de 16 de janeiro de 1936 – **4** – Código de Processo Civil de 1939 – **5** – Constituição, de 18 de setembro de 1946 – **6** – Lei nº 1.533, de 31 de dezembro de 1951 – **7** – Lei nº 2.410, de 29 de janeiro de 1955 – **8** – Lei nº 2.770, de 4 de maio de 1956 – **9** – Lei nº 4.166, de 4 de dezembro de 1962 – **10** – Lei nº 4.348, de 26 de junho de 1964 – **11** – Lei nº 4.357, de 16 de julho de 1964 – **12** – Lei nº 4.862, de 29 de novembro de 1965 – **13** – Lei nº 5.021, de 9 de junho de 1966 – **14** – Constituição de 1967 – **15** – Constituição de 1967 com a Emenda nº 1/69 – **16** – Emenda Constitucional nº 7/1977 – **17** – Lei nº 6.014, de 27 de dezembro de 1973 – **18** – Lei nº 6.071, de 3 de julho de 1974 – **19** – Constituição de 1988 – **20** – Lei nº 8.076, de 23 de agosto de 1990 – **21** – Exposição de motivos do projeto de lei, encaminhado em 2001, para disciplinar o mandado de segurança individual e coletivo – **22** – Parecer da Câmara dos Deputados ao Projeto de Lei nº 5.067, de 2001, que disciplina o mandado de segurança individual e coletivo – **23** – Parecer do Senado Federal ao Projeto de Lei nº 5.067, de 2001, que disciplina o mandado de segurança individual e coletivo – **24** – Lei nº 12.016, de 7 de agosto de 2009 – **25** – Quadro comparativo entre a Lei nº 12.016/2009 e a legislação anterior – **26** – Regimento interno do Supremo Tribunal Federal – **27** – Regimento interno do Superior Tribunal de Justiça..

1 – LEI Nº 221, DE 20 DE NOVEMBRO DE 1894

"Completa a organização da Justiça Federal da República".

Art. 13. Os juízes e tribunais federais processarão e julgarão as causas que se fundarem na lesão de direitos individuais por atos ou decisão das autoridades administrativas da União..

(...)

§ 3º A petição inicial conterá, além dos nomes das partes, a exposição circunstanciada dos fatos e as indicações das normas legais ou princípios jurídicos de onde o autor conclua que seu direito subjetivo foi violado por ato, medida ou decisão da autoridade administrativa. (Suprimido pelo Decreto nº 1.939, de 1908)

224 MANDADO DE SEGURANÇA NA PRÁTICA JUDICIÁRIA – *Arnoldo Wald*

(...)

§ 9º Verificando a autoridade judiciária que o ato ou resolução em questão é ilegal, o anulará no todo ou em parte, para o fim de assegurar o direito do autor.

a) Consideram-se ilegais os atos ou decisões administrativas em razão da não aplicação ou indevida aplicação do direito vigente. A autoridade judiciária fundar-se-á em razões jurídicas, abstendo-se de apreciar o merecimento dos atos administrativos, sob o ponto de vista de sua conveniência ou oportunidade;

b) A medida administrativa tomada em virtude de uma faculdade ou poder discricionário somente será havida por ilegal em razão da incompetência da autoridade respectiva ou do excesso de poder;

(...)

§ 10. Os juízes e tribunais apreciarão a validade das leis e regulamentos e deixarão de aplicar aos casos ocorrentes as leis manifestamente inconstitucionais e os regulamentos manifestamente incompatíveis com as leis ou com a Constituição.

(...)

§ 12. A violação do julgado por parte da autoridade administrativa implicará responsabilidade civil e criminal.

(...)

§ 14. A Fazenda Nacional terá direito regressivo contra o funcionário público para haver as custas que pagar.

(...)

§ 16. As disposições da presente lei não alteram o direito vigente quanto:

a) ao "habeas corpus";

b) às ações possessórias;

c) às causas fiscais.

(...)

Art. 16. Fica pertencendo ao juiz seccional do DF a competência conferida pelo art. 5º, § 3º, da Lei nº 3.129, de 14.10.1882, ao Juízo Comercial do mesmo distrito para o processo e julgamento das nulidades de patente de invenção, ou certidão de melhoramento, passadas pelo Governo Federal.

2 – CONSTITUIÇÃO DE 16 DE JULHO DE 1934

Art. 113. A Constituição assegura a brasileiros e a estrangeiros residentes no país a inviolabilidade dos direitos concernentes à liberdade, à subsistência, à segurança individual e à propriedade, nos termos seguintes:

33) Dar-se-á mandado de segurança para defesa de direito, certo e incontestável, ameaçado ou violado por ato manifestamente inconstitucional ou ilegal de qualquer autoridade. O processo será o mesmo do *habeas corpus*, devendo ser sempre ouvida a pessoa de direito público interessada. O mandado não prejudica as ações petitórias competentes.

3 – LEI Nº 191, DE 16 DE JANEIRO DE 1936

"Regula o processo do mandado de segurança."

O Presidente da República dos Estados Unidos do Brasil:

Faço saber que o Poder Legislativo decreta e eu sanciono a seguinte lei:

Art. 1º Dar-se-á mandado de segurança para defesa de direito certo e incontestável, ameaçado, ou violado, por ato manifestamente inconstitucional, ou ilegal, de qualquer autoridade.

Parágrafo único. Consideram-se atos de autoridade os das entidades autárquicas, em virtude de delegação de contrato exclusivo, ainda quando transgridam o mesmo contrato.

Art. 2º O mandado não prejudica as ações petitórias competentes.

§ 1º A decisão do mandado de segurança não impede que a parte reitere a defesa de seu direito por ação competente, nem que por esta pleiteie efeitos patrimoniais não obtidos.

§ 2º Poderá renovar-se o pedido do mandado somente quando a decisão denegatória lhe não houver apreciado o merecimento.

§ 3º Cabe o mandado de segurança contra quem executar, mandar ou tentar executar o ato que o tenha provocado.

Art. 3º O direito de requerer mandado de segurança extingue-se depois de 120 dias contados da ciência do ato impugnado.

Art. 4º Não se dará mandado de segurança quando se tratar:

I – de liberdade de locomoção exclusivamente;

II – de ato de que caiba recurso administrativo, com efeito suspensivo, independente de caução, fiança ou depósito;

III – de questão puramente política;

IV – de ato disciplinar.

Art. 5º Compete processar e julgar originariamente o pedido de mandado de segurança:

I – nos casos de competência da Justiça Federal:

a) contra atos do Presidente da República, de Ministro de Estado ou de seu presidente – à Corte Suprema;

b) contra atos de quaisquer outras autoridades, institutos ou empresas que dirijam ou explorem serviços criados e mantidos ou delegados pela União aos tribunais ou juízes federais de primeira instância;

c) contra ato de juiz ou tribunal federal, ou do seu presidente ao mesmo juiz ou ao tribunal pleno;

II – nos casos de competência da Justiça Eleitoral, aos tribunais e juízes designados nas leis de sua organização.

III – nos casos de competência da Justiça local:

a) contra atos das autoridades determinadas na lei de organização judiciária – à Corte de Apelação. Quando o ato impugnado for da Corte de Apelação, de algumas de suas Câmaras, ou de seu presidente, ou de outro juiz, será competente o tribunal que a lei de organização judiciária determinar;

b) nos demais – ao juiz competente do cível.

Parágrafo único. No Distrito Federal e no Território do Acre, será competente a própria Corte plena, nos casos mencionados na parte final do nº III, *a*).

Art. 6º Só o titular de direito certo e incontestável, ameaçado ou violado, poderá, por pessoa habilitada na forma do Decreto número 20.784, de 14 de novembro de 1931, com as modificações ulteriores, requerer mandado de segurança.

§ 1º Sempre que o direito ameaçado ou violado seja certo e incontestável, mas não se tenha individualizado o titular respectivo, cabendo, indeterminadamente, a uma ou mais dentre determinadas pessoas, qualquer destas poderá votar mandado de segurança para que o mesmo direito seja garantido a alguma delas.

§ 2º Quem tiver o seu direito certo e incontestável, ameaçado ou violado, em consequência de ameaça ou violação feita a direito igualmente certo e incontestável de terceiro, poderá notificar, oportunamente, esse mesmo terceiro para que impetre mandado de segurança, a fim de salvaguardar o seu direito, sob pena de responder pela plena indenização das perdas e danos decorrentes da omissão.

Art. 7º A petição inicial, em três vias, conterá:

a) o nome, o estado civil, a profissão e o domicílio do impetrante;

b) exposição circunstanciada do fato;

c) demonstração de ser o direito alegado certo e incontestável;

d) indicação precisa, inclusive pelo nome, sempre que possível, da autoridade a quem se atribua o ato impugnado;

e) referência expressa, ao texto constitucional ou legal em que se funde o direito ameaçado ou violado por aquele ato;

f) o pedido de garantia ou de restauração do direito.

§ 1º Dever-se-á instruir a petição, quando necessário, com documentos probatórios de direito alegado e da sua ameaça ou violação. À segunda e à terceira vias de petição inicial juntará o requerente cópias autenticadas de todos os documentos.

§ 2º Se o requerente afirmar que o documento, necessário à prova de suas alegações, se acha em repartição pública, ou em poder de autoridade, que lhe não dê a certidão respectiva, o juiz requisitará, por ofício, a sua exibição, em original ou em cópia autenticada, no prazo, que fixar, de 3 a 8 dias úteis. Se a autoridade, indicada pelo requerente, for a coatora, a requisição se fará no mesmo ofício em que se lhe pedirem informações; se se tratar de outra autoridade, a requisição lhe será dirigida preliminarmente, aguardando-se a decisão do incidente para se pedirem informações nos termos do art. 8º, § 1º.

APÊNDICES · I – PROJETOS E LEGISLAÇÃO | 227

§ 3º Nos casos do parágrafo precedente, se a autoridade não atender à requisição, poderá o impetrante, nos três dias subsequentes à terminação do prazo fixado, requerer, nos mesmos autos, justificação, por testemunhas, do alegado, com citação do Ministério Público e dos representantes da pessoa jurídica de direito público interessada, e da pessoa ou entidade a que atribua o ato impugnado. A justificação não inclui outras diligências que o juiz possa determinar, nem elide a responsabilidade da autoridade a que se fizera a requisição.

§ 4º Sempre que a autoridade enviar cópia do documento, ou for por ela extraída em juízo, o impetrante pagará os emolumentos que seriam devidos pela certidão.

Art. 8º A inicial será, desde logo, indeferida quando não for caso de mandado de segurança ou lhe faltar algum dos requisitos desta lei.

§ 1º Conhecendo do pedido, o juiz imediatamente:

a) mandará citar o coator, por oficial do juízo, ou por precatória, a fim de lhe ser entregue a segunda via da petição inicial, com a respectiva cópia dos documentos;

b) encaminhará, por ofício, em mão do oficial do juízo ou pelo correio, sob registro, ao representante judicial, ou, na falta, ao representante legal de pessoa jurídica de direito público interno, interessada no caso, a terceira via da petição inicial com a respectiva cópia dos documentos.

§ 2º Se se tiver juntado aos autos documentos requisitados na forma do artigo 7º, § 2º, ou prestado a justificação autorizada pelo art. 7º, § 3º, serão anexadas à segunda e à terceira vias da petição inicial cópias extraídas pelo escrivão, dessas mesmas peças.

§ 3º Na contrafé de citação, a que se refere a letra *a* do § 1º, assim como no ofício de que trata a letra *b* do mesmo parágrafo, será fixado o prazo de dez dias úteis, que correrá em cartório, depois de juntar-se aos autos a contrafé e o recibo do ofício, para apresentação da defesa e das informações reclamadas.

§ 4º Quando o destinatário do ofício recusar recebê-lo, ou dar-lhe recibo, o oficial do juízo, que tenha sido portador do mesmo ofício, ou o funcionário postal competente, certificará o ocorrido; e a certidão será junta aos autos para os efeitos do parágrafo precedente.

§ 5º Logo que expedir o ofício de que trata o § 1º, *b*, o escrivão juntará aos autos cópia autenticada do mesmo.

§ 6º Findo o prazo do § 3º, o escrivão fará os autos conclusos, com as alegações e informações recebidas ou sem elas.

§ 7º Se, pelas informações, o juiz verificar que o ato foi ou vai ser praticado por ordem de autoridade que, pela sua hierarquia, esteja sujeita a outra jurisdição, mandará remeter o processo ao juiz do tribunal competente.

228 | MANDADO DE SEGURANÇA NA PRÁTICA JUDICIÁRIA – *Arnoldo Wald*

§ 8º O juiz proferirá o julgamento dentro em cinco dias depois que receber os autos.

§ 9º Quando se evidenciar, desde logo, a relevância do fundamento do pedido, e decorrendo do ato impugnado lesão grave irreparável do direito do impetrante, poderá o juiz, a requerimento do mesmo impetrante, mandar, preliminarmente, sobrestar ou suspender o ato aludido.

Art. 9º Serão representados:

a) a União, na Corte Suprema, pelo Procurador-Geral da República; na Justiça Eleitoral e na Justiça Militar, pelos órgãos do Ministério Público respectivo; nos demais juízos ou tribunais, pelo Procurador Seccional que for designado – na Justiça Federal, pelo juiz do feito, e nas Justiças locais, pelo Procurador da República;

b) os Estados e os Municípios, em primeira e em segunda instância, na conformidade das leis respectivas;

c) o Distrito Federal, em qualquer instância, por seus procuradores, na forma da legislação em vigor.

Art. 10. Julgando procedente o pedido, o juiz:

a) transmitirá, em ofício, por mão do oficial do juízo, ou pelo Correio, sob registro, o inteiro teor da sentença ao representante legal da pessoa jurídica de Direito interno, interessada, e no caso do art. 1º, parágrafo único, também ao representante legal da pessoa, que praticou o ato impugnado;

b) fará expedir, incontinenti, como título executório em favor de quem o impetrou, o mandado de segurança, determinando as providências especificadas na sentença contra a ameaça ou a violência.

Parágrafo único. Recebendo a cópia da sentença, o representante da pessoa jurídica de direito público, sob pena de responsabilidade, ou, em caso do art. 1º, parágrafo único, o representante da pessoa que praticou o ato impugnado, sob pena de desobediência, dará imediatamente as providências necessárias para cumprir a decisão judicial.

Art. 11. Cabe recurso, dentro de cinco dias, contados da intimação, de decisão que indeferir *in limine* o pedido ou que afinal conceder ou denegar o mandado. O recurso não terá efeito suspensivo subindo, porém, nos próprios autos originários.

§ 1º O recurso poderá ser interposto pelo impetrante, pela pessoa jurídica de direito público interno interessada, ou pelo coator.

§ 2º Para a Corte Suprema caberá o recurso ordinário nos casos do art. 76, nº 2, II, *a, b,* e recurso extraordinário nos do mesmo artigo nº 2, III.

Art. 12. O recorrente e o recorrido terão sucessivamente, por três dias cada um, vista dos autos, a fim de oferecerem alegações e documentos.

§ 1º Conclusos os autos, em seguida, ao juiz, em quarenta e oito horas, manterá ele, ou não, a decisão recorrida, mandando que, num ou noutro caso, subam os autos à instância superior, sem mais alegações.

§ 2º Recebidos os autos na instância superior, serão preparados, dentro de cinco dias úteis, sob pena de deserção, e, imediatamente, distribuídos e conclusos ao relator designado. Este os apresentará em mesa, na primeira sessão subsequente, procedendo-se ao julgamento.

§ 3º Quando a decisão da instância superior conceder o mandado, ou confirmar o de que for suspensa a execução, proceder-se-á na conformidade do art. 10; quando o cassar, logo se fará a comunicação a que se refere o mesmo artigo, expedindo-se contramandado para intimação do impetrante e do coator; quando confirmar a concessão do mandado, já expedido, far-se-á apenas a comunicação nos termos já aludidos.

§ 4º Ressalvado o recurso extraordinário, quando cabível, à decisão do recurso somente se poderão opor embargos de declaração.

Art. 13. Nos casos do art. 8º, § 9º, e art. 10, poderá o Presidente da Corte Suprema, quando se tratar de decisão da Justiça Federal, ou o da Corte de Apelação, quando se tratar de decisão da Justiça local, a requerimento do representante da pessoa jurídica de direito público interno interessada, para evitar lesão grave à ordem, à saúde, ou à segurança pública, manter a execução do ato impugnado até ao julgamento do feito, em primeira ou em segunda instância.

Art. 14. Nos casos de competência originária da Corte Suprema ou da Corte de Apelação, caberá ao relator designado a instrução do processo, procedendo-se ao julgamento em Corte Plena.

Art. 15. Em caso de urgência, o pedido de mandado de segurança, com os requisitos desta lei, poderá transmitir-se por telegrama ou radiograma, bem assim as comunicações, mandados e quaisquer determinações de juiz ou Corte.

§ 1º Os originais serão sempre apresentados à agência expedidora com as firmas reconhecidas por tabelião da localidade e, esta circunstância, declarada no despacho.

§ 2º Quando o mandado for transmitido por telegrama ao juiz competente da localidade, este fará autuar o telegrama e expedir outro mandado, em que transcreverá o teor daquele, a fim de ser cumprido por oficiais do Juízo.

§ 3º Quando requerido por telegrama o mandado, caberá ao escrivão do feito extrair cópias do mesmo telegrama para os fins do art. 8º, § 1º, *a* e *b*.

Art. 16. O processo do mandado de segurança prefere a qualquer outro, salvo o *habeas corpus*; pode iniciar-se e correr em férias, e admite a intervenção de terceiro como assistente de qualquer das partes.

Art. 17. Os prazos ou termos estabelecidos nesta lei são contínuos e improrrogáveis e a transgressão ou inobservância de qualquer deles, além das cominações estabelecidas nas leis de processo acarretará, para o juiz, escrivão e representantes do Ministério Público, a pena de suspensão de suas funções até sessenta dias.

230 | MANDADO DE SEGURANÇA NA PRÁTICA JUDICIÁRIA – *Arnoldo Wald*

Parágrafo único. Os prazos para apresentação de documentos (art. 7º, § 2º) ou para prestação de informação (art. 8º, § 3º) poderão ser ampliados pelo juiz, até o triplo, atendendo a dificuldade, ou demora, notória de comunicações ou a outras circunstâncias especiais que reconheça.

Art. 18. Esta lei será comunicada por telegrama aos Governadores e Interventores dos Estados, a fim de ser imediatamente publicada em todo o País.

Art. 19. Revogam-se as disposições em contrário.

4 – CÓDIGO DE PROCESSO CIVIL DE 1939

"Art. 319. Dar-se-á mandado de segurança para defesa e direito certo e incontestável, ameaçado ou violado por ato manifestamente inconstitucional, ou ilegal, de qualquer autoridade, salvo do Presidente da República, dos Ministros de Estado, Governadores e interventores.

§ 1º Quando o direito ameaçado ou violado couber a uma categoria de pessoas indeterminadas, qualquer delas poderá requerer mandado de segurança.

§ 2º Também se consideram atos de autoridade os de estabelecimentos públicos e da pessoas naturais ou jurídicas, no desempenho de serviços públicos, em virtude de delegação ou contrato exclusivo, ainda quando transgridam o contrato ou exorbitem da delegação.

§ 3º Caberá o mandado de segurança contra quem executar, mandar ou tentar executar o ato lesivo.

Art. 320. Não se dará mandado de segurança, quando se tratar:

I – de liberdade de locomoção, exclusivamente;

II – de ato de que caiba recurso administrativo com efeito suspensivo, independentemente de caução;

III – de ato disciplinar;

IV – de impostos ou taxas, salvo se a lei, para assegurar a cobrança, estabelecer providências restritivas da atividade profissional do contribuinte.

Art. 321. A petição inicial, em três (3) vias, preencherá os requisitos dos arts. 158 e 159, e conterá a indicação precisa, inclusive pelo nome, sempre que possível, da autoridade a quem se atribua o ato impugnado.

§ 1º A 2ª e a 3ª vias da petição inicial serão instruídas com cópias de todos os documentos, autenticadas pelo requerente e conferidas pelo escrivão ou pelo secretário do Tribunal. A 2ª via destinar-se-á à formação de autos suplementares (art. 14)

§ 2º Si o requerente afirmar que documento necessário à prova de suas alegações se acha em repartição ou estabelecimento público, ou em poder de autoridade que lhe recuse certidão, o juiz requisitará, preliminarmente, por oficio, a exibição do documento, em original, ou em cópia autenticada, no prazo que fixar, de três (3) a oito (8) dias úteis; si a autoridade indicada pelo requerente for a coatora, a requisição se fará no próprio instrumento da notificação (art. 322, nº I).

APÊNDICES · I – PROJETOS E LEGISLAÇÃO | 231

O escrivão extrairá cópias do documento para juntar, no primeiro caso, à 2ª e à 3ª vias da iniciai; no segundo caso, apenas à via.

Art. 322. Despachando a petição inicial, o juiz mandará:

I – notificar o coator, mediante oficio entregue por oficial de justiça e acompanhado da 3ª via da petição inicial, instruída com as cópias dos documentos, afim de prestar informações no prazo de dez (10) dias;

II – citar o representante judicial, ou, à falta, o representante legal da pessoa jurídica de direito público interessada na ação.

§ 1º Quando a pessoa do coator se confundir com a do representante judicial, ou legal da pessoa jurídica de direito público interessada na causa, a notificação, feita na forma do n. I deste artigo, produzirá também os efeitos da citação.

§ 2º O prazo para a contestação será de dez (10) dias.

Art. 323. Nos casos do n. I e do § 1º do artigo anterior, feita a notificação, o escrivão ou o secretário do Tribunal juntará aos autos cópia autenticada do ofício e prova da entrega ao destinatário, ou da recusa deste em recebê-lo, ou dar recibo.

Art. 324. Findo o prazo para as informações e para a contestação, os autos serão conclusos ao juiz, que decidirá em cinco (5) dias.

§ 1º Si o juiz verificar que o ato foi ou vai ser praticado por ordem de autoridade não subordinada à sua jurisdição, mandará remeter o processo ao juiz ou Tribunal competente.

§ 2º Quando se evidenciar a relevância do fundamento do pedido e puder do ato impugnado resultar lesão grave ou irreparável ao direito do requerente, o juiz mandará desde logo suspender o ato.

Art. 325. Julgando procedente o pedido, o juiz:

I – transmitirá, em ofício, por mão do oficial do juízo ou pelo correio, mediante registo, com recibo de volta, o inteiro teor da sentença ao representante legal da pessoa jurídica de direito público interessada e, no caso do art. 319, § 2º, também ao representante legal da pessoa que tiver praticado o ato impugnado;

II – mandará expedir, imediatamente, como título executório, o mandado de segurança, e determinará as providências, especificadas na sentença, contra a ameaça ou a violação.

Art. 326. Em caso de urgência, o pedido de mandado de segurança, as comunicações e quaisquer ordens do juiz ou Tribunal poderão transmitir-se por telegrama ou radiograma.

Os originais, com as firmas reconhecidas serão apresentados à agência expedidora, devendo constar do despacho o cumprimento daquela exigência.

§ 1º Requerido o mandado de segurança por telegrama ou radiograma, o escrivão, ou o secretário do Tribunal, extrairá cópias para os efeitos do art. 321, § 2º e do art. 322, nº I.

232 | MANDADO DE SEGURANÇA NA PRÁTICA JUDICIÁRIA – *Arnoldo Wald*

§ 2º Quando a decisão for comunicada por telegrama ou radiograma aos interessados, o juiz mandará confirmá-la na forma do artigo 325, nº I.

Art. 327. Recebendo a cópia da sentença, o representante da pessoa jurídica de direito público, sob pena de responsabilidade, ou, no caso do art. 319, § 2º, o representante legal da pessoa que houver praticado o ato impugnado, providenciará imediatamente, sob pena de desobediência, para o cumprimento da decisão judicial.

Art. 328. A requerimento do representante da pessoa jurídica de direito público interessada e para evitar lesão grave à ordem, à saúde ou à segurança pública, poderá o presidente do Supremo Tribunal Federal ou do Tribunal de Apelação, conforme a competência, autorizar a execução do ato impugnado.

Art. 329. A decisão do mandado de segurança não impedirá que o requerente, por ação própria, pleiteie o seu direito e os respectivos efeitos patrimoniais.

Art. 330. Poderá renovar-se o pedido do mandado, quando a decisão denegatória não lhe houver apreciado o mérito.

Art. 331. O direito de requerer mandado de segurança extinguir-se-á depois de cento e vinte (120) dias contados da ciência do ato impugnado."

5 – CONSTITUIÇÃO, DE 18 DE SETEMBRO DE 1946

Art. 141. A Constituição assegura aos brasileiros e aos estrangeiros residentes no país a inviolabilidade dos direitos concernentes à vida, à liberdade, à segurança individual e à propriedade, nos termos seguintes:

(...)

§ 24. Para proteger direito líquido e certo não amparado por *habeas corpus*, conceder-se-á mandado de segurança seja qual for a autoridade responsável pela ilegalidade ou abuso de poder.

6 – LEI Nº 1.533, DE 31 DE DEZEMBRO DE 1951[1]

> "Altera disposições do Código de Processo Civil, relativas ao mandado de segurança."

O Presidente da República: Faço saber que o Congresso Nacional decreta e eu sanciono a seguinte lei:

Art. 1º Conceder-se-á mandado de segurança para proteger direito líquido e certo, não amparado por *habeas corpus*, sempre que, ilegalmente ou com abuso do poder, alguém sofrer violação ou houver justo receio de sofrê-la por parte de autoridade, seja de que categoria for e sejam quais forem as funções que exerça.

---

[1]   Revogada pela Lei nº 12.016/2009.

APÊNDICES · I – PROJETOS E LEGISLAÇÃO | 233

§ 1º Consideram-se autoridades para efeitos desta lei os administradores ou representantes das entidades autárquicas e das pessoas naturais ou jurídicas com função delegada do Poder Público, somente no que entende com essas funções.

§ 2º Quando o direito ameaçado ou violado couber a várias pessoas, qualquer delas poderá requerer o mandado de segurança.

Art. 2º Considerar-se-á federal a autoridade coatora se as consequências de ordem patrimonial do ato contra o qual se requer o mandado houverem de ser suportadas pela União Federal ou pelas entidades autárquicas federais.

Art. 3º O titular de direito líquido e certo decorrente de direito, em condições idênticas, de terceiro, poderá impetrar mandado de segurança a favor do direito originário, se o seu titular não o fizer, em prazo razoável, apesar de para isso notificado judicialmente.

Art. 4º Em caso de urgência, é permitido, observados os requisitos desta lei, impetrar o mandado de segurança por telegrama ou radiograma ao juiz competente, que poderá determinar seja feita pela mesma forma a notificação à autoridade coatora.

Art. 5º Não se dará mandado de segurança quando se tratar:

I – de ato de que caiba recurso administrativo com efeito suspensivo, independente de caução;

II – de despacho ou decisão judicial, quando haja recurso previsto nas leis processuais ou possa ser modificado por via de correição;

III – de ato disciplinar, salvo quando praticado por autoridade incompetente ou com inobservância de formalidade essencial.

Art. 6º A petição inicial, que deverá preencher os requisitos dos arts. 158 e 159 do Código de Processo Civil, será apresentada em duas vias e os documentos, que instruíram a primeira, deverão ser reproduzidos, por cópias, na segunda.

Parágrafo único. No caso em que o documento necessário à prova do alegado se ache em repartição ou estabelecimento público, ou em poder de autoridade que recuse fornecê-lo por certidão, o juiz ordenará, preliminarmente, por ofício, a exibição desse documento em original ou em cópia autêntica e marcará para cumprimento da ordem o prazo de cinco dias. Se a autoridade que tiver procedido dessa maneira for a própria coatora, a ordem far-se-á no próprio instrumento da notificação. O escrivão extrairá cópias do documento para juntá-las à segunda via da petição.

Art. 7º Ao despachar a inicial, o juiz ordenará:

I – que se notifique o coator do conteúdo da petição, entregando-se-lhe a segunda via apresentada pelo requerente com as cópias dos documentos, a fim de que, no prazo de cinco dias, preste as informações que achar necessárias;

234 | MANDADO DE SEGURANÇA NA PRÁTICA JUDICIÁRIA – *Arnoldo Wald*

II – que se suspenda o ato que deu motivo ao pedido quando for relevante o fundamento e do ato impugnado puder resultar a ineficácia da medida, caso seja deferida.

Art. 8º A inicial será, desde logo, indeferida quando não for caso de mandado de segurança ou lhe faltar algum dos requisitos desta lei.

Parágrafo único. Do despacho de indeferimento caberá o recurso previsto no art. 12.

Art. 9º Feita a notificação, o serventuário em cujo cartório corra o feito juntará aos autos cópia autêntica do ofício endereçado ao coator, bem como a prova da entrega a este ou da sua recusa em aceitá-lo ou dar recibo.

Art. 10. Findo o prazo a que se refere o item do art. 7º e ouvido o representante do Ministério Público dentro de cinco dias, os autos serão conclusos ao juiz, independente de solicitação da parte, para a decisão, a qual deverá ser proferida em cinco dias, tenham sido ou não prestadas as informações pela autoridade coatora.

Art. 11. Julgado procedente o pedido, o juiz transmitirá em ofício, por mão do oficial do Juízo ou pelo Correio, mediante registro com recibo de volta, ou por telegrama, radiograma ou telefonema, conforme o requerer o peticionário, o inteiro teor da sentença à autoridade coatora.

Parágrafo único. Os originais, no caso de transmissão telegráfica, radiográfica ou telefônica, deverão ser apresentados à agência expedidora com a firma do juiz devidamente reconhecida.

Art. 12. Da decisão do juiz, negando ou concedendo o mandado, caberá o recurso de agravo de petição, assegurando-se às partes o direito de sustentação oral perante o tribunal *ad quem*.

Art. 13. Quando o mandado for concedido e o presidente do Supremo Tribunal Federal, do Tribunal Federal de Recursos ou do Tribunal de Justiça ordenar ao juiz a suspensão da execução da sentença, desse seu ato caberá agravo de petição para o Tribunal a que presida.

Art. 14. Nos casos de competência do Supremo Tribunal Federal e dos demais tribunais, caberá ao relator a instrução do processo.

Art. 15. A decisão do mandado de segurança não impedirá que o requerente, por ação própria, pleiteie os seus direitos e os respectivos efeitos patrimoniais.

Art. 16. O pedido de mandado de segurança poderá ser renovado se a decisão denegatória não lhe houver apreciado o mérito.

Art. 17. Os processos de mandado de segurança terão prioridade sobre todos os atos judiciais, salvo *habeas corpus*. Na instância superior deverão ser levados a julgamento na primeira sessão que se seguir à data em que, feita a distribuição, forem conclusos ao relator.

Parágrafo único. O prazo para a conclusão não poderá exceder de vinte e quatro horas, a contar da distribuição.

APÊNDICES · I – PROJETOS E LEGISLAÇÃO | **235**

Art. 18. O direito de requerer mandado de segurança extinguir-se-á decorridos cento e vinte dias contados da ciência, pelo interessado, do ato impugnado.

Art. 19. Aplicam-se ao processo do mandado de segurança os arts. 88 a 94 do Código de Processo Civil.

Art. 20. Revogam-se os dispositivos do Código de Processo Civil sobre o assunto e mais disposições em contrário.

Art. 21. Esta lei entrará em vigor na data da sua publicação.

7 – LEI Nº 2.410, DE 29 DE JANEIRO DE 1955

(...)

Art. 3º Nos mandados de segurança, porventura requeridos para obter o desembaraço de bens de qualquer ordem vindos, a qualquer título, do estrangeiro, sem licença prévia ou com licença considerada falsa, observar-se-ão as seguintes normas:

a) não se concederá, em caso algum, a suspensão liminar do ato contra o qual se requer o mandado referido no art. 7º, nº II, da Lei nº1.533, de 31 de dezembro de 1951;

b) uma vez concedido o mandado pelo Juiz da Primeira Instância e se o presidente do Tribunal Federal de Recursos não lhe suspender a execução, esta só se fará, antes de confirmada pela instância superior, se o importador oferecer fiança bancária idônea a juízo do inspetor da Alfândega ou prestar caução em títulos da dívida pública federal de valor nominal correspondente a 150% *ad valorem* das mercadorias importadas, na forma do art. 6º, § 4º, da Lei nº 2.145, de 29 de dezembro de 1953.

8 – LEI Nº 2.770, DE 4 DE MAIO DE 1956

"Suprime a concessão de medidas liminares nas ações e procedimentos judiciais de qualquer natureza que visem à liberação de bens, mercadorias ou coisas de procedência estrangeira, e dá outras providências."

O Presidente da República, faço saber que o Congresso Nacional decreta e eu sanciono a seguinte lei:

Art. 1º Nas ações e procedimentos judiciais de qualquer natureza, que visem a obter a liberação de mercadorias, bens ou coisas de qualquer espécie procedentes do estrangeiro, não se concederá, em caso algum, medida preventiva ou liminar que, direta ou indiretamente, importe na entrega da mercadoria, bem ou coisa.

Art. 2º No curso da lide ou enquanto pender recurso, mesmo sem efeito suspensivo, da sentença ou acórdão, a execução de julgado que determinar a entrega ou a vinda do exterior de mercadorias, bens ou coisas de qualquer natureza, não será ordenada pelo juiz ou Tribunal antes que o autor ou requerente preste

236 MANDADO DE SEGURANÇA NA PRÁTICA JUDICIÁRIA – *Arnoldo Wald*

garantias de restituição do respectivo valor, para o caso de, a final, decair da ação ou procedimento.

§ 1º As garantias referidas neste artigo consistirão no oferecimento de fiança bancária idônea, aceita pela autoridade alfandegária competente, ou de caução em títulos da Dívida Pública Federal, de valor nominal correspondente a 150% *ad valorem* das mercadorias, bens e coisas objeto de litígio, na forma do art. 6º, § 4º, da Lei nº 2.145, de 29 de dezembro de 1953.

§ 2º O valor exigível, tanto para a fiança bancária quanto para a caução, de que trata o parágrafo anterior, será comprovado com documento expedido pela Carteira de Comércio Exterior, do qual constarão todos os dados indispensáveis à precisa caracterização da mercadoria, bem ou coisa.

Art. 3º Das sentenças que julgarem a liquidação por arbitramento ou artigos nas execuções de sentenças ilíquidas contra a União, o Estado ou o Município, haverá apelação necessária com efeito suspensivo.

Art. 4º As disposições desta lei, que entrará em vigor na data de sua publicação, inclusive quanto à sua obrigatoriedade nos Estados estrangeiros, revogado para esse efeito, o § 1º do art. 1º do Decreto nº 4.657, de 4 de setembro de 1942, se aplicam aos processos em curso.

Art. 5º Revogam-se as disposições em contrário.

9 – LEI Nº 4.166, DE 4 DE DEZEMBRO DE 1962[2]

"Modifica a redação do parágrafo único do artigo 6º e do inciso I do art. 7º, tudo da Lei nº 1.533, de 31 de dezembro de 1951, que altera disposições do Código de Processo Civil relativas ao mandado de segurança."

O Presidente da República:

Faço saber que o Congresso Nacional decreta e eu sanciono a seguinte lei:

Art. 1º O parágrafo único do artigo 6º e o inciso I do art. 7º da Lei nº 1.533, de 31 de dezembro de 1951, passam a vigorar com a seguinte redação:

"Art. 6º...

Parágrafo único. No caso em que o documento necessário à prova de alegado se acha em repartição ou estabelecimento público, ou em poder de autoridade que recuse fornecê-lo por certidão, o juiz ordenará, preliminarmente, por ofício, a exibição desse documento em original ou em cópia autêntica e marcará para o cumprimento da ordem o prazo de dez (10) dias. Se a autoridade que tiver procedido dessa maneira for a própria coatora, a ordem far-se-á no próprio instrumento da notificação. O escrivão extrairá cópias do documento para juntá-las à segunda via da petição.

---

[2]   Revogada pela Lei nº 12.016/2009.

APÊNDICES · I – PROJETOS E LEGISLAÇÃO | 237

Art. 7º...

I – que se notifique o coator do conteúdo da petição entregando-lhe a segunda via apresentada pelo requerente com as cópias dos documentos, a fim de que no prazo de quinze (15) dias preste as informações que achar necessárias.

Art. 2º Esta lei entrará em vigor na data de sua publicação, revogadas as disposições em contrário.

10 – LEI Nº 4.348, DE 26 DE JUNHO DE 1964[3]

"Estabelece normas processuais relativas a mandado de segurança."

O Presidente da República:

Faço saber que o Congresso Nacional decreta e eu sanciono a seguinte Lei:

Art. 1º Nos processos de mandado de segurança serão observadas as seguintes normas:

a) é de dez dias o prazo para a prestação de informações de autoridade apontada como coatora (Vetado);

b) a medida liminar somente terá eficácia pelo prazo de (90) noventa dias a contar da data da respectiva concessão, prorrogável por (30) trinta dias quando provadamente o acúmulo de processos pendentes de julgamento justificar a prorrogação.

Art. 2º Será decretada a perempção ou a caducidade da medida liminar *ex officio* ou a requerimento do Ministério Público quando, concedida a medida, o impetrante criar obstáculo ao normal andamento do processo, deixar de promover, por mais de (3) três dias, os atos e diligências que lhe cumprirem ou abandonar a causa por mais de (20) vinte dias.

Art. 3º As autoridades administrativas, no prazo de (48) quarenta e oito horas da notificação da medida liminar, remeterão ao Ministério ou ao órgão a que se acham subordinadas e ao Procurador-Geral da República ou a quem tiver a representação judicial da União, do Estado, do Município ou entidade apontada como coatora, cópia autenticada do mandado notificatório, assim como indicações e elementos outros necessários às providências a serem tomadas para a eventual suspensão da medida e defesa do ato apontado como ilegal ou abusivo de poder.

Art. 4º Quando, a requerimento de pessoa jurídica de direito público interessada e para evitar grave lesão à ordem, à saúde, à segurança e à economia públicas, o Presidente do Tribunal, ao qual couber o conhecimento do respectivo recurso (Vetado), suspender, em despacho fundamentado, a execução da liminar e da sentença, dessa decisão caberá *agravo, sem efeito suspensivo no prazo de (10) dez dias, contados da publicação do ato.*

---

[3]   Revogada pela Lei nº 12.016/2009.

238 | MANDADO DE SEGURANÇA NA PRÁTICA JUDICIÁRIA – *Arnoldo Wald*

Art. 5º Não será concedida a *medida liminar* de mandados de segurança impetrados visando a reclassificação ou equiparação de servidores públicos, ou à concessão de aumento ou extensão de vantagens.

Parágrafo único. Os mandados de segurança a que se refere este artigo serão executados depois de transitada em julgado a respectiva sentença.

Art. 6º (Vetado).

Art. 7º O recurso voluntário ou *ex officio*, interposto de decisão concessiva de mandado de segurança que importe outorga ou adição de vencimento ou ainda reclassificação funcional, terá efeito suspensivo.

Art. 8º Aos magistrados, funcionários da Administração Pública e aos serventuários da Justiça que descumprirem os prazos mencionados nesta lei aplicam-se as sanções do Código de Processo Civil e do Estatuto dos Funcionários Públicos Civis da União (Lei nº 1.711, de 28 de outubro de 1952).

Art. 9º Esta lei entrará em vigor na data de sua publicação, revogadas as disposições em contrário.

11 – LEI Nº 4.357, DE 16 DE JULHO DE 1964

> "Autoriza a emissão de Obrigações do Tesouro Nacional, altera a legislação do imposto sobre a renda, e dá outras providências."

(...)

Art. 39. Não será concedida a medida liminar em mandado de segurança, impetrado contra a Fazenda Nacional, em decorrência da aplicação da presente lei[4].

12 – LEI Nº 4.862, DE 29 DE NOVEMBRO DE 1965

(...)

Art. 51. Fica revogado o art. 39 da Lei nº 4.357, de 16 de julho de 1964, cessando os efeitos da medida liminar concedida em mandado de segurança contra a Fazenda Nacional, após o decurso do prazo de 60 (sessenta) dias contados da data da petição inicial ou quando determinada a sua suspensão por Tribunal imediatamente superior.

13 – LEI Nº 5.021, DE 9 DE JUNHO DE 1966[5]

> "Dispõe sobre o pagamento de vencimentos e vantagens pecuniárias asseguradas, em sentença concessiva de mandado de segurança, a servidor público civil."

---

4   Revogado pelo art. 51 da Lei 4.862, de 29.11.1965.
5   Revogada pela Lei nº 12.016/2009.

O Presidente da República:

Faço saber que o Congresso Nacional decreta e eu sanciono a seguinte lei:

Art. 1º O pagamento de vencimentos e vantagens pecuniárias asseguradas, em sentença concessiva de mandado de segurança, a servidor público federal, da administração direta ou autárquica, e a servidor público estadual e municipal, somente será *efetuado relativamente às prestações que se vencerem a contar da data do ajuizamento da inicial.*

§ 1º (Vetado).

§ 2º Na falta de crédito, a autoridade coatora ou a repartição responsável pelo cumprimento da decisão, encaminhará, de imediato, a quem de direito, o pedido de suprimento de recursos, de acordo com as normas em vigor.

§ 3º A sentença que implicar em pagamento de atrasados será objeto, nessa parte, de liquidação por cálculo (arts. 906 a 908 do Código de Processo Civil), procedendo-se, em seguida, de acordo com o art. 204 da Constituição Federal.

§ 4º Não se concederá medida liminar para *efeito de pagamento de vencimentos e vantagens pecuniárias.*

Art. 2º A autoridade administrativa ou judiciária que ordenar a execução do pagamento com violação das normas constantes do artigo anterior incorrerá nas sanções do art. 315 do Código Penal e pena acessória correspondente.

Art. 3º A autoridade que deixar de cumprir o disposto no § 2º do art. 1º incorrerá nas sanções do art. 317 do Cód. Penal e pena acessória correspondente.

Art. 4º Para os efeitos da presente lei, aplica-se às autarquias o procedimento disposto no art. 204 e seu parágrafo único da Constituição Federal.

Art. 5º Esta lei entrará em vigor na data de sua publicação, revogadas as disposições em contrário.

14 – CONSTITUIÇÃO DE 1967

(...)

Art. 114. Compete ao Supremo Tribunal Federal:

I – processar e julgar originariamente:

i) os mandados de segurança contra ato do Presidente da República, das Mesas da Câmara e do Senado, do Presidente do Supremo Tribunal Federal e do Tribunal de Contas da União.

II – *julgar em recurso ordinário:*

a) os mandados de segurança e os *habeas corpus* decididos em única ou última instância pelos tribunais locais ou federais, *quando denegatória a decisão.*

Art. 115. O Supremo Tribunal Federal funcionará em plenário ou dividido em turmas.

240 | MANDADO DE SEGURANÇA NA PRÁTICA JUDICIÁRIA – *Arnoldo Wald*

Parágrafo único. O regimento interno estabelecerá:

a) a competência do plenário além dos casos previstos no art. 114, nº I, letras *a, b, c, d, i, j* e *l*, que lhe são privativos.

Art. 117. Compete aos Tribunais Federais de Recursos:

I – processar e julgar originariamente:

b) os mandados de segurança contra ato do *Ministro de Estado, do Presidente do próprio Tribunal, ou de suas turmas, do responsável pela direção geral da polícia federal, ou de juiz federal.*

Art. 119. Aos juízes federais compete processar e julgar em primeira instância:

VIII – os mandados de segurança contra ato de autoridade federal, excetuados os casos de competência do Supremo Tribunal Federal ou dos Tribunais Federais de Recursos.

Art. 131. Das decisões dos Tribunais Regionais Eleitorais somente caberá recurso para o Tribunal Eleitoral, quando:

IV – *denegarem habeas corpus ou mandado de segurança.*

Art. 132. São *irrecorríveis as decisões do Tribunal Superior Eleitoral,* salvo as que contrariem esta Constituição, as *denegatórias* de *habeas corpus* e mandado de segurança, das quais caberá recurso para o Supremo Tribunal Federal.

Art. 150. A Constituição assegura aos brasileiros e aos estrangeiros residentes no País a inviolabilidade dos direitos concernentes à vida, à liberdade, à segurança e à propriedade, nos termos seguintes:

§ 21. Conceder-se-á mandado de segurança para proteger direito individual líquido e certo não amparado por *habeas corpus*, seja qual for a autoridade responsável pela ilegalidade ou abuso de poder.

15 – CONSTITUIÇÃO DE 1967 COM A EMENDA Nº 1/69

Art. 153. A Constituição assegura aos brasileiros e aos estrangeiros residentes no País a inviolabilidade dos direitos concernentes à vida, à liberdade, à segurança e à propriedade, nos termos seguintes:

§ 21 Conceder-se-á mandado de segurança para proteger direito líquido e certo não amparado por *habeas corpus*, seja qual for a autoridade responsável pela ilegalidade ou abuso de poder.

16 – EMENDA CONSTITUCIONAL Nº 7/1977

Art. 119. (...)

I – (...)

i) os mandados de segurança contra atos do Presidente da República, das Mesas da Câmara e do Senado Federal, do Supremo Tribunal Federal, do Conselho Nacional da Magistratura, do Tribunal de Contas da União, ou de seus presidentes, e do Procurador-Geral da República, bem como os impetrados pela União contra atos de governos estaduais;

Art. 122. Compete ao Tribunal Federal de Recursos:

I – (...)

c) os mandados de segurança contra ato de Ministro de Estado, do Presidente do próprio Tribunal ou de suas câmaras, turmas, grupos ou seções; do diretor-geral da polícia federal ou de juiz federal;

Art. 125. Aos juízes federais compete processar e julgar em primeira instância:

VIII – os mandados de segurança contra ato de autoridade federal, como tal definida em lei, excetuados os casos de competência dos Tribunais Federais;

17 – LEI Nº 6.014, DE 27 DE DEZEMBRO DE 1973

(...)

Art. 3º Os artigos 12 e 13 da Lei nº 1.533, de 31 de dezembro de 1951, passam a ter a seguinte redação:

"Art. 12. Da sentença, negando ou concedendo o mandado cabe apelação.

Parágrafo único. A sentença fica sujeita ao duplo grau de jurisdição, podendo, entretanto, ser executada provisoriamente.

Art. 13. Quando o mandado for concedido e o Presidente do Tribunal, ao qual competir o conhecimento do recurso, ordenar ao juiz a suspensão da execução da sentença, desse seu ato caberá agravo para o Tribunal que presida."

18 – LEI Nº 6.071, DE 3 DE JULHO DE 1974

Art. 1º O parágrafo único do art. 12 e o art. 19 da Lei nº 1.533, de 31 de dezembro de 1951, passam a vigorar com a seguinte redação:

"Art. 12. ...

Parágrafo único. A sentença, que conceder o mandado, fica sujeita ao duplo grau de jurisdição, podendo, entretanto, ser executada provisoriamente.

Art. 19. Aplicam-se ao processo do mandado de segurança os artigos do Código de Processo Civil que regulam o litisconsórcio."

19 – CONSTITUIÇÃO DE 1988

Art. 5º Todos são iguais perante a lei, sem distinção de qualquer natureza, garantindo-se aos brasileiros e aos estrangeiros residentes no País a inviolabilidade do direito à vida, à liberdade, à igualdade, à segurança e à propriedade, nos termos seguintes: (...)

242 | MANDADO DE SEGURANÇA NA PRÁTICA JUDICIÁRIA – *Arnoldo Wald*

LXIX – conceder-se-á mandado de segurança para proteger direito líquido e certo, não amparado por *habeas corpus* ou *habeas data*, quando o responsável pela ilegalidade ou abuso de poder for autoridade pública ou agente de pessoa jurídica no exercício de atribuições do Poder Público;

LXX – o mandado de segurança coletivo pode ser impetrado por:

a) partido político com representação no Congresso Nacional;

b) organização sindical, entidade de classe ou associação legalmente constituída e em funcionamento há pelo menos um ano, em defesa dos interesses de seus membros ou associados;

Art. 102. Compete ao Supremo Tribunal, precipuamente, a guarda da Constituição, cabendo-lhe:

I – processar e julgar, originariamente:

d) o *habeas corpus*, sendo paciente qualquer das pessoas referidas nas alíneas anteriores; o mandado de segurança e o *habeas data* contra atos do Presidente da República, das Mesas da Câmara dos Deputados e do Senado Federal, do Tribunal de Contas da União, do Procurador-Geral da República e do próprio Supremo Tribunal Federal;

II – julgar, em recurso ordinário:

a) o *habeas corpus*, o mandado de segurança, o *habeas data* e o mandado de injunção decididos em única instância pelos Tribunais Superiores, se denegatória a decisão;

Art. 105. Compete ao Superior Tribunal de Justiça:

I – processar e julgar, originariamente:

b) os mandados de segurança e os *habeas data* contra ato de Ministro de Estado ou do próprio Tribunal;

II – julgar, em recurso ordinário:

c) os mandados de segurança decididos em única instância pelos Tribunais Regionais Federais ou pelos Tribunais dos Estados, do Distrito Federal e Territórios, quando denegatória a decisão;

Art. 108. Compete aos Tribunais Regionais Federais:

I – processar e julgar, originariamente:

c) os mandados de segurança e os *habeas data* contra ato do próprio Tribunal ou de juiz federal;

Art. 109. Aos juízes federais compete processar e julgar:

VIII – os mandados de segurança e os *habeas data* contra ato de autoridade federal, excetuados os casos de competência dos tribunais federais:

Art. 121. Lei complementar disporá sobre a organização e competência dos tribunais, dos juízes e das juntas eleitorais.

APÊNDICES · I – PROJETOS E LEGISLAÇÃO | **243**

§ 3º São irrecorríveis as decisões do Tribunal Superior Eleitoral, salvo as que contrariem esta Constituição e as denegatórias de *habeas corpus* ou mandado de segurança.

20 – LEI Nº 8.076, DE 23 DE AGOSTO DE 1990

Estabelece hipóteses nas quais fica suspensa a concessão de medida liminares, e dá outras providências.

Faço saber que o Presidente da República adotou a Medida Provisória nº 198, de 26.7.90, que o Congresso Nacional aprovou, e eu, Nélson Carneiro, Presidente do Senado Federal, para os efeitos do disposto no parágrafo único do art. 62 da CF, promulgo a seguinte lei:

Art. 1º Nos mandados de segurança e nos procedimentos cautelares de que tratam os arts. 796 e ss. do CPC, que versem sobre matérias reguladas pelas disposições da Leis nºs 8.012, de 4.4.90; 8.014, de 6.4.90, 8.021, 8.023, 8.024, 8.029, 8.030, 8.032, 8.033, 8.034, todas de 12.4.90; 8.036, de 11.5.90; e 8.039, de 30.5.90, fica suspensa, até 15.9.92, a concessão de medidas liminares.

Parágrafo único. Nos feitos referidos neste artigo, a sentença concessiva da segurança, ou aquela que julgue procedente o pedido, sempre estará sujeita ao duplo grau de jurisdição, somente produzindo efeitos após confirmada pelo respectivo Tribunal.

Art. 2º Esta lei entra em vigor na data de sua publicação.

Art. 3º Revogam-se a Medida Provisória nº 197, de 24.7.90, e demais disposições em contrário.

21 – EXPOSIÇÃO DE MOTIVOS DO PROJETO DE LEI, ENCAMINHADO EM 2001, PARA DISCIPLINAR O MANDADO DE SEGURANÇA INDIVIDUAL E COLETIVO

EXPOSIÇÃO DE MOTIVOS DO PROJETO DA NOVA LEI DE MANDADO DE SEGURANÇA

Mensagem nº 824, de 2001.

Senhores Membros do Congresso Nacional,

Nos termos do artigo 61 da Constituição Federal, submeto à elevada deliberação de Vossas Excelências, acompanhado de Exposição de Motivos dos Senhores Advogado-Geral da União e Ministro do Estado da Justiça, o texto do projeto de lei que "Disciplina o mandado de segurança individual e coletivo, e dá outras providências".

Brasília, 7 de Agosto de 2001.

244 | MANDADO DE SEGURANÇA NA PRÁTICA JUDICIÁRIA – *Arnoldo Wald*

E.M.I nº 0006 – AGU/MJ

Em 16 de abril de 2001.

Excelentíssimo Senhor Presidente da República,

Submetemos à consideração de Vossa Excelência o anexo Projeto de Lei que "Disciplina o mandado de segurança individual e coletivo, e dá outras providências", calcado em proposta da Comissão de juristas constituída pela Portaria nº 634, de 23 de outubro de 1996, presidida pelo Professor Caio Tácito e da qual foram relator e revisor, respectivamente, o Professor Arnoldo Wald e o Ministro Carlos Alberto Direito.

2. Decorridos mais de sessenta e cinco anos da introdução do instituto do mandado de segurança no direito processual pela Carta Política de 1934 e quase meio século após a edição da Lei nº 1.533, de 31 de dezembro de 1951, que o regulamentou de modo sistemático, evidenciou-se a necessidade de atualizar a legislação sobre a matéria, considerando as modificações constitucionais acerca do tema e as alterações legais que sofreu. Não bastasse isso, o mandado de segurança gerou ampla jurisprudência sobre seus mais variados aspectos, que está sedimentada em súmulas dos tribunais.

3. Nesse contexto, o projeto se integra no movimento de reforma legal que busca a maior coerência do sistema legislativo, para facilitar o conhecimento do direito vigente aos profissionais da área e ao cidadão, mediante a atualização, por consolidação em diploma único, de todas as normas que regem a mesma matéria.

4. Também inspiraram a Comissão importantes conquistas jurisprudenciais, como, por exemplo, sobre impetração contra decisões disciplinares por parte de terceiros contra decisões judiciais, bem como a adequada defesa pública, de modo a oferecer ao Poder Judiciário os elementos necessários a um julgamento imparcial, com a preservação dos interesses do Tesouro Nacional.

5. Em princípio, foram mantidas a redação e a sistemática das regras vigentes, a fim de evitar divergências de interpretação em matérias sobre as quais a jurisprudência já se consolidou.

6. Ao conceituar o mandado de segurança e definir o seu campo de atuação, o projeto mantém, em linhas gerais, o direito anterior, indicando como destinatário qualquer pessoa física ou jurídica, em garantia de direito líquido e certo. Equipara ao conceito de autoridade os representantes ou órgãos de partidos políticos e os administradores de entidades da administração descentralizada e delegada, excluídos, contudo, do âmbito do instituto, os atos comerciais de empresas públicas, sociedades de economia mista e concessionários de serviços públicos (art. 1º, § 2º).

7. No caso de urgência da impetração e da comunicação da decisão, a proposta admite o uso de fax e de outros meios eletrônicos de autenticidade comprovada, adotando o disposto na Lei nº 9.800, de 26 de maio de 1999, que "permite às partes a utilização de sistema de transmissão de dados para a prática de atos processuais" (arts. 4º e 13).

APÊNDICES · I – PROJETOS E LEGISLAÇÃO | **245**

8. Na esteira da jurisprudência dos tribunais, o mandado de segurança é cabível contra sanções disciplinares ou, independentemente de recurso hierárquico, contra omissões da autoridade, após sua notificação judicial ou extrajudicial. Igualmente calcado na doutrina e na jurisprudência, o projeto considera autoridade coatora a que praticou o ato e aquela de quem emanou a ordem. Se suscitada pelo indicado coator a ilegitimidade passiva, admite-se a emenda da inicial no prazo de dez dias (art. 6º).

9. Para que a pessoa jurídica de direito público interessada possa apresentar a defesa de seu ato, o projeto determina que esta receba cópia da petição inicial, extraída dos autos pelo cartório, sem documentos, sendo-lhe facultado o ingresso no feito (art. 7º). Tal medida já é utilizada em alguns Estados e se justifica em virtude das determinações da Constituição vigente, que separaram as funções do Ministério Público e da Advocacia-Geral da União.

10. São mantidas, no projeto, as restrições impostas em leis especiais, que, em determinados casos, vedam tanto a concessão da medida liminar como a execução da decisão antes de seu trânsito em julgado. Também está prevista a possibilidade de o juiz exigir garantia do impetrante para que possa ser concedida liminar (art. 7º, III, e § 2º).

11. Os efeitos da medida liminar, salvo se revogada ou cassada, são mantidos até a prolação da sentença, dando-se prioridade aos feitos nos quais tenha sido concedida (art. 7º, §§ 3º e 4º).

12. As vedações relacionadas com a concessão de liminares estendem se à tutela antecipada a que se referem os arts. 273 e 461 do Código de Processo Civil (art. 7º, § 5º).

13. Na hipótese de paralisação do andamento do processo, por culpa do impetrante, ou omissão de atos ou diligências a seu cargo, o projeto prevê que seja decretada a perempção ou caducidade da medida liminar (art. 8º).

14. A fim de assegurar a adequada defesa da Administração, a proposta determina que a autoridade coatora remeta ao Ministério ou ao órgão ao qual está subordinada e à Advocacia-Geral da União ou entidade local correspondente o mandado notificatório com as informações cabíveis (art. 9º).

15. Os casos de indeferimento da petição inicial e do recurso cabível são esclarecidos, de modo adequado, assim como o momento até o qual será admitido o litisconsórcio ativo, a fim de respeitar o princípio do juiz natural (art. 10).

16. Decorrido o prazo para que o coator preste as informações e a entidade, querendo, apresente a sua defesa, os autos serão encaminhados ao Ministério Público, se a matéria for de interesse público ou social, com o prazo improrrogável de dez dias, para opinar. Em seguida, o processo será concluso, com ou sem parecer, para que o magistrado profira sentença, no prazo de trinta dias (art. 12). Assim, em tese, o julgamento em primeiro grau de jurisdição deverá ocorrer em dois meses a partir do ingresso do impetrante em juízo.

246 | MANDADO DE SEGURANÇA NA PRÁTICA JUDICIÁRIA – *Arnoldo Wald*

17. O projeto assegura à autoridade coatora o direito de recorrer, matéria ainda controversa na jurisprudência (art. 14, § 2º).

18. Com base em precedentes do Supremo Tribunal Federal e do Superior Tribunal de Justiça, a proposta prevê a possibilidade de a pessoa jurídica de direito público solicitar a suspensão de medida liminar, ou sentença, ao presidente de um dos tribunais superiores, quando denegado pelo Presidente do órgão julgador da segunda instância ou em agravo contra decisão deste (art. 15).

19. Abrigando matéria que, em grande parte, apenas consta dos Regimentos Internos, o projeto regula o processo do mandado de segurança nos casos de competência originária dos tribunais (art. 16).

20. Não sendo publicado o acórdão no prazo de trinta dias contados da data do julgamento, é facultada sua substituição pelas notas taquigráficas, independentemente de revisão.

21. Regulam-se os recursos contra as decisões do mandado de segurança proferidas em única instância (art. 18).

22. O projeto trata, ainda, do mandado de segurança coletivo que, embora criado pela Constituição de 1988, ainda não mereceu disciplina pela legislação ordinária (arts. 21 e 22).

23. Constam, ainda, outras disposições a respeito do prazo para a impetração do mandado de segurança, da inviabilidade da interposição dos embargos infringentes e do descabimento da condenação ao pagamento dos honorários de sucumbência, sem prejuízo da aplicação de sanções no caso de litigância de má-fé (arts. 23 e 25).

24. O projeto equipara o não cumprimento pelas autoridades administrativas das decisões proferidas em mandado de segurança ao crime de desobediência previsto no art. 330 do Código Penal, sem prejuízo da aplicação das sanções administrativas cabíveis (art. 26).

25. Com essas medidas, além de complementar a legislação ordinária em matérias nas quais é omissa, o projeto cuida de garantir maior eficiência ao instituto, conferindo poder coercitivo específico às decisões nele proferidas e organizando mais adequadamente os serviços judiciários de modo a permitir o julgamento rápido das ações mandamentais.

26. Estas, em síntese, Senhor Presidente, as normas que ora submetemos ao elevado descortino de Vossa Excelência, destinadas a atualizar e aprimorar o sistema judiciário vigente, em relação a instituto que tem garantido adequadamente os direitos individuais e se tornou um dos instrumentos mais importantes do Estado de Direito e do sistema democrático.

Respeitosamente,

<table>
<tr><td>GILMAR FERREIRA MENDES</td><td>JOSÉ GREGORI</td></tr>
<tr><td>Advogado-Geral da União</td><td>Ministro do Estado da Justiça</td></tr>
</table>

APÊNDICES · I – PROJETOS E LEGISLAÇÃO | **247**

22 – PARECER DA CÂMARA DOS DEPUTADOS AO PROJETO DE LEI Nº 5.067, DE 2001, QUE DISCIPLINA O MANDADO DE SEGURANÇA INDIVIDUAL E COLETIVO

COMISSÃO DE CONSTITUIÇÃO E JUSTIÇA E DE REDAÇÃO

PROJETO DE LEI Nº 1351, DE 1999
(APENSO: PROJETO DE LEI Nº 5067, DE 2001)

Dispõe sobre o mandado de segurança coletivo.

Autor: Deputado RUBENS BUENO
Relator: Deputado ANTONIO CARLOS BISCAIA

I – RELATÓRIO

O projeto de lei em tela trata do mandado de segurança coletivo, indicando os legitimados para impetrá-lo e dispondo sobre questões relativas à litispendência e à coisa julgada.

A este projeto foi apensado o de nº 5.067, de 2001, oriundo do Poder Executivo, que *"disciplina o mandado de segurança individual e coletivo e dá outras providências"* revogando as Leis nº 1.533/51 e 4.348/64, entre outras.

A proposta do Executivo disciplina os dois institutos buscando a atualização das disposições sobre o mandado de segurança individual, e, ao mesmo tempo, regula o novo instituto, consolidando em um único diploma todas as disposições sobre a matéria. Além disso, o projeto abriga consolidadas interpretações jurisprudenciais sobre o tema.

De acordo com o despacho exarado pelo Sr. Presidente da Câmara dos Deputados, ambas as proposições deverão ser examinadas pelo Plenário da Casa, ocasião em que poderão ser emendadas, nos termos regimentais.

É o relatório.

II – VOTO DO RELATOR

Dada sua maior abrangência, convém iniciar este voto analisando o projeto de lavra do Poder Executivo.

A proposição objetiva dotar o país de uma nova lei que regule o mandado de segurança, contemplando em um único diploma as disposições sobre os dois institutos.

A iniciativa é oportuna, tendo-se em vista que a legislação básica sobre a matéria, qual seja a Lei nº 1.533, estar beirando meio século de vigência, tendo ao longo desse tempo sofrido várias alterações, decorrentes de edição de leis posteriores e orientações jurisprudenciais.

Além disso, a Constituição Federal de 1988 trouxe disposição expressa sobre o mandado de segurança coletivo, que, embora auto-aplicável, carece regulamen-

248 | MANDADO DE SEGURANÇA NA PRÁTICA JUDICIÁRIA – *Arnoldo Wald*

tação específica acerca de aspectos relevantes, tais como o alcance da legitimidade ativa, a litispendência e os efeitos da coisa julgada.

Desse modo, em relação ao bem elaborado projeto do Poder Executivo, faríamos as seguintes considerações, que serão oportunamente apresentadas sob forma de emendas:

1. **Art. 6º, § 4º** – o prazo de 10 dias para emendar a inicial deve observar o prazo decadencial;
2. **Art. 26** – este artigo deve ter sua redação alterada, de um lado, para deixar extreme de dúvida que, comete crime de desobediência (art.330 do Código Penal), a autoridade que não cumprir as decisões proferidas em mandado de segurança, e, de outro, para que às autoridades ali apontadas aplique-se também a Lei nº 1.079/50, que define crimes de responsabilidade.
3. **Arts. 28 e 29** – devem ter sua ordem alterada para atender as normas de elaboração legislativa definidas na Lei Complementar nº 95/98.

Desse modo, resta prejudicado o projeto de lei principal, nº 1.351, de 1999, já que suas disposições relativas à legitimidade ativa, à litispendência e à coisa julgada, encontram-se inteiramente contempladas no texto da proposição de lavra do Poder Executivo, que inclusive trata de maneira mais abrangente, este importante remédio constitucional, destinado a tutelar a cidadania contra atos ilegais e abusivos do Poder Público, motivo pelo qual se impõe, regimentalmente, sua rejeição.

Assim, o voto é pela constitucionalidade, juridicidade, adequada técnica legislativa, e, no mérito, pela rejeição do Projeto de Lei nº 1.351, de 1999, e pela constitucionalidade, juridicidade, boa técnica legislativa e, no mérito, pela aprovação do Projeto de Lei nº 5.067, de 2001, com as emendas oferecidas, em anexo a este parecer.

Sala da Comissão, _____ de _____ de 2003.

Deputado ANTONIO CARLOS BISCAIA
RELATOR

23 – PARECER DO SENADO FEDERAL AO PROJETO DE LEI Nº 5.067, DE 2001, QUE DISCIPLINA O MANDADO DE SEGURANÇA INDIVIDUAL E COLETIVO

SENADO FEDERAL
PARECER Nº 941, de 2009

> Da COMISSÃO DE CONSTITUIÇÃO, JUSTIÇA E CIDADANIA, sobre o Projeto de Lei da Câmara nº 125, de 2006 *(nº 5.067/2001, na Casa de origem)*, de iniciativa do Presidente da República, que disciplina o mandado de segurança individual e coletivo e dá outras providências.

RELATOR: Senador TASSO JEREISSATI

1 – RELATÓRIO

Esta Comissão examina o Projeto de Lei da Câmara (PLC) nº 125, de 2006 (nº 5.067, de 2001, na origem), de iniciativa do Presidente da República, que *disciplina o mandado de segurança individual e coletivo e dá outras providências.*

A proposição tem por escopo, essencialmente, alterar as regras disciplinadoras do mandado de segurança, ação judicial destinada a proteger direito líquido e certo, de pessoa física ou jurídica, não amparado por *habeas corpus* ou *habeas data,* diante da violação ou ameaça de violação desse direito por parte de autoridade.

Da mensagem que o encaminhou, depreende-se que o PLC nº 125, de 2006, está *calcado em proposta da Comissão de juristas constituída pela Portaria nº 634, de 23 de outubro de 1996, presidida pelo Professor Caio Tácito e da qual foram relator e revisor, respectivamente, o Professor Arnoldo Wald e o Ministro* [do Superior Tribunal de Justiça] *Carlos Alberto Direito,* tendo por objetivo a atualização da legislação sobre o mandado de segurança, mediante *consolidação, em diploma único, de todas as normas que regem a mesma matéria,* de modo a considerar *as modificações constitucionais acerca do tema e as alterações legais que sofreu.*

A proposta legislativa equipara à "autoridade" os representantes ou órgãos de partidos políticos e os administradores de entidades autárquicas, bem como os dirigentes de pessoas jurídicas e as pessoas naturais no exercício de atribuições do poder público (neste caso, apenas no que disser respeito a tais atribuições, excluídos os atos de gestão comercial praticados por administradores de empresas públicas, sociedades de economia mista e de concessionárias de serviço público).

Para os efeitos da nova lei, a autoridade coatora será considerada "federal" se as consequências de ordem patrimonial do ato impugnado tiverem de ser suportadas pela União ou por entidade por ela controlada (art. 2º).

Permite-se, em caso de urgência, a impetração da ação por telegrama, radiograma, fax ou outro meio eletrônico de autenticidade comprovada, podendo o juiz, igualmente, notificar a autoridade por telegrama, radiograma ou outro meio que assegure a autenticidade do documento e a imediata ciência pela autoridade reputada coatora, observando-se, quando for o caso de documento eletrônico, as regras da Infraestrutura de Chaves Públicas Brasileira.

Será cabível o *writ* contra omissões da autoridade, após a sua notificação judicial ou extrajudicial.

Por outro lado, será denegada a ordem quando, para remediar o ato impugnado, couber recurso administrativo com efeito suspensivo, for possível o manejo de recurso com efeito suspensivo, tratando-se de decisão judicial, ou, ainda, tiver ocorrido o trânsito em julgado.

250 | MANDADO DE SEGURANÇA NA PRÁTICA JUDICIÁRIA – *Arnoldo Wald*

A medida liminar não será concedida se objetivar a compensação de créditos tributários, a entrega de mercadorias e bens provenientes do exterior, a reclassificação ou equiparação de servidores públicos e a concessão de aumento ou extensão de vantagens ou pagamento de qualquer natureza.

Nas hipóteses de concessão de medida liminar, o processo terá prioridade de julgamento, a teor do disposto no art. 7º da proposição.

No processo de mandado de segurança. não caberão, nos termos do art. 25, a interposição de embargos infringentes e a condenação ao pagamento de honorários advocatícios, mas aplicar-se-ão as sanções por litigância de má-fé.

Da sentença, qualquer que seja o resultado, caberá recurso de apelação, e, concedida a segurança, o ato terminativo do processo se sujeitará, obrigatoriamente, ao duplo grau de jurisdição, consoante o disposto no art. 14, §,1º. Das decisões proferidas em única instância, pelos tribunais, caberão recursos especial e extraordinário, além do recurso ordinário, quando a ordem for denegada (art. 18).

Os processos de mandado de segurança e os respectivos recursos terão prioridade sobre todos os atos, excetuada a ação de *habeas corpus*.

A proposição também disciplina o mandado de segurança coletivo (art. 21), que pode ser impetrado por partido político com representação no Congresso Nacional, por organização sindical, entidade de classe ou associação legalmente constituída há, pelo menos, um ano.

Os direitos protegidos pelo *writ* coletivo abrangem os *coletivos,* que possuam natureza indivisível e cujo titular seja grupo ou categoria de pessoas ligadas entre si ou com a parte contrária por uma relação jurídica, e os *individuais homogéneos,* que decorram de atividade comum ou situação idêntica. experimentada pela totalidade ou parte dos associados ou membros.

O prazo para requerer mandado de segurança permanece o de cento e vinte dias, previsto na Lei nº 1.533, de 31 de dezembro de 1951, que atualmente rege a matéria.

O projeto concede o prazo de cento e oitenta dias, contados da data de publicação da nova lei, para que os tribunais adaptem os seus regimentos e leis de organização judiciária aos novos comandos relativos ao mandado de segurança.

Por fim, a proposição revoga a mencionada Lei nº 1.533, de 1951, e demais normas que tratam do tema, e dispõe que a nova lei entrará em vigor na data de sua publicação.

Foram apresentadas pelo ilustre Senador Valter Pereira quatorze emendas à matéria, com o propósito de aperfeiçoá-la.

A Emenda nº 1, modificativa do art. 3º do PLC nº 125, de 2006, propugna que a notificação do titular do direito violado possa ser feita não apenas judicialmente, mas também extrajudicialmente.

APÊNDICES · I – PROJETOS E LEGISLAÇÃO | 251

A **Emenda nº 2,** busca eliminar, no corpo do art. 4º da proposição, a referência a regras procedimentais atualmente previstas no Código de Processo Civil e na Lei nº 9.800, de 26 de maio de 1999.

A **Emenda nº 3,** dirigida ao art. 6º da proposição, objetiva, por seu turno: *i)* esclarecer quais dispositivos do Código de Processo Civil devem ser observados na elaboração da petição inicial; *ii)* tornar obrigatória a apresentação, pelo impetrante, da peça inicial em três vias, em vez de apenas duas; *iii)* restringir, àquela com *poder deliberatório ou decisório,* a autoridade passível de ser considerada coatora; e *iv)* explicitar, no § 4º do dispositivo, providências que deverão ser adotadas pelo magistrado, na hipótese de arguição de ilegitimidade passiva pela autoridade inquinada de coatora.

A **Emenda nº 4,** destinada a alterar o art. 7º do PLC, almeja: *i)* tornar compulsório o ingresso na lide de pessoa jurídica interessada; *ii)* suprimir a possibilidade de exigência de contracautela para deferimento de medida liminar; *iii)* suprimir os §§ 2º e 5º do dispositivo, que prescrevem que *não será concedida medida liminar* [bem como tutela antecipada] *que tenha por objeto a compensação de créditos tributários, a entrega de mercadorias e bens provenientes do exterior, a reclassificação ou equiparação de servidores públicos e a concessão de aumento ou a extensão de vantagens ou pagamento de qualquer natureza ;* e *iv)* eliminar o § 4º do artigo, que versa sobre a concessão de prioridade de julgamento aos feitos nos quais concedida medida liminar.

A **Emenda nº 5,** de sua parte, propõe expurgar do texto propositivo o art. 9º, que dispõe que *as autoridades administrativas, no prazo de 48 horas da notificação da medida liminar, remeterão aa ministério ou órgão a que se acham subordinadas e ao Advogado-Geral da União ou a quem tiver a representação judicial da União, do Estado, do Município ou da entidade apontada como coatora cópia autenticada do mandado notificatório, assim como indicações e elementos outros necessários* às *providências a serem tomadas para a eventual suspensão da medida e defesa do ato apontado como ilegal ou abusivo de poder.*

A **Emenda nº 6,** alterando a redação do art. 12 do PLC nº 125, de 2006, tem por fim tomar obrigatória a intervenção do *Parquet* nos casos de mandado de segurança coletivo, bem como sempre *que o direito ou interesse reclamado pelo impetrante o justificar.*

A **Emenda nº 7,** de sua vez, visa a estabelecer prazo para a interposição do chamado *agravo regimental,* modificando, assim, o art. 16 da proposição.

A **Emenda nº 8** objetiva tornar o mandado de segurança coletivo via judicial hábil à proteção dos direitos difusos;

A **Emenda nº 9,** na sequência, tenciona fixar que os efeitos da coisa julgada no mandado de segurança coletivo dependerão mais da qualidade dos direitos protegidos em juízo do que do interesse dos legitimados para agir.

252 | MANDADO DE SEGURANÇA NA PRÁTICA JUDICIÁRIA – *Arnoldo Wald*

A Emenda nº 10, procura ampliar· o prazo para a impetração do mandado de segurança de cento e vinte para trezentos e sessenta cinco dias, contados da data da ciência, pelo interessado, do ato impugnado.

A Emenda nº 11, pretende sejam aplicados subsidiariamente, à lei em elaboração, todos os dispositivos do Código de Processo Civil, e não apenas os arts. 46 a 49, como propõe originalmente o projeto.

A Emenda nº 12, por sua vez, propõe a condenação do Poder Público sucumbente aos honorários de advogado, além da gratuidade de justiça no mandado de segurança.

A Emenda nº 13, intenta a alteração da cláusula de vigência para determinar que a lei resultante da proposição entre em vigor seis meses após a data da sua publicação e não se aplique aos processos já em curso.

Por fim, **a Emenda nº 14** modifica a cláusula de revogação.

II – ANÁLISE

O PLC nº 125, de 2006, não apresenta vício de ordem **regimental,** o que torna admissível a sua análise, com base no art. 101, incisos I e II, alínea d, do Regimento Interno desta Casa (RISF), que outorga à Comissão de Constituição, Justiça e Cidadania competência para opinar sobre a constitucionalidade, juridicidade e regimentalidade dos temas que lhe são submetidos e, no mérito, sobre direito processual civil, no qual se enquadra o tema da proposição.

Quanto aos requisitos formais e materiais de **constitucionalidade,** nada há a opor à proposição, tendo em vista que *i)* compete privativamente à União legislar sobre direito processual, a teor do disposto no art. 22, I, da Constituição Federal (CF); *ii)* cabe ao Congresso Nacional dispor sobre todas as matérias de competência da União (C.F, art. 48, *caput);* e *iii)* os termos da proposta não importam em violação de cláusula pétrea. Ademais, não há vício de iniciativa, nos termos do art. 61 da Carla Magna.

O projeto atende, ainda, *aos* requisitos de **juridicidade,** porquanto a edição de *lei ordinária* é, no caso, o meio adequado ao objetivo vislumbrado; a matéria, se aprovada, *inovará* a ordem jurídica; e estão presentes os atributos da genera*lidade,* potencial *coercitividade* e compatibilidade com os princípios gerais de direito.

No que respeita à técnica legislativa, a proposição responde satisfatoriamente ao crivo da Lei Complementar nº 95, de 26 de fevereiro de 1998, que dispõe sobre a elaboração, redação, alteração e consolidação das leis, nos termos do parágrafo único do art. 59 da Constituição Federal.

No mérito, o PLC nº 125, de 2006, aprimora as regras do mandado de segurança, que teve o seu disciplinamento original assentado há mais de meio século. Com esse objetivo, define as hipóteses de aceitação da ação e as de sua rejeição, prevê a ordem dos procedimentos, os limites processuais, além de unificar as regras

APÊNDICES · I – PROJETOS E LEGISLAÇÃO | **253**

relativas no *writ* individual e ao coletivo, atualizando-as com espeque nas mais modernas orientações jurisprudenciais e facilitando, desse modo, sobremaneira a atuação dos profissionais do direito e o entendimento do cidadão comum, cujas garantias, a propósito, expande.

É de se ressaltar que o presente Projeto de Lei, de autoria da Presidência da República, tem como origem a portaria conjunta da Advocacia-Geral da União, na época comandada pelo atual Presidente do Supremo Tribunal federal, Ministro Gilmar Mendes, e do Ministério da Justiça, e é fruto do trabalho de uma comissão de renomados juristas, presidida pelo Professor Caio Tácito, em que constavam, entre outros, como relator e revisor, o Professor Arnoldo Wald e o então Ministro Carlos Alberto Direito.

Já na justificação de motivos, extrai-se o fundamento e a necessidade .de atualizar a legislação sobre o mandado de segurança, hoje regida pela Lei nº 1.533, de 31 de dezembro de 1951, incorporando as alterações que sofreu, bem como a prática administrativa e a defesa da Fazenda Pública, os procedimentos nos tribunais e a jurisprudência construída e consolidada ao longo de mais de meio século.

Assim, ao mesmo tempo em que optou-se por manter a redação e a sistemática das regras vigentes, traz diversas inovações, entre as quais destacamos: a) a possibilidade de uso de fax e meios eletrônicos, em consonância com a Lei 9.800/99; b) amplia-se a possibilidade de impetração do *writ* contra partidos políticos ou seus órgãos; c) a pessoa jurídica de direito público interessada passa a receber cópia da inicial, para que possa apresentar a defesa de seu ato; d) acolhe ainda disposições de leis especiais que tratam da concessão de liminares em sede de mandado de segurança; e) prevê a faculdade do juiz exigir garantia como condição para a concessão de liminar, e outras indicadas no relatório.

A principal inovação do Projeto, entretanto, reside na regulamentação do Mandado de Segurança Coletivo, previsto na Constituição de 1988, mas ainda não disciplinado pela legislação ordinária.

Acreditamos enfim, que a presente proposição trará enorme contribuição ao processo judicial como um todo e em especial elementos necessários a julgamento imparcial, em que se preservem os interesses dos particulares, em posição de equilíbrio com a administração, de forma rápida, mas justa.

Em relação às emendas apresentadas, conquanto louvável a iniciativa do nobre Senador Valter Pereira, que ofereceu à matéria quatorze emendas, com o inegável desejo de aprimorá-la, não temos, desafortunadamente, como acolhê-las. Não obstante a juridicidade de todas elas, optamos, em função da oportunidade histórica que ora vivenciamos de dotar a legislação, imediatamente, de aperfeiçoamentos a tanto esperados pelos operadores do direito, por aprovar o texto como veio da Câmara dos Deputados, firmado na convicção a respeito do elevado nível técnico do projeto aprovado nessa Casa do Congresso Nacional. Ocorre que, diante das circunstâncias, entendemos que retomar o projeto à Câmara dos Deputados, retardando ainda mais a vigência de medidas que se fazem já há muito tempo mais do que necessárias, não seria uma boa medida. Apenas por isso, por estas razões de ordem prática, somos obrigados a rejeitar as emendas apresentadas, tendo em vista que, a nosso sentir, já é tempo de entregar à sociedade uma legislação renovada e inovadora, como a que ora se nos apresenta. Temos a convicção de que o texto já é um grande avanço no sentido de regrar aquela que, ao lado do *habeas corpus* e do *habeas data,* forma o triunvirato das *ações judiciais cidadãs,* sem as quais se toma indiscutivelmente débil o exercício da cidadania e, especialmente, a proteção contra os abusos perpetrados pelo Estado e seus agentes.

Convém ressaltar ainda que se poderia levantar a questão do prazo decadencial para a propositura do mandado de segurança, fixado neste projeto em 120 dias, e que foi objeto de alteração pelo Projeto de Lei do Senado nº 368, de 2007, de autoria do Senador Marco Maciel. Aprovado com emenda, por acordo, na CCJ, em fins de 2008, esse projeto alterou o prazo para 365 dias. Como foi decisão terminativa e não houve recurso para apreciação em plenário, o PLS foi remetido à Câmara dos Deputados em 11 de fevereiro de 2009. A proposta aprovada na CCJ poderá ser incorporada à futura lei, que resulte do presente projeto, caso seja aprovado, mediante oportuna alteração naquela Casa do Congresso Nacional, do objeto do PLS do Senador Marco Maciel, fazendo-o incidir sobre a nova lei e não sobre a Lei nº 1.531, de 1951.

III – VOTO

Diante das razões expendidas, opinamos pela **aprovação** do Projeto de Lei da Câmara nº 125, de 2006, e **rejeição** das Emendas nºs 1 a 14 – CCJ

Sala da Comissão, 24 de junho de 2009.

Publicado no DSF, de 03/0712009.

24 – LEI Nº 12.016, DE 7 DE AGOSTO DE 2009

Art. 1º Conceder-se-á mandado de segurança para proteger direito líquido e certo, não amparado por habeas corpus ou habeas data, sempre que, ilegalmente ou com abuso de poder, qualquer pessoa física ou jurídica sofrer violação ou houver justo receio de sofrê-la por parte de autoridade, seja de que categoria for e sejam quais forem as funções que exerça.

§ 1º Equiparam-se às autoridades, para os efeitos desta Lei, os representantes ou órgãos de partidos políticos e os administradores de entidades autárquicas, bem como os dirigentes de pessoas jurídicas ou as pessoas naturais no exercício de atribuições do poder público, somente no que disser respeito a essas atribuições.

§ 2º Não cabe mandado de segurança contra os atos de gestão comercial praticados pelos administradores de empresas públicas, de sociedade de economia mista e de concessionárias de serviço público.

APÊNDICES · I – PROJETOS E LEGISLAÇÃO | **255**

§ 3º Quando o direito ameaçado ou violado couber a várias pessoas, qualquer delas poderá requerer o mandado de segurança.

Art. 2º Considerar-se-á federal a autoridade coatora se as consequências de ordem patrimonial do ato contra o qual se requer o mandado houverem de ser suportadas pela União ou entidade por ela controlada.

Art. 3º O titular de direito líquido e certo decorrente de direito, em condições idênticas, de terceiro poderá impetrar mandado de segurança a favor do direito originário, se o seu titular não o fizer, no prazo de 30 (trinta) dias, quando notificado judicialmente.

Parágrafo único. O exercício do direito previsto no caput deste artigo submete--se ao prazo fixado no art. 23 desta Lei, contado da notificação.

Art. 4º Em caso de urgência, é permitido, observados os requisitos legais, impetrar mandado de segurança por telegrama, radiograma, fax ou outro meio eletrônico de autenticidade comprovada.

§ 1º Poderá o juiz, em caso de urgência, notificar a autoridade por telegrama, radiograma ou outro meio que assegure a autenticidade do documento e a imediata ciência pela autoridade.

§ 2º O texto original da petição deverá ser apresentado nos 5 (cinco) dias úteis seguintes.

§ 3º Para os fins deste artigo, em se tratando de documento eletrônico, serão observadas as regras da Infra-Estrutura de Chaves Públicas Brasileira – ICP-Brasil.

Art. 5º Não se concederá mandado de segurança quando se tratar:

I – de ato do qual caiba recurso administrativo com efeito suspensivo, independentemente de caução;

II – de decisão judicial da qual caiba recurso com efeito suspensivo;

III – de decisão judicial transitada em julgado.

Parágrafo único. (VETADO)

Art. 6º A petição inicial, que deverá preencher os requisitos estabelecidos pela lei processual, será apresentada em 2 (duas) vias com os documentos que instruírem a primeira reproduzidos na segunda e indicará, além da autoridade coatora, a pessoa jurídica que esta integra, à qual se acha vinculada ou da qual exerce atribuições.

§ 1º No caso em que o documento necessário à prova do alegado se ache em repartição ou estabelecimento público ou em poder de autoridade que se recuse a fornecê-lo por certidão ou de terceiro, o juiz ordenará, preliminarmente, por ofício, a exibição desse documento em original ou em cópia autêntica e marcará, para o cumprimento da ordem, o prazo de 10 (dez) dias. O escrivão extrairá cópias do documento para juntá-las à segunda via da petição.

§ 2º Se a autoridade que tiver procedido dessa maneira for a própria coatora, a ordem far-se-á no próprio instrumento da notificação.

256 | MANDADO DE SEGURANÇA NA PRÁTICA JUDICIÁRIA – *Arnoldo Wald*

§ 3º Considera-se autoridade coatora aquela que tenha praticado o ato impugnado ou da qual emane a ordem para a sua prática.

§ 4º (VETADO)

§ 5º Denega-se o mandado de segurança nos casos previstos pelo art. 267 da Lei no 5.869, de 11 de janeiro de 1973 – Código de Processo Civil.

§ 6º O pedido de mandado de segurança poderá ser renovado dentro do prazo decadencial, se a decisão denegatória não lhe houver apreciado o mérito.

Art. 7º Ao despachar a inicial, o juiz ordenará:

I – que se notifique o coator do conteúdo da petição inicial, enviando-lhe a segunda via apresentada com as cópias dos documentos, a fim de que, no prazo de 10 (dez) dias, preste as informações;

II – que se dê ciência do feito ao órgão de representação judicial da pessoa jurídica interessada, enviando-lhe cópia da inicial sem documentos, para que, querendo, ingresse no feito;

III – que se suspenda o ato que deu motivo ao pedido, quando houver fundamento relevante e do ato impugnado puder resultar a ineficácia da medida, caso seja finalmente deferida, sendo facultado exigir do impetrante caução, fiança ou depósito, com o objetivo de assegurar o ressarcimento à pessoa jurídica.

§ 1º Da decisão do juiz de primeiro grau que conceder ou denegar a liminar caberá agravo de instrumento, observado o disposto na Lei no 5.869, de 11 de janeiro de 1973 – Código de Processo Civil.

§ 2º Não será concedida medida liminar que tenha por objeto a compensação de créditos tributários, a entrega de mercadorias e bens provenientes do exterior, a reclassificação ou equiparação de servidores públicos e a concessão de aumento ou a extensão de vantagens ou pagamento de qualquer natureza.

§ 3º Os efeitos da medida liminar, salvo se revogada ou cassada, persistirão até a prolação da sentença.

§ 4º Deferida a medida liminar, o processo terá prioridade para julgamento.

§ 5º As vedações relacionadas com a concessão de liminares previstas neste artigo se estendem à tutela antecipada a que se referem os arts. 273 e 461 da Lei no 5.869, de 11 janeiro de 1973 – Código de Processo Civil.

Art. 8º Será decretada a perempção ou caducidade da medida liminar *ex officio* ou a requerimento do Ministério Público quando, concedida a medida, o impetrante criar obstáculo ao normal andamento do processo ou deixar de promover, por mais de 3 (três) dias úteis, os atos e as diligências que lhe cumprirem.

Art. 9º As autoridades administrativas, no prazo de 48 (quarenta e oito) horas da notificação da medida liminar, remeterão ao Ministério ou órgão a que se acham subordinadas e ao Advogado-Geral da União ou a quem tiver a representação judicial da União, do Estado, do Município ou da entidade apontada como coatora cópia autenticada do mandado notificatório, assim como indicações e elementos

APÊNDICES · I – PROJETOS E LEGISLAÇÃO | **257**

outros necessários às providências a serem tomadas para a eventual suspensão da medida e defesa do ato apontado como ilegal ou abusivo de poder.

Art. 10. A inicial será desde logo indeferida, por decisão motivada, quando não for o caso de mandado de segurança ou lhe faltar algum dos requisitos legais ou quando decorrido o prazo legal para a impetração.

§ 1º Do indeferimento da inicial pelo juiz de primeiro grau caberá apelação e, quando a competência para o julgamento do mandado de segurança couber originariamente a um dos tribunais, do ato do relator caberá agravo para o órgão competente do tribunal que integre.

§ 2º O ingresso de litisconsorte ativo não será admitido após o despacho da petição inicial.

Art. 11. Feitas as notificações, o serventuário em cujo cartório corra o feito juntará aos autos cópia autêntica dos ofícios endereçados ao coator e ao órgão de representação judicial da pessoa jurídica interessada, bem como a prova da entrega a estes ou da sua recusa em aceitá-los ou dar recibo e, no caso do art. 4o desta Lei, a comprovação da remessa.

Art. 12. Findo o prazo a que se refere o inciso I do caput do art. 7o desta Lei, o juiz ouvirá o representante do Ministério Público, que opinará, dentro do prazo improrrogável de 10 (dez) dias.

Parágrafo único. Com ou sem o parecer do Ministério Público, os autos serão conclusos ao juiz, para a decisão, a qual deverá ser necessariamente proferida em 30 (trinta) dias.

Art. 13. Concedido o mandado, o juiz transmitirá em ofício, por intermédio do oficial do juízo, ou pelo correio, mediante correspondência com aviso de recebimento, o inteiro teor da sentença à autoridade coatora e à pessoa jurídica interessada.

Parágrafo único. Em caso de urgência, poderá o juiz observar o disposto no art. 4º desta Lei.

Art. 14. Da sentença, denegando ou concedendo o mandado, cabe apelação.

§ 1º Concedida a segurança, a sentença estará sujeita obrigatoriamente ao duplo grau de jurisdição.

§ 2º Estende-se à autoridade coatora o direito de recorrer.

§ 3º A sentença que conceder o mandado de segurança pode ser executada provisoriamente, salvo nos casos em que for vedada a concessão da medida liminar.

§ 4º O pagamento de vencimentos e vantagens pecuniárias assegurados em sentença concessiva de mandado de segurança a servidor público da administração direta ou autárquica federal, estadual e municipal somente será efetuado relativamente às prestações que se vencerem a contar da data do ajuizamento da inicial.

Art. 15. Quando, a requerimento de pessoa jurídica de direito público interessada ou do Ministério Público e para evitar grave lesão à ordem, à saúde, à segurança e à economia públicas, o presidente do tribunal ao qual couber o conhecimento do respectivo recurso suspender, em decisão fundamentada, a execução da liminar e da sentença, dessa decisão caberá agravo, sem efeito suspensivo, no prazo de 5 (cinco) dias, que será levado a julgamento na sessão seguinte à sua interposição.

§ 1º Indeferido o pedido de suspensão ou provido o agravo a que se refere o caput deste artigo, caberá novo pedido de suspensão ao presidente do tribunal competente para conhecer de eventual recurso especial ou extraordinário.

§ 2º É cabível também o pedido de suspensão a que se refere o § 1º deste artigo, quando negado provimento a agravo de instrumento interposto contra a liminar a que se refere este artigo.

§ 3º A interposição de agravo de instrumento contra liminar concedida nas ações movidas contra o poder público e seus agentes não prejudica nem condiciona o julgamento do pedido de suspensão a que se refere este artigo.

§ 4º O presidente do tribunal poderá conferir ao pedido efeito suspensivo liminar se constatar, em juízo prévio, a plausibilidade do direito invocado e a urgência na concessão da medida.

§ 5º As liminares cujo objeto seja idêntico poderão ser suspensas em uma única decisão, podendo o presidente do tribunal estender os efeitos da suspensão a liminares supervenientes, mediante simples aditamento do pedido original.

Art. 16. Nos casos de competência originária dos tribunais, caberá ao relator a instrução do processo, sendo assegurada a defesa oral na sessão do julgamento do mérito ou do pedido liminar. (Redação dada pela Lei nº 13.676, de 2018)

Parágrafo único. Da decisão do relator que conceder ou denegar a medida liminar caberá agravo ao órgão competente do tribunal que integre.

Art. 17. Nas decisões proferidas em mandado de segurança e nos respectivos recursos, quando não publicado, no prazo de 30 (trinta) dias, contado da data do julgamento, o acórdão será substituído pelas respectivas notas taquigráficas, independentemente de revisão.

Art. 18. Das decisões em mandado de segurança proferidas em única instância pelos tribunais cabe recurso especial e extraordinário, nos casos legalmente previstos, e recurso ordinário, quando a ordem for denegada.

Art. 19. A sentença ou o acórdão que denegar mandado de segurança, sem decidir o mérito, não impedirá que o requerente, por ação própria, pleiteie os seus direitos e os respectivos efeitos patrimoniais.

Art. 20. Os processos de mandado de segurança e os respectivos recursos terão prioridade sobre todos os atos judiciais, salvo *habeas corpus*.

§ 1º Na instância superior, deverão ser levados a julgamento na primeira sessão que se seguir à data em que forem conclusos ao relator.

§ 2º O prazo para a conclusão dos autos não poderá exceder de 5 (cinco) dias.

APÊNDICES · I – PROJETOS E LEGISLAÇÃO | **259**

Art. 21. O mandado de segurança coletivo pode ser impetrado por partido político com representação no Congresso Nacional, na defesa de seus interesses legítimos relativos a seus integrantes ou à finalidade partidária, ou por organização sindical, entidade de classe ou associação legalmente constituída e em funcionamento há, pelo menos, 1 (um) ano, em defesa de direitos líquidos e certos da totalidade, ou de parte, dos seus membros ou associados, na forma dos seus estatutos e desde que pertinentes às suas finalidades, dispensada, para tanto, autorização especial.

Parágrafo único. Os direitos protegidos pelo mandado de segurança coletivo podem ser:

I – coletivos, assim entendidos, para efeito desta Lei, os transindividuais, de natureza indivisível, de que seja titular grupo ou categoria de pessoas ligadas entre si ou com a parte contrária por uma relação jurídica básica;

II – individuais homogêneos, assim entendidos, para efeito desta Lei, os decorrentes de origem comum e da atividade ou situação específica da totalidade ou de parte dos associados ou membros do impetrante.

Art. 22. No mandado de segurança coletivo, a sentença fará coisa julgada limitadamente aos membros do grupo ou categoria substituídos pelo impetrante.

§ 1º O mandado de segurança coletivo não induz litispendência para as ações individuais, mas os efeitos da coisa julgada não beneficiarão o impetrante a título individual se não requerer a desistência de seu mandado de segurança no prazo de 30 (trinta) dias a contar da ciência comprovada da impetração da segurança coletiva.

§ 2º No mandado de segurança coletivo, a liminar só poderá ser concedida após a audiência do representante judicial da pessoa jurídica de direito público, que deverá se pronunciar no prazo de 72 (setenta e duas) horas.

Art. 23. O direito de requerer mandado de segurança extinguir-se-á decorridos 120 (cento e vinte) dias, contados da ciência, pelo interessado, do ato impugnado.

Art. 24. Aplicam-se ao mandado de segurança os arts. 46 a 49 da Lei no 5.869, de 11 de janeiro de 1973 – Código de Processo Civil.

Art. 25. Não cabem, no processo de mandado de segurança, a interposição de embargos infringentes e a condenação ao pagamento dos honorários advocatícios, sem prejuízo da aplicação de sanções no caso de litigância de má-fé.

Art. 26. Constitui crime de desobediência, nos termos do art. 330 do Decreto--Lei no 2.848, de 7 de dezembro de 1940, o não cumprimento das decisões proferidas em mandado de segurança, sem prejuízo das sanções administrativas e da aplicação da Lei no 1.079, de 10 de abril de 1950, quando cabíveis.

Art. 27. Os regimentos dos tribunais e, no que couber, as leis de organização judiciária deverão ser adaptados às disposições desta Lei no prazo de 180 (cento e oitenta) dias, contado da sua publicação.

Art. 28. Esta Lei entra em vigor na data de sua publicação.

260 | MANDADO DE SEGURANÇA NA PRÁTICA JUDICIÁRIA – *Arnoldo Wald*

Art. 29. Revogam-se as Leis nos 1.533, de 31 de dezembro de 1951, 4.166, de 4 de dezembro de 1962, 4.348, de 26 de junho de 1964, 5.021, de 9 de junho de 1966; o art. 3o da Lei no 6.014, de 27 de dezembro de 1973, o art. 1o da Lei no 6.071, de 3 de julho de 1974, o art. 12 da Lei no 6.978, de 19 de janeiro de 1982, e o art. 2o da Lei no 9.259, de 9 de janeiro de 1996.

25 – QUADRO COMPARATIVO ENTRE A LEI Nº 12.016/2009 E A LEGISLAÇÃO ANTERIOR

Lei nº 1.533, de 31.12.1951	Projeto de Lei nº 5.067, de 2001 (Redação inicial do Executivo)	Lei nº 12.016, de 7 de agosto de 2009
Altera disposições do Código do Processo Civil, relativas ao mandado de segurança.	Disciplina o mandado de segurança individual e coletivo, e dá outras providências.	Disciplina o mandado de segurança individual e coletivo e dá outras providências.
Art. 1º – Conceder-se-á mandado de segurança para proteger direito líquido e certo, não amparado por *habeas corpus*, sempre que, ilegalmente ou com abuso do poder, alguém sofrer violação ou houver justo receio de sofre-la por parte de autoridade, seja de que categoria for e sejam quais forem as funções que exerça.	Art. 1º Conceder-se-á mandado de segurança para proteger direito líquido e certo, não amparado por *habeas corpus* ou *habeas data*, sempre que, ilegalmente ou com abuso de poder, qualquer pessoa física ou jurídica sofrer violação, ou houver justo receio de sofrê-la, por parte de autoridade, seja de que categoria for e sejam quais forem as funções que exerça.	Art. 1º Conceder-se-á mandado de segurança para proteger direito líquido e certo, não amparado por *habeas corpus* ou *habeas data*, sempre que, ilegalmente ou com abuso de poder, qualquer pessoa física ou jurídica sofrer violação ou houver justo receio de sofrê-la por parte de autoridade, seja de que categoria for e sejam quais forem as funções que exerça.
§ 1º Consideram-se autoridades, para os efeitos desta lei, os representantes ou administradores das entidades autárquicas e das pessoas naturais ou jurídicas com funções delegadas do Poder Público, somente no que entender com essas funções. (Redação dada pela Lei nº 9.259, de 1996)	§ 1º Equiparam-se às autoridades, para os efeitos desta Lei, os representantes ou órgãos de partidos políticos e os administradores de entidades autárquicas, bem como os dirigentes de pessoas jurídicas ou as pessoas naturais no exercício de atribuições do Poder Público, somente no que disser respeito a essas atribuições.	§ 1º Equiparam-se às autoridades, para os efeitos desta Lei, os representantes ou órgãos de partidos políticos e os administradores de entidades autárquicas, bem como os dirigentes de pessoas jurídicas ou as pessoas naturais no exercício de atribuições do poder público, somente no que disser respeito a essas atribuições.

APÊNDICES · I – PROJETOS E LEGISLAÇÃO | 261

Lei nº 1.533, de 31.12.1951	Projeto de Lei nº 5.067, de 2001 (Redação inicial do Executivo)	Lei nº 12.016, de 7 de agosto de 2009
§ 2º – Quando o direito ameaçado ou violado couber a várias pessoas, qualquer delas poderá requerer o mandado de segurança.	§ 2º Não cabe mandado de segurança contra os atos de gestão comercial praticados pelos administradores de empresas públicas, de sociedade de economia mista e de concessionárias de serviço público.	§ 2º Não cabe mandado de segurança contra os atos de gestão comercial praticados pelos administradores de empresas públicas, de sociedade de economia mista e de concessionárias de serviço público.
	§ 3º Quando o direito ameaçado ou violado couber a várias pessoas, qualquer delas poderá requerer o mandado de segurança.	§ 3º Quando o direito ameaçado ou violado couber a várias pessoas, qualquer delas poderá requerer o mandado de segurança.
Art. 2º – Considerar-se-á federal a autoridade coatora se as consequências de ordem patrimonial do ato contra o qual se requer o mandado houverem de ser suportadas pela união federal ou pelas entidades autárquicas federais.	Art. 2º Considerar-se-á federal a autoridade coatora se as consequências de ordem patrimonial do ato contra o qual se requer o mandado houverem de ser suportadas pela União ou entidade por ela controlada.	Art. 2º Considerar-se-á federal a autoridade coatora se as consequências de ordem patrimonial do ato contra o qual se requer o mandado houverem de ser suportadas pela União ou entidade por ela controlada.
Art. 3º – O titular de direito líquido e certo decorrente de direito, em condições idênticas, de terceiro, poderá impetrar mandado de segurança a favor do direito originário, se o seu titular não o fizer, em prazo razoável, apesar de para isso notificado judicialmente.	Art. 3º O titular de direito líquido e certo decorrente de direito, em condições idênticas, de terceiro, poderá impetrar mandado de segurança a favor do direito originário, se o seu titular não o fizer, no prazo de trinta dias, quando notificado judicialmente. Parágrafo único. O exercício do direito previsto no *caput* deste artigo submete-se ao prazo fixado no art. 23, contado da notificação.	Art. 3º O titular de direito líquido e certo decorrente de direito, em condições idênticas, de terceiro poderá impetrar mandado de segurança a favor do direito originário, se o seu titular não o fizer, no prazo de 30 (trinta) dias, quando notificado judicialmente. Parágrafo único. O exercício do direito previsto no *caput* deste artigo submete-se ao prazo fixado no art. 23 desta Lei, contado da notificação.

Lei nº 1.533, de 31.12.1951	Projeto de Lei nº 5.067, de 2001 (Redação inicial do Executivo)	Lei nº 12.016, de 7 de agosto de 2009
Art. 4º – Em caso de urgência, é permitido, observados os requisitos desta lei, impetrar o mandado de segurança por telegrama ou radiograma ao juiz competente, que poderá determinar seja feita pela mesma forma a notificação à autoridade coatora. Vide art. 4º, *in fine*.	Art. 4º Em caso de urgência, é permitido, observados os requisitos legais, impetrar mandado de segurança por telegrama, radiograma, fax ou outro meio eletrônico de autenticidade comprovada. § 1º Poderá o juiz, em caso de urgência, notificar a autoridade por telegrama, radiograma ou outro meio que assegure a autenticidade do documento e a imediata ciência pela autoridade. § 2º O texto original da petição deverá ser apresentado nos cinco dias úteis seguintes. § 3º Para os fins deste artigo, em se tratando de documento eletrônico, serão observadas as regras da Infraestrutura de Chaves Públicas Brasileira – ICP-Brasil.	Art. 4º Em caso de urgência, é permitido, observados os requisitos legais, impetrar mandado de segurança por telegrama, radiograma, fax ou outro meio eletrônico de autenticidade comprovada. § 1º Poderá o juiz, em caso de urgência, notificar a autoridade por telegrama, radiograma ou outro meio que assegure a autenticidade do documento e a imediata ciência pela autoridade. § 2º O texto original da petição deverá ser apresentado nos 5 (cinco) dias úteis seguintes. § 3º Para os fins deste artigo, em se tratando de documento eletrônico, serão observadas as regras da Infraestrutura de Chaves Públicas Brasileira – ICP-Brasil.
Art. 5º – Não se dará mandado de segurança quando se tratar: I – de ato de que caiba recurso administrativo com efeito suspensivo, independente de caução. II – de despacho ou decisão judicial, quando haja recurso previsto nas leis processuais ou possa ser modificado por via de correição. III – de ato disciplinar, salvo quando praticado por autoridade incompetente ou com inobservância de formalidade essencial.	Art. 5º Não se concederá mandado de segurança quando se tratar: I – de ato do qual caiba recurso administrativo com efeito suspensivo, independentemente de caução; II – de decisão judicial da qual caiba recurso com efeito suspensivo; III – de decisão judicial transitada em julgado. Parágrafo único. O mandado de segurança poderá ser impetrado, independentemente de recurso hierárquico, contra omissões da autoridade, no prazo de cento e vinte dias, após sua notificação judicial ou extrajudicial.	Art. 5º Não se concederá mandado de segurança quando se tratar: I – de ato do qual caiba recurso administrativo com efeito suspensivo, independentemente de caução; II – de decisão judicial da qual caiba recurso com efeito suspensivo; III – de decisão judicial transitada em julgado. Parágrafo único. (VETADO)

APÊNDICES · I – PROJETOS E LEGISLAÇÃO | 263

Lei nº 1.533, de 31.12.1951	Projeto de Lei nº 5.067, de 2001 (Redação inicial do Executivo)	Lei nº 12.016, de 7 de agosto de 2009
		Razão do veto: "A exigência de notificação prévia como condição para a propositura do Mandado de Segurança pode gerar questionamentos quanto ao início da contagem do prazo de 120 dias em vista da ausência de período razoável para a prática do ato pela autoridade e, em especial, pela possibilidade da autoridade notificada não ser competente para suprir a omissão."
Art. 6º – A petição inicial, que deverá preencher os requisitos dos artigos 158 e 159 do Código do Processo Civil, será apresentada em duas vias e os documentos, que instruírem a primeira, deverão ser reproduzidos, por cópia, na segunda. Parágrafo único. No caso em que o documento necessário a prova do alegado se acha em repartição ou estabelecimento público, ou em poder de autoridade que recuse fornece-lo por certidão, o juiz ordenará, preliminarmente, por oficio, a exibição desse documento em original ou em cópia autêntica e marcará para cumprimento da ordem o prazo de dez dias. Se a autoridade que tiver procedido dessa maneira for a própria coatora, a ordem far-se-á no próprio instrumento da notificação. O escrivão extrairá cópias do documento para juntá-las à segunda via da petição. (Redação dada pela Lei nº 4.166, de 1962) Vide art. 16 da Lei.	Art. 6º A petição inicial, que deverá preencher os requisitos estabelecidos pela lei processual, será apresentada em duas vias com os documentos que instruírem a primeira reproduzidos na segunda, e indicará, além da autoridade coatora, a pessoa jurídica que esta integra, à qual se acha vinculada ou da qual exerce atribuições. § 1º No caso em que o documento necessário à prova do alegado se ache em repartição ou estabelecimento público, ou em poder de autoridade que recuse fornecê-lo por certidão, ou de terceiro, o juiz ordenará, preliminarmente, por ofício, a exibição desse documento em original ou em cópia autêntica e marcará, para o cumprimento da ordem, o prazo de dez dias. O escrivão extrairá cópias do documento para juntá-las à segunda via da petição.	Art. 6º A petição inicial, que deverá preencher os requisitos estabelecidos pela lei processual, será apresentada em 2 (duas) vias com os documentos que instruírem a primeira reproduzidos na segunda e indicará, além da autoridade coatora, a pessoa jurídica que esta integra, à qual se acha vinculada ou da qual exerce atribuições. § 1º No caso em que o documento necessário à prova do alegado se ache em repartição ou estabelecimento público ou em poder de autoridade que se recuse a fornecê-lo por certidão ou de terceiro, o juiz ordenará, preliminarmente, por ofício, a exibição desse documento em original ou em cópia autêntica e marcará, para o cumprimento da ordem, o prazo de 10 (dez) dias. O escrivão extrairá cópias do documento para juntá-las à segunda via da petição.

MANDADO DE SEGURANÇA NA PRÁTICA JUDICIÁRIA – Arnoldo Wald

Lei nº 1.533, de 31.12.1951	Projeto de Lei nº 5.067, de 2001 (Redação inicial do Executivo)	Lei nº 12.016, de 7 de agosto de 2009
	§ 2º Se a autoridade que tiver procedido dessa maneira for a própria coatora, a ordem far-se-á no próprio instrumento da notificação. § 3º Considera-se autoridade coatora aquela que tenha praticado o ato impugnado ou da qual emane a ordem para a sua prática. § 4º Suscitada a ilegitimidade pela autoridade coatora, o impetrante poderá emendar a inicial no prazo de dez dias. § 5º Denega-se o mandado de segurança nos casos previstos pelo art. 267 da Lei nº 5.869, de 11 de janeiro de 1973 – Código de Processo Civil.	§ 2º Se a autoridade que tiver procedido dessa maneira for a própria coatora, a ordem far-se-á no próprio instrumento da notificação. § 3º Considera-se autoridade coatora aquela que tenha praticado o ato impugnado ou da qual emane a ordem para a sua prática. § 4º (VETADO) **Razão do veto:** "A redação conferida ao dispositivo durante o trâmite legislativo permite a interpretação de que devem ser efetuadas no correr do prazo decadencial de 120 dias eventuais emendas à petição inicial com vistas a corrigir a autoridade impetrada. Tal entendimento prejudica a utilização do remédio constitucional, em especial, ao se considerar que a autoridade responsável pelo ato ou omissão impugnados nem sempre é evidente ao cidadão comum." § 5º Denega-se o mandado de segurança nos casos previstos pelo art. 267 da Lei nº 5.869, de 11 de janeiro de 1973 – Código de Processo Civil.
	§ 6º O pedido de mandado de segurança poderá ser renovado dentro do prazo decadencial, se a decisão denegatória não lhe houver apreciado o mérito.	§ 6º O pedido de mandado de segurança poderá ser renovado dentro do prazo decadencial, se a decisão denegatória não lhe houver apreciado o mérito.

APÊNDICES · I – PROJETOS E LEGISLAÇÃO | 265

Lei nº 1.533, de 31.12.1951	Projeto de Lei nº 5.067, de 2001 (Redação inicial do Executivo)	Lei nº 12.016, de 7 de agosto de 2009
Art. 7º – Ao despachar a inicial, o juiz ordenará: I – que se notifique o coator do conteúdo da petição entregando-lhe a segunda via apresentada pelo requerente com as cópias dos documentos a fim de que no prazo de quinze dias preste as informações que achar necessárias. (Redação dada pela Lei nº 4.166, de 1962) (Prazo: vide Lei nº 4.348, de 1964) II – que se suspenda o ato que deu motivo ao pedido quando for relevante o fundamento e do ato impugnado puder resultar a ineficácia da medida, caso seja deferida.	Art. 7º Ao despachar a inicial, o juiz ordenará: I – que se notifique o coator do conteúdo da petição inicial, enviando-lhe a segunda via apresentada com as cópias dos documentos, a fim de que, no prazo de dez dias, preste as informações; II – que se dê ciência do feito ao órgão de representação judicial da pessoa jurídica interessada, enviando-lhe cópia da inicial sem documentos, para que, querendo, ingresse no feito; III – que se suspenda o ato que deu motivo ao pedido, quando houver fundamento relevante e do ato impugnado puder resultar a ineficácia da medida, caso seja finalmente deferida, sendo facultado exigir, do impetrante, caução, fiança ou depósito, com o objetivo de assegurar o ressarcimento à pessoa jurídica. § 1º Da decisão do juiz de primeiro grau, que conceder ou denegar a liminar, caberá agravo de instrumento, observado o disposto no Código de Processo Civil.	Art. 7º Ao despachar a inicial, o juiz ordenará: I – que se notifique o coator do conteúdo da petição inicial, enviando-lhe a segunda via apresentada com as cópias dos documentos, a fim de que, no prazo de 10 (dez) dias, preste as informações; II – que se dê ciência do feito ao órgão de representação judicial da pessoa jurídica interessada, enviando-lhe cópia da inicial sem documentos, para que, querendo, ingresse no feito; III – que se suspenda o ato que deu motivo ao pedido, quando houver fundamento relevante e do ato impugnado puder resultar a ineficácia da medida, caso seja finalmente deferida, sendo facultado exigir do impetrante caução, fiança ou depósito, com o objetivo de assegurar o ressarcimento à pessoa jurídica. § 1º Da decisão do juiz de primeiro grau que conceder ou denegar a liminar caberá agravo de instrumento, observado o disposto na Lei nº 5.869, de 11 de janeiro de 1973 – Código de Processo Civil.
	§ 2º Não será concedida medida liminar que tenha por objeto a compensação de créditos tributários, a entrega de mercadoria e bens provenientes do exterior, a reclassificação ou equiparação de servidores públicos e a concessão de aumento ou a extensão de vantagens ou pagamento de qualquer natureza.	§ 2º Não será concedida medida liminar que tenha por objeto a compensação de créditos tributários, a entrega de mercadorias e bens provenientes do exterior, a reclassificação ou equiparação de servidores públicos e a concessão de aumento ou a extensão de vantagens ou pagamento de qualquer natureza.

Lei nº 1.533, de 31.12.1951	Projeto de Lei nº 5.067, de 2001 (Redação inicial do Executivo)	Lei nº 12.016, de 7 de agosto de 2009
	§ 3º Os efeitos da medida liminar, salvo se revogada ou cassada, persistirão até a prolação da sentença. § 4º Deferida a medida liminar, o processo terá prioridade para julgamento. § 5º As vedações relacionadas com a concessão de liminares previstas neste artigo se estendem à tutela antecipada a que se referem os arts. 273 e 461 do Código de Processo Civil.	§ 3º Os efeitos da medida liminar, salvo se revogada ou cassada, persistirão até a prolação da sentença. § 4º Deferida a medida liminar, o processo terá prioridade para julgamento. § 5º As vedações relacionadas com a concessão de liminares previstas neste artigo se estendem à tutela antecipada a que se referem os arts. 273 e 461 da Lei nº 5.869, de 11 janeiro de 1973 – Código de Processo Civil.
Art. 8º – A inicial será desde logo indeferida quando não for caso de mandado de segurança ou lhe faltar algum dos requisitos desta lei. Parágrafo único. De despacho de indeferimento caberá o recurso previsto no art. 12. Art. 9º – Feita a notificação, o serventuário em cujo cartório corra o feito juntará aos autos cópia autêntica do ofício endereçado ao coator, bem como a prova da entrega a este ou da sua recusa em aceitá-lo ou dar recibo.	Art. 8º Será decretada a perempção ou caducidade da medida liminar *ex officio* ou a requerimento do Ministério Público quando, concedida a medida, o impetrante criar obstáculo ao normal andamento do processo ou deixar de promover, por mais de três dias úteis, os atos e as diligências que lhe cumprirem.	Art. 8º Será decretada a perempção ou caducidade da medida liminar *ex officio* ou a requerimento do Ministério Público quando, concedida a medida, o impetrante criar obstáculo ao normal andamento do processo ou deixar de promover, por mais de 3 (três) dias úteis, os atos e as diligências que lhe cumprirem.

Lei nº 1.533, de 31.12.1951	Projeto de Lei nº 5.067, de 2001 (Redação inicial do Executivo)	Lei nº 12.016, de 7 de agosto de 2009
	Art. 9º As autoridades administrativas, no prazo de quarenta e oito horas da notificação da medida liminar, remeterão ao ministério ou órgão a que se acham subordinadas e ao Advogado-Geral da União ou a quem tiver a representação judicial da União, do Estado, do Município ou da entidade apontada como coatora, cópia autenticada do mandado notificatório, assim como indicações e elementos outros necessários às providências a serem tomadas para a eventual suspensão da medida e defesa do ato apontado como ilegal ou abusivo de poder.	Art. 9º As autoridades administrativas, no prazo de 48 (quarenta e oito) horas da notificação da medida liminar, remeterão ao Ministério ou órgão a que se acham subordinadas e ao Advogado-Geral da União ou a quem tiver a representação judicial da União, do Estado, do Município ou da entidade apontada como coatora cópia autenticada do mandado notificatório, assim como indicações e elementos outros necessários às providências a serem tomadas para a eventual suspensão da medida e defesa do ato apontado como ilegal ou abusivo de poder.
Art. 10 – Findo o prazo a que se refere o item I do art. 7º e ouvido o representante do Ministério Público dentro em cinco dias, os autos serão conclusos ao juiz, independente de solicitação da parte, para a decisão, a qual deverá ser proferida em cinco dias, tenham sido ou não prestadas as informações pela autoridade coatora.	Art. 10. A inicial será desde logo indeferida, por decisão motivada, quando não for o caso de mandado de segurança ou lhe faltar algum dos requisitos legais ou quando decorrido o prazo legal para a impetração. § 1º Do indeferimento da inicial pelo juiz de primeiro grau caberá apelação e, quando a competência para o julgamento do mandado de segurança couber originariamente a um dos tribunais, do ato de relator caberá agravo para o órgão competente do tribunal que integre. § 2º O ingresso de litisconsorte ativo não será admitido após o despacho da petição inicial.	Art. 10. A inicial será desde logo indeferida, por decisão motivada, quando não for o caso de mandado de segurança ou lhe faltar algum dos requisitos legais ou quando decorrido o prazo legal para a impetração. § 1º Do indeferimento da inicial pelo juiz de primeiro grau caberá apelação e, quando a competência para o julgamento do mandado de segurança couber originariamente a um dos tribunais, do ato do relator caberá agravo para o órgão competente do tribunal que integre. § 2º O ingresso de litisconsorte ativo não será admitido após o despacho da petição inicial.

Lei nº 1.533, de 31.12.1951	Projeto de Lei nº 5.067, de 2001 (Redação inicial do Executivo)	Lei nº 12.016, de 7 de agosto de 2009
Art. 11 – Julgado procedente o pedido, o juiz transmitirá em ofício, por mão do oficial do juízo ou pelo correio, mediante registro com recibo de volta, ou por telegrama, radiograma ou telefonema, conforme o requerer o peticionário, o inteiro teor da sentença a autoridade coatora. Parágrafo único. Os originais, no caso de transmissão telegráfica, radiofônica ou telefônica, deverão ser apresentados a agência expedidora com a firma do juiz devidamente reconhecida. Art. 12 – Da sentença, negando ou concedendo o mandado cabe apelação. (Redação dada pela Lei nº 6.014, de 1973) Parágrafo único. A sentença, que conceder o mandado, fica sujeita ao duplo grau de jurisdição, podendo, entretanto, ser executada provisoriamente. (Redação dada pela Lei nº 6.071, de 1974) Vide art. 12, § único, *in fine*.	Art. 11. Feitas as notificações, o serventuário, em cujo cartório corra o feito, juntará aos autos cópia autêntica dos ofícios endereçados ao coator e ao órgão de representação judicial da pessoa jurídica interessada, bem como a prova da entrega a estes ou da sua recusa em aceitá-los ou dar recibo e, no caso do art. 4o, a comprovação da remessa.	Art. 11. Feitas as notificações, o serventuário em cujo cartório corra o feito juntará aos autos cópia autêntica dos ofícios endereçados ao coator e ao órgão de representação judicial da pessoa jurídica interessada, bem como a prova da entrega a estes ou da sua recusa em aceitá-los ou dar recibo e, no caso do art. 4º desta Lei, a comprovação da remessa.
	Art. 12. Findo o prazo a que se refere o inciso I do art. 7o, o juiz ouvirá o representante do Ministério Público, que opinará, dentro do prazo improrrogável de dez dias. Parágrafo único. Com ou sem o parecer do Ministério Público, os autos serão conclusos ao juiz, para a decisão, a qual deverá ser necessariamente proferida em trinta dias.	Art. 12. Findo o prazo a que se refere o inciso I do *caput* do art. 7º desta Lei, o juiz ouvirá o representante do Ministério Público, que opinará, dentro do prazo improrrogável de 10 (dez) dias. Parágrafo único. Com ou sem o parecer do Ministério Público, os autos serão conclusos ao juiz, para a decisão, a qual deverá ser necessariamente proferida em 30 (trinta) dias.

APÊNDICES · I – PROJETOS E LEGISLAÇÃO | 269

Lei nº 1.533, de 31.12.1951	Projeto de Lei nº 5.067, de 2001 (Redação inicial do Executivo)	Lei nº 12.016, de 7 de agosto de 2009
Art. 13 – Quando o mandado for concedido e o Presidente do Tribunal, ao qual competir o conhecimento do recurso, ordenar ao juiz a suspensão da execução da sentença, desse seu ato caberá agravo para o Tribunal a que presida. (Redação dada pela Lei nº 6.014, de 1973)	Art. 13. Concedido o mandado, o juiz transmitirá em ofício, por intermédio do oficial do juízo, ou pelo correio, mediante correspondência com aviso de recebimento, o inteiro teor da sentença à autoridade coatora e à pessoa jurídica interessada. Parágrafo único. Em caso de urgência, poderá o juiz observar o disposto no art. 4o.	Art. 13. Concedido o mandado, o juiz transmitirá em ofício, por intermédio do oficial do juízo, ou pelo correio, mediante correspondência com aviso de recebimento, o inteiro teor da sentença à autoridade coatora e à pessoa jurídica interessada. Parágrafo único. Em caso de urgência, poderá o juiz observar o disposto no art. 4º desta Lei.
Art. 14 – Nos casos de competência do Supremo Tribunal Federal e dos demais tribunais caberá ao relator a instrução do processo.	Art. 14. Da sentença, denegando ou concedendo o mandado, cabe apelação. § 1º Concedida a segurança, a sentença estará sujeita obrigatoriamente ao duplo grau de jurisdição. § 2º Estende-se à autoridade coatora o direito de recorrer. § 3º A sentença que conceder o mandado de segurança pode ser executada provisoriamente, salvo nos casos em que for vedada a concessão da medida liminar. § 4º O pagamento de vencimentos e vantagens pecuniárias assegurados em sentença concessiva de mandado de segurança a servidor público da administração direta ou autárquica federal, estadual e municipal somente será efetuado relativamente às prestações que se vencerem a contar da data do ajuizamento da inicial.	Art. 14. Da sentença, denegando ou concedendo o mandado, cabe apelação. § 1º Concedida a segurança, a sentença estará sujeita obrigatoriamente ao duplo grau de jurisdição. § 2º Estende-se à autoridade coatora o direito de recorrer. § 3º A sentença que conceder o mandado de segurança pode ser executada provisoriamente, salvo nos casos em que for vedada a concessão da medida liminar. § 4º O pagamento de vencimentos e vantagens pecuniárias assegurados em sentença concessiva de mandado de segurança a servidor público da administração direta ou autárquica federal, estadual e municipal somente será efetuado relativamente às prestações que se vencerem a contar da data do ajuizamento da inicial.

270 | MANDADO DE SEGURANÇA NA PRÁTICA JUDICIÁRIA – *Arnoldo Wald*

Lei nº 1.533, de 31.12.1951	Projeto de Lei nº 5.067, de 2001 (Redação inicial do Executivo)	Lei nº 12.016, de 7 de agosto de 2009
Art. 15 – A decisão do mandado de segurança não impedirá que o requerente, por ação própria, pleiteie os seus direitos e os respectivos efeitos patrimoniais.	Art. 15. Quando, a requerimento de pessoa jurídica de direito público interessada ou do Ministério Público, e para evitar grave lesão à ordem, à saúde, à segurança e à economia públicas, o presidente do tribunal, ao qual couber o conhecimento do respectivo recurso, suspender, em decisão fundamentada, a execução da liminar e da sentença, dessa decisão caberá agravo, sem efeito suspensivo, no prazo de cinco dias, que será levado a julgamento na sessão seguinte à sua interposição. § 1º Indeferido o pedido de suspensão ou provido o agravo a que se refere o caput, caberá novo pedido de suspensão ao presidente do tribunal competente para conhecer de eventual recurso especial ou extraordinário. § 2º É cabível também o pedido de suspensão a que se refere o parágrafo anterior, quando negado provimento a agravo de instrumento interposto contra a liminar a que se refere este artigo. § 3º A interposição de agravo de instrumento contra liminar concedida nas ações movidas contra o Poder Público e seus agentes não prejudica nem condiciona o julgamento do pedido de suspensão a que se refere este artigo.	Art. 15. Quando, a requerimento de pessoa jurídica de direito público interessada ou do Ministério Público e para evitar grave lesão à ordem, à saúde, à segurança e à economia públicas, o presidente do tribunal ao qual couber o conhecimento do respectivo recurso suspender, em decisão fundamentada, a execução da liminar e da sentença, dessa decisão caberá agravo, sem efeito suspensivo, no prazo de 5 (cinco) dias, que será levado a julgamento na sessão seguinte à sua interposição. § 1º Indeferido o pedido de suspensão ou provido o agravo a que se refere o *caput* deste artigo, caberá novo pedido de suspensão ao presidente do tribunal competente para conhecer de eventual recurso especial ou extraordinário. § 2º É cabível também o pedido de suspensão a que se refere o § 1º deste artigo, quando negado provimento a agravo de instrumento interposto contra a liminar a que se refere este artigo. § 3º A interposição de agravo de instrumento contra liminar concedida nas ações movidas contra o poder público e seus agentes não prejudica nem condiciona o julgamento do pedido de suspensão a que se refere este artigo.

APÊNDICES · I – PROJETOS E LEGISLAÇÃO | 271

Lei nº 1.533, de 31.12.1951	Projeto de Lei nº 5.067, de 2001 (Redação inicial do Executivo)	Lei nº 12.016, de 7 de agosto de 2009
	§ 4º O presidente do tribunal poderá conferir ao pedido efeito suspensivo liminar, se constatar, em juízo prévio, a plausibilidade do direito invocado e a urgência na concessão da medida. § 5º As liminares cujo objeto seja idêntico poderão ser suspensas em uma única decisão, podendo o presidente do tribunal estender os efeitos da suspensão a liminares supervenientes, mediante simples aditamento do pedido original.	§ 4º O presidente do tribunal poderá conferir ao pedido efeito suspensivo liminar se constatar, em juízo prévio, a plausibilidade do direito invocado e a urgência na concessão da medida. § 5º As liminares cujo objeto seja idêntico poderão ser suspensas em uma única decisão, podendo o presidente do tribunal estender os efeitos da suspensão a liminares supervenientes, mediante simples aditamento do pedido original.
Art. 16 – O pedido de mandado de segurança poderá ser renovado se a decisão denegatória não lhe houver apreciado o mérito.	Art. 16. Nos casos de competência originária dos tribunais, caberá ao relator a instrução do processo, sendo assegurada a defesa oral na sessão do julgamento. Parágrafo único. Da decisão do relator, que conceder ou denegar a medida liminar, caberá agravo ao órgão competente do tribunal que integre.	Art. 16. Nos casos de competência originária dos tribunais, caberá ao relator a instrução do processo, sendo assegurada a defesa oral na sessão do julgamento. Parágrafo único. Da decisão do relator que conceder ou denegar a medida liminar caberá agravo ao órgão competente do tribunal que integre.
Art. 17 – Os processos de mandado de segurança terão prioridade sobre todos os atos judiciais, salvo *habeas corpus*. Na instância superior deverão ser levados a julgamento na primeira sessão que se seguir a data em que, feita a distribuição, forem conclusos ao relator. Parágrafo único. O prazo para conclusão não poderá exceder de vinte e quatro horas, a contar da distribuição.	Art. 17. Nas decisões proferidas em mandado de segurança e nos respectivos recursos, quando não publicado, no prazo de trinta dias contados da data do julgamento, o acórdão será substituído pelas respectivas notas taquigráficas, independentemente de revisão. Vide art. 19 do Projeto. Vide art. 6º, § 6º, do Projeto. Vide art. 20, caput e § 1º, do Projeto. Vide art. 20, § 2º, do Projeto. Vide art. 23 do Projeto.	Art. 17. Nas decisões proferidas em mandado de segurança e nos respectivos recursos, quando não publicado, no prazo de 30 (trinta) dias, contado da data do julgamento, o acórdão será substituído pelas respectivas notas taquigráficas, independentemente de revisão. Vide art. 19 da Lei. Vide art. 6º, § 6º, da Lei. Vide art. 20, *caput* e § 1º, da Lei. Vide art. 20, § 2º, da Lei. Vide art. 23 da Lei.

Lei nº 1.533, de 31.12.1951	Projeto de Lei nº 5.067, de 2001 (Redação inicial do Executivo)	Lei nº 12.016, de 7 de agosto de 2009
Art. 18 – O direito de requerer mandado de segurança extinguir-se-á decorridos cento e vinte dias contados da ciência, pelo interessado, do ato impugnado.	Art. 18. Das decisões em mandado de segurança proferidas em única instância pelos tribunais cabe recurso especial e extraordinário, nos casos legalmente previstos, e recurso ordinário, quando a ordem for denegada. Vide art. 24 do Projeto.	Art. 18. Das decisões em mandado de segurança proferidas em única instância pelos tribunais cabe recurso especial e extraordinário, nos casos legalmente previstos, e recurso ordinário, quando a ordem for denegada. Vide art. 24 da Lei.
Art. 19 – Aplicam-se ao processo do mandado de segurança os artigos do Código de Processo Civil que regulam o litisconsórcio. (Redação dada pela Lei nº 6.071, de 1974) Vide art. 15 da Lei. Vide art. 17 da Lei. Vide art. 17 da Lei. Vide art. 17, § único, da Lei. Vide art. 18 da Lei. Vide art. 19 da Lei.	Art. 19. A sentença ou o acórdão que denegar mandado de segurança, sem decidir o mérito, não impedirá que o requerente, por ação própria, pleiteie os seus direitos e os respectivos efeitos patrimoniais.	Art. 19. A sentença ou o acórdão que denegar mandado de segurança, sem decidir o mérito, não impedirá que o requerente, por ação própria, pleiteie os seus direitos e os respectivos efeitos patrimoniais.
Art. 20 – Revogam-se os dispositivos do Código do Processo Civil sobre o assunto e mais disposições em contrário.	Art. 20. Os processos de mandado de segurança e os respectivos recursos terão prioridade sobre todos os atos judiciais, salvo *habeas corpus*. § 1º Na instância superior, deverão ser levados a julgamento na primeira sessão que se seguir à data em que forem conclusos ao relator. § 2º O prazo para a conclusão dos autos não poderá exceder de cinco dias.	Art. 20. Os processos de mandado de segurança e os respectivos recursos terão prioridade sobre todos os atos judiciais, salvo *habeas corpus*. § 1º Na instância superior, deverão ser levados a julgamento na primeira sessão que se seguir à data em que forem conclusos ao relator. § 2º O prazo para a conclusão dos autos não poderá exceder de 5 (cinco) dias.

APÊNDICES · I – PROJETOS E LEGISLAÇÃO | 273

Lei nº 1.533, de 31.12.1951	Projeto de Lei nº 5.067, de 2001 (Redação inicial do Executivo)	Lei nº 12.016, de 7 de agosto de 2009
Art. 21 – Esta lei entrará em vigor na data da sua publicação.	Art. 21. O mandado de segurança coletivo pode ser impetrado por partido político com representação no Congresso Nacional, na defesa de seus interesses legítimos relativos a seus integrantes ou à finalidade partidária, ou por organização sindical, entidade de classe ou associação legalmente constituída e em funcionamento há, pelo menos, um ano, em defesa de direitos líquidos e certos da totalidade, ou de parte, dos seus membros ou associados, na forma dos seus estatutos e desde que pertinentes às suas finalidades, dispensada, para tanto, autorização especial. Parágrafo único. Os direitos protegidos pelo mandado de segurança coletivo podem ser:	Art. 21. O mandado de segurança coletivo pode ser impetrado por partido político com representação no Congresso Nacional, na defesa de seus interesses legítimos relativos a seus integrantes ou à finalidade partidária, ou por organização sindical, entidade de classe ou associação legalmente constituída e em funcionamento há, pelo menos, 1 (um) ano, em defesa de direitos líquidos e certos da totalidade, ou de parte, dos seus membros ou associados, na forma dos seus estatutos e desde que pertinentes às suas finalidades, dispensada, para tanto, autorização especial. Parágrafo único. Os direitos protegidos pelo mandado de segurança coletivo podem ser:
	I – coletivos, assim entendidos, para efeito desta Lei, os transindividuais, de natureza indivisível, de que seja titular grupo ou categoria de pessoas ligadas entre si ou com a parte contrária por uma relação jurídica básica; II – individuais homogêneos, assim entendidos, para efeito desta Lei, os decorrentes de origem comum e da atividade ou situação específica da totalidade ou de parte dos associados ou membros da impetrante.	I – coletivos, assim entendidos, para efeito desta Lei, os transindividuais, de natureza indivisível, de que seja titular grupo ou categoria de pessoas ligadas entre si ou com a parte contrária por uma relação jurídica básica; II – individuais homogêneos, assim entendidos, para efeito desta Lei, os decorrentes de origem comum e da atividade ou situação específica da totalidade ou de parte dos associados ou membros do impetrante.

Lei n° 1.533, de 31.12.1951	Projeto de Lei n° 5.067, de 2001 (Redação inicial do Executivo)	Lei n° 12.016, de 7 de agosto de 2009
	Art. 22. No mandado de segurança coletivo, a sentença fará coisa julgada limitadamente aos membros do grupo ou categoria substituídos pelo impetrante. § 1° O mandado de segurança coletivo não induz litispendência para as ações individuais, mas os efeitos da coisa julgada não beneficiarão o impetrante a título individual se não requerer a desistência de seu mandado de segurança no prazo de trinta dias a contar da ciência comprovada da impetração da segurança coletiva. § 2° No mandado de segurança coletivo, a liminar só poderá ser concedida após a audiência do representante judicial da pessoa jurídica de direito público, que deverá se pronunciar no prazo de setenta e duas horas.	Art. 22. No mandado de segurança coletivo, a sentença fará coisa julgada limitadamente aos membros do grupo ou categoria substituídos pelo impetrante. § 1° O mandado de segurança coletivo não induz litispendência para as ações individuais, mas os efeitos da coisa julgada não beneficiarão o impetrante a título individual se não requerer a desistência de seu mandado de segurança no prazo de 30 (trinta) dias a contar da ciência comprovada da impetração da segurança coletiva. § 2° No mandado de segurança coletivo, a liminar só poderá ser concedida após a audiência do representante judicial da pessoa jurídica de direito público, que deverá se pronunciar no prazo de 72 (setenta e duas) horas.
	Art. 23. O direito de requerer mandado de segurança extinguir-se-á decorridos cento e vinte dias, contados da ciência, pelo interessado, do ato impugnado.	Art. 23. O direito de requerer mandado de segurança extinguir-se-á decorridos 120 (cento e vinte) dias, contados da ciência, pelo interessado, do ato impugnado.
	Art. 24. Aplicam-se ao mandado de segurança os arts. 46 a 49 do Código de Processo Civil.	Art. 24. Aplicam-se ao mandado de segurança os arts. 46 a 49 da Lei n° 5.869, de 11 de janeiro de 1973 – Código de Processo Civil.

APÊNDICES • I – PROJETOS E LEGISLAÇÃO | 275

Lei n° 1.533, de 31.12.1951	Projeto de Lei n° 5.067, de 2001 (Redação inicial do Executivo)	Lei n° 12.016, de 7 de agosto de 2009
	Art. 25. Não cabem, no processo de mandado de segurança, a interposição de embargos infringentes e a condenação ao pagamento dos honorários advocatícios, sem prejuízo da aplicação de sanções no caso de litigância de má-fé.	Art. 25. Não cabem, no processo de mandado de segurança, a interposição de embargos infringentes e a condenação ao pagamento dos honorários advocatícios, sem prejuízo da aplicação de sanções no caso de litigância de má-fé.
	Art. 26. Às autoridades administrativas que não cumprirem as decisões proferidas em mandado de segurança aplicar-se-á a pena prevista no art. 330 do Decreto-Lei n° 2.848, de 7 de dezembro de 1940 – Código Penal, sem prejuízo das sanções administrativas cabíveis.	Art. 26. Constitui crime de desobediência, nos termos do art. 330 do Decreto-Lei n° 2.848, de 7 de dezembro de 1940, o não cumprimento das decisões proferidas em mandado de segurança, sem prejuízo das sanções administrativas e da aplicação da Lei n° 1.079, de 10 de abril de 1950, quando cabíveis.
	Art. 27. Os regimentos dos tribunais e, no que couber, as leis de organização judiciária deverão ser adaptados às disposições desta Lei no prazo de cento e oitenta dias, contados da sua publicação.	Art. 27. Os regimentos dos tribunais e, no que couber, as leis de organização judiciária deverão ser adaptados às disposições desta Lei no prazo de 180 (cento e oitenta) dias, contado da sua publicação. Vide art. 29 da Lei.
	Art. 28. Revogam-se a Lei n° 1.533, de 31 de dezembro de 1951; a Lei n° 4.166, de 4 de dezembro de 1962; a Lei n° 4.348, de 26 de junho de 1964; a Lei n° 5.021, de 9 de junho de 1966; o art. 3° da Lei n° 6.014, de 27 de dezembro de 1973; o art. 1° da Lei n° 6.071, de 3 de julho de 1974; o art. 12 da Lei n° 6.978, de 19 de janeiro de 1982; e o art. 2° da Lei n° 9.259, de 9 de janeiro de 1996.	Art. 28. Esta Lei entra em vigor na data de sua publicação.

Lei nº 1.533, de 31.12.1951	Projeto de Lei nº 5.067, de 2001 (Redação inicial do Executivo)	Lei nº 12.016, de 7 de agosto de 2009
	Art. 29. Esta Lei entra em vigor na data de sua publicação.	Art. 29. Revogam-se as Leis nos 1.533, de 31 de dezembro de 1951, 4.166, de 4 de dezembro de 1962, 4.348, de 26 de junho de 1964, 5.021, de 9 de junho de 1966; o art. 3º da Lei nº 6.014, de 27 de dezembro de 1973, o art. 1º da Lei nº 6.071, de 3 de julho de 1974, o art. 12 da Lei nº 6.978, de 19 de janeiro de 1982, e o art. 2º da Lei nº 9.259, de 9 de janeiro de 1996.

26 – REGIMENTO INTERNO DO SUPREMO TRIBUNAL FEDERAL

Capítulo II
Do Mandado de Segurança

Art. 200. Conceder-se-á mandado de segurança para proteger direito líquido e certo não amparado por habeas corpus, quando a autoridade responsável pela ilegalidade ou abuso de poder estiver sob a jurisdição do Tribunal.

Parágrafo único. O direito de pedir segurança extingue-se após cento e vinte dias da ciência, pelo interessado, do ato impugnado.

Art. 201. Não se dará mandado de segurança quando estiver em causa:

I – ato de que caiba recurso administrativo com efeito suspensivo, independente de caução;

II – despacho ou decisão judicial, de que caiba recurso, ou que seja suscetível de correição;

III – ato disciplinar, salvo se praticado por autoridade incompetente ou com inobservância de formalidade essencial.

Art. 202. A petição inicial, que deverá preencher os requisitos dos arts. 282 e 283 do Código de Processo Civil, será apresentada em duas vias, e os documentos que instruírem a primeira deverão ser reproduzidos, por cópia, na segunda, salvo o disposto no art. 114 deste Regimento.

Art. 203. O Relator mandará notificar a autoridade coatora para prestar informações no prazo previsto em lei.

APÊNDICES · I – PROJETOS E LEGISLAÇÃO | 277

§ 1º Quando relevante o fundamento e do ato impugnado puder resultar a ineficácia da medida, caso deferida, o Relator determinar-lhe-á a suspensão, salvo nos casos vedados em lei.

§ 2º A notificação será instruída com a segunda via da inicial e cópias dos documentos, bem como do despacho concessivo da liminar, se houver.

Art. 204. A medida liminar vigorará pelo prazo de noventa dias, contado de sua efetivação e prorrogável por mais trinta dias, se o acúmulo de serviço o justificar.

Parágrafo único. Se, por ação ou omissão, o beneficiário da liminar der causa à procrastinação do julgamento do pedido, poderá o Relator revogar a medida.

Art. 205.Recebidas as informações ou transcorrido o respectivo prazo, sem o seu oferecimento, o Relator, após vista ao Procurador-Geral, pedirá dia para julgamento, ou, quando a matéria for objeto de jurisprudência consolidada do Tribunal, julgará o pedido. (*Redação dada pela Emenda Regimental n. 28, de 18 de fevereiro de 2009*)

Parágrafo único. O julgamento de mandado de segurança contra ato do Presidente do Supremo Tribunal Federal ou do Conselho Nacional da Magistratura será presidido pelo Vice-Presidente ou, no caso de ausência ou impedimento, pelo Ministro mais antigo dentre os presentes à sessão. Se lhe couber votar, nos termos do art. 146, I a III, e v, e seu voto produzir empate, observar-se-á o seguinte:

I – não havendo votado algum Ministro, por motivo de ausência ou licença que não deva perdurar por mais de três meses, aguardar-se-á o seu voto;

II – havendo votado todos os Ministros, salvo os impedidos ou licenciados por período remanescente superior a três meses, prevalecerá o ato impugnado.

Art. 206. A concessão ou a denegação de segurança na vigência de medida liminar serão imediatamente comunicadas à autoridade apontada como coatora.

27 – REGIMENTO INTERNO DO SUPERIOR TRIBUNAL DE JUSTIÇA

Capítulo II
Do Mandado de Segurança

Art. 211. O mandado de segurança, de competência originária do Tribunal, terá seu processo iniciado por petição em duplicata que preencherá os requisitos legais e conterá a indicação precisa da autoridade a quem se atribua o ato impugnado.

§ 1º A segunda via da inicial será instruída com cópias de todos os documentos, autenticadas pelo requerente e conferidas pela Secretaria do Tribunal.

§ 2º Se o requerente afirmar que o documento necessário à prova de suas alegações se acha em repartição ou estabelecimento público, ou em poder de autoridade que lhe recuse certidão, o relator requisitará, preliminarmente, por ofício, a exibição do documento, em original ou cópia autenticada, no prazo de

278 | MANDADO DE SEGURANÇA NA PRÁTICA JUDICIÁRIA – *Arnoldo Wald*

10 dias. Se a autoridade indicada pelo requerente for a coatora, a requisição se fará no próprio instrumento da notificação.

§ 3º Nos casos do parágrafo anterior, a Secretaria do Tribunal mandará extrair cópias do documento quantas se tornarem necessárias à instrução do processo.

Art. 212. Se for manifesta a incompetência do Tribunal, ou manifestamente incabível a segurança, ou se a petição inicial não atender aos requisitos legais, ou excedido o prazo estabelecido no art. 18 da Lei nº 1.533/51, poderá o relator indeferir, desde logo, o pedido.

Art. 213. Ao despachar a inicial, o relator mandará ouvir a autoridade apontada coatora, mediante ofício, acompanhado da segunda via da petição, instruída com as cópias dos documentos, a fim de que preste informações, no prazo de 10 dias.

§ 1º Se o relator entender relevante o fundamento do pedido, e do ato impugnado puder resultar a ineficácia da medida, caso deferida, ordenará a respectiva suspensão liminar até o julgamento.

§ 2º Havendo litisconsortes, a citação far-se-á, também, mediante ofício, para o que serão apresentadas tantas cópias quantos forem os citados. O ofício será remetido pelo correio, através de carta registrada, com aviso de recepção, a fim de ser juntado aos autos.

§ 3º A Secretaria juntará aos autos cópia autenticada do ofício e prova de sua remessa ao destinatário.

Art. 214. Transcorrido o prazo de 10 dias do pedido de informações, com ou sem estas, serão os autos encaminhados ao Ministério Público, que emitirá parecer no prazo de 5 dias.

Parágrafo único. Devolvidos os autos, o relator, em cinco dias, pedirá dia para julgamento.

Art. 215. Os processos de mandado de segurança terão prioridade sobre todos os efeitos, salvo *habeas corpus*.

II – SÚMULAS DO STF E DO STJ

A) DO STF

101 – O mandado de segurança não substitui a ação popular.

248 – É competente, originariamente, o STF para mandado de segurança contra ato do TCU.

266 – Não cabe mandado de segurança contra lei em tese.

267 – Não cabe mandado de segurança contra ato judicial passível de recurso ou correição.

268 – Não cabe mandado de segurança contra decisão judicial com trânsito em julgado.

269 – O mandado de segurança não é substitutivo de ação de cobrança.

270 – Não cabe mandado de segurança para impugnar enquadramento da Lei nº 3.780, de 12.7.1960, que envolva exame de prova ou de situação funcional complexa.

271 – Concessão de mandado de segurança não produz efeitos patrimoniais, em relação a período pretérito, os quais devem ser reclamados administrativamente ou pela via judicial própria.

294 – São inadmissíveis embargos infringentes contra decisão do STF em mandado de segurança.

304 – Decisão denegatória de mandado de segurança, não fazendo coisa julgada contra o impetrante, não impede o uso da ação própria.

330 – O STF não é competente para conhecer de mandado de segurança contra atos dos Tribunais de Justiça dos Estados.

392 – O prazo para recorrer de acórdão concessivo de segurança contar-se-á da publicação oficial de suas conclusões, e não da anterior ciência à autoridade para cumprimento da decisão.

405 – Denegado o mandado de segurança pela sentença, ou no julgamento do agravo, dela interposto, fica sem efeito a liminar concedida, retroagindo os efeitos da decisão contrária.

429 – A existência de recurso administrativo com efeito suspensivo não impede o uso do mandado de segurança contra omissão da autoridade.

430 – Pedido de reconsideração na via administrativa não interrompe o prazo para o mandado de segurança.

433 – É competente o TRT para julgar mandado de segurança contra o ato de seu Presidente em execução de sentença trabalhista.

474 – Não há direito líquido e certo, amparado pelo mandado de segurança, quando se escuda em lei cujos efeitos foram anulados por outra, declarada constitucional pelo STF.

280 | MANDADO DE SEGURANÇA NA PRÁTICA JUDICIÁRIA – *Arnoldo Wald*

506 – O agravo a que se refere o art. 4º da Lei nº 4.348, de 26.6.1964, cabe, somente, do despacho do Presidente do STF que defere a suspensão da liminar, em mandado de segurança; não do que a denega.

510 – Praticado o ato por autoridade, no exercício de competência delegada, contra ela o mandado de segurança ou medida judicial.

511 – Compete à Justiça Federal, em ambas as instâncias, processar e julgar as causas entre autarquias federais e entidades públicas locais, inclusive mandado de segurança, ressalvada a ação fiscal, nos termos da CF de 1967, art. 119, § 3º.

512 – Não cabe condenação em honorários de advogados na ação de mandado de segurança.

597 – Não cabem embargos infringentes de acórdão que, em mandado de segurança, decidiu, por maioria de votos, a apelação.

622 – Não cabe agravo regimental contra decisão do relator que concede ou indefere liminar em mandado de segurança.

623 – Não gera por si só a competência originária do Supremo Tribunal Federal para conhecer do mandado de segurança com base no art. 102, I, n, da Constituição, dirigir-se o pedido contra deliberação administrativa do tribunal de origem, da qual haja participado a maioria ou a totalidade de seus membros.

624 – Não compete ao Supremo Tribunal Federal conhecer originariamente de mandado de segurança contra atos de outros tribunais.

625 – Controvérsia sobre matéria de direito não impede concessão de mandado de segurança.

626 – A suspensão da liminar em mandado de segurança, salvo determinação em contrário da decisão que a deferir, vigorará até o trânsito em julgado da decisão definitiva de concessão da segurança ou, havendo recurso, até a sua manutenção pelo Supremo Tribunal Federal, desde que o objeto da liminar deferida coincida, total ou parcialmente, com o da impetração.

627 – No mandado de segurança contra a nomeação de magistrado da competência do Presidente da República, este é considerado autoridade coatora, ainda que o fundamento da impetração seja nulidade ocorrida em fase anterior do procedimento.

629 – A impetração de mandado de segurança coletivo por entidade de classe em favor dos associados independe da autorização destes.

630 – A entidade de classe tem legitimação para o mandado de segurança ainda quando a pretensão veiculada interesse apenas a uma parte da respectiva categoria.

631 – Extingue-se o processo de mandado de segurança se o impetrante não promove, no prazo assinado, a citação do litisconsorte passivo necessário.

632 – É constitucional lei que fixa o prazo de decadência para a impetração de mandado de segurança.

APÊNDICES · II – SÚMULAS DO STF E DO STJ | 281

701 – No mandado de segurança impetrado pelo Ministério Público contra decisão proferida em processo penal, é obrigatória a citação do réu como litisconsorte passivo.

B) DO STJ

02 – Não cabe o *habeas data* (CF, art. 5º, LXXII, letra *a*) se não houve recusa de informações por parte da autoridade administrativa.

41 – O Superior Tribunal de Justiça não tem competência para processar e julgar, originariamente, mandado de segurança contra ato de outros tribunais ou dos respectivos órgãos.

99 – O Ministério Público tem legitimidade para recorrer no processo em que oficiou como fiscal da lei, ainda que não haja recurso da parte.

(Obs.: O MP funciona sempre como fiscal da lei nos processos de mandado de segurança, ação popular e *habeas data*).

105 – Na ação de mandado de segurança não se admite condenação em honorários advocatícios.

169 – São inadmissíveis embargos infringentes no processo de mandado de segurança.

177 – O Superior Tribunal de Justiça é incompetente para processar e julgar, originariamente, mandado de segurança contra ato de órgão colegiado presidido por Ministro de Estado.

183 – Compete ao Juiz Estadual, nas comarcas que não sejam sede de vara da Justiça Federal, processar e julgar ação civil pública, ainda que a União figure no processo.

202 – A impetração de segurança, por terceiro, contra ato judicial, não se condiciona à interposição de recurso.

206 – A existência de vara privativa, instituída por lei estadual, não altera a competência territorial resultante das leis de processo.

212 – A compensação de créditos tributários não pode ser deferida por medida liminar.

213 – O mandado de segurança constitui ação adequada para a declaração do direito à compensação tributária.

217 – Não cabe agravo de decisão que indefere o pedido de suspensão da execução da liminar, ou da sentença em mandado de segurança. **(cancelada)**

333 – Cabe mandado de segurança contra ato praticado em licitação promovida por sociedade de economia mista ou empresa pública.

376 – Compete a turma recursal processar e julgar o mandado de segurança contra ato de juizado especial.

282 | MANDADO DE SEGURANÇA NA PRÁTICA JUDICIÁRIA – *Arnoldo Wald*

460 – É incabível o mandado de segurança para convalidar a compensação tributária realizada pelo contribuinte.

604 – O mandado de segurança não se presta para atribuir efeito suspensivo a recurso criminal interposto pelo Ministério Público.

628 – A teoria da encampação é aplicada no mandado de segurança quando presentes, cumulativamente, os seguintes requisitos: a) existência de vínculo hierárquico entre a autoridade que prestou informações e a que ordenou a prática do ato impugnado; b) manifestação a respeito do mérito nas informações prestadas; e c) ausência de modificação de competência estabelecida na Constituição Federal.

BIBLIOGRAFIA

ALCALÁ-ZAMORA, Niceto. "El mandato de seguridad brasileño, visto por un extranjero". *In: Tres estudios sobre el mandato de seguridad brasileño*, México: Universidad Nacional Autónoma de México, 1963, p. 97-126.

ALMEIDA, Joaquim Canuto Mendes de. "Decisão judicial de que cabe recurso sem efeito suspensivo. Sentença declaratória de falência. Admissibilidade do remédio impetrado. Aplicação do artigo 141, § 24, da Constituição Federal", *Revista dos Tribunais*, São Paulo, v. 177, p. 35, 1949.

ALVIM, Arruda. "Tutela antecipatória – algumas noções – contrastes e coincidências em relação às medidas cautelares satisfativas", *In:* WAMBIER, Teresa Arruda Alvim (Coord.), *Repertório de Jurisprudência e Doutrina Sobre Liminares*. São Paulo: Revista dos Tribunais, 1995, p. 11-50.

ALVIM, Arruda. *Manual de direito processual civil*: teoria geral do processo, processo de conhecimento, recursos, precedentes. 18. ed. São Paulo: Thomson Reuters Brasil, 2019.

ALVIM, Eduardo Arruda. *Mandado de segurança*. 3. ed. Rio de Janeiro: GZ Editora, 2014.

ALVIM, Eduardo Arruda; RAMOS, Glauco Gumerato; MELO, Gustavo de Medeiros; ARAÚJO, José Henrique Mouta (Coords.). *O novo mandado de segurança*: estudos sobre a Lei n. 12.016/2009. Belo Horizonte: Fórum, 2010.

ALVIM, J. E. Carreira. *Comentários à lei do mandado de segurança (Lei 12.016/2009)*. 3. ed. Curitiba: Juruá, 2009.

ALVIM NETTO, José Manoel de Arruda. *Soluções práticas de direito* – pareceres. São Paulo: Revista dos Tribunais, 2011, v. 1, Direito Público.

ARAGÃO, E. D. Moniz de. "Descabimento da revista em mandado de segurança" *Revista de Direito Processual Civil*, São Paulo, 1966, v. 5, p. 300.

ARAÚJO JÚNIOR, Luiz Rodolfo de. *Do litisconsórcio necessário passivo em mandado de segurança*, Recife: Imprensa Universitária, 1964.

AZEVEDO, Philadelpho. "Votos", *In:* ___. *Um triênio de Judicatura*. São Paulo, Max Limonad, 1948, v. 7, p. 46-47.

284 | MANDADO DE SEGURANÇA NA PRÁTICA JUDICIÁRIA – *Arnoldo Wald*

BANDEIRA DE MELLO, Celso Antônio. *Curso de direito administrativo*. 28 ed. São Paulo: Malheiros, 2011.

BANDEIRA DE MELLO, Oswaldo Aranha. *Princípios gerais de direito administrativo*. 3. ed. São Paulo: Malheiros, 2010, v. 1.

BARBI, Celso Agrícola. *Do mandado de segurança*. 12. ed. Rio de Janeiro: Forense, 2009.

BARBI, Celso Agrícola. "Natureza do processo de mandado de segurança", *Revista Forense*, Rio de Janeiro, v. 204, p. 403-407, out./dez. 1963.

BARBI, Celso Agrícola. "Perspectivas do mandado de segurança", *Revista de Direito Administrativo*, Rio de Janeiro, v. 75, p. 429-436, jan./mar. 1964.

BARBOSA, Ruy. "O direito do Amazonas ao Acre septentrional". *Jornal do Commercio*, Rio de Janeiro, 1910, v. 1.

BARRETO, Edmundo Moniz. "Mandado de segurança", *Revista Forense*, Rio de Janeiro, v. 63, p. 113-116, jul./dez.1934.

BARRETO, Edmundo Moniz. *Arquivo Judiciário*, Rio de Janeiro, v. 31, p. 57-61, jul./set. 1934.

BARRETO, Edmundo Moniz. II. *Revista Forense*, Rio de Janeiro, v. 63, p. 249-254, jul./dez. 1934.

BARRETO, Edmundo Moniz. *Arquivo Judiciário*, v. 31, p. 69-74, jul./set. 1934.

BARRETO, Edmundo Moniz. III e IV. *Revista Forense*, Rio de Janeiro, v. 64, p. 11-15, jan./jun. 1935.

BARRETO, Edmundo Moniz. *Arquivo Judiciário*, Rio de Janeiro, v. 32, p. 3-5, out./dez. 1934.

BARROS, Hamilton Moraes de. *As liminares do mandado de segurança*, Rio de Janeiro, [s.n.], 1963 [Tese].

BASTOS, Celso Ribeiro. *Do mandado de segurança*, São Paulo: Saraiva, 1978.

BERGAMINI, Adolpho. *O processo do mandado de segurança*, Rio de Janeiro: Calvino Filho Editor, 1936.

BONAVIDES, Paulo. *Curso de direito constitucional*. 26. ed. São Paulo: Malheiros, 2011.

BONOMO JÚNIOR, Aylton; ZANETI JÚNIOR, Hermes. *Mandado de segurança individual e coletivo*. Salvador: JusPodivm, 2019.

BURGOA, Ignácio. *El juicio de amparo*, 3. ed. México: Porrúa, 1950.

BUZAID, Alfredo. *Considerações sobre o mandado de segurança coletivo*. São Paulo: Saraiva, 1992.

BUZAID, Alfredo. "Correição parcial. Recurso processual. Representação. Parecer", *Revista Forense*, Rio de Janeiro, v. 175, p. 90-96, jan./fev. 1958.

BUZAID, Alfredo. "Juicio de amparo e mandado de segurança: contrastes e confrontos". *Revista da Faculdade de Direito da Universidade de São Paulo*, São Paulo, v. 56, p. 172-231, 1961.

BUZAID, Alfredo. *Revista de Direito Processual*, São Paulo, v. 5, p. 30, 1966.

BUZAID, Alfredo. *Revista de Direito Administrativo*, Rio de Janeiro, v. 44, p. 26-40, abr./fev. 1956.

BUZAID, Alfredo. "Do mandado de segurança". *Revista Forense*, Rio de Janeiro, v. 164, p. 7-16, mar./abr. 1956.

BUZAID, Alfredo. *Revista dos Tribunais*, São Paulo, v. 258, p. 35-48, abr. 1957.

BUZAID, Alfredo. *Do mandado de segurança*, São Paulo: Saraiva, 1989.

CÂMARA, Alexandre Freitas. *Manual do mandado de segurança*. 2. ed. São Paulo: Atlas, 2014.

CAMARGO, Laudo de. "Direito líquido e certo. Interpretação da expressão. Certeza do fato. Solução jurídica por mais intrincada que seja. Obscuridade possível da lei. Natureza subjetiva que, em suma, deve ter a liquidez ou a certeza do direito". *Revista dos Tribunais*, São Paulo, v. 213, p. 35-39, jul. 1953.

CAMBI, Accácio, CAMBI, Eduardo. "Cabimento do agravo de instrumento contra as decisões interlocutórias em mandado de segurança". *Revista dos Tribunais*, São Paulo, a. 90, nº 790, p. 161-170, ago. 2001.

CAMPOS, Francisco. "Mandado de segurança contra a lei em tese. Ato normativo. Requisição de aguardente pelo Instituto do Açúcar e do Álcool",. *Revista Forense*, Rio de Janeiro, v. 155, p. 77-91, set./out., 1954.

CANOTILHO, J. J. Gomes; MENDES, Gilmar F.; SARLET, Ingo W.; STRECK, Lênio L. (Coords.). *Comentários à constituição do Brasil*. São Paulo: Saraiva/ Almedina, 2013.

CARNEIRO, Athos Gusmão. Anotações sobre o mandado de segurança coletivo, nos termos da Lei 12.016/2009. *Revista de Processo*, São Paulo, n. 178, p. 9-46, dez. 2009.

CARVALHO, Luís A. da Costa. "Do processo para a declaração de direitos. I – Do mandado de segurança", *Arquivo Judiciário*, Rio de Janeiro, v. 50, p. 49, abr./ jun. 1939.

CARVALHO, Luís A. da Costa. "Da imutabilidade das decisões que concedem mandado de segurança", *Arquivo Judiciário*, Rio de Janeiro, v. 107, p. 15-20, jul./set. 1953.

CARVALHO FILHO, José dos Santos. *Manual de direito administrativo*. 30. ed. São Paulo: Atlas, 2016.

286 | MANDADO DE SEGURANÇA NA PRÁTICA JUDICIÁRIA – *Arnoldo Wald*

CASTRO, Jose L. Cascajo; SENDRA, Vicente Gimeno. *El recurso de amparo*. 2. ed. Madri: Editorial Tecnos, 1988.

CASA de Rui Barbosa, Centro de Pesquisas. *O mandado de segurança e sua jurisprudência*, Rio de Janeiro: Ministério de Educação e Cultura, 1959.

CAVALCÂNTI, Temístocles Brandão. *Do mandado de segurança*. 4. ed. Rio de Janeiro: Freitas Bastos, 1957.

CHAVES, Alfredo Guimarães. "Mandado de segurança. Prazo de decadência", *Revista Forense*, Rio de Janeiro, v. 127, p. 606-607, jan./mar. 1950.

CRETELLA JR., José. *Comentários à lei do mandado de segurança*. São Paulo: Saraiva, 1980.

CRETELLA JR., José. *Do desvio de poder*. São Paulo: Revista dos Tribunais, 1964.

CRETELLA JR., José. *Do mandado de segurança*. Rio de Janeiro: Forense, 1980.

CRUZ, Elmano. "Ação rescisória do mandado de segurança". *Arquivo Judiciário*, Rio de Janeiro, v. 51, p. 105-108, jul./set. 1939.

CRUZ, Elmano. "Prazo de decadência nos mandados de segurança". *Arquivos do Ministério da Justiça e Negócios Interiores*, Rio de Janeiro, a.10, p. 24, mar. 1952.

DALLARI, Adilson Abreu; NASCIMENTO, Carlos Valder do; MARTINS, Ives Gandra da Silva (Coords.). *Tratado de direito administrativo*. São Paulo: Saraiva, 2013.

DI PIETRO, Maria Sylvia Zanella. *Direito administrativo*. 31. ed. Rio de Janeiro: Forense, 2018.

DIREITO, Carlos Alberto Menezes. *Manual do mandado de segurança*. 4. ed. Rio de Janeiro: Renovar, 2003.

DURÁN, Manuel Carrasco. *Los procesos para la tutela judicial de los derechos fundamentales*. Madri: Centro de Estudios Políticos y Constitucionales, 2002.

DUVIVIER, Eduardo. "O exercício da jurisdição do Supremo Tribunal Federal. Aplicação do 'certiorari' ao direito federal brasileiro", *Jornal do Commercio*, Rio de Janeiro, 1947. [Trabalho apresentado à Assembleia Nacional Constituinte]

EDER, Phanor J. "Judicial review in Latin American", *Ohio State Law Journal*, v. 21, n. 4, p. 570-615, 1960.

ESPINOZA, Alejandro Rios. "Presupuestos constitucionales del mandato de seguridad", *In: Tres estudios sobre el mandato de seguridad brasileño*. México: Universidad Nacional Autónoma de México, 1963, p.75-96.

ESTELITA, Guilherme. "A função do Ministério Público no Mandado de Segurança". *Revista Forense,* Rio de Janeiro, v. 201, p. 30-35, jan./mar. 1963.

ESTELITA, Guilherme. "O mandado de segurança e o recurso administrativo", *Revista Forense*, Rio de Janeiro, v. 68, p.465-475, 1936.

ESTELITA, Guilherme. *Arquivo Judiciário*, Rio de Janeiro, v. 40, p. 9-15, out./dez. 1936.

ESTELITA, Guilherme. Mandado de segurança contra ato jurisdicional, *Revista Forense*, Rio de Janeiro, v. 132, p.341-346, 1950.

ESTELITA, Guilherme. *O Ministério Público e o processo civil*. Rio de Janeiro: Freitas Bastos, 1956.

FAGUNDES, Miguel Seabra. *O controle dos atos administrativos pelo poder judiciário*. 6. ed. Rio de Janeiro: Forense, 1984.

FAGUNDES, Miguel Seabra. "Direitos públicos subjetivos e sua proteção jurisdicional", *Revista Forense*, Rio de Janeiro, v. 96, p.35-43, out. 1943.

FAGUNDES, Miguel Seabra. "Mandado de segurança. Impetração contra a classificação em concorrência pública", *Revista dos Tribunais*, São Paulo, v. 191, p. 598, jun. 1951.

FAGUNDES, Miguel Seabra. "Nova Constituição e o mandado de segurança", *Revista Forense*, Rio de Janeiro, v. 219, p. 5-8, jul./set. 1967.

FAGUNDES, Miguel Seabra. "A nova lei do mandado de segurança", *Revista Forense*, Rio de Janeiro, v. 144, p. 33-40, nov./dez. 1952.

FALCÃO, Alcino Pinto, "Mandado de segurança como medicina para conflitos entre legislativo e executivo", *Arquivos do Ministério da Justiça e Negócios Interiores*, Rio de Janeiro, a. 9, p. 28, dez. 1951.

FERRAZ, Sérgio. *Mandado de segurança individual e coletivo*: aspectos polêmicos. 3.ed. São Paulo: Malheiros, 1996.

FERREIRA, William Santos. "Cabimento do agravo de instrumento e a ótica prospectiva da utilidade – o direito ao interesse na recorribilidade de decisões interlocutórias", *Revista de Processo*, São Paulo, n. 236, p. 193-203, jan. 2017. DTR\2016\24931.

FIGUEIREDO, Lúcia Valle. *Mandado de segurança*. 6. ed. São Paulo: Malheiros, 2009.

FIGUEIREDO, Lúcia Valle. *Perfil do mandado de segurança coletivo*. São Paulo: Revista dos Tribunais, 1989.

FORGIONI, Paula A.; DEL NERO, Patrícia A.; DEZEM, Renata Mota M.; MARQUES, Samantha Ribeiro Meyer-Pflug. *Direito empresarial, direito do espaço virtual e outros desafios do direito*: homenagem ao professor Newton de Lucca. São Paulo: Quartier Latin, 2018.

FRANÇA, Rubens Limongi. *A proteção possessória dos direitos pessoais e o mandado de segurança*. São Paulo: Revista dos Tribunais, 1958.

FREIRE, Aderbal. "Mandado de segurança contra decisões judiciais", *Revista Forense*, Rio de Janeiro, v. 130, p. 359-365, ago. 1950.

FUX, Luiz. *Curso de direito processual civil*. Rio de Janeiro: Forense, 2001.

FUX, Luiz. *Mandado de segurança*. 2. ed. Rio de Janeiro: Forense, 2019.

GAJARDONI, Fernando da Fonseca; DELLORE, Luiz; ROQUE, André Vasconcelos; OLIVEIRA JR., Zulmar Duarte. *Teoria geral do processo: comentários ao CPC de 2015*. 2. ed. Rio de Janeiro: Forense, 2018.

GALVÃO FILHO, Tito. *Dicionário de jurisprudência no mandado de segurança*. Curitiba: [s.n.], 1960.

GALVÃO, Hélio. *Dos efeitos patrimoniais em mandado de segurança*. Natal: [s.n.], 1962.

GARCEZ NETTO, Martinho. "Sentença", *Revista Forense*, Rio de Janeiro, v. 108, p. 114-116, out. 1946.

GASPARINI, Diógenes. *Direito administrativo*. 17. ed. São Paulo: Saraiva, 2012.

GIL, Otto. *Introdução à coletânea de estudos sobre o mandado de segurança*. Rio de Janeiro: Instituto Brasileiro de Direito Processual Civil, 1963.

GIL, Otto. "O malsinado mandado de segurança", *Revista dos Tribunais*, São Paulo, v. 259, p. 36-39, maio 1957.

GIL, Otto. "Mandado de segurança", *Arquivo Judiciário*, Rio de Janeiro, v. 34, p. 113-118, abr./jun. 1935.

GOMES, O. Martins. "O mandado de segurança na futura Constituição: 1946", *Arquivo Judiciário*, Rio de Janeiro, v. 78, p. 131-132, abr./jun. 1946.

GRINOVER, Ada Pellegrini. "Mandado de segurança coletivo: legitimação e objeto", *Revista de Processo*, São Paulo, v. 57, p. 96-101, jan./mar. 1990.

GRINOVER, Ada Pellegrini; WATANABE, Kazuo (Coords.). *O controle jurisdicional de políticas públicas*. Rio de Janeiro: Forense, 2011.

GUIMARÃES, Ary Florêncio. *O Ministério Público no mandado de segurança*. Curitiba: [s.n.], 1959.

GUIMARÃES, Luís Machado. "A revisão do Código de Processo Civil", *Revista Forense*, Rio de Janeiro, v. 114, p. 5-13, nov. 1947.

HERNANDEZ, Octávio A. "Diversos significados jurídicos del amparo en el derecho ibero-americano", *Boletín del Instituto de Derecho Comparado de México*, n. 52, p. 119, enero/abr. 1965.

INSTITUTO dos Advogados Brasileiros. *Anteprojeto de lei do mandado de segurança*. Rio de Janeiro, 1960.

KELSEN, Hans. *Teoria geral do direito e do Estado*. São Paulo: Martins Fontes, 2000.

LEAL, Victor Nunes. "Personalidade judiciária das Câmaras Municipais", *Revista de Direito Administrativo*, Rio de Janeiro, v. 15, p. 46-65, jan./mar. 1949.

LEAL, Victor Nunes. "Questões pertinentes ao mandado de segurança", *Revista de Direito Administrativo*. Rio de Janeiro, v. 11, p. 73-103, jan./mar. 1948.

LEAL, Victor Nunes. *Problemas de direito público e outros problemas*. Brasília: Ministério da Justiça, 1997, p. 440-476.

LIMA, Alcides Mendonça. "Efeitos do agravo de petição do despacho concessivo da medida liminar do mandado de segurança", *Revista dos Tribunais*, São Paulo, v. 272, p. 22, jun. 1958.

LIMA, Alcides Mendonça. *Revista Forense*, Rio de Janeiro, v. 178, p. 462-466, jul./ago. 1958.

LIMA, Rosah Russomano de Mendonça, "Do mandado de segurança e a competência originária do Supremo Tribunal Federal", *Revista da Faculdade de Pelotas*, Rio Grande do Sul, n. 11, p. 135, mar. 1963.

MACHADO, Hugo de Brito. *Mandado de segurança em matéria tributária*. São Paulo: Revista dos Tribunais, 1995.

MACHADO, Hugo de Brito. *Temas de direito tributário*. São Paulo: Revista dos Tribunais, 1993.

MAGALHÃES, Bruno de Almeida. "Mandado de segurança contra atos do legislativo", *Revista dos Tribunais*, São Paulo, v. 173, p. 493-494, jun. 1948.

MAGALHÃES, Bruno de Almeida. *Arquivo Judiciário*, Rio de Janeiro, v. 85, p. 54, jan./mar. 1948.

MAGALHÃES, Dario de Almeida, "O mandado de segurança. Discurso", *Revista Forense*, Rio de Janeiro, v. 151, p. 531-549, jan./fev. 1954.

MAISANO, Miguel Atanásio, "Do mandado de segurança preventivo", *Revista de Direito Processual Civil*, São Paulo, v. 6, p. 241-258, jul./dez. 1962.

MANSO, Costa. Voto proferido no julgamento do Mandado de Segurança nº 333. *In:* NUNES, Castro. *Do mandado de segurança e de outros meios de defesa contra atos do Poder Público*. 7. ed. Rio de Janeiro: Forense, 1967.

MARCONDES, Sílvio. "Decisão judicial de que cabe recurso sem efeito suspensivo. Sentença declaratória de falência. Admissibilidade do remédio impetrado. Aplicação do art. 141, § 24, da Constituição Federal", *Revista dos Tribunais*, São Paulo, v. 177, p. 29, jan. 1949.

MARTINS, Ives Gandra da Silva; CAMPOS, Diogo Leite de (Coords.). *O direito contemporâneo em Portugal e no Brasil*. Coimbra: Almedina, 2003.

MARQUES, José Frederico. "Não é inconstitucional o art. 18 da Lei nº 1533. Comentários a um voto proferido nesse sentido no Tribunal de Justiça", *Revista dos Tribunais,* São Paulo, v. 249, p. 605, 1956.

MARQUES, José Frederico; FRANCO, Djalma Pinheiro e JUNQUEIRA, Paulo Otaviano Diniz, "Modificação de competência para julgamento de mandado de segurança", *Revista dos Tribunais*, São Paulo, v. 262, p. 724-772, ago. 1957.

MATTOS, Raul Gomes de. "Embargos em mandado de segurança", *Arquivo Judiciário*, Rio de Janeiro, v. 82, p. 7-8, abr./jun. 1947.

MEIRA, Augusto. "Mandado de segurança", *Revista Forense*, Rio de Janeiro, v. 97, p. 772-774, jan. 1944.

MEIRA, Augusto. "O *habeas corpus* e o mandado de segurança", *Arquivo Judiciário*, Rio de Janeiro, v. 36, p. 245-246, out./dez. 1935.

MEIRELLES, Hely Lopes. *Direito administrativo brasileiro*. 24. ed. São Paulo: Malheiros, 1999.

MEIRELLES, Hely Lopes. "Problemas do mandado de segurança", *Revista dos Tribunais*, São Paulo, v. 342, p. 7-21, abr. 1964.

MEIRELLES, Hely Lopes. *Revista dos Tribunais*, São Paulo, v. 349, p. 630, nov. 1954.

MEIRELLES, Hely Lopes. *Revista de Direito Administrativo*, Rio de Janeiro, v. 73, p. 38-56, jul./set. 1963.

MEIRELLES, Hely Lopes. *Estudos e pareceres de direito público*. São Paulo: Revista dos Tribunais, 1984, v. 8, p. 306.

MEIRELLES, Hely Lopes; WALD, Arnoldo; MENDES, Gilmar Ferreira. *Mandado de segurança e ações constitucionais*. 38. ed. São Paulo: Malheiros, 2019.

MELLO FILHO, José Celso de. *Constituição federal anotada*. São Paulo: Saraiva, 1984.

MENDES, Gilmar F.; BRANCO, Paulo G. Gonet. *Curso de direito constitucional*. 10. ed. São Paulo: Saraiva, 2015.

MENDES, Aluísio Gonçalves de Castro; BEDAQUE, José Roberto dos Santos; CARNEIRO, Paulo Cezar Pinheiro; ALVIM, Teresa Arruda (Coords.). *O novo processo civil brasileiro*: temas relevantes – estudos em homenagem ao Professor, Jurista e Ministro Luiz Fux. Rio de Janeiro: GZ Editora, 2018, v. 1.

MENDONÇA, Meroveu de. "Mandado de segurança contra atos judiciais", *Revista Forense*, Rio de Janeiro, v. 115, p. 362-365, jan. 1948.

MENDONÇA, Meroveu de. *Arquivo Judiciário*, Rio de Janeiro, v. 83, p. 115-117, jul./set. 1947.

MIRANDA, Pontes de. *Comentários à Constituição de 1946*. 3. ed. Rio de Janeiro: Borsoi, 1960, t. 5.

MIRANDA, Pontes de. *Comentários ao Código de Processo Civil*. 2. ed. Rio de Janeiro: Forense, 1959, t. 5.

BIBLIOGRAFIA | 291

MIRANDA, Pontes de. *Tratado das ações.* Edição atual. por Nelson Nery Junior e Georges Abboud. São Paulo: Revista dos Tribunais, 2016, t. 6, Ações Mandamentais.

MORAES, Alexandre de. *Constituição do Brasil interpretada e legislação constitucional.* 9. ed. São Paulo: Atlas, 2013.

MORAES, Antão de, "Direito líquido e certo. Interpretação da expressão. Certeza do fato. Solução jurídica por mais intrincada que seja. Obscuridade possível da lei. Natureza subjetiva que, em suma, deve ter a liquidez ou a certeza do direito", *Revista dos Tribunais*, São Paulo, v. 213, p. 47, 1953.

MOREIRA, José Carlos Barbosa. "Mandado de segurança", *Revista da Procuradoria Geral do Estado da Guanabara*, Rio de Janeiro, n. 12, p. 681-755, 1964.

MOREIRA, José Carlos Barbosa. "Mandado de segurança – uma apresentação", *In: Temas de direito processual*, sexta série, São Paulo: Saraiva, 1997, p. 195-209.

MOURA, Enéas de, "Mandado de segurança contra a previdência social", *Revista do Serviço Público*, Rio de Janeiro, v. 4, n. 1, p. 88-89, out. 1954.

NEGRÃO, Theotonio; GOUVÊA, José Roberto F.; BONDIOLI, Luis Guilherme A.; FONSECA, João Francisco N. da. *Código de Processo Civil e legislação processual civil em vigor.* 49. ed. São Paulo: Saraiva, 2018.

NERY JR., Nelson; NERY, Rosa Maria de A. *Código de Processo Civil comentado.* 17. ed. São Paulo: Revista dos Tribunais, 2018.

NERY JR., Nelson; NERY, Rosa Maria de A. *Constituição federal comentada.* 7. ed. São Paulo: Thomson Reuters Brasil, 2019.

NEVES, Celso, "Reflexões sobre a coisa julgada em mandado de segurança", *Revista de Direito Processual Civil*, São Paulo, v. 5, p. 197, 1966.

NEVES, Daniel Amorim Assumpção. *Ações constitucionais.* 4. ed. Salvador: Editora JusPodivm, 2018.

NUNES, José de Castro. "Direito líquido e certo. Interpretação da expressão. Certeza do fato. Solução jurídica por mais intrincada que seja. Obscuridade possível da lei. Natureza subjetiva que, em suma, deve ter a liquidez ou a certeza do direito", *Revista dos Tribunais*, São Paulo, v. 213, p. 40, jul. 1953.

NUNES, José de Castro. *Do Mandado de Segurança.* 5. ed. Rio de Janeiro: Forense, 1956.

NUNES, José de Castro. *Do mandado de segurança e de outros meios de defesa contra atos do poder público.* 8. ed. Rio de Janeiro: Forense, 1980.

NUNES, Reginaldo. "Do recurso necessário em mandado de segurança", *Revista dos Tribunais*, São Paulo, v. 188, p. 20-24, nov. 1950.

MANDADO DE SEGURANÇA NA PRÁTICA JUDICIÁRIA – *Arnoldo Wald*

NUNES, Reginaldo. *Arquivo Judiciário*, Rio de Janeiro, v. 96, p. 9-11, out./dez. 1950.

NUNES, Reginaldo. "Mandado de Segurança como medida preventiva", *Revista Forense*, Rio de Janeiro, v. 158, p. 461-466, mar./abr. 1955.

OLIVEIRA, Antônio Hélio Ribeiro de, "Da natureza do recurso em mandado de segurança e seu efeito", *Direito*, Rio de Janeiro, v. 119, p. 5, jul./ago. 1965.

OLIVEIRA FILHO, João de. "A lei do mandado de segurança", *Revista dos Tribunais*, São Paulo, v. 199, p. 3-11, maio 1952.

OLIVEIRA FILHO, João de. "A lei do mandado de segurança, sua inteligência e suas deficiências (Lei nº 1.533)", *Arquivo Judiciário*, Rio de Janeiro, v. 101, p. 51-55, jan./mar. 1952.

OLIVEIRA FILHO, João de. "Duas questões sobre recurso ordinário em mandado de segurança", *Arquivo Judiciário*, Rio de Janeiro, v. 107, p. 21-24, jul./set. 1953.

OLIVEIRA FILHO, João de. "O que o mandado de segurança trouxe para o Supremo Tribunal Federal", *Arquivo Judiciário*, Rio de Janeiro, v. 103, p. 53-54, jul./set. 1952.

OLIVEIRA NETO, Cândido de. Mandado de segurança. *In*: SANTOS, J. M. de Carvalho (Coord.). *Repertório enciclopédico do direito brasileiro*. Rio de Janeiro: Borsoi, 1947, v. 32, p. 252-333.

PARÁ FILHO, Tomás, "A proteção jurisdicional dos direitos individuais", *Revista de Direito Processual Civil*, São Paulo, v. 5, p. 217, 1966.

RAQUEL, Roberto Molina. *Contempt of court*. México: [s.n.], 1954.

PASSOS, José Joaquim Calmon de. *Mandado de segurança coletivo, mandado de injunção, "habeas data"*. Rio de Janeiro: Forense, 1989.

PASSOS, José Joaquim Calmon de. "Do mandado de segurança contra atos judiciais", *In: Estudos sobre o mandado de segurança*. Rio de Janeiro: Instituto Brasileiro de Direito Processual Civil, 1963.

PEREIRA, Caio Mário da Silva. *Instituições de direito civil*. 20. ed. Rio de Janeiro, 2009, v. 4, Direitos Reais.

PEREIRA, Milton Luiz, "Mandado de segurança. Câmara de vereadores. Personalidade judiciária. Legitimação ativa", *Revista de Direito Renovar*, Rio de Janeiro, n. 20, p. 43-45, maio/ago. 2001.

PESSOA, Fábio Guidi Tabosa, "Mandado de segurança contra ato judicial", *Revista do Advogado*, São Paulo, n. 64, p. 58-61, out. 2001.

PICANÇO, Melquíades, "Ligeiras notas de jurisprudência", *Arquivo Judiciário*, Rio de Janeiro, v. 40, p. 115-120, out./dez. 1936.

BIBLIOGRAFIA | 293

PICANÇO, Melquíades, "O mandado de segurança", *Arquivo Judiciário*, Rio de Janeiro, v. 41, p. 63-65, jan./mar. 1937.

PINTO, H. Sobral. "Da natureza e finalidade do mandado de segurança", *Arquivo Judiciário*, Rio de Janeiro, v. 57, p. 75-78, jan./mar. 1941.

PINTO, H. Sobral. "O poder judiciário e o mandado de segurança", *Arquivo Judiciário*, Rio de Janeiro, v. 104, p. 17-35, jul./set. 1952.

QUEIROZ, Cristina M. M. *Os Actos políticos no Estado de Direito*. Coimbra: Almedina, 1990.

RABASA, Oscar. *El derecho anglo-americano*. México: [s.n.], 1944.

RÁO, Vicente, "Direito líquido e certo. Interpretação da expressão. Certeza do fato. Solução jurídica por mais intrincada que seja. Obscuridade possível da lei. Natureza subjetiva que, em suma, deve ter a liquidez ou a certeza do direito", *Revista dos Tribunais*, São Paulo, v. 213, p. 27-34, jul. 1953.

REALE, Miguel, "Direito líquido e certo. Interpretação da expressão. Certeza do fato. Solução jurídica por mais intrincada que seja. Obscuridade possível da lei. Natureza subjetiva que, em suma, deve ter a liquidez ou a certeza do direito", *Revista dos Tribunais*, São Paulo, v. 213, p. 56, jul. 1953.

REDONDO, Bruno Garcia; OLIVEIRA, Guilherme Peres de; CRAMES, Ronaldo. *Mandado de segurança*: comentários à lei 12.016/2009. Rio de Janeiro: Forense, 2009.

RODRIGUES, Marcelo Abelha. *Suspensão de segurança*. São Paulo: Revista dos Tribunais, 2000.

SALOMÃO, Jorge. *Execução de sentença em mandado de segurança*. Rio de Janeiro: Freitas Bastos. Dissertação para o concurso de Livre-Docência à cadeira de Direito Judiciário Civil da Faculdade Nacional de Direito da Universidade do Brasil [Tese].

SCARPINELLA BUENO, Cassio. *Liminar em mandado de segurança*. 2. ed. São Paulo: Revista dos Tribunais, 1999.

SCARPINELLA BUENO, Cassio.*Mandado de segurança*: comentários às Leis n. 1.533/51, 4.348/64 e 5.021/66. 5. ed. São Paulo: Saraiva, 2009.

SCARPINELLA BUENO, Cassio. "Mandado de segurança e compensação tributária: reflexões sobre a prova pré-constituída do indébito à luz da sistemática dos recursos especiais repetitivos". In: CARVALHO, Paulo de Barros; SOUZA, Priscila (coord.). *XV Congresso Nacional de Estudos Tributários: 30 anos da Constituição Federal e o Sistema Tributário Brasileiro*. São Paulo: Noeses, 2018, p. 143-162.

SCARPINELLA BUENO, Cassio.*A nova lei do mandado de segurança*: comentários sistemáticos à Lei n. 12.016, de 7-8-2009. São Paulo: Saraiva, 2009.

MANDADO DE SEGURANÇA NA PRÁTICA JUDICIÁRIA – *Arnoldo Wald*

SIDOU, J. M. Othon. "O efeito suspensivo do agravo de petição no mandado de segurança", *Arquivo Judiciário*, Rio de Janeiro, v. 108, p. 59-65, out./dez. 1953.

SIDOU, J. M. Othon. *Habeas corpus, mandado de segurança, mandado de injunção, habeas data, ação popular*. 5. ed. Rio de Janeiro: Forense, 1998.

SIDOU, J. M. Othon. *Inconstitucionalidade de lei e reparação do dano por mandado de segurança*. Recife: Câmbio, 1953.

SIDOU, J. M. Othon. *O "juicio de amparo", subsídios ao estudo do mandado de segurança no direito comparado*. Recife: Câmbio, 1958.

SIDOU, J. M. Othon. *Do mandado de segurança*. 2. ed. Rio de Janeiro: Freitas Bastos, 1959.

SIDOU, J. M. Othon. "O recurso da reclamação e o mandado de segurança", *Arquivo Judiciário*, Rio de Janeiro, v. 110, p. 53-55, abr./jun. 1954.

SILVA, Francisco Oliveira e. "Aspectos legais do mandado de segurança", *Revista do Serviço Público*, Rio de Janeiro, jul. 1950.

SILVA, Francisco Oliveira e. "Mandado de segurança", *Revista do Serviço Público*, Rio de Janeiro, v. 1, nºs 1 e 2, p. 90, jan./fev. 1948.

SILVA, Francisco Oliveira e. "Mandado de segurança preventivo", *Revista do Serviço Público*, Rio de Janeiro, v. 3, n. 2, p. 66, ago. 1950.

SILVA, José Afonso da. *Curso de direito constitucional positivo*. 40. ed. São Paulo: Malheiros, 2017.

SILVA, José Afonso da. *Comentário contextual à Constituição*. 8. ed. São Paulo: Malheiros, 2012.

SOARES, Fabrício, "Mandado de segurança contra ato judicial", *Revista dos Tribunais*, São Paulo, v. 150, p. 451-458, ago. 1944.

SUNDFELD, Carlos Ari, "Anotação sobre o mandado de segurança coletivo", *Revista da Procuradoria Geral do Estado de São Paulo*, n. 29, p. 163-171, jun. 1988.

TÁCITO, Caio. "O abuso do poder administrativo no Brasil", *Revista de Direito Administrativo*, Rio de Janeiro, v. 56, p. 1-28, abr./jun. 1959.

TÁCITO, Caio. "Comentário ao acórdão do TRF", *Revista de Direito Administrativo*, Rio de Janeiro, v. 28, p. 84, 1952.

TÁCITO, Caio. "Mandado de segurança e o poder normativo da administração", *Revista de Direito Administrativo*, Rio de Janeiro, v. 46, p. 246-249, out./dez. 1956.

TEMER, Michel. *Elementos de direito constitucional*. 17. ed. São Paulo: Malheiros, 2001.

BIBLIOGRAFIA | 295

TEMER, Michel. "Algumas notas sobre o mandado de segurança coletivo, o mandado de injunção e o 'habeas data'", *Revista da Procuradoria Geral do Estado de São Paulo*, n, 30, p. 11-15, dez. 1988.

THEODORO JÚNIOR, Humberto. *Comentários ao Código de Processo Civil*. São Paulo: Saraiva, 2017, v. 15, arts. 771 a 796.

THEODORO JÚNIOR, Humberto. *Lei do mandado de segurança comentada:* artigo por artigo. Rio de Janeiro: Forense, 2014.

THEODORO JÚNIOR, Humberto. *O mandado de segurança segundo a Lei n. 12.016, de 07 de agosto de 2009*. Rio de Janeiro: Forense, 2009.

TUCCI, José Rogério Cruz. *Class action e mandado de segurança coletivo: diversificações conceptuais*. São Paulo: Saraiva, 1990.

VASCONCELOS, Jaime F. de, "O mandado de segurança e o recurso extraordinário", *Arquivo Judiciário*, Rio de Janeiro, v. 40, p. 45-48, out./dez. 1936.

VIANA, Ataliba Pereira. *Limites ao uso do mandado de segurança*. Rio de Janeiro: [s.n.], 1959.

VIDIGAL, Luís Eulálio de Bueno. *Do mandado de segurança*. São Paulo: [s.n.], 1953.

VIDIGAL, Luís Eulálio de Bueno. *Direito processual civil*. São Paulo: Saraiva, 1965.

WALD, Arnoldo. *O mandado de segurança na prática judiciária*. Rio de Janeiro: Nacional de Direito, 1958.

WALD, Arnoldo. *Direito civil*: direito das coisas. 14. ed. São Paulo: Saraiva, 2015.

WALD, Arnoldo. "Aspectos peculiares do direito bancário: o regime jurídico dos atos bifaces", *Revista de Direito Bancário e do Mercado de Capitais*, São Paulo, n. 26, p. 327, out./dez. 2004.

WALD, Arnoldo. "El mandato de seguridad", *Boletin del Instituto de Derecho Comparado de Mexico*, a. 8, n. 24, p. 35-62, set./dic. 1955.

WALD, Arnoldo. "La protection des droits individuels au Brésil: le « mandado de segurança »", *Revue Internationale de Droit Comparé*, Paris, n. 2, p. 307-317, avr./juin 1964.

WALD, Arnoldo; JUSTEN FILHO, Marçal; PEREIRA, Cesar Augusto Guimarães (Orgs.). *O direito administrativo na atualidade*: estudos em homenagem ao centenário de Hely Lopes Meirelles (1917-2017). São Paulo: Malheiros, 2017.

WALD, Arnoldo; KAUFMANN, Rodrigo de Oliveira. "A criatividade e a imaginação jurídica como contribuição do advogado à eficiência do direito (o CPC como instrumento do consesualismo e do pragmatismo ético),

In: MENDES, Aluísio Gonçalves de Castro; BEDAQUE, José Roberto dos Santos; CARNEIRO, Paulo Cezar Pinheiro; ALVIM, Teresa Arruda (Coords.). *O novo processo civil brasileiro:* temas relevantes – estudos em homenagem ao Professor, Jurista e Ministro Luiz Fux. Rio de Janeiro: GZ Ed., 2018, v. 1, p. 127-154.

WAMBIER, Teresa Arruda Alvim. *Os agravos no CPC brasileiro.* 3. ed. São Paulo: Revista dos Tribunais, 2000.

WATANABE, Kazuo. *Controle jurisdicional e mandado de segurança contra atos judiciais.* São Paulo: Revista dos Tribunais, 1980.

ZAMUDIO, Hector Fix. *El juicio de amparo.* México: Editorial Porrúa, 1964.

ZAMUDIO, Hector Fix. "Mandado de seguridad y juicio de amparo". *In: Tres estudios sobre el mandato de seguridad brasileño.* México: Universidad Nacional Autónoma de México, 1963, p. 3-69.

ZANETI JÚNIOR, Hermes. *Mandado de segurança coletivo:* aspectos processuais controvertidos. Porto Alegre: Sergio Antonio Fabris, 2001.

ZAVASCKI, Teori Albino. *Processo Coletivo:* tutela de direitos coletivos e tutela coletiva de direitos. 7. ed. São Paulo: Revista dos Tribunais, 2017.